プラットフォームの経済学

——機械は人と企業の未来をどう変える？

アンドリュー・マカフィー／エリック・ブリニョルフソン 著／村井章子 訳

MACHINE, PLATFORM, CROWD

HARNESSING OUR DIGITAL FUTURE

ANDREW McAFEE ERIK BRYNJOLFSSON

MACHINE, PLATFORM, CROWD
:HARNESSING OUR DIGITAL FUTURE

Japanese translation published by arrangement
with Andrew McAfee and Erik Brynjolfsson c/o
ICM/Sagalyn acting in association with ICM
Partners acting in association with Curtis Brown
Group Ltd. through The English Agency (Japan)

プラットフォームの経済学

――機械は人と企業の未来をどう変える？

目次

第2部 物理的なモノや

メリーランド州ベセスダのマカフィー家のみんな、デービッド、シャノン、アメリア、オーロラ、エイブリー・メイに。ポーカーにちょっとばかりお金と時間を注ぎ込むことを許してくれてありがとう ——アンディ

母マーガレットに。笑顔と愛情と揺るぎない信頼のおかげで前に進むことができた——エリック

日本語版への序文に代えて

テクノロジーや政府の政策、経済力ではなく、私たちが未来を決める

二〇〇年前に産業革命が技術と経済に大きな変革をもたらし、生活水準を大幅に押し上げたとき、人々の暮らしは根本的に変化した。当時、アメリカの中流階級の生計は、単調なルーティンワークで支えられていた。工場の組立ラインのような肉体労働もあれば、その工場の給与計算などをする事務労働もあったが、産業革命の進展とともに、どちらの仕事もあっという間に失われた。

未来の社会はどうなるのかという不安、技術がどんどん進化して人間は取り残されるのではないかという不安に人々は苛まれた。

現在も同じようなことが起きているようにみえる。今日私たちが直面している課題は、アメリカでも他の先進国でも、人口の半分はセカンド・マシン・エイジがもたらす恩恵に与ってい

ないということだ。

大きな技術革新は、これからどうすればいいのか、これまでとはちがうどんなことができるのかを人々に深く考えさせる。いま私たちは、まさにその時を迎えている。

テクノロジーはたしかに多くの仕事を奪ってきたが、しかし同時に、多くの仕事を生み出してきた。これからどんな仕事を作るのか、決めるのは私たちだ。そう、問うべきは、テクノロジーが私たちに何をするかではなくて、私たちがテクノロジーを使って何をするか、ということである。

だから、ロボットがアメリカ中の雇用をすっかり奪ってしまうといった見方は、根本的にまちがっている。テクノロジーそれ自体は道具であって、運命ではない。運命を決めるのは私たちだ。

この考え方に基づき、私たちはマサチューセッツ工科大学（ＭＩＴ）でインクルーシブ・イノベーション・チャレンジ（ＩＩＣ）というコンペティションを主催している。インクルーシブとは、多くの人に価値をもたらし、イノベーションの実りを分かち合う、というほどの意味だと考えてほしい。より具体的に言えば、テクノロジーを活用してスキル開発や雇用の創出に結びつけるようなイノベーションや起業を期待し、奨励している。

コンペティションでは、そうしたインクルーシブなイノベーションの実践者を発掘して評価し、優秀者を表彰する（最優秀者四名にはそれぞれに一五万ドルの賞金を出す）。二〇一七年の表彰対象分野は、スキル開発とジョブマッチング、雇用創出、テクノロジーへのアクセス拡大、金融包摂だった。

こうしたコンペティションを通じて、これからもイノベーターを応援していきたい。そしてテクノロジーは多くの人々に機会を創出するのだという見方を社会に根付かせたいと考えている。

テクノロジーを使って私たちにできる最も価値のあることを一つ挙げるとすれば、それは、教育を変えることだ。教育は大勢の人々に機会を与えることができる。

人間には、創造的に考えること、正しい問いを発すること、ソーシャルスキルを備えること、チームで働くことができる。これらはマシンにはできない。

セカンド・マシン・エイジには、何か新しいものを生み出したいという欲求がいっそう価値をもつようになるはずだ。テクノロジーはその実現を助けるだろう。多くの人がそうやって価値を生み出せるようになったら、それはすばらしいことだ。

現状からの大飛躍を望むのは現実的ではあるまい。教育制度をよりよいものにする努力を続け、イノベーションと起業家精神を育むことが大切だと私たちは考えている。

テクノロジーや政府の政策や経済力が未来をあらかじめ決めてしまうということはない。決めるのは私たちだ。一部の人のためではなく大勢の人のためにテクノロジーを活かすことができるなら、次の一〇年は人類史上最良の一〇年にできるにちがいない。

アンドリュー・マカフィー
エリック・ブリニョルフソン

＊マサチューセッツ工科大学（MIT）主催のインクルーシブ・イノベーション・チャレンジ（ＩＩＣ）表彰式でのプレゼンテーション（https://www.mitinclusiveinnovation.com/#about）からの抜粋。著者の指示により日本語版への序文に転用した。

三つの革命

第

章

かつての産業革命といまの情報革命は、きわめて類似点が多い。このこと一つとっても、情報革命が次の社会に与える主たる影響は、これから現れると断言してよかろう。

――ピーター・ドラッカー、二〇〇一年

コンピュータと碁

私たち人間が碁の打ち方を習うのはなかなかにむずかしい。ましてコンピュータに碁の打ち方を教えるとなると、ほとんど不可能に思える。

碁は純粋に戦略的なゲームだ。言い換えれば、運に左右されない。[1] 碁は二人のプレーヤーが陣地の広さを競うゲームで、およそ二五〇〇年前に中国で発展した。[*1] 一方が黒い石、他方が白い石を使い、縦横に一九本ずつの線が引かれた碁盤（一九路盤）上で、線の交点に石を置く。石を置いて自分の陣地を作るほか、相手の石を取り囲めば取り上げることができる。ゲームの終了時点でより多くの陣地をとったほうが勝ちである。[2]

戦略的な人は碁が好きだろう。孔子は、「無為に日を過ごすよりは、双六や囲碁をしている

〔1〕ゲーム理論の研究者なら、碁のことを「決定論的に完璧な情報ゲーム」だと言うだろう。
〔2〕両プレーヤーがもはや有効な打つ手はないと同意した時点で、ゲームは終了する。

ほうがよい」と述べたという。*2 多くの国で、碁はチェスよりも高度なゲームとみなされている。チェスのグランドマスターであるエドワード・ラスカーは、こう語った。「チェスの複雑なルールは人間にしか作ることができない。だが碁のルールは、さらにエレガントで、有機的で、崇高なまでに論理的だ。宇宙に知的生命体が存在するとしたら、まちがいなく彼らは碁を打つだろう」*3。

このゲームは見かけは単純だが、どうしてどうして奥が深い。概念的に説明できないほど複雑なのである。大きな盤上で石は自由自在に動けるので、石を置ける位置は2×10^{170}にもなる。つまり2のうしろにゼロが一七〇個つくということだ。*4 これは途方もない数字である。なにしろ、全宇宙で観察できる原子の数より多い。いやいや、原子の数は比較対象の相手としてはまったく不十分である。宇宙に存在する観察可能な原子の数は、10^{82}にすぎない。*5 したがって、原子ひとつ一つにまた原子に満ちた宇宙が内包されているとしても、碁で石の置ける位置の選択肢のほうがまだ多い。

チャンピオンにも説明できないゲーム

このとんでもなく複雑なゲームをするとき、碁の名手はどのように盤面を読み、どのように打つ手を考えるのか。誰も知らない——おそらくは当の名手自身も。

碁の初心者はまず形や筋の基本（囲碁格言）を教わり、それに従う。[3] しかしそれ以上のことになると、一流の打ち手は自分がどうやって戦略を立てているのか説明に窮してしまう。欧米人に碁の名手はほとんどいないが、その数少ない一人であるマイケル・レドモンド（日本棋院九段）は、こう語る。「先を読み、こう打つのが正しいと確信する。なぜ正しいと感じたのか、説明することはできない。ただわかったのだ」と。[*6]

べつに、碁の名手がとりたてて口下手だというわけではない。人間は、自分の知っていることすべてにつねにアクセスできるとは限らないのである。たとえば他人の顔を見分けるとか、自転車に乗るときなど、どうやってそれができるのか誰しもうまく説明できないだろう。暗黙の知識を明示するのはむずかしい。このことを、二〇世紀に活躍したハンガリー出身の物理化学者にして社会科学者のマイケル・ポランニーは、「われわれは語れる以上のことを知っている」とみごとに言い表している。

以来、明示できない暗黙知が存在することを「ポランニーのパラドックス」と呼ぶようになったが、これがコンピュータに碁を教え込むうえで決定的な障害となってきた。人間が碁の戦略を言葉にできないとしたら、いったいどうやってプログラムを書けばよいのか。いくつかの経験則をプログラムに書くことはできるとしても、それでは名手に勝つことはできまい。なにしろ名手のほうは、言葉にできない方法で経験則以上のことを知悉しているのだから。

〔3〕囲碁格言の多くは漠然としている。たとえば、「厚みを地にするな」などだ。

碁のゲームのような複雑な状況を相手にするとき、プログラマーはシミュレーションをすることが多い。とりあえずよさそうな手を打ち、それに対して相手が打てる手をすべて書き出し、次にこちらがそれに対して打てる手を書く……という具合に。そして最終的に、最も有利になりそうな手を選ぶわけである。だがなにしろ碁で石の置ける位置はあまりに多い。スーパーコンピュータを総動員しても、ごく一部のシミュレーションしかできず、それでは有効な戦略は到底立てられまい。

明示できない暗黙知が存在し、シミュレーションがうまく機能しないため、碁のプログラミングは遅々として進まなかった。哲学者のアラン・レヴィノヴィッツは、碁のプログラミングの進捗状況を調べたうえで、二〇一四年五月にワイアード誌にこう書いた。「コンピュータが人間の碁のチャンピオンに勝つまでにあと一〇年必要だという予想は楽観的にすぎる」[*7]。さらに二〇一五年一二月にはゲームに詳しい心理学者のクリス・チャバリスがウォールストリート紙に「なぜ碁ではいまだにコンピュータが打ち負かされるのか」という記事を書いている。

ポランニーのパラドックスを打ち砕く

だがそれからわずか数カ月後の二〇一六年一月、権威ある科学雑誌ネイチャーが、人間の棋士に一度も負けたことのないコンピュータについて報じる。それを開発したのは、Google（グーグル）が買収したロンドンのスタートアップ DeepMind（ディープマインド）のチームだった。チームが発表した「ディープ・ニューラルネットワークとツリー検索で碁を制覇する」と題する論文が、ネイチャー誌の巻頭を飾ったのである。[*8] この論文は、ポランニーのパラドックスを乗り越えたプログラム「アルファ碁（AlphaGo）」について解説している。

アルファ碁の開発チームは、よりよい戦略や経験則を使ってプログラムを書くのではなく、自ら学習するシステムを作り上げた。そのために、大量の棋譜を学習させた。アルファ碁は、その膨大なデータから浮かび上がってくるかすかなパターンを認識し、結果（ゲームに勝つ）に結びつく行動（碁石を盤上のある位置に置く）を見つける。[(4)]

プログラムはオンラインに保存された三〇〇〇万枚の棋譜にアクセスして「勝つ方法を学習する」ほかに、アルファ碁同士で対戦してさらに三〇〇〇万枚の棋譜を生成し、それらも分析した。アルファ碁はそうした学習の結果、局面局面でとりうる手のうち、最も勝利につながる可能性の高い手を絞り込むことができる。だからゲーム中にアルファ碁が行うシミュレーションは、すべての可能な選択肢についてではなく、最も有望ないくつかの選択肢だけだ。

アルファ碁の開発は二〇一四年に始まり、二〇一五年一〇月にはテストの準備が整う。[*9] そし

（4）本書では、コンピュータが認識する、学習する、理解する、といった具合にコンピュータなり何らかの技術なりを人格化して表現している。そのほうがコンピュータの中で何が起きているかをうまく伝えられると考えたからだ。もちろん、コンピュータは人間のように推論するわけではない。このようなやり方に抵抗を感じる向きもおられよう。「コンピュータを擬人化するな。彼らはそれが大嫌いだ」という古い警句もある。

て極秘裏に人間の棋士相手に五番勝負が行われた。相手は、ヨーロッパ王者のファン・フイである。この対局では、アルファ碁が五対〇で勝った。

このレベルのプロ棋士に勝てるとはまったく予想外の事態であり、人工知能（ＡＩ）学界は衝撃と興奮に包まれる。専門家も評論家もアルファ碁が突破口を開いたことはまちがいないと断言した。ただし勝利の意味合いとなると、疑念を挟む向きもすくなくなかった。神経科学者のゲーリー・マーカスは次のように指摘している。「ヨーロッパの囲碁人口はきわめてすくない。件（くだん）のヨーロッパ王者にしても、世界ランキングは六三三位だ。テニスで世界六三三位のプロ選手をロボットが負かしたら、それはそれで大したことだが、だからといってテニスを制覇したとは言えまい」[*10]。

この指摘はもっともだと、DeepMindチームも考えたのだろう。彼らは続いて、イ・セドル九段に挑んでいる。二〇一六年三月に、やはり五番勝負で、ソウルでの対局だった。当時セドルは世界最強の棋士と目されており[5]、碁の長い歴史の中でも上位に数えられる名手だった。彼のスタイルは「直感的、予測不能、創造的、没入型、野性的、理解不能、深淵、俊敏、一見無秩序」などと評され[*11]、本人も周囲もコンピュータに負けるはずはないと考えていた。対局前にセドルは「碁というゲームにはある種の美しさがある。コンピュータにこの美しさが理解できるとは思えない……人間の直感はＡＩのはるか先を行っている」と語り[*12]、そのうえで自分が五局中すくなくとも四局は勝つと予想した。「一〇月の対戦を見る限り、アルファ碁が私のレベルに達しているようにはみえない」[*13]。

セドルとアルファ碁の対決は、韓国はもちろんのこと、囲碁のさかんな東アジア各国でもたいへんな関心を巻き起こした。そしてアルファ碁は最初の三局を立て続けに勝ち、五番勝負の勝利をはやくも確実にしてしまったのである。第四局はセドルが勝った。この勝利で、一部の人たちは、人間の知恵がコンピュータの弱点に気づいたのだと希望を抱く。だがもしそうだったとしても、勝敗の行方を変えるほどの弱点ではなかったようだ。最後の一戦は再びアルファ碁が勝ち、四対一の完勝を収めた。

セドルは対局後に、きびしい戦いだったと振り返り、「自分は無力だと感じた……数え切れないほど碁を打ってきたが、これほどの脅威を感じたことはない」と述べている[*14]。何かまったく新しいものが碁の世界に訪れたのだった。

資産を持たない企業群

戦略コンサルタントのトム・グッドウィンは、二〇一五年三月にこんな記事を書いた。「配車サービスで世界最大のUber（ウーバー）は、車を一台も所有していない。世界で一番人

〔5〕二〇一六年八月の時点で三三歳だったセドルは、すでに一八の国際大会で優勝していた。この記録を上回るのは、二一回の優勝を誇るイ・チャンホ（韓国）だけである。ただしチャンホはセドルより八歳年上だった。

気のあるソーシャルメディアを運営するFacebook（フェイスブック）は、コンテンツをひとつも作っていない。小売業としては世界で最も時価総額の大きいAlibaba（アリババ）は、在庫をいっさい抱えない。世界最大の民泊サービスであるAirbnb（エアビーアンドビー）は一つも不動産を持っていない」[*15]。

賢明な読者は、そんなことは取り立てて言うほど革新的ではないと反論するだろう。たとえば多くのタクシー会社は、じつは車を所有していない。ある都市でタクシー業を営業する許可を取り、その営業免許を車の所有者と運転者に貸すだけだ。同様に、大手ホテルの多くはホテルを所有していない。不動産の所有者と賃貸借契約あるいはマネジメント契約を結んでホテルを運営するだけではないか、と。

たしかにそのとおり。だがこれらのケースでは、営業免許なり契約なり、長期にわたる資産を保有しており、そこに価値がある。対してUberやAirbnbはそうしたものさえ持っていない。Uberは、世界のどの町でも一台も車を持っていなければ、営業免許も持っていない。Airbnbも、宿泊施設を提供するオーナーと長期契約はいっさい結んでいない。それなのにどちらの企業もあっという間に数百万の顧客を獲得し、企業価値評価（バリュエーション）は数十億ドル台に達している。この大躍進がグッドウィンの目を引いたというわけだった。彼がこの記事を書いた時点では、毎日一〇〇万人[*16]が世界六〇カ国三〇〇都市[*17]のどこかでUberを使って移動していたし、Airbnbは六四万件の宿泊施設[*18]を世界一九一カ国で提供していた[*19]。モンゴルのパオもあれば[*20]、アイルランドにはジェームズ・ジョイスが子供時代を過ごした家もあるという具合に、ホテルチェーンとは異なり泊まれる施設は多種多彩である。[*21]

中国のAlibabaは、資産をあまり持たないアプローチを小売業界に持ち込んだ。もともと小売業は、売り上げを増やすには多くの資産を持つことが当然と考えられてきた業界である。たとえばWalmart（ウォルマート）は二〇一六年末時点で、アメリカ全土に一五〇の流通センター、自前のトラック六〇〇〇台を所有していた。トラックは全米四五〇〇店舗に商品を届け、その年間走行距離は七億キロメートルを上回る。[*22] 同年一〇月三一日時点の同社のバランスシートには、有形資産一八〇〇億ドルが計上されている。[*23] それでも同日におけるWalmartの時価総額は、Alibabaを下回った。そのAlibabaの二〇一六年三月期の流通額（売上高ではない）は四八五〇億ドルに達し、Walmartを上回っている。

この中国の巨大企業は、一九九九年に元大学講師のジャック・マーが一七人の仲間と設立した。売り手と買い手を結びつけるさまざまな場を運営しており、主力のB2Bのほか、消費者向け（B2C）ではtaobao（タオバオ）とT mall（Tモール）という通販サイトが人気だ。前者では個人や小規模の事業者、後者では大手が販売している。二〇一六年末には、一カ月間にAlibabaのアプリを使った中国人消費者の数がアメリカの全人口を上回った。[*24]

二〇〇九年にT mallが始めた国内向けの「独身の日」セールは、いまではすっかり定着している。「独身の日」は一九九〇年代半ばに南京大学で始まった未婚のお祝いに由来し、開催日は一一月一一日だ。これは、一人であることを表す「1」の数が最も多い日付だからだという。「独身の日」に参加した小売店は始めわずか二七店舗だったが、あっという間に同国最大のショッピングイベントになった。消費者は独身の自分へのプレゼントだけでなく、関心のある異性のためのプレゼントも買う。二〇一六年の「独身の日」には、マーケットプレイスの流通額が一七八〇億ドルに達したとAlibabaは発表した。[*25] これは、アメリカのブラックフライデーとサイバーマンデーにおける売上高合計のおよそ三倍に当たる。〔6〕

グッドウィンが挙げた四つの企業の中で、最も特殊なケースはFacebookだろう。ハーバード大学の学生だったマーク・ザッカーバーグが二〇〇四年に学生寮の自分の部屋でスタートさせた時点では、一流大学の学生向けの小さなソーシャルネットワーキングサイトだった。それが、世界中の人々が連絡をとり、情報を交換し、コンテンツを投稿するグローバルなサイトに成長し、毎日九億三六〇〇万人が利用するに至っている。[*26] これだけの数の人たちが、なんと一日平均五五分もFacebookで使っているという。[*27] しかもFacebook自身は、サイトに溢れる情報の一つも生み出してはいない。ユーザーが投稿する近況、写真、動画、意見などが他の人を呼び込み、またその人たちが……という具合に連鎖が拡がって、ユーザーが増え続けているのである。

自身はコンテンツを生成せず、ユーザーにコンテンツ投稿・閲覧の場を提供するだけのFacebookだが、じつはそのほかに広告も供給している――それも大量に。二〇一六年六月期のFacebookの収入は六四億ドルだが、そのほぼ全額が広告収入だ。そして利益は二〇億ドルに達する。[*28]

このはなばなしい成功は、新聞社など旧来のやり方で、つまり給与や出張費などを払ってコンテンツを生成している企業に警鐘を鳴らしていると言えよう。Facebookのコストのほうがはるかに低いうえ、広告主から見ると、Facebookのほうが重要な点でクオリティが高いからだ。ソーシャルネットワーク大手は、利用者についてよく知っている(なにしろユーザー自身が自分について大量の情報を提供しているのだ)。したがって、広告のターゲットを的確に絞り込むことができる。

百貨店の先駆者ジョン・ワナメイカーが言ったとされる名言に「広告費の半分が無駄だったことはわかっている。問題は、どっちの半分かわからないことだ」というものがある。[*29] 広告主はみな、多かれ少なかれこれと同じ悩みを抱えている。広告の効果が判然としないのは、広告に一番よく反応してくれる人に狙いをつけられないからだとされてきた。となればFacebookは、まさに正確に狙いをつける手段を広告主に提供していることになる。これまで有力メディアができなかったことを、Facebookは常時世界中で大規模に実現しているのである。

〔6〕ブラックフライデーは感謝祭(一一月第四木曜日)翌日の金曜日で、アメリカでは伝統的にこの日からクリスマス商戦が始まって客が殺到し、店が黒字になるためこう呼ばれる。サイバーマンデーは感謝祭翌週の月曜日で、感謝祭直後の週末明けのこの日にはオンラインのショッピングサイトの多くがセールを行うため、売り上げが急増する。

何かものすごくおもしろいことが起きている

グッドウィンは記事の中で挙げた四社について「信じられないほどスリム」だと評し、「この点で彼らを上回る企業が参入してくることは考えにくい」と述べている。[*30] この四社が所有しているのは主にアプリケーションとソースコードだけで、有形の資産やインフラは持っていない。短期間で成長を遂げられたのも、これほど身軽だったからだ。たとえばAirbnbは、グッドウィンの記事が出てからわずか一年間でアプリ経由の予約件数を倍に伸ばし、旅行者の間ですっかり人気になる。人気が出すぎて、パリ、バルセロナ、リスボン、ベルリン、サンフランシスコの市当局が、歴史的町並みの景観に悪影響をおよぼすのではないかと心配するようになった。あまりにハイペースの事業拡大を前にして、反対の声も喧しくなる。Airbnbの拡大を阻止しようとする都市や地域が増える中、サイエンスライターのトム・スリーは二〇一六年五月に「Airbnbは拡大するほど存在が危うくなるという懊悩を抱えている」と指摘した。[*31]

この指摘はUberにも当てはまり、事業の急拡大と新サービスの試行に伴い、強い反対論に直面している。新サービスの一つが、相乗りサービスのUberPool（ウーバープール）だ。このサービスが二〇一四年に導入されると、ニューヨークを始めとするたくさんの都市ですぐに人気を呼んだ。[*32] Uberは二〇一六年五月には、マンハッタン地区一二五丁目以南での平日ラッシュアワー時に限り、UberPoolの利用料金を五ドル均一とすることを発表する。[*33] さらに七月には、ニューヨークの住民を対象に四週間乗り放題のチケットを七九ドルで販売すると発表した。[*34] この価格なら、おおむね地下鉄より安いという。

一方Facebookは、グッドウィンが記事を書いた時点ですでに成功し大手になっていたが、その後も規模の点でも影響力の点でも伸び続け、大手コンテンツ企業に多大な影響を与えるとともに、自らもイノベーションに多額の投資をしてきた。二〇一五年八月に発表されたあるウェブトラフィック解析報告によると、ニュースなどのメディアサイトを閲覧する人は、Facebook経由のほうがGoogle検索経由よりも多くなっているという。[*35] ザッカーバーグが二〇一六年三月に発表した一〇年計画では、AI、仮想現実、拡張現実の開発プロジェクトが目を引く。さらには太陽光発電による航空機の開発プロジェクトなどというのもある。通信インフラの整備が期待できないような地域に住んでいる大勢の人たちを対象に、インターネットアクセスを実現するためだという。[*36]

資産の面からすれば「信じられないほどスリム」な企業が、なぜこれほどのインパクトを与え、これほどの成功を収めることができたのだろうか。

これはグッドウィンの言うとおり、「何かものすごくおもしろいことが起きている」にちがいない。[*37]

ナゲットアイス（ファーストフード店の飲み物などに入っている粒々の氷）をなんとか家庭でも作れないものか、と長い間悩んでいたのである。

家庭で作れる氷と言えば、単に氷をキューブ状に凍らせただけの代物である。だがナゲットアイスはもっと小さくてやわらかく、フレーバーを吸収しやすいし、噛み砕くのも容易でサクサクとした歯ざわりが楽しめる。二〇〇八年にははやくもウォールストリート・ジャーナル紙に「氷がスナック菓子のように飛ぶように売れている」という記事が載った。[*43] 飲み物にナゲットアイスを入れて提供していたファーストフードチェーンのSonic（ソニック）が、客の多くが氷だけを欲しがることに気づいて売り出したのである。カップ入りから一〇ポンドの袋入りまでさまざまなサイズで販売したところ、大人気になったというわけだ。

ナゲットアイスの作り方は意外に複雑で、家庭用冷蔵庫の製氷皿では作れない。[7] かといって業務用のナゲットアイス製氷機は数千ドルもして、家庭で買えるような代物ではない。[8] そこでミッチェルは、FirstBuildを試してみることにしたというわけだ。FirstBuildなら、誰かが製品化できそうなナゲットアイス・メーカーを設計し、試作できるかもしれない。かくして二〇一五年にオンラインでコンペが実施された。

優勝したのは、メキシコ出身のデザイナー、イスマエル・ラモスである。彼が設計した製氷機はキッチンの作業台にぴったり収まる直方体で、プラスチック製の透明容器に氷をためて取り出すしくみになっている。ラモスには、二〇〇〇ドルの賞金と彼のアイデアに基づく試作品の一つが与えられた（次点だった二人も賞金と試作品をもらった）。

最優秀作品が決まると、FirstBuildのマイクロファクトリーでは試作品の修正と改良が繰り返された。このプロセスでは、プロジェクト発足時に立ち上げられたオンラインのコミュニティとひんぱんに意見交換が行われ、たとえば氷をためる容器の形状はどうしたらよいか、容器が満杯になったのをどうやって知らせるか、氷をすくうスコップを付ける必要があるか、といった問題が議論された。

先行予約、受け付けます

製氷機の製作が進行する傍らで、GEは新たな試みを始めた。マーケティングと市場調査の一石二鳥を狙った新しい取り組みとして、クラウドファンディングサイトのIndigogo（インディゴーゴー）を活用し、二〇一五年七月に家庭用製氷機Opalの資金募集を開始したのである。Indigogoは「ありとあらゆる創造的なアイデアや企画をここから飛び立たせる」という

〔7〕噛み砕きやすい氷を作るには、表面は完全には凍らずザラザラしていなければならないが、きちんと成形されていなければならない。その状態で適切なサイズと形に砕く。

〔8〕裕福な家庭では、ナゲットアイスを愛するあまり業務用のマシンを手に入れていたらしい（Ilan Brat, "Chew is Over: Munchable Ice Sells like Hot Cakes," *Wall Street Journal*, January 30, 2008）。エイミー・グラントは、カントリーミュージックのスターである夫のヴィンス・ギルに、ある年のクリスマスに業務用製氷機をプレゼントした。

キャッチフレーズを掲げている。[44] そうしたアイデアに資金を出すのは、狭い意味での投資家ではなく、新事業の持分や収益の一部を受け取ることはない。とはいえ、見返りはある。たとえば映画の制作にお金を出したら、たぶん試写に招待されるだろう。製品化にお金を出したら、出来上がった製品をもらえるはずだ。言うなれば Indigogo では、まだこの世に存在しない製品、誰かが信頼してお金を出してくれなかったら永久に日の目を見ない製品の先行予約ができるのである。

もともとは Indigogo は、アイデアはあるが資金調達手段のない個人や小さな会社を対象にしていた。だが二〇一五年の半ば頃から、大企業も活用し始めるようになる。大企業の場合はむろん資金調達が目的ではなく、企画中の製品に対してどの程度の需要があるか、消費者の反応を知ることが目的である。GEと FirstBuild は、ナゲットアイス製氷機の資金募集を始めるにあたり、この製品を欲しい人は三九九ドル出してくださいと呼びかける（のちに四九九ドルに引き上げられた）。そして目標額を一五万ドルに設定した。するとなんと数時間で、目標の倍の金額が集まったのである。[45] 一週間でその額は一三〇万ドルに達し、[46] 募集が締め切られた二〇一五年八月末には、二七〇万ドルを上回った。[47] Indigogo の資金募集実績でベストテンに入る好成績である。出来上がった製品は、予約した五〇〇〇人以上の注文主に二〇一六年末までに出荷された。[48] 一般向け発売開始前の特典である。

こうしてGEは、FirstBuild によって社内にはない知恵を活用し、Indigogo によって家庭用製氷機の市場調査を行うことができたのだった。

マシン、プラットフォーム、クラウド

これまでに挙げた三つの例、すなわち碁の名人に勝ったアルファ碁、FacebookやAirbnbなど有形資産をあまり持たない企業の成功、自前のリソースを潤沢に持つGEがあえて製品の設計や市場調査に活用した大勢の人々の知恵の三つは、ビジネスの世界を大きく変える三つのトレンドを体現している。

第一のトレンドは、アルファ碁に代表されるような「マシン」すなわちコンピュータの能力が急速に成長・拡大していることである。

第二のトレンドは、グッドウィンが的確に指摘したように、有形資産をほとんど持たず老舗企業とは似ても似つかない若い企業が既存の業界に殴り込みをかけ、多大な影響力を獲得し、混乱と論争を引き起こしていることだ。これらの企業は、さまざまな情報を集めたり交換したりする「場」、あるいはモノやサービス展開の土台となる環境、一言で言えば「プラットフォーム」を提供する企業であり、有形資産はほとんど持たないものの、旧来の企業にとっておそるべき競争力を持ち合わせている。

第三のトレンドは、GEの家庭用製氷機の目新しい開発プロセスに象徴されるように、不特

定多数の人々すなわち「クラウド」の力が改めて注目されるようになってきたことである。このクラウドはクラウドコンピューティングのクラウド（cloud）ではなく、クラウドファンディングのクラウド（crowd）であり、膨大な数の人々の知恵や知識や情熱を意味する。それらは世界中に分散し、これまで十分に活用されてこなかったが、いまやオンラインでアクセスし、グループを形成し、活かすことが可能になった。

時価総額一〇億ドルを上回るシリコンバレーの新興企業から、フォーチュン五〇〇の重厚長大企業にいたるまで、現在の経済を揺るがす大変化は混沌として脈絡がないように見えるかもしれない。だがいま挙げたマシン、プラットフォーム、クラウドという三つの要素は、いずれも経済や社会の健全な原理に基づいており、経済社会の動きを読み解くレンズなのである。三つのレンズを通してみれば、混沌と見えたものに秩序があり、複雑と見えたものが単純であることがわかるだろう。本書の目的の一つは、三つのレンズを通した見方を提案することにある。

三つのペアの新しいバランス

マシン、プラットフォーム、クラウドには、対になる相手がいる。マシンと対になるのは、人間の知性である。たとえばスプレッドシートと会計士、コンピュータ支援設計ソフトとエンジニア、ロボットと組立ラインの労働者は、いずれもマシンと人間の組み合わせだ。

プラットフォームと対になるのは、物理的な世界のモノやサービスである。Uberはプラットフォームだが、利用者を運ぶのは生身のドライバーであり物理的な車である。同様に、Airbnbにとっては宿泊施設の提供が、Facebookにとっては近況を知らせる投稿がこれに当たる。

不特定多数のクラウドと対になるのは、国や企業などさまざまな組織が長年にわたり培ってきた知恵、専門知識、しくみ、能力である。本書ではこれを基幹、経済の屋台骨という意味でコアと呼ぶ。たとえばGEアプライアンスのコアは家電製品の設計、製造、販売だ。アメリカ航空宇宙局（NASA）のコアはロケットや宇宙船の建造と宇宙探査、Microsoft（マイクロソフト）のコアはオペレーティングシステムやソフトウェアの開発である。

私たちは、人間の知性も、物理的なモノやサービスも、企業が培った知識や能力も、もう時代遅れだとか、もうすぐお払い箱になるなどと言うつもりはない。そのように考えるのはばかげている。本書で繰り返し強調するように、人間の能力、すぐれた製品やサービス、企業が蓄積した組織としての能力は、この先も事業の成功にとって不可欠である。

私たちが言いたいのは、近年の技術の変化を踏まえ、企業は人間とマシン、モノやサービスとプラットフォーム、コアとクラウドのバランスを見直す必要があるということだ。それぞれのペアにおいて、ここ数年の間にマシン、プラットフォーム、クラウドの能力は飛躍的に拡大した。この事実をしっかりと見つめ、新しい視点からペアのバランスを考えなければならない。いつ、どこで、どうすれば、マシン、プラットフォーム、クラウドの能力を最大限に引き出すことができるのか――それを理解することが、今日の経済で成功のカギとなる。本書の大きな目的は、この重要な課題に取り組むお手伝いをすることだ。いやいや、「重要」という言葉は弱すぎるだろう。「誰もが不可避的に直面する課題」と言い直しておこう。

なぜ、いまなのか

前著『セカンド・マシン・エイジ』（邦訳日経BP社）では、テクノロジーの急速な進化を検証し、経済への波及効果について論じた。この本を出版してから大勢の読者からよく聞かれる質問が、「いつそのセカンド・マシン・エイジなるものは始まったのか」というものである。いい質問だ――そして答えるのはむずかしい。コンピュータが出現してから半世紀以上が経ったものの、前著で取り上げた技術の進化の大半は、ごく最近になって生まれている。となれば、セカンド・マシン・エイジはいつ始まったのだろうか。

この質問には二段階に分けて答えたいと思う。セカンド・マシン・エイジの第一期は、デジタル技術が定型的な仕事（たとえば給与計算、自動車の溶接作業、顧客宛の請求書作成など）の大半を肩代わりするようになり、ビジネスの世界に多大なインパクトを与えた時期である。一九八七年七月に経済学者のロバート・ソローは「コンピュータ時代の到来はいたるところで見てとれるが、生産性の統計にだけは表れていない」という有名な発言をした（ちなみに、この年の終わりにノーベル賞を受賞した）[*49]。だが一九九〇年代半ばには、生産性は大幅に伸びて統計データに表われるようになる。そして多くの研究（エリックが行った共同研究も含まれる）[9]が、生産性の伸びの大半はコンピュータを始めとするデジタル技術によることを明らかにした。したがってセカンド・マシン・エイジの第一期は、一九九〇年代半ばに始まったと言ってよかろう。

私たちはいまセカンド・マシン・エイジの第二期にいると考えているが、では第二期がいつ始まったかということになると、特定するのはむずかしい。第二期の始まりは、SFの中にしか出てこないテクノロジー、つまり映画や近未来小説や先端的な研究所の中にだけあったものが、実際に物理的な世界に登場し始めたときだと考えられる。二〇一〇年にGoogleは、完全自動運転車が事故なくアメリカの公道を走行したという衝撃的発表をした。二〇一一年にはIBMのスーパーコンピューターWatson（ワトソン）が、人気クイズ番組Jeopardy!（ジェパディ）で、人間のチャンピオン二人を打ち負かした。二〇一二年末には、スマートフォンの利用者数が一〇億人を超える[*50]。通信機能とセンサーを備えた極小端末は、かつて数え切れないほどのSF映画に登場したものである。それから数年のうちに、本章の冒頭で紹介した三つの出来事が起きた。以下で取り上げるように、他の多くのブレークスルーもこの頃に起きている。これが

〔9〕本書の中で執筆者の私たちに言及するときは、アンディ、エリックというふうにファーストネームだけを表記する。

技術の進化の歴史にたまさか起きるまぐれあたりや偶然とは思えない。したがって、この先に起きるより根本的な変革の前兆とみなすべきだろう。その大変革は、技術の進歩だけでなく、健全な経済の原則にも根ざしている。

セカンド・マシン・エイジの第二期は、第一期とは大きくちがう。第一に、従来はプログラミング可能とは考えられていなかった仕事、マシンにできるとは想像もしていなかった仕事をマシンがやってのけるようになった。碁の名手に勝ち、病気を正確に診断し、問い合わせにそつなく対応し、芸術的な創作（作曲、食器のデザインなど）までこなす。ここ数年でテクノロジーはポランニーのパラドックスをあっさり吹き飛ばし、他のハードルも軽々と飛び越して、新しい領域に突き進んでいる。マシンは、人間のプログラマー[10]が精緻にコード化した指示に従うのではなく、問題をどうすれば解決できるか、自分で学んでいく。マシンに対応できる範囲や用途が大幅に広がったのは、このためだ。

第二に、膨大な数の人々が常時通信可能な高性能のコンピュータをつねに持ち歩き、いつでも互いに接続できるようになった。この高性能コンピュータとは、言うまでもなく、スマートフォンやモバイル端末のことである。スマートフォンの普及スピードは驚異的だ。ピュー・リサーチセンターの調査によると、二〇一五年には新興国・開発途上国二一カ国の成人の四〇％以上がスマートフォンを持っていることがわかった。[*51] iPhone の発売からわずか八年後のことである。二〇一六年のスマートフォン販売数は一五億個を上回ったという。[*52]

人類史上初めて、世界の成人の半分近くが、互いに接続できる状況が出現している。それだけではない。人類が蓄積してきた膨大な知識にも電子的に接続できる。この膨大な知識に誰もが新たな知識を付け加えることができ、他の人がそれに……という具合に好循環を起こすことが可能だ。さらに、さまざまな種類の交換や取引も容易になり、大勢の人がグローバル経済に参加できるようになった。

このことがどれほど重要な意味を持つか、いくら強調しても誇張にはなるまい。ごく最近まで、大量に蓄積された知識（たとえば膨大な蔵書を持つ図書館）や先端的な通信や情報処理技術にアクセスできるのは、世界の中でも恵まれた人々に限られていた――先進国のまずまず裕福な家庭に生まれ育った幸運な人々である。だがもはやそうではない。今後ますます技術が進化し、かつ信頼性が高まれば、数年以内に世界中の人々がアクセス可能になるはずだ。

非定型的な仕事をこなすコンピュータの出現も、多くの人々が常時オンラインでつながっている現象も、ここ数年の出来事である。となれば、セカンド・マシン・エイジ第二期が始まったのは二〇一〇年代に入ってからと考えるべきだろう。このとき、人間とマシン、モノやサービスとプラットフォーム、コアとクラウドのペアのどれもが軋み始めた。長年の前提が覆され、定着していた慣習が時代遅れになったのである。

(10) 私たちはプログラマーのことを時々「コーダー」と呼ぶ。というのも彼らは知識をコード化し、暗黙知を明示しているからだ。

蒸気機関から電気へ

製造現場で蒸気機関から電気への転換が始まったのは一世紀前のことである。このプロセスに私たちが注目するのは、そこに重大な警告が潜んでいるからだ。その時点で成功していた企業の多く、いや大半が、蒸気から電気への移行期を生き延びることができなかったのである。いったい、なぜなのか。来るべきデジタル時代での生き残りをめざすのであれば、企業はその原因を知り、教訓を学ばなければならない。

一九一〇年代には、アメリカはすでにイギリスを抜き去って世界最大の経済大国になっていた。その大きな原因は、製造業にある。当時のアメリカの国内総生産（ＧＤＰ）のほぼ半分を生み出していたのは、製造業だった。

アメリカの工場は、最初は水力（の回す水車）が動力源だった。次にそれが蒸気機関に変わった。そして二〇世紀が始まる頃、電気が有力な選択肢として登場する。始めのうち電気は、工場のど真ん中に据え付けられた巨大な蒸気機関の効率的な代替品としか見なされなかった。このため、人々は単に蒸気機関を大型電動モーターに切り替えただけで、その大型モーターがそれまで通り工場内のすべての機械の動力源として使われた。だが次第に、電動モーターにはもっとすばらしいメリットがあることに人々は気付き始める。コロンビア大学教授の

F・B・クロッカーは次のように指摘している。

石炭の消費量を二〇～六〇％減らせるからという理由で電気を導入した工場がたくさんあった。だがそのような節約は、電気がもたらすほんとうのメリットではない……当初は節約が目的で電気を導入した人々は、別の節約が実現していることに気づいた。それは、間接的節約とも言うべきものだった。[*53]

そう、電気を導入した人々は、蒸気機関の制約からついに逃れられることに気づいたのである。動力源を電気に切り替えれば、建物のどこにでも電気を送ることができる。つまり、ばかでかい蒸気機関と石炭箱の近くに機械類を設置し、シャフトや歯車や滑車やベルトを使った複雑怪奇なシステム（しかもよく故障する）を介して動力を伝達する必要はない。

だが結局多くの工場では、「グループ駆動」方式を採用した。大型モーターを数台据え付け、それぞれが数基の機械を駆動させる方式である。[(11)] だがこの分散駆動方式をさらに推し進め、どの機械にもモーターを取り付ける「ユニット駆動」方式の導入を考える人たちもいた。蒸気機関とちがって電動モーターは、大きな効率損失なく小型軽量化が容易だからである。

〔11〕これらのモーターは、工場近くに設置された発電機で駆動されるか、当時はまだ目新しかった送電線から電力を供給された。

今日では言うまでもなく、ユニット駆動方式以外はありえない。それどころか多くの機械に複数の極小モーターが組み込まれている。だが当初ユニット駆動方式は頑固な反対論に遭い、それが信じられないほど長い間続いたのである。経済史家のウォーレン・デヴィン・ジュニアは次のように指摘する。

技術専門誌を見ると、グループ駆動とユニット駆動の是非をめぐる議論は、二〇世紀の最初の二五年間にわたって延々と続けられていたことがわかる。一八九五〜一九〇四年には、技術者が集まればこの問題で喧々諤々の議論になっていた。どちらかが圧倒的に有利とは言えないというのだ……二〇年が過ぎても、多くの用途でグループ駆動が推奨されていた……一九二八年に印刷された二種類の教科書にも……多くの現場ではグループ駆動が適切であると書かれている。[*54]

あとから見れば当然のことが、なぜそのときは気づかないのか?

後知恵でははっきりわかる技術の進歩が、当事者にとってなかなか理解できないのはなぜだろうか。それも、聡明で経験豊富で、そのうえ当の技術の変化に最も影響を受ける人や企業が、最も理解するのが遅いのはなぜだろう。

さまざまな分野で行われた研究は、同じ結論に達している。旧来の技術に習熟し、知識と経験を積み、現状で成功し繁栄しているからこそ、次に来るものが見えないのである。だから、新しい技術の潜在性にも、それがもたらす変化にも気づかなかった。このような現象は、「知識の呪い」とか「現状維持バイアス」などと呼ばれている。[*55] 現状を大きく転換あるいは転覆させるような何かに対して心の目が閉じてしまう傾向は、現状での成功者に必ずと言っていいほど備わっているものだ。

工場への電気の導入は、まさにその一例である。電気への移行期については多くの研究が行われており、研究者の意見はおおむね一致している。経済学者のアンドリュー・アトクソンとパトリック・J・ケホーは「電気への移行期の始めの頃は、メーカーはそれまで蓄積した膨大な知識を放棄することをいやがった。彼らの目には、電気は蒸気機関をいくらか上回るという程度にしか見えなかったからだ」と指摘する。(12)[*56] 経済史家のポール・デービッドとギャビン・ライトは、電気の可能性に気づくのがあれほど遅れたのは、「それまでの仕事のやり方や製品のあり方を根本的に変えるような組織の変革、さらには意識改革が必要だったからである」と結論づけている。[*57] 組立ライン、ベルトコンベア、天井クレーンは意識改革の結果として生まれた。これらのものがなければ、動力源としての電気の潜在性を存分に引き出すことはできない。だが蒸気機関の時代に成功し繁栄していた多くの企業は、これらのものを想像することす

(12) 始めから電力は蒸気に比べて一定していて安価だった。だが蒸気機関を動力源としていた工場にとってはそれが唯一すぐに実感できるメリットだったため、電気は「蒸気よりいくらかマシ」としか認識されなかった。

らできなかった。

工場電化に立ち遅れた企業群

クレイトン・クリステンセンは、改めて言うまでもなく、大企業を敗北に追い込む「破壊的技術」に着目して『イノベーションのジレンマ』（邦訳翔泳社）を書き、この分野で第一人者と目される研究者である。電気は、まさにクリステンセンの言う破壊的技術の代表例だ。二〇世紀の最初の数十年間で、電気はアメリカの製造業で集団絶滅に近いことを引き起こしたのである。

二〇世紀初頭の時点では、アメリカの製造業界はいわゆる「産業トラスト」に牛耳られていた。製造、仕入れ、流通、販売などさまざまな面でスケールメリットを活かすための企業合同である。一部のトラスト創設者は、市場を独占して価格支配力を掌握することを狙っていた。一九〇四年に行われた調査によると、そうしたトラストが三〇〇以上も存在したことがわかっている。[*58]

当時のアメリカのトラストは、長期にわたって君臨できそうに見えた。資本は潤沢だし、経営者は創業経営者から経営のプロの第一世代に移っている。彼らは新技術を積極的に取り入れ、電報での通信、鉄道を使った輸送も導入し、工場の電化にも意欲的だった。ところが電化の波が拡がるにつれて、彼らのリソースも能力も十分ではなかったことが判明する。

経済学者のショー・ライバーモアが一九三五年に発表した調査によれば、一八八八〜一九〇五年に結成されたトラストの四〇％以上が、一九三〇年代前半までに破綻したという。さらに一一％が「かなり危うい状態に陥り、なんとか生き延びたところもあれば、行き詰まるところもあった……全体的に、調査対象期間の終わりに近づくほど破綻が増えた」[*59]。生き残ったトラストにしても、規模は大幅に縮小した。経済学者のリチャード・ケイブズらは、一九〇五年に業界大手で一九二九年まで生き残った製造業四二社を対象に調査を行なっている。それによると、この四二社の平均市場シェアは、六九％から四五％へと大幅に縮小した[*60]。

これらの調査を始めさまざまな研究を総合すると、アメリカの製造業における競争環境は二〇世紀に入って俄然きびしくなり、かつては我が世の春を謳歌していた企業群が一九二〇年代末までに惨敗を喫していることがわかる。工場の電化は、その一因だったと言ってよいだろうか。

私たちはそう考えている。賢く電気を導入すれば、工場の生産性が大幅に向上することはまちがいない。そのためには単に蒸気機関を電動モーターに置き換えるのではなく、製造プロセスそのものを設計し直さなければならない。機械ごとにモーターを配置し、ベルトコンベアや天井クレーンを使って効率的な生産を行う工場は、競争において有力な武器となる。より少ない労働力でより多くを生産でき、価格や生産の柔軟性を高めて競争力を強化し、ライバルからシェアを奪うことができる。だが、製造プロセスの転換に踏み込めなかった企業も少なくない。彼らはユニット駆動を導入すべきかどうかで、ぐずぐずと議論していた。そこで工場電化で先行した賢い企業は、多くの古いトラストを退場させる結果となったのである。

もちろん、二〇世紀初めにアメリカの製造業界に大変革をもたらした要因はほかにもある。第一次世界大戦の勃発や、セオドア・ルーズベルト大統領によるトラスト撲滅運動などだ。それでも、あれほど多くの大企業が破綻したり不振に陥ったりしたのは、工場電化が重要な要因だったと言って差し支えあるまい。

電気を単に蒸気よりマシな動力源と考えた工場経営者は、まったくわかっていなかった。彼らにしてもすばらしい製品を作っていたにちがいないし、多くの顧客を獲得していたにちがいない。だが工場の電化で決定的な遅れをとってしまうと、もはや生き残ることはできなかった。彼らは価格競争力を失い、需要に応じて柔軟に製品をスイッチすることもできなかった。それまで成功していたのに、いや正しくはそれまで成功していたからこそ、競争から落伍したのである。

セカンド・マシン・エイジで成功するのは

今日の私たちもまた、産業界の地殻変動の初期段階にいる。今回の変動は、蒸気機関から電気への変化よりもはるかに大きく、範囲も広い。世界のどの国のどの分野で活動する企業も、現在進行中のこの変化から無縁でいることはできまい。セカンド・マシン・エイジで成功するのは、人間とマシン、物理的なモノやサービスとプラットフォーム、企業のコアとなる知識・能力と不特定多数のクラウドの知識・能力をこれまでにない形で組み合わせることのできる組織だと私たちは考えている。それをしない企業、現在の技術や組織にしがみつく企業は、いつまでも蒸気機関やグループ駆動にしがみついていた企業と同じ選択をしていることになる。そしていずれは同じ運命をたどることになろう。

本書の目的の一つは、現在の企業のどこかに二〇世紀初めの蒸気機関やグループ駆動と同じものがでんと居座っていないか、見つけるための案内役を務めることにある。そしてさらに、その無用の長物を駆逐して、これから羽ばたく技術をよりよく活かせるような新しい何かを導入するにはどうしたらよいか、ということも考えていきたい。

本書の構成

本書は、これまでにないマシン、プラットフォーム、クラウドが作り出す世界へのガイドブックだと考えてほしい。この種の本は、その性格上、パズルの最後のピースまではめることはできない。ビジネスの世界はつねに変化しているうえ、現在進行中の大規模な過渡期には、変化の振れ幅が一段と大きくなるからだ。だから、セカンド・マシン・エイジに入った経済と社会の変化が進む中でどうすれば企業は成功するかという難問に対して、完璧な答を見つけたなどと主張するつもりは毛頭ない。三つのペアのリバランスには何年もかかるだろう。そして最終到達点も、そこまでの道のりも、現時点ではまったくわかっていない。

だがカオスの中にこそチャンスがある。私たちは、歴史から、また近年の研究、最近の事例や動向、私たち自身の調査から、多くのことを学んだ。そこから導き出したいくつかの結論は、きっと読者にとって価値のあるものだと信じる。本書を読み進むとわかるように、その多くは経済学に根ざしている。なぜ経済学なのか、と読者は思われただろうか。その疑問に対するみごとな答は、オーストリアの経済学者カール・メンガーが一八七〇年にしてくれた。「経済学という学問は……人々が自分のニーズを満たすというつつましい行動をとるときの条件に関心がある」[*61]。もうすこしくわしく言えば、経済学は、組織や個人が自分たちの置かれた環境をどう理解し、どのように未来を形成していくか、また、人々が自己の目的実現のためにモノやサービスや情報を収集・交換したら何が起きるかを研究する学問である。経済学がこれらについて生み出してきた多くの知識と理論が、マシン、プラットフォーム、クラウドの今後を分析する土台になっている。

だが、私たちが頼りにしたのは経済学だけではない。本書で取り上げる多くの事柄はあまりに多岐にわたっており、一つの学問では説明しきれない。そこで私たちは、エンジニアリング、コンピュータサイエンス、心理学、社会学、歴史学、経営学などの助けも借りている。いま押し寄せているテクノロジーの大きなうねりはたしかに現在進行中ではあるが、人類が受け継いできたゆたかな遺産の賜物でもある。いま何が起きているのか、未来はどうなるのかを考えるに当たり、たびたび私たちが過去に遡ってみるのはこのためだ。

本書は大きく三つに分かれている。第1部では人間とマシンのペアを、第2部では物理的なモノやサービスとプラットフォームのペアを、第3部ではコアとクラウドのペアを取り上げる。各部の大きなテーマは同じである。各ペアの二番目の要素、つまりマシン、プラットフォーム、クラウドの能力が急速に拡大し高度化しているいま、それぞれの組み合わせを最適化するにはどうすればよいかを検討することだ。

第1部では、人間とマシンの新しい組み合わせが、企業の最も重要なプロセスをどう変えていくかを論じる。第2部では、先駆的な企業が物理的なモノやサービスとバーチャルなプラットフォームをどのように組み合わせ、どんな新たな提案をしているかをあきらかにする。第3部では、コアとクラウドの相互作用はどのように行われ、それが組織のあり方をどう変えていくかを示す。

各部の最初の章ではセカンド・マシン・エイジの第一期を振り返り、当時の状況とすでに現れていた変化の前兆を確認する。これらの章を読むと、ほんの二〇年ほど前には人間とマシン、モノやサービスとプラットフォーム、コアとクラウドの「標準的なパートナーシップ」が存在していたが、技術が進化し経験が蓄積されるにつれて、このパートナーシップに亀裂が入り始めたことがおわかりいただけるだろう。

各部の残りの章では、三つのペアの新しいバランスについて、最近の事例をくわしく分析する。マシン、プラットフォーム、クラウドについて説明する順序は、想像の範囲内（ちょっとしたSF程度）から次第に想像を超える驚くべき事例へと進んでいくようになっている。だからどの部も、読み進むにつれて「まさか」と思うような斬新な代物が次々に登場するはずだ。そして各部の最後の章では、コンピュータはもっと創造的になりうるのか、プラットフォームの優位性はあらゆる産業で成り立つのか、企業というものはもはや絶滅危機種か、といった挑戦的なテーマについて考えてみたい[13]。

各章の終わりには、その章のまとめと考えるヒントになる質問を掲げておいた。とはいえ本書はハウツー本ではないし、企業が成功するためのノウハウ集でもない。もしそのような本を書けると言う人がいたら、その人は自分自身と読者をだましているのではないかと思う。現時点では変化が大きすぎるし、不確実性が多すぎる。こうした状況で料理の本のような具合に手順や手引きを教える本が書かれたとしても、それを読んで現在進行中の変化を深く理解し、競争優位に立てるとは思えない。そこで私たちは、各章のまとめとともに、それを応用する手がかりとして、数項目の質問をリストアップするにとどめた。

〔13〕これらの問いに対する答は、イエスでもあればノーでもある。

第1部
人間とマシン

PART 1
MIND AND MACHINE

第2章

人間にとって受け入れがたいこと

人間のエネルギーとパワーがマシンのエネルギーとパワーに置き換えられるのではない。これらの新しいマシンは、ごく高次のレベルを除くあらゆるレベルで、人間の判断に置き換わっていくだろう。

——ノーバート・ウィーナー、一九四九年

二〇年ほど前に、ビジネスの世界では人間とコンピュータの棲み分けが定まり、それはたいへんまともに見えた。つまり、こうだ。マシンは計算や記録やデータの伝送を担当する。そうした作業から解放された人間は、意思決定や判断、創造性や直感の発揮、問題解決のための討論、顧客に対する配慮などに専念するというわけだ。

書類の山からパートナーシップへ

この棲み分けはいまやあたりまえとなっており、かつては計算や記録といった書類仕事に人間が格闘し、ファイルを満載したカートが部門間や本支社間を行き来していたことなどもはや忘却の彼方となっている。だがアメリカ人事管理局（ＯＰＭ）の地下室にはまだ今日も非効率の権化が残っている。[*1] そこでは、連邦政府職員が退職した際の事務処理が行われる。なんとこの処理がまだコンピュータ化されておらず、六〇〇人の職員が人手でこなしているのである。

どういう理由か知らないが、この地下室はかつて石灰岩の採掘鉱だった地下六〇メートルの深さにあり、スーパーマーケットほどの面積にファイルキャビネットが整列している。一九七七年には、退職者の事務手続きを完了するのに六一日かかった。今日でもほぼ同じ作業をしており、やはり六一日かかる。一方、テキサス州は書類をすべてデジタル化した結果、二日で終えられるようになった。

世界中の紙の書類に対して宣戦布告をしたのは、マイケル・ハマーとジームズ・チャンピーが一九九三年に発表した『リエンジニアリング革命』（邦訳日本経済新聞出版社）である。この本は大ヒットし、全世界で二〇〇万部以上が売れ、タイム誌の最も影響のあるビジネス書二五冊に選ばれている。*2

ハマーとチャンピーは、企業は部門ごとに業務を行う（たとえば調達部門で原料を仕入れる）と考えるべきではない、ビジネスプロセスを実行する（たとえば顧客からの注文を受ける、部品を調達して組み立てる、出荷する）と考えるべきだと主張した。ビジネスプロセスは、本来的に複数の部門にまたがるということが、彼らの主張のポイントである。いま聞けばあたりまえのことのように響くが、当時は非常に斬新だったし、重要な指摘でもあった。二〇世紀の経営学の重鎮であるピーター・ドラッカーは、「リエンジニアリングは新しい概念であり、ぜひとも実行しなければならない」と述べている。*3 企業の中の仕事をプロセスと捉えると、不要なものや廃止できるもの、ハマーとチャンピーに言わせれば「根絶できるもの」がたくさん見つか

る。

ビジネスプロセス・リエンジニアリングは、二つの要因に後押しされて一九九〇年代半ばに加速した。一つはエンタープライズシステム、[14]もう一つはワールドワイドウェブ（WWW）の登場である。エンタープライズシステムが登場する前は、どの会社もだいたいは各部門が別々のソフトウェアを運用しており、その多くに相互運用性がなかった。その結果、企業の規模が大きいほど混乱を来すことになる。エンタープライズシステムは、部門横断型ビジネスプロセスの処理に特化した単一の大型ソフトウェアでこの問題を一気に解決するとの謳い文句で、[15]SAP（エスエイピー）やOracle（オラクル）などから売り出された。

エンタープライズシステムは急速に普及し、ある推計によると、一九九九年までにフォーチュン一〇〇〇社中六〇〇社が導入したという。[*4]この種のシステムはひどく高価で、インストールにもメンテナンスにも時間がかかったが、おおむね約束通りの性能を発揮した。たとえばエリック・クラらの調査によると、エンタープライズシステムを導入した企業では、システムが稼働し始めるとすぐに労働生産性、在庫回転率、資産活用に改善が見られたという。[*5]

(14) エンタープライズシステムは、ERP（エンタープライズリソースプランニング）、SCM（サプライチェーンマネジメント）、CRM（カスタマーリレーションシップマネジメント）、HRM（ヒューマンリソースマネジメント）といった三文字略語で知られるようになった。

(15) 正確には「単一」ではなく「少数」と言うべきだろう。いかに自信たっぷりのエンタープライズシステムベンダーといえども、たった一つのシステムで企業が必要とすることをすべてこなせるとは言えなかった。

一方、ワールドワイドウェブの登場で、エンタープライズシステムに匹敵するものをパーソナルコンピュータ（のちにはタブレット端末やスマートフォン）で実現できるようになった。ウェブが誕生したのは、ティム・バーナーズ＝リーがオンラインのコンテンツを相互にリンクするためのプロトコルを考案した一九八九年のことである。[*6]有能な技術者だったヴァネヴァー・ブッシュが一九四五年に構想したハイパーテキストシステムや、先見的な社会科学者だったテッド・ネルソンの夢に終わったザナドゥ・プロジェクトが、ついに実現にこぎつけたのである。

ウェブが出現するとすぐに、インターネットはテキストだけのネットワークから、画像や音声なども扱えるようになる。そして一九九四年にNetscape（ネットスケープ）が世界初のウェブブラウザNavigator（ナビゲーター）を発表すると、インターネットのゆたかな海を航海するのはすばらしく容易に、かつ楽しいものとなった[*7]（Netscapeの共同創設者の一人であるマーク・アンドリーセンは、当時二二歳だった。プログラマーだった彼は、初期のブラウザの開発に従事している。アンドリーセンについては、第11章で取り上げる[16]）。研究者専用のネットワークだったインターネットの商用利用が始まったのも、この頃である。

ウェブを活用すれば、企業はビジネスプロセスをそれまでになかった形で拡大し、消費者と直接eコマースを行うことが可能になる。消費者も、商品を探したり調べたりするだけでなく、注文し、決済するのにもウェブを利用するようになった。このスピードと利便性には圧倒的な魅力があり、Netscapeがブラウザを発表してからわずか一〇年で、eコマースはアメリカの小売売上高（食品と自動車を除く）のおよそ一〇%を占めるにいたる。[*8]

その後二〇年間で、ウェブを活用したエンタープライズシステムは、より多くのビジネスプロセスをこなすようになる。キャッシュフローの把握、仕入数量と時期の最適化、従業員の給与支払い……などは朝飯前だった。

人間は判断をしなさい

エンタープライズシステムやウェブのようなテクノロジーの進歩によって人間が書類の山から解放されたら、何をすべきなのだろうか。ハマーとチャンピーは『リエンジニアリング革命』の中で明快な答を示している。ルーティンワークをコンピュータがやってくれるようになったら、人間は自分の判断力を使う仕事をしなさい、と。「チェックや照合やモニタリングといった非生産的な仕事は、リエンジニアリング革命によって排除される……そうなったとき人間は必然的に権限を持つことになる。そして、考えること、意見交換して調整すること、判断すること、決定を下すことが許されるし、求められるようになる」[*9]

これは、誰もが共通して抱いている信念の表明だったと言えるだろう。ハードウェアやソフ

(16) バーナーズ＝リーは、ウェブを発明した功績に対して二〇〇四年にエリザベス女王から大英勲章第二位を授与された。アンドリーセンは二〇一三年にエリザベス女王工学賞を授与された。

トウェアやネットワークで覆われた世界であっても、人間はやっぱり価値がある。何となれば、判断力を持ち合わせているからだ。人間には、与えられたデータに基づいて決まり切った計算を実行するなんてことよりはるかに高次な、論理的に考える能力が備わっている、というわけだ。いまでは大方の人が、自分にできるのがルーティンワークだけだったらすぐさま失業すると理解している。なぜなら、そういう仕事にかけてはコンピュータのほうがはるかにすぐれているからだ。だが大方の人はまた、自分たちはデジタル技術にできないことができるのだと信じている。たとえコンピュータがムーアの法則に従って途方もないスピードで進化するとしても、である。

じつは数十年におよぶ研究の結果、人間が自慢する論理的思考は二つのやり方で行われることがわかっている。この画期的な研究を行ったダニエル・カーネマン（ノーベル経済学賞受賞）とエイモス・トヴェルスキーは、行動経済学と呼ばれる新しい分野を切り拓いた。[17] 彼らの研究によると、人間は誰しも二つの思考法をしている。システム1とシステム2である。[18] システム1は速くかつ自動的で、先天的に備わっており、ほとんど努力を必要としない。システム1は直感と呼ばれるものと密接に結びついている。システム2はまったく反対で、注意深くゆっくり働き、後天的に身につくもので、多くの努力を必要とする。カーネマンは、著書『ファスト＆スロー』（邦訳早川書房）に次のように書いている。

システム1は自動的に高速で働き、努力はまったく不要か、必要であってもわずかである。また、自分のほうからコントロールしている感覚は一切ない。システム2は、複雑な計算など頭を使わなければできない困難な知的活動にしかるべき注意を割り当てる。システム2の働きは、代理、選択、集中などの自覚的経験と関連づけられることが多い。*10

どちらのシステムも、進化していく。システム2は数学や論理的な学問を学ぶことで精緻になっていくが、システム1は日常生活を送り多くの物事を見聞するだけで自然に磨かれていく。消防士は繰り返し現場を経験するうちに、火の手がどのように拡がるかを理解する。人事担当者は、多くの応募者と面接を重ねるうちに、どんな応募者が自社に適しているかが何となくわかるようになる。棋士は、注意深く碁を指し続けることによって上達する。もちろん、二つのシステムを同時に熟達させることは可能だし、むしろそうすべきだろう。たとえば病理学者は、生化学を学ぶのと並行して、病気の組織と健康な組織のサンプルを大量に見ることで、病気の診断の精度を上げることができる。基本原理を頭で理解すると同時に、大量の実例と関

〔17〕この功績に対して、カーネマンは初めて経済学者以外でノーベル経済学賞を受賞した（トヴェルスキーは亡くなっていて同時受賞はできなかった）。
〔18〕システム1とシステム2という命名に際しては、長く続いた名称論議を再燃させないよう、わざと無味乾燥で中立的なものが選ばれた。

連づけることで、短期間で深い学習が可能になる。

職業訓練も、二つのシステムを組み合わせて効果を上げている。経営大学院の学生は、会計や金融やミクロ経済学を学んでシステム2を鍛えると同時に、起業やリーダーシップや職業倫理などについて大量のケーススタディを検討して直感を鍛え、判断力を養う。こちらはシステム1に属する。医師や弁護士の養成でもこうしたアプローチが採用されている。

そしてシステム1とシステム2は、人によってばらつきが大きいことも確かめられている。方程式を解いたり定理の証明法を見つけたりするのは得意だが日常生活がどうにも不器用な人もいれば、計算はお粗末だが勘が働くという人もいる。

テクノロジーが日常生活に浸透するにつれて、後者のタイプが必ずしも不利でないことがわかってきた。いやむしろ、計算はお粗末だが勘が働く人のほうが成功しているように見える。コンピュータがルールに従う論理的なことはすべて処理してくれるのだから、人間はハマーとチャンピーが主張するように、問題を解決し、チャンスを捉え、顧客満足度を高めるために、判断し、決定を下し、意見交換すればよいのである。

今日のビジネスの世界では、どうやらシステム1が優勢になっているように見える。元CEOたちが書く本のタイトルも、*Straight from the Gut*（直感に従え）（邦訳タイトルは『ジャック・ウェルチ　わが経営』日本経済新聞出版社）だとか、*Tough Choices*（困難な選択）（邦訳タイトルは『私はこうして受付からCEOになった』ダイヤモンド社）といった具合だ。[*11] 何かにつけて理論や数字を振りかざす経営者は、現実の世界のからくりにうまく合わせられないタイプのリーダーとみなされている。二〇一〇年に発表された『MBA教育を再考する』（未邦訳）という本では、「無秩序で混乱した状況での判断力と直感力を養う」ことが提唱されている。従来のMBA教育では、この方面が足りなかったというのである。*12 この主張は、『リエンジニアリング革命』とも共通する。計算や記録はコンピュータがやってくれるから、人間は直感を磨き、判断力を鍛えて、賢い意思決定ができるようにしなさい、ということだ。人間とマシンのこの分業にすっかり慣れてしまった私たちは、これが「標準的なパートナーシップ」だと思い込んできた。

人間の判断力はかなりお粗末らしい

この標準的な分業は、人間の側からすると納得のゆくものだが、じつはとてもうまくいっているとは言い難い。たとえ判断するのが経験豊富で信用できる人たちだとしても、人間の判断をいっさい遮断していくつかのアルゴリズムにお任せしてしまったほうが、じつはよい結果が出ることが多いのである。

この主張は感覚的に納得しがたいし、当然ながら不人気である。そこで私たちとしては、この主張の正しさを強調したいと思う。とはいえその前に言っておきたいのは、システム1はけっして役立たずではないということである。それどころか、大いに役に立っている。ビジネスの世界でも人間の直感、判断力、速い思考は必要不可欠だ。先進的な企業はまったく新しい方法でシステム1を活用しており、そこには人間とマシンの新しい関係がうかがわれる。

そうではあるのだが、ここではまずシステム1の弱点を挙げておかねばならない。以下の画期的な研究では、専門家の判断力と直感でさえ、ひんぱんにまちがうことがあきらかになった。

●社会学者のクリス・スナイダーズは、多数のオランダ企業によるコンピュータ五二〇〇台の購入に着目し、予算や納入時期の遵守状況や買主の満足度を予測する数学モデルを構築した。次にこのモデルを使って、さまざまな産業における仕入れについて同様の予測を行うとともに、各社の購買担当者にも結果を予測するよう依頼した。するとスナイダーズのモデルは、平均的な購買担当者はもちろん、優秀な担当者をも上回ったのである。また、ベテランの担当者が新米より予測精度が高いとは言えないこと、自社が属す産業について他の産業より精度の高い予測ができるわけでもないことがわかった。[*13]

●経済学者のオーリー・アッシュンフェルターは、仕込み中のボルドーワイン（したがって飲めるのはだいぶ先になる）の品質や価格を予測するために、誰でも入手可能な天候に関する変数を四つだけ使ってごくシンプルなモデルを構築した。仕込み中のワインの値決めは、従来はワイン専門家の意見に大きく左右されていた。だがアッシュンフェルターは辛辣にこう書いている。「この研究では、専門家の意見の意味について、興味深い事実があきらかになった……要するにはっきり言って、専門家の意見はワインの出来を決める基本的な要素とまったく関係がない……となると、なぜみんな専門家の意見を聞きたがるのか、という重大な疑問が浮上する」[*14]。

●エリックは学生だったリン・ウー（現在はウォートンスクールの教授である）と、住宅の売れ行きと価格を予測する単純なモデルを開発した。Google Trend を活用して、全米五〇州で毎月「不動産代理店」「住宅ローン」「住宅価格」といった検索語が使われる頻度を調べ上げ、頻度に応じて住宅販売戸数と価格動向を予測するというしかけである。二人はこのモデルを使って将来の販売・価格動向を予測し、それを全米不動産協会の予測と比較した。すると、エリックたちのモデルのほうが、二三・六％も精度が高かったのである[*15]。予測モデルに Google の検索データを取り込んだことが功を奏したと言えよう。

●エリックの行なったもう一つの研究では、仲間内で大いに盛り上がりそうな「マネーボール式」モデルを構築した。MITの若手研究者、ディミトリス・バーティマス、ジョン・シルバーホルツ、シャハー・ライヒマンに協力してもらい、誰が一流大学で終身在職権を獲得できるかを予測したのである。過去の発表論文、若手研究者の引用パターン、ネットワーク理論のいくつかのコンセプトなどに基づいて、誰が最も影響力が大きくインパクトの強い論文を書いているかを推定し、オペレーションズリサーチの分野で終身在職権を獲得する研究者をうまく予測できるよう、モデルを修正した。その結果、彼らのモデルは審査委員会の結果と七〇％も一致したのである。[*16] なおモデルが終身在職権を獲得できると予測したのにできなかったケースでは、その研究者は一段と精力的に論文を発表し、獲得した研究者よりもひんぱんに引用されるという結果につながった。

●シャイ・ダンジガーらは、イスラエルの刑務所で囚人の保釈申請に裁定を下す委員会（裁判官など三名で構成される）について調べたところ、朝一番と昼食後には保釈を認める確率が高いことがわかった。逆に昼食前や夕方、すなわち疲れていて血糖値が下がっているときには、保釈を認めないことが多い。[*17] また別の研究でも、裁判官の下す判断は、しばしば審議中の案件とは無関係の要素に影響されることが確かめられている。経済学者のオズカン・エレンとナンシー・モカンは、アメリカのある州の裁判官（一流大学出身である）は、母校のチームがフットボールで予想外の負けを喫するとひどく厳しい判決を出すことを発見した。しかも厳しい判決が出るのは、「被告が黒人であるケースに偏っている」という。[*18]

●フロリダ州ブロワード郡の小学校では、初めて子供たちの能力別クラス分けをするときに、親か教師の推薦に拠っていた。すると、ブロワード郡では大半の児童がマイノリティであるにもかかわらず、最優秀クラスの五六％が白人だった。二一世紀になって同郡では主観的な選別方法を廃止し、できるだけ客観的な方法を採用することを決める。そのために、言葉を使わないIQテストを実施した。すると劇的な変化が起きたのである。経済学者のデービッド・カードとローラ・ジュリアーノの調査結果によると、最優秀クラスに選ばれた子供のうちアフリカ系アメリカ人は八〇％増、ヒスパニック系は一三〇％増を記録した。[*19]

● 法学者のテッド・ルーガーとポリーヌ・キムおよび政治学者のアンドリュー・マーティンとケヴィン・クインのチームは、マーティンとクインが開発した六つの変数を使うシンプルなモデルの有効性を検証した。このモデルを使ってアメリカの最高裁が二〇〇二年に下す判決を予測し、八三名の一流法律専門家チームの予測と比較するのである。法律専門家チームのメンバーは、最高裁判事経験者三八名、法学教授三三名、現職および元ロースクール学長六名など、錚々たる顔ぶれだ。だが彼らの予測が実際の判決と一致したのは、平均すると六〇％弱だった。これに対してマーティンとクインのアルゴリズムは七五％を的中させた。[*20]

ここに挙げた例がいったい公正なのか、信じてよいものか、読者は困惑するかもしれない。人間の判断がデータに基づくアプローチを甚だしく下回る例ばかりを意図的に選び、人間のほうがすぐれている例を無視しているのではないか、と疑わしく感じられる向きもおられよう。だが以下に紹介する調査は、私たちが偏った見方をしているわけではないことを裏付けている。

心理学者のウィリアム・グローブは、心理学と医学の分野で、専門家による予測と統計的予測を比較検討した発表済みまたはピアレビュー済み論文五〇年分を検討した。その結果、一三六本の研究論文（ＩＱの予測から心臓発作の予測まで多種多様である）のうち四八％は、両者にさしたるちがいがないと結論づけていることがわかった。[*21] 言い換えれば、専門家はだいたいにおいてアルゴリズムとどっこいどっこいだということである。

人間の判断力の優越神話にとってはさらに衝撃的なことに、検討した論文のうち四六％は、人間の専門家のほうが統計的アプローチに大幅に劣るという結論に達していることがわかった。となれば、人間があきらかに上回るのはたった六％しかないということになる。しかも、人間のほうがすぐれていたケースのほぼ全部で「人間には、統計的予測に投入されたデータを上回るデータが提供されていた」というのである。[*22] 臨床心理士のポール・ミールは、一九五〇年代にはやくも専門家が下すおそまつな診断の記録を取り始めた伝説的人物であるが、次のように語っている。

臨床医の診断と統計的予測の比較ほど、質的に異なるさまざまな調査がこれほど一様に同じ方向性を示したケースは、社会科学の分野ではほかにはあるまい。フットボールの試合結果でも、肝臓疾患の診断でもいい、とにかく一〇〇回、あなた自身が専門家の予測と統計的予測を比べてみたら、あるいは、人間のほうがいくらかでもすぐれているという調査結果を五つ見つけるのがいかにむずかしいかに気づいたら、それはもう、現実的な結論を下すときだ。[*23]

彼の言う「現実的な結論」とは、言うまでもなく、専門家にあまり頼りすぎないほうがよいということである。

アメリカでは同じ結論に達する企業がどんどん増えているようだ。エリックとクリスティナ・マケーレンは、アメリカ国勢調査局の協力を得て一万八〇〇〇の製造工場の代表サンプルを調査したところ、データに基づく意思決定を採用しているところが急速に増えていることがわかった。[*24] ＩＴの普及がもちろん主要因だが、先行する企業で好結果が出ていることも追い風になっているとみられる。

これだけ強力な裏付けがあるとはいえ、数学モデルの優位にはいくつか重大な但し書きをつけねばならない。まず、人間とモデルを対決させるというからには、対決前にモデルが存在しなければならない。だがポランニーのパラドックスが示すように人間が「語れる以上のことを知っている」となれば、つねにモデルが存在するとは限らない。また数学モデルは、多数の同種のサンプルから構成されるデータセットでテストし、修正し、精緻化しなければならないが、そのように多数のサンプルが存在するのは、人間が行う意思決定のごく一部にすぎない。

とはいえ全体としてみれば、傾向ははっきりしている。数学モデルが構築され修正も完了したケースでは、人間の専門家とすくなくとも同等以上の成績を上げるということだ。つまり私たちは、マシンのほうがうまくできるケースで、いまだに人間の判断に頼りすぎているのである。

バグの多い知性

人間の通常のモードでは、システム1とシステム2の両方が活動する（システム1が困難に遭遇するとシステム2が応援に駆り出される）。直観的なシステム1を封じ込め、合理的で論理的なシステム2だけに頼ることができるなら、予測精度は上がりそうな気がする。いやしかし、システム1がよい働きをしてきたからこそ、七五億人もの人類は過酷な自然選択をくぐり抜けてこの世界を生き延びてきたのである。[*25] となると、システム1がこうも数学モデルに劣っているのはなぜだろう。

この疑問は重大すぎて、一冊の本では、まして一つの章ではとても解明できない。ここでは、カーネマンが『ファスト&スロー』の中に書いた次の一言を引用しておこう。

システム1は自動運転していてスイッチを切ることはできないため、直感的思考のエラーを防ぐのはむずかしい。システム2がエラーの兆候を察知できないことも多々あるので、システム1のバイアスをつねに回避できるとは限らない。*26

システム1は目を覚ましている間中動いている働き者だが、要するにバグが多いということだ。始めから終いまで通して論理的に考えるのをいやがり、のべつショートカットを探そうとする。また驚くほどたくさんのバイアスを蓄えている。心理学と行動経済学の研究者たちは、カーネマンとトヴェルスキーの研究を土台にして、システム1のたくさんのバグやバイアスを突き止めてきた。

バグがどれほど多いかを知ったら、読者はきっとがっかりするだろう。なにしろロルフ・ドベリの『なぜ間違えたのか　誰もがハマる52の思考の落とし穴』（邦訳サンマーク出版）では、九九もの章がその解説に割かれているし、Wikipedia（ウィキペディア）の「認知バイアス」の項目には一七五種類も挙げられている。ソフトウェア開発会社Slack（スラック）のプロダクトマネジャー、バスター・ベンソンは、これらのバイアスを巧みに分類するとともに、バイアスがいかに厄介か、軽妙な文章で記した。(19)

(19) ベンソンは、育児休暇中にウィキペディアの認知バイアスの項目を見て分類方法を思いついた。そのくわしい説明は、彼のブログBetter Humans (http://betterhumans.net) を参照されたい。ベンソンのやり方は、オンラインのクラウドからヒントをもらったみごとな例であり、本書の第3部で改めて取り上げる。

1　情報過多は最悪だ。だから誰もがさっさとふるいにかける……だが、じつはゴミ箱に入れた情報の中にほんとうに役に立つ重要なものがあったりする。

2　わからないところがあると鬱陶しい。だから、意味が通じるようにしたい……だがそうなると、想像力を羽ばたかせ、勝手な仮定を立てて、ありもしない話を拵え上げることになる。[20]

3　チャンスを取り逃がさないためにはすばやく行動することが必要だ。というわけで、私たちは結論に飛びつきやすい……だが急いで下した決定が大まちがいだったというのはよくある話だ。瞬時の反応や性急な意思決定は、不当で、利己的で、非建設的であることがすくなくない。

4　ものごとがややこしくなってくると、私たちは重要なポイントだけ覚えておこうとする……だが人間の記憶はエラーを増幅しがちだ。あとになって思い出したことは、それまでの誤りを一段と強化し、思考プロセスをいっそう歪ませる可能性がある。[*27]

人間の認知能力にはさらに重大な問題があることを指摘しておきたい。それは、システム1がうまく動いているのかいないのか、人間にはわからないし、わかる術もないことだ。言い換えれば、私たちは自分の直感について何もわかっていない。自分の下した判断や決定が正確なのか、バイアスに基づいているのかもわからない。となれば、ポランニーのパラドックスはいささか奇妙なねじれを示すことになる――われわれは語りうる以下のことしか知らない、ということだ。システム2が行なう合理的な計算や推論はダブルチェックすることが可能だが、カーネマンが指摘するとおり、システム1についてそれはできない。何よりもまず、自分自身ができないのである。

最近の研究では、ポランニーのパラドックスのこのねじれに関連するじつに厄介なバイアスがあきらかになった。システム1は結論を下すと、システム2に正当化のための「下書き」を用意することが多いというのである。心理学者のジョナサン・ハイトが主張するとおり、「判断と正当化はまったく別のプロセスである」*28。システム1が主導する判断は、ほとんど瞬時に下される。次に、システム2が供給する合理的でもっともらしい言葉で正当化される。(21) このと

(20) こうした傾向には「アポフェニア」という名前がついている（無意味な情報の中に規則性を見出す知覚作用のこと）。統計的なモデルや機械学習でも同種のミスが起きることがある。こちらは「データへの過剰適合」と名付けられている。

(21) ジョナサン・ハイトは、著書の中で次のように書いている。「人々が自分の行動を説明する理由を拵えあげる現象は、〝作話〟と呼ばれる。作話症は、分離脳患者や脳に何らかのダメージを受けた患者によく見られる。心理学者のマイケル・ガザニガは、作話症を左脳の言語中枢にある解釈モジュールと関連づける。このモジュールは、自己の行動の原因や動機にアクセスできないにもかかわらず、自分が現在している行動すべてを常時解釈している。たとえば「歩く」という言葉を右脳でフラッシュさせると、患者は立ち上がって歩き出す。そのときになぜ立ち上がったのかと訊かれると、「コークを取りに行くためだ」と答える可能性がある。このように、解釈モジュールは何も知らないくせに説明をこしらえる能力に長けている」。Jonathan Haidt, *The Happiness Hypothesis: Finding Modern Truth in Ancient Wisdom* (New York: Basic Books, 2006), 8（邦訳『しあわせ仮説』新曜社）。

んでもない策略は、往往にして他人のみならず自分まで欺く。心理学者のリチャード・ネスビットとティモシー・ウィルソンが「われわれは知りうる以上のことを語っている」[29]と言うとおりだ。となれば、正当化とか自己正当化と呼ばれる行動は、単に言い訳をしているのではなくもっと根源的な行動であり、止められないシステム1の働きだと考えられる。

二〇〇六年にデータ分析の専門家であるアビナッシュ・カウシクとロニー・コハビは、ほとんどの企業で主流となっている意思決定のやり方をヒッポ（HiPPO）と名付けた。[30]ヒッポとは、「いちばん高い給料をもらっている人の意見（highest-paid person's opinion）」の略である。標準的な意思決定方法をじつによく表していて、私たちはこの愉快な略語が大好きだ。高い給料をもらっている人が決めているにせよ、それは往々にして、いやほとんどの場合、システム1が決めている。ヒッポがひんぱんに失敗し、企業価値を損ねているのが何よりの証拠だ。

人間とマシンの新しいパートナーシップ

システム1とシステム2にたくさんのバグやバイアスがあることはわかったが、では賢い意思決定をするにはどうすればいいだろうか。すぐに思いつくのは、マシンにできる判断はマシンにやらせることだ。マシンはつまるところ、システム2のデジタル版である。しかもムーアの法則に従って性能は向上し続けているし、たえず膨大なデータを受け取って処理し続けることが可能だ。そのうえシステム１に惑わされることがない。現に企業は確実にこの方向に進んでいる。

自動化が導く「第二の経済」

早くから意思決定が完全自動化された例として、個人の信用程度を示すＦＩＣＯスコアが挙げられる。ＦＩＣＯスコアは、企業にコンピュータが導入されるのとほぼ時を同じくして開発された。借金を申し込んできた人間が信用できるかどうか、というのは重大な判断である。この判断は、従来は銀行の融資担当者が行ってきた。申請書をチェックし、自分の経験やいくつかの指標やルールに基づいて判断するのである。だがビル・フェアとアール・アイザックはもっとデータを重んじるべきだと考え、一九五六年にFair Isaac（フェア・アイザック）を創立して、信用度を示すＦＩＣＯスコアの計算を開始した。

自動化されたクレジットスコアはすぐさま普及し、一九九九年にはアメリカン・バンカー誌が「五万ドル以下の借り入れの申請であれば、人間は一切介さず、すべてコンピュータが審査するようになった」と報じている。[*31] ＦＩＣＯスコアや類似のクレジットスコアは、申請者の返済能力を正確に予測できる指標として信頼されるようになった。大量の個人情報が入手可能になった近年ではクレジットスコアの信頼性はますます高まっており、対象範囲も拡がっている。

クレジットスコアを開発する場合には、たとえばある地域の住民の点数を低くするといった差別が入り込まないよう注意をしなければならない。とはいえ一般的にはデータに基づくスコアが使われるようになって、より多くの人が融資を受けられるようになった。貸す側も自信を持って融資できるようになっている。実際、与信審査が自動化されるにつれて、差別が減ったというデータもある。二〇〇七年に連邦準備理事会（FRB）は、クレジットスコアモデルの登場で「不法な差別をする機会が減っており……おそらくは人種や民族など法律で禁じられている要素に与信審査が影響される可能性も減ったと考えられる」と報告している。[*32]

今日では、完全自動化された精度の高い決定の例は日常的にいくらでも見つかる。たとえばAmazonをはじめとするインターネット通販サイトでは、ユーザーがサイトをチェックするたびに「おすすめ」を前面に押し出してくる。中には的外れのものばかりおすすめしてくるサイトもあるが、かなり的確なサイトもある。たとえばAmazonは、売り上げの三五％は「おすすめ商品」などクロスセリングの成果だと推定している。[*33]また旅行業界では、航空券やホテルの料金が、需要と供給動向に応じて常時変動するようになった。「常時」は誇張ではなく、一分ごとに変動しているという。このような価格付け手法は収益管理の一環であり、多くの企業の生命線となっているが、今日では収益管理アルゴリズムで生成された価格で売り出す前に人間がチェックすることはめったにないところまで来ている（収益管理については第8章で改めて論じる）。実体のある商品も、いまや自動価格設定の対象だ。たとえば二〇一五年には、年末商戦の始まる感謝祭（一一月の第四木曜日）の翌日に、Amazonは在庫品すべての価格を一六%、Walmartは一三%引き下げた。[34]

あまりに多くの決定が自動化されている今日の状況を指して、経済学者のブライアン・アーサーは「第二の経済」が到来したと述べている。そこでは人間の手を介さずに「膨大な数の目に見えない取引が無言のうちに自動的に処理される」。[35] 自動化された第二の経済は、おなじみの人間を介す経済を侵食しつつあり、アルゴリズムが専門家やヒッポに取って代わろうとしている。情報のデジタル化が進めば進むほど、大量のデータが意思決定の質を高めるために使われるようになり、直感からデータに基づく意思決定への移行が後押しされることになろう。

広告会社は広告を制作するだけでなく、どのタイミングでどこに広告を打つかということもアドバイスする。たとえば、どのテレビ番組に、どの地域に、どの時間帯に打つのが広告主の目的に最もフィットし、かつ予算を最大限に活用できるか、といったことを考えるわけだ。広告業界では早い時期からデータとテクノロジーが活用されてきた。一九六〇年代ニューヨークの大手広告代理店を描いた人気テレビドラマ『マッドメン』によると、広告の最適化（および顧客へのアピール）のために、はやくも一九六九年にIBMシステム360を購入したことになっている。[36] ただしコンピュータを使っても、意思決定の大半を下すのは人間だった。

ダン・ワグナーは、二〇一二年のバラク・オバマの選挙運動で分析チームの責任者となったとき、分析精度を上げるにはどうしたらいいか、また分析結果をどう活かすか、ということを徹底的に追求した。ワグナーのチームはアメリカの全有権者の名簿を作成すると、機械学習を駆使して、有権者ひとり一人に三種類の点数をつけた。第一は「支持スコア」で、対立候補のミット・ロムニーではなくオバマを支持する可能性を表す。第二は「投票スコア」で、一一月の投票日に実際に投票所へ出向いて投票する可能性を表す。第三は「説得スコア」で、選挙運動中にこちらから働きかけたらオバマ支持に回る可能性を表す。[*37]

テレビ番組の制作では、長年にわたって視聴者数のデータが重宝されてきた。たとえばデンバー周辺では、火曜の夜一〇時にアニメ『ファミリー・ガイ』の再放送を視聴した一八～二四歳の男性が何人いた、といったデータである。メディアバイヤーやストラテジストは、主にこうしたデータに基づいて広告を流す媒体や時間帯を決めている。もしオバマの選挙運動でコロラド州の一八～二四歳の男性に呼びかけたいと考えたら、たくさんの広告代理店やメディアバイヤーが、『ファミリー・ガイ』の再放送に広告を出したらいいとアドバイスしたことだろう。

だがオバマのチームは、そうした単純な人口動態データに頼るのは大まちがいだとよく知っていた。そんなことをしたら、ロムニーの熱烈な支持者の集団に広告を出してしまう可能性がある。これではまるで効果がない。逆に、すでにオバマに投票すると決めている人ばかりに広告を出すことになる可能性もある。こちらも、まったくの無駄である。要するに単純な人口動態データに過度に依存するのは、当てずっぽうとほとんど変わらない。デンバー周辺に住んでいる一八～二四歳の若い男は、全体として選挙に無関心かもしれないし、みんなアニメや漫画が大好きかもしれないし、だいたいにおいてオバマ支持に回るかもしれない、等々。

ワグナーのチームは、有権者全員に点数をつけただけでは、作業の半分しか終わっていないことに気づく。分析結果を効果的な選挙運動に結びつけなければならない。具体的には広告を出すメディアを絞り込んで、効果的なメディアバイイングを行う必要がある。そのために、チームは働きかける主要なターゲットを二つのグループに分けた。第一のグループは、オバマを支持してはいるが肝心の投票日に投票へ行くよう呼びかける必要がある人々、第二のグループは、オバマを支持しようかどうしようか決めかねていて、うまく働きかければオバマ支持に回る可能性のある人々である。分析チームは、どちらのグループも幅広い人口特性にまたがっていることに気づいた。したがって、単純な人口動態データに頼っていたら、せっかくの働きかけが大事な相手に届かない可能性がある。またチームは試験的に広告を展開してみた結果、第一グループが好反応を示すメディアは第二グループとはちがうこともわかった。したがって、グループによってどの時間帯のどの番組に広告を出すか、メディア戦略を変える必要があった。

二〇一二年までには、調査会社は視聴者の人数といった単純なデータだけでなく、どんな人がその番組を見ているかを特定できるようになっていた[22]。これこそまさに、ワグナーのチームが必要としているタイプのデータである。そこでチームは調査会社に、ターゲットとする第一

(22) この情報は、人々が自ら自宅に据付けたセットトップボックスから収集される。

グループと第二グループのリストを渡し、各テレビ番組の視聴者数をグループごとに調べてもらった。[23] これで、最適のメディア戦略を立てるにはどうすればいいか、すなわち広告費一ドルでアピールできる第一グループと第二グループの人数を最も多くするにはどうすればいいかが判明した。「最終的に、テレビランド（ニューヨークのケーブルテレビ局）などが放送している夜遅い番組を買った。これはほんとうに奇妙な戦略だったよ。メディア戦略では、ふつうだったら、ああいう番組は最初に除外してしまう。というのも、あまりに安いからなんだ。だが、第二グループ、つまり支持をお願いしたい人たちの多くが見ていることがわかったので、買うことにした」とワグナーは話してくれた。*38

選挙が終わると、ワグナーは選挙戦で有効だったアプローチを活かそうと、ビッグデータを分析するCivis Analytics（キーウィス・アナリティクス）を設立する。同社は、データ解析の結果を的確なメディア戦略に結びつけるためのツールを企業に提供している。これから開拓できそうな客層やあと一押しでもっと買ってくれそうな客といった分類ができるようになったいまこそ、こうしたツールが役に立つとワグナーは語る。「あなたが高価なタイヤを売っているとしよう。タイヤにすごくお金をかける人たちは、少しいる。だが九割がたは全然興味がない。運転をしないか、高いタイヤを買う気のない人たちだ。ターゲットにすべき一割がどんな人たちか、あなたはきっと何か考えをお持ちかもしれない。だが、その人たちがどんなテレビ番組を見ているかを高い精度で予測できるほど知ることはできなかったはずだ。いまでは、それができるようになっている」[39]。広告主にとって、テレビに広告を出すのは重大な決断である。従来は、ある程度のデータは参照しても、大半は人間の判断力に頼っていた。ワグナーは、このやり方を変えるべく奮闘中だ。メディアバイイングから直感を排除し、データに基づく最適化に近づけることが目標である。

言うまでもなく、高度なアルゴリズムといえども完璧には程遠い。インプットされたデータの質に問題があるときは、なおさらだ。二〇一六年には、ヒラリー・クリントンの選挙運動でワグナーと似た手法が採用されたが、クリントンが僅差で敗れたことは周知のとおりである。その一因は、インプットされた世論調査データが不正確だったことにある。解析結果では、中西部の三つの州でクリントンが大差でリードしていることになっていたが、実際にはその三州では僅差ながら敗れていた。

このほか、最終目標が適切に設定されていないというケースもよくある。ロニー・コハビは、これを「評価基準の誤り」だという[40]。仮に巧みな選挙運動の結果としてクリントンが世論調査では大差でリードしたとしても、それは本来の目的ではない。アメリカの大統領選挙は一般投票ではなく、選挙人の数で決まるからだ。より多くの選挙人を獲得するためには、もっと緻密な州ごとの戦略が必要になる。同様に、オンライン広告の効果測定で、ページビューやク

〔23〕プライバシーを守るため、第三者がマッチングを行い、オバマ陣営も視聴調査会社も互いのリストを見ないようにした。

リック数はかんたんにカウントできるが、広告主が重視するのは、売り上げが長期的に伸びるかどうかということである。果たしてオンライン広告は、そのための最適な手段なのだろうか。メディアバイイングに限らず、データに基づく意思決定のカギとなるのは、正しいインプット、適切な効果測定方法、そして的確な評価基準である。

アルゴリズムのよからぬふるまい

意思決定をマシンに委ねる場合、重大なリスクとして考えられるのが、アルゴリズムに何らかのバイアスが入り込んでいて、現代社会にすでに存在する有害なバイアスをしぶとく生き残らせたり、さらには増幅したりすることである。たとえば、ラタニア・スウィーニーはハーバード大学の名物教授だが、彼女はGoogleの検索欄に自分の名前を入力した際にひどく不快な体験をした。検索結果とともに、なんと、

> 逮捕歴ありかも？　氏名と住んでいる州を入力するだけで、あらゆる公的記録にアクセスできます。いますぐwww.instantcheckmate.com（インスタントチェックメイト）でチェック！

という広告が出現したのである。[*41]　もちろんスウィーニーは逮捕されたことなど一度もなかっ

た。

そこでスウィーニーがさらに検索をかけてみたところ、アフリカ系アメリカ人によくある名前（トレーボン、ラキシャ、それにラタニアなど）を入力すると、白人によくある名前（ローリーやブレンダンなど）よりも、「逮捕歴ありかも？」の広告が出やすいことがわかった。[*42] これについてスウィーニーは、Googleの広告表示システムの自動アルゴリズムは、黒人を想起させる名前のときにinstantcheckmateの広告を出すと、クリックスルー（広告主のサイトへアクセスする）率が高いことを認識しているのだろうと推測している。これもまた不快なことだ。もしそうだとすると、このような広告表示傾向は、広告主やGoogleが偏見を抱いているのではなくて、広告をクリックする何百万人もの人たちの間に浸透している人種差別的なパターンを反映していることになる。これと似たことだが、私たちが試しに二〇一七年一月に「科学者」という言葉をGoogleの画像検索で入力したところ、出てきた画像の圧倒的多数は白人だった。「おばあちゃん」も、である。

ケイト・クロフォードとリャン・カロは、ネイチャー誌に発表した論文の中で、「人種、ジェンダー、社会経済的背景などの要因ですでに社会的不利益を被っている人々を、AIシステムが一段と不当に扱う危険性がある」と述べている。[*43] そして、こうしたバイアスが意図的か否かを問わず、AIシステムの社会的影響の大きさを考えれば見直しが必要だと強調した。

クロフォードらの懸念はもっともだと言えよう。アルゴリズムによる意思決定の導入が進むことには、リスクもあればチャンスもあると考えるべきだ。リスクとしては、不公平で有害なバイアスが不用意に組み込まれ、長期にわたってそのことに気づかない恐れがある。システム設計者が公平なシステムの実現をめざしていてもバイアスが入り込む可能性は大いにあるうえ、広範なテストを行わない限り、バイアスの存在を突き止めるのはむずかしい。どんなシステムの設計者もこの難題に直面するはずだ。

その一方で、チャンスもある。マシン主導のシステムは、テストを実施して改善できるし、きちんと修正すれば同じ誤りを繰り返すことはない。対照的に、人間にバイアスの存在を認めさせるのはむずかしい。まして是正するのはなおのことである。マシンであれ、人間であれ、両者の組み合わせであれ、何らかの意思決定システムを採用するときには、完璧はあり得ないと心得なければならない。どんなシステムもエラーは犯すしバイアスはある。だから、バイアスやエラーを最小限に抑えることと、それらを特定してすばやく修正できるようにすることを目標にすべきである。

人間の知恵を賢く組み込む

意思決定において人間に何か役割があるとすると、それは何だろうか。人間のシステム1がバイアスとバグだらけであることがわかり、しかもデータは増える一方、コンピュータの性能は上がる一方となると、すぐにも第二の経済が第一の経済を乗っ取り、ありとあらゆる決定は

デジタル版システム2つまりコンピュータがやるのではないかと思えてくる。こんな古いジョークがある――未来の工場には労働者は二人しかいない。一人は人間で、もう一人、いやもう一匹は犬である。人間の仕事は犬に餌をやることだ。犬の仕事は、人間が機械に触らないように見張ることだという。[*44] 未来はほんとうにこんなふうになるのだろうか。

私たちはそうは考えていない。人間が、コンピュータにはない困ったバイアスを備えていることはたしかだ。だが人間には、コンピュータにない強みもある。まず人間は、五感をつねに働かせて常時膨大なデータを受け取っている。人間は、その膨大なデータをあらかじめ選り分けたりはしない。すべてを一時に受け取る。というよりも人間は、どれか一つの音だけを聞くとか、一つのものだけを見るということはまずできない。コンピュータはまさに反対である。コンピュータは、プログラマーがあらかじめ設定したデータ以外のものを集めることが極端に苦手だ。

このちがいから、人間の重要な仕事が浮かび上がってくる。それは、臨床心理士のミールが挙げる印象的な例「骨折した教授」と密接な関係がある。[*45] この例では、ある教授が長年にわたり毎週火曜日に映画を観に行っていた。したがってコンピュータモデルは当然ながら、教授が来週も映画を観に行くだろうと予測する。ところが不幸にも教授は火曜日の朝に足を骨折してしまった。となれば誰もが、教授はその夜映画には行かないと予測する。ところが、こんな特別な要因をアルゴリズムに再現するのは非常にむずかしい。しかも、「教授の行動に影響を与える予測不能な要因はごまんとある」[*46]。誰がシステムを設計するにしろ、そうした偶発的な要因を網羅的に考慮することは不可能だ。人間が持ち合わせているもう一つの強みは、知恵とか常識と呼ばれるものだ。知恵者とはとうてい呼べそうもない人でも、こと常識に関する限り、最先端のコンピュータにまさっているのである。人間は生まれ落ちた瞬間から、生きて行くために必要なことや自分の周りのことについて絶えず学び、どんどん吸収している。人間がどうやって常識を身につけるかについては、何十年も前から研究が続けられてきたが、たしかなことはまだわかっていない。そしてコンピュータに常識を教え込む試みは、もののみごとに失敗してきた。これについては、次章でくわしく取り上げる。

こうしたわけだから、コンピュータの下した決定を人間がチェックするのは、多くの場合に適切といえる。分析論を専門とするトーマス・ダヴェンポートは、人間によるチェックのことを「窓の外を見る」と表現する[*47]。これは、単なる比喩ではない。ダヴェンポートはある航空会社のパイロットからヒントを得たと話す。そのパイロットは、旅客機の操縦がいかに計器に頼っているかを説明したあとで、ときには顔を上げて自分の目で窓の外を見ることが大事だと強調したという。エラーを防ぐにはじつに有用なやり方だ。「窓の外を見る」ことは、会社の評判を落とさないためにも必要である。Uberは、二〇一四年末にそのことを身を以て体験した。当時、同社はラッシュ時など需要の急増時に料金を吊り上げる手法ですでに顰蹙(ひんしゅく)を買っていた。だがUberは、混雑時の需給調整にこのやり方は適切だとして(その点には私たちも同意する）、いっこうに変える気はなかった。Uberのアルゴリズムは、需給がひっぱくした際により多くのドライバーに応じてもらうよう、料金を大幅にアップするしくみになっている。

ところが、二〇一四年一二月にシドニーのカフェで人質立てこもり事件が起きたときもこのアルゴリズムが発動したため、Uberは激しい非難を浴びる。[*48] 多くの人が事件の起きた地区から逃げ出そうとしてタクシーやUberを使おうとしたため、Uberのアルゴリズムはすぐさま需要の急増に反応し、料金を大幅にアップさせたのである。このような非常時に何ということだと、批判が集中した。

事態を重くみたUberは、「われわれは事件が起きてすぐに料金引き上げを止めることができなかった。誤った決断だった」との声明を発表した。[*49] その後に同社は、ある種の状況では自動的な引き上げを無効にできるようになったらしい。二〇一五年一一月一三日の夜にパリで同時多発テロが発生したときには、最初の攻撃から三〇分以内にUberはパリ市内での料金引き上げをストップし、利用者全員に緊急時の料金を適用した。[(24)][*50]

これらの例は、人間の判断とアルゴリズムをうまく組み合わせることの大切さを雄弁に物語っている。とはいえ、組み合わせるにあたっては注意が必要だ。なにしろ人間は自分で決めるのが大好きだし、自分の判断力に自信満々である。だから大半とは言わないまでもかなりの

(24) それでも、Uberの料金引き上げアルゴリズムがずっと発動されていたという噂が絶えなかった。

人が、コンピュータのほうが正しいときでも、自信たっぷりに自分の判断を優先させるだろう。だが購買担当者の予測精度を調査したクリス・スナイダーズは、「コンピュータの支援を受けた専門家の判断の精度は、だいたいにおいて、支援を受けない専門家とコンピュータとの中間である。つまり専門家がコンピュータモデルを使えば、使わないよりましになる。だがそれでも、コンピュータだけのほうが精度は高い」と結論づけている。[*51]

私たちは、ミールやダヴェンポートとまさに同じ理由から、意思決定に人間を介在させることに賛成である。だが同時に、可能であればそのやり方の「成績をつける」ことをおすすめする。つまり、アルゴリズムと人間の決定の精度を長期にわたって記録しておくのである。人間の判断を優先させたときにアルゴリズムより正しければ、そのまま続けてよいだろう。だがそうでないなら、見直しが必要だ。そのときに何よりもまずすべきことは、人間に精度の低さをはっきり認識させることである。

こうしたフィードバックはきわめて重要である。というのも、システム1はフィードバックを受けることによって学習し向上するからだ。カーネマンと心理学者のゲイリー・クレインはこう書いている。「絶対に直感を信じてはいけない。自分の直感を重要なデータの一つと考えるのはよいが、意識的に念入りに評価し、この状況でその直感は正しいのかどうかを吟味しなければならない」[*52]。システム1の精度を高めバイアスを減らす最善の方法は、システム1にたくさんのサンプルを与え、判断の精度についてできるだけ早くひんぱんにフィードバックをすることである。

組み合わせを従来とは逆にしてみたら

人間とマシンを組み合わせるもう一つ有効なテクニックは、標準的な組み合わせを逆転させることである。つまり、マシンがデータを提供して人間が判断するのではなく、人間の判断をアルゴリズムへのインプットにする。一部の企業はすでにこの方法を試みている。たとえばGoogleは、人事採用でこのアプローチを導入した。

採用は企業にとって非常に重要な意味を持つが、採用後の人事評価を追跡してみると、どうもひどくおそまつな結果にしか結びついていないことがわかっている。Googleの人事部門を率いるラスズロ・ボックは、当時同社で使われていた応募者の選別方法がほとんど役立たずであることに気づいた。入社後の仕事の出来と書類審査との相関性はわずか七%、過去の職歴との相関性は三%にすぎない。さらに問題なのは、多大な時間と労力をかけて行う自由面接（「あなたの一番いいところは何ですか？」とか「我が社を受験する動機は何ですか？」といった質問から始まる例のあれだ）との相関性が一四%にとどまったことである。ボックによれば、面接には次のような欠陥があった。

面接では、応募者を評価するのではなく、自分の印象を裏付けることに時間がかけられていた。心理学者はこうした傾向を確証バイアスと呼ぶ。ほんのちょっとしたやりとりを通じて私たちは瞬時に無意識のうちに判断を下してしまう。その判断は、それまで抱いていた偏見や思い込みに大きく影響されている。そのことに気づかないまま、私たちは候補者の評価を放棄して、自分の第一印象を裏付ける証拠探しに血眼になる。[*53]

ここでも、活発に活動しているのはシステム1だ。システム1は、バイアスやエラーを重要な決定に持ち込もうとしている。

では、人事採用ではどうすればよいだろうか。Googleでは、自由面接ではなく、面接の手順を厳格に定めることにした。その結果、入社後のパフォーマンスとの相関性は二五%まで高まったのである。新方式の面接は、認識能力を問う質問など、あらかじめ決められた一連の質問で構成される。面接官は必ず同一の質問リストを使って同じ質問をするようにした。「それから、面接官は指示に従って評点をつける……評価基準は明確に定められている……この簡単明瞭な採用方針のおかげで、面接結果を数値化して比較評価することが可能になった」とボックは話す。[*54]

このやり方でも面接官の判断は重要だが、数値化され、点数として表現されることになる。ボックは、この面接・評価方法が無味乾燥で人間味がないとは思っていない。むしろ逆だ。応募者自身が、客観的かつ公平に扱われたと評価しているのである（新方式の面接で落とされた応募者の八〇％が、友人にGoogleを受けるよう勧めると答えた）。しかも採用決定がスムーズになった。「優秀と平均の境目がはっきりするからね」とボックは説明している。[*55]

非常に重要な決定は人間に委ねるべきか？

人間とマシンの標準的な組み合わせを大幅に変えるとか、ときには逆転させるなどと言うと、大方の人が多いに不快に感じるようだ。多くの人が人間の直感や判断力を信頼しているし、もっと言えば自分の判断力には自信を持っている（いろいろな人とこの問題について話してきたが、自分の判断力が平均以下だと認めた人は一人もいなかった）。だが証拠ははっきりしている。システム2だけかシステム1＋2かを選べる状況のほとんどで、システム2単独の判断のほうが、システム1＋2の判断よりも正しいのである。だからと言って、人間の判断は無用だというのではない。これまでに挙げたアプローチ、すなわちコンピュータに委ねる、人間の判断をインプットとして使う、人間の判断を適宜優先するといった方法を使って、人間の判断をよりよいものにしたらよいと私たちは考えている。

それは非人間的なやり方だと非難する人がいる。コンピュータ主導の意思決定を認めるということは、人間が決定する余地を減らすことだと指摘する人もいる。人間が手にした意思決定権を手放すのは不愉快だということは認めよう。[25] 人間がコンピュータの下僕になるような図式は誰だっていやに決まっている。だからと言って従来どおりのやり方を続けて、釈放すべき囚人を閉じ込めておいたり、不適切な囚人を釈放したりしていいだろうか。あるいは、もっと抑えられるはずの誤診率を高いままにしておいていいだろうか。あるいは、不向きな人材の採用を続けていいだろうか。

私たちに言わせれば、どれも答はノーだ。社会がうまく機能するためにはよい決定や判断が欠かせない。よい判断は、リソース配分の最適化にも適材適所の実現にも寄与する。かつての標準的なパートナーシップ、すなわちコンピュータが定型的な仕事をしてヒッポでものごとを決めるという組み合わせは、リソース配分の最適化に適しているとは言えない。

さてここまで来たら、人間が将来予測にかけても相当おそまつだと言っても、読者はもう驚かないだろう。結局のところ、予測と決定は表裏一体である。適切な決定を下すためには、すくなくとも将来のある面を正確に見通す必要がある。とくに、やると決めればこうなる、やらないと決めればこうなる、ということを見通すことが大切だ。予測がいい加減だとよい決定は下せない。そして、いまさら言うまでもないが、システム1の即断とバグのせいで人間はのべつ予測を誤る。

政治心理学者のフィリップ・テトロックが率いるチームは、政治、経済、国際情勢など多くの分野での予測精度を評価する長期プロジェクトを一九八四年にスタートさせた。ここでもまた、結論は明白で、衝撃的なものとなった。八万二〇〇〇件の予測を調べた結果、「専門家の予測精度はチンパンジーのダーツ投げ並み」だというのである。[*56] これは由々しきことである。

なにしろ企業では、将来予測に直接絡む仕事がきわめて多い。将来の株価はどうなる、金利はどうなる、あるいはスマートフォンの売れ行きはどうなる……といった具合だ。また、将来予測が間接的に織り込まれている仕事もある。たとえば、ウェブサイトのデザイン変更は、新しいデザインのほうがユーザーの気に入るだろうといった読みに基づいているし、ユニークな新製品の投入は、いまどきの消費者はこのほうが好きだろうという予測に基づいている。

予測の精度を上げるには

もちろん、人間の予測が全部が全部はずれるわけではない。テトロックによれば、中には超能力者のような人もいるという。偶然をはるかに上回る頻度で正確に将来予測をする人たちだ。彼らの共通点は、多くの情報源から情報を仕入れること、もっと重要なのは、いろいろな視点から状況を見ることだ。一方、おそまつな予測をする人は、ある一点からしか状況を見よ

〔25〕実際にも、心理学者のセバスチャン・ボバディラ・スアレスのチームが行なったある実験では、金銭配分の決定権を手放さないためならいくらか払ってもいいと考える人がいることがわかった。配分の決定を自動的に行うほうが、自分の取り分が多くなる可能性が高いと知っていてもなお、権利を握っていたいというのである。どうやら人間は決定権を掌握することが好きらしい。Sebastian Bobadilla-Suarez, Cass R. Sunstein, and Tali Sharot, "The Intrinsic Value of Control: The Propensity to Under-delegate in the Face of Potential Gains and Losses," SSRN, February 17, 2016, https://papers.ssrn.com/sol3/papers2.cfm?abstract_id=2733142.

うとしない（筋金入りの保守も筋金入りのリベラルも、政治的予測の精度はきわめて低い）。テトロックは、多くの視点からものごとを見られる人をキツネ、単一の視点からしか見られない人をハリネズミと呼ぶ。この命名は、ギリシャの詩人アルキロコスの詩「キツネはたくさんのことを知っている。ハリネズミは大きなことを一つだけ知っている」に由来する。[26]

こと予測に関する限り、可能であればハリネズミではなくキツネを頼るほうがよい。キツネは多次元的な推論と分析ができるので、予測精度が高い。予測能力が高い人は、キツネ型が多いのである。

予測を減らし、実験を増やす

超能力者は別として、私たちから読者への基本的なアドバイスは、予測にあまり頼らないほうがよい、ということである。今日の世界はどんどん複雑になっており、しかも絶えず変化している。したがって何かを予測するなどということは、「非常に困難」と「ほぼ不可能」の間と考えるべきであり、スパンが長いほど「ほぼ不可能」に近づくと肝に銘じるべきだ。

賢い企業はすでにこのことに気づいており、長期予想、長期計画、大胆な賭けから、短期予測とその修正、実験、試行へと軸足を移している。伝説的な計算機科学者アラン・ケイは、「未来を予測する最善の方法は未来を創ることだ」という言葉を残したが、まさに至言である。

賢い企業はさまざまなテストを繰り返してはフィードバックを確認し、必要に応じて微調整する。長期予測に基づいて長期計画を立て、遠い目標に向かって自信たっぷりに大ジャンプする、なんてことはしない。

実験や試行を繰り返す方法は、ウェブサイトならかんたんに実践できる。ウェブならユーザーの行動について多くのデータを集められるので、Aがいいのか、Bのほうがいいのかを容易に確かめることができる。一部のeコマースサイトは、商品説明などのこまかい点まで、変更するときには厳密にテストを行っている。たとえば、オンライン旅行業のPriceline（プライスライン）がそうだ。同社は一九九〇年代後半に飛躍的発展を遂げたが、御多分に洩れずインターネットバブルの崩壊とともに事業縮小を余儀なくされる。その後、二〇一〇年代半ばに宿泊予約中心に切り替えて世界最大手にのし上がった。同社の手法で注目すべきは、データに基づく実験をつねに行なっていることである。ベンチャービート誌の記者マット・マーシャルが指摘するとおり、「飛躍を導くのは、たいていは小さなアイデアだ。塵も積もれば山となるって言うじゃないか。たとえばウェブページの色やレイアウトをちょっと変えるとか、言葉遣いを変えるとか、データの見せ方を変えるといったことで、すこしずつでも売り上げを伸ばすことができる……Pricelineでは、ある宿泊施設の説明を「駐車場あり」から「無料駐車場あり」

〔26〕哲学者のアイザイア・バーリンは『ハリネズミと狐』（邦訳岩波文庫）と題する小論の中で、歴史に登場する思想家を二つのカテゴリーに分類した。狐は多くのテーマを追いかける思想家、ハリネズミは一つの大きなテーマを追究し続ける思想家である。

にしただけで、コンバージョンレート（ウェブサイトの訪問者のうち何％が購入したかを示す指標）が二％上がった。その説明はページのわかりにくいところにあって、よほど注意深い人でないと見落としそうなのに[*57]」。

こんな事例はあちこちで見つかる。たとえば女性用下着のオンライン販売を手がけるAdore Me（アドア・ミー）では、モデル選びからポーズまでA／Bテストを行って決めるという念の入れようだ[*58]。A／Bテストというのはインターネットマーケティングの標準的な試験手法で、訪問者の半分には選択肢Aを、残り半分にはBを示し、どちらがよいかを決めていく。商品によっては、モデルが腰に手を当てているよりも髪を触っているほうが売り上げがいいらしい。専門家が何時間、ことによっては何日もかけて分析し議論を戦わせるよりも、さっさと選択肢をオンラインでテストするほうが早いし正確だ。そしてときには、予想外の成果が得られる。

実験は、何もオンラインの専売特許ではない。現実の環境で行っても大いに役に立つ。多くの大企業、たとえば銀行、小売業、外食産業、サービス産業などの大手は、顧客との接点を多数展開している。こうした企業をデービッド・ガービンはマルチユニット企業と呼ぶ[*59]。フォーチュン一〇〇にランクされる企業の二〇％は、ある意味でマルチユニット企業だと言ってよい。そしてマルチユニット企業の顧客接点では、どこもおおむね同じ仕事をしている。となればこれは、実験にうってつけである。

イノベーションを研究するステファン・トムキと企業実験を専門とするジム・マンジーは、

百貨店チェーンを展開するKOHL'S（コールズ）の実験を報告している。[60] KOHL'Sでは、週末に開店時間を一時間遅らせると売り上げにどう響くかを一〇〇店舗で実験した。すると、売り上げにはさして影響がないことが確かめられたという。また、家具の販売を始めたら売り上げにどう影響するかの実験は七〇店舗でやってみた。すると、家具はスペースをとるため他の商品が陳列できなくなり、店舗全体としての売り上げが実際に減少し、客足も遠のくことが判明した。経営陣は家具販売に乗り気だったのだが、最終的には実験結果を尊重して家具の取り扱いは見合わせることを決定したという。マルチユニット企業のすべての顧客接点で新たな試みを始めるのは、多くの場合現実的ではない。このように段階的な導入をすれば自然な形で実験ができる。もちろんいくらか手間はかかるが、新しいことを導入した拠点と、していない拠点を注意深く比較することで、多くの教訓が得られるはずだ。

予測と実験はそうかんたんに自動化できるものではないが、データやデータ解析とはなじみがよい。データとデータ解析は、システム2がこよなく愛するツールであり、セカンド・マシン・エイジの武器でもある。一方、システム1を構成する直感、判断力、蓄積された経験といったものは、正確な予測をしたいときやよい意思決定をしたいときにはちょっと引っ込んでいてもらわなければならない。やがてヒッポ（HiPPO）は企業の中で絶滅危惧種となるだろう。

この章のまとめ

- 人間とマシンの二〇年以上にわたる「標準的なパートナーシップ」は、人間の直感や判断力に重きを置きすぎている。
- 人間の判断がこうもひんぱんにまちがうのは、さして努力を要しない即断即決のシステム1の推論に多くのバイアスがかかっているからである。さらに悪いことに、システム1は自分のエラーに気づいておらず、合理的なシステム2をハイジャックしてしまう。そして、性急な判断にもっともらしい理由づけまでやってのける。
- 判断と予測に関しては、可能であればデータとアルゴリズムにだけ頼るほうが、専門家の判断と経験に頼るよりもよい結果が出る。このことは多くの事例で裏付けられている。
- 現在人間がやっている意思決定、判断、予測の多くはアルゴリズムに任せるほうがよい。ただし場合によっては、人間が常識に基づくチェックを行う必要がある。それ以外の場合には、人間はすっかり締め出しておくほうがよい。
- 主観的な人間の判断がまだ活用されているケースでも、判断を数値化し、定量的な解析に含めるというふうにして、標準的なパートナーシップを逆転させる事例が出てきている。
- 意思決定プロセスは、意思決定者が満足するように組み立てるのではなく、正しい目標と明確な基準の下に最善の決定が下せるように組み立てなければならない。

・アルゴリズムは完璧にはほど遠いものである。不正確なデータやバイアスのかかったデータが投入されたら、不正確な決定やバイアスのかかった決定しか下せない。バイアスの中には無意識のものもあれば、ごく微妙でそれとわからないものもある。アルゴリズムを活用するときの基準は、完璧かどうかではなく、利用可能な他の方法よりもよい結果が出るか、フィードバックにより改善できるか、という点である。

・テクノロジーが普及するにつれて、標準的なパートナーシップやヒッポ（HiPPO）への過度の依存から、データに基づく意思決定へと移行する可能性が高まっている。移行を推進している企業は、そうでない企業よりも有利になっている。

・たくさんの視点からものごとを見られる人、効果的に試験や実験を行う企業は、よい予測ができる。

あなたの会社では？

1　あなたの会社では、人間が行なった決定や予測、アルゴリズムが行なった決定や予測について、長期にわたって組織的かつ網羅的に結果を追跡調査していますか？　どちらのほうがよい結果が出ていますか？

2　あなたの会社でヒッポによる意思決定が最もひんぱんに行われるのはどのような場面ですか？　それはなぜですか？

3　あなたの会社で、人間とマシンの標準的なパートナーシップを逆転させる（＝人間の主観的な評価はデータ解析のインプットの一つとする）ことが可能なのはどのような状況、あるいはどのような業務でしょうか？

4　アルゴリズムと人間では、どちらがバイアスが多いと思いますか？

5　キツネとハリネズミでは、どちらに説得力があると思いますか？

6　あなたの会社は、少数の大規模な長期プロジェクトを実行するタイプですか、それとも短期的かつ反復的なプロジェクトを数多く実行するタイプですか？

第3章

人間のように考えるマシンたち

今世紀の終わり頃には、ふつうの教育を受けた人の意見は大きく変わり、考える機械について話しても誰からも反論されなくなるだろう。

——アラン・チューリング、一九五〇年

コンピュータが開発されるとすぐに、私たちは人間と同じように考えさせようとした。コンピュータが基本的な四則演算に役立つことは最初からわかっていたが、それは別に目新しい能力ではなかった。というのも、人間は大昔から計算機を作り続けてきたからだ。日本やバビロニアには算盤（アバカス）があったし、ギリシャには「アンティキティラ島の機械」と呼ばれる摩訶不思議な計算機が存在した。[27] 紀元前の話である。

コンピュータで新しかったのは、人間が思いのままに込み入った指示を出せることだった。[28]

(27) 置き時計ぐらいの大きさの機械で、太陽、月、惑星の運動を予想するために使われていたらしい。当時にしては非常に進んだ機械であることが謎とされている。ジャーナリストのジョー・マーチャントは、二〇一五年に、「このようなものが古代に作られた例はこれまでにない。これほど高度な機械、あるいはこれに近いものでさえ、その後千年にわたって作られなかった」と書いている。Jo Marchant, "Decoding the Antikythera Mechanism, the First Computer," *Smithsonian*, February 2015, http://www.smithsonianmag.com/history/decoding-antikythera-mechanism-first-computer-180953979.

(28) アラン・チューリングは、プログラムを保存できる基本的なコンピュータは、アルゴリズムで解ける問題であれば、指示に応じてすべて解くことのできる汎用コンピュータと考えてよいことを証明した。

前章で触れたように、コンピュータプログラムというものは、正確に一つ一つ指示をこなすという点で、アルゴリズムの実行に理想的にできている。だがさまざまな分野の研究者が、単に指示をこなす以上のことをこの新しい機械にやらせようとした。彼らが望んだのは、独力で考えられるような機械だった。人間のように推論する機械、そう、人工の知性を持つ機械である。

人工知能をめざす二つの道

ダートマス大学の数学教授ジョン・マッカーシーは、人工知能(AI)を「知性を持つ機械を作る科学技術」と定義した。[*1] そして一九五六年に世界で初めて、人工知能に関するダートマス会議を開催している。それから数年と経たないうちに、人工知能の開発手法を巡って大論争が巻き起こり、それが延々と続くことになった。二つの開発手法は、いったいどこがどうちがったのだろうか。それを理解するには、小さな子供が言葉を学ぶプロセスと、大人が外国語を学ぶプロセスの比喩で考えるとわかりやすい。

子供は、基本的に耳で聞いて言葉を覚える。自分の周りにいる人が話しているのを聞き、言葉を覚え、ルールを学び、やがて自分でもしゃべってみる。周りから褒められたり、まちがって使って直されたりすることを繰り返していくうちに、言葉を話すという難事業をみごとにやってのける。

一方、大人が外国語を学ぶやり方は、子供とはまったくちがう。外国語をマスターしようと決心した大人は、まず膨大な文法規則に手を焼く。代名詞は文章のどこに置くのか、どの前置詞を使うのか、動詞はどう活用するのか、名詞に性はあるのか、主語と目的語の位置関係はどうなっているのか（これがわからないと、犬が人間を噛んだのか、人間が犬を噛んだのかもわからない）、等々。膨大な単語を覚えるのも厄介なことにはちがいないが、たいていの大人にとって一番うんざりさせられるのは、ややこしいうえに首尾一貫しない文法規則だろう。

子供たちは、そんなものを習わなくてもちゃんとしゃべれるようになる。[29] だが大方の大人は、文法を学ばずに外国語を習得することはできない。もちろん、二つの方法に重なり合う部分はある。子供たちはいずれは国語の授業を受けるようになるし、大人も会話を通じて学ぶ。だがやはりちがいのほうが大きい。小さな子供の脳は、言葉の習得にじつに適しているのである。彼らの脳は統計的原則に基づいて働き、パターンを認識していく。[30] たとえば、ママは自分のことを話すときは "I" と言い、その言葉を文章の先頭に置く。でも「ママにちょうだい」と

〔29〕言語学者のスティーブン・ピンカーが一九九四年の著書 "*The Language Instinct*" の中で指摘しているように、夜寝る前に読んでもらう本が気に入らなかったとき、子供は次のような複雑な文章を組み立てることができる。「パパ、ボクが全然好きじゃないそのご本をどうして選んだの？」という具合に。Steven Pinker, *The Language Instinct* (New York: HarperCollins, 1994), 23.（邦訳『言語を生み出す本能　上・下』日本放送出版協会）

言ったりするときは“me”と言い、その言葉を文章のうしろのほうに置く、という具合に。大人の脳はそういう具合に働かないので、言語の習得にあたっては、だいたいは文法を覚えないと先へ進めない。

AIの二つの開発手法は、まさに子供の習得法と大人の習得法に当たると言えるだろう。子供のほうは統計的なパターン認識による方法、大人のほうはルールに基づく方法で、シンボリックな手法とも呼ばれる[30]。

当初は、シンボリックなアプローチが主流だった。たとえば一九五六年のダートマス会議では、アレン・ニューウェル、J・C・ショー、のちにノーベル賞を受賞するハーバート・サイモンらが“Logic Theorist”という名前のプログラムを発表した。さまざまな公理を組み合わせて数学の定理を証明できるという触れ込みである。実際に、数学の基礎をまとめたアルフレッド・ホワイトヘッドとバートランド・ラッセルによる大著『プリンキピア・マテマティカ』（一九一三年）の第二章に出てくる五二の定理のうち三八を証明した。しかもそのうち一つは、同書の証明方法よりずっとエレガントだった。これにはラッセル本人がよろこんだという[*2]。かくしてサイモンは「われわれは　考える機械を発明した」と高らかに宣言したのだった[*3]。

だがその後は、ルールに頼るアプローチは停滞してしまう。音声認識、画像分類、翻訳などが数十年にわたって試みられたが、いずれもめぼしい成果は上げられなかった。開発されたシステムのうち最高のものでも人間より劣っていたし、最低のシステムにいたっては惨憺たるものだった。世界の出来事を集めた一九七九年刊行の著作によると、「精神は強く、肉体は弱し」という聖書の文句を、翻訳ツールを使って英語からロシア語に訳させたところ、「酒は最高だが、肉は腐っている」と訳したという。[*4] これはまあ作り話にしても、翻訳ツールはおおむねそんなものだった。全体としてこのアプローチによるAI開発は、期待された成果にはほど遠かった。そして企業や政府が研究資金を出し渋るようになると、シンボリック陣営は「AI氷河期」に覆われてしまう。

ルールが多すぎる

なぜシンボリックアプローチは失敗したのだろうか。主な原因は二つある。しかも一つは解決困難、もう一つはほとんど解決不能だった。第一の原因は、外国語を習おうとした大人なら誰でもよく知っているとおり、ルールが多すぎることである。しかも、だいたいにおいてルールに従ったからそれでよい、というものではない。ほぼ完璧に従わないと全体を台無しにする

(30) 一定の年齢に達すると子供たちはもう言語を習得できなくなることが、悲劇的なあるケースで確認された。一九七〇年にカリフォルニア南部で一三歳の少女(仮名ジェニー)が保護された。ジェニーは虐待とネグレクトに遭い、父親の手で監禁され社会から遮断されていた。誰もいない部屋に閉じ込められ、誰からも話しかけられなかった。多くの研究者やセラピストによると、ジェニーに知的障害はないが、彼らの努力にもかかわらず、ごく簡単な文以外は話せるようにならなかった。複雑な文法規則も理解できなかった。現在ジェニーは発達障害の成人向けの施設で暮らしている。

ことがありうる。たとえば外国語の文法を八〇%だけマスターした人は、失笑を買うようなまちがいを犯しかねない。

そのうえ、ルールの中にまたルールがある。英語では形容詞は名詞の前に置かれるのが原則だが、これを知っているだけでは不十分らしい。マーク・フォーサイスの『美文の秘訣』(未邦訳)によると、「英語では、形容詞の順序は厳密に決まっている。自分の意見、大きさ、年齢、形状、色、原産地、材質、目的の順である。たとえば、かわいらしくて小さくて古くて長方形で緑色をしたフランス製の純銀製木彫用ナイフ、という具合だ。この順序をすこしでもまちがえると、ばかにされる。英語圏で生まれ育った人たちはみなこの順序が身についているのに、誰もルールとして書き表そうとしないのはふしぎなことだ」という。[*5]

そして第二の原因は、この世界は一つのルールに従うことがまずできないという事実にある。私たちが物理的に存在する世界も、概念や想念の世界もどちらもだ。椅子にはふつうは四本の脚がある。だが、一本脚のスツール、ソファ、天井から吊り下げられたハンモックチェアなどは四本脚ではない。二〇〇二年のアメリカでは男同士が結婚することはできなかったが、二〇一五年には同性婚が認められた。リスは飛ばないが、モモンガなど一部のリスは滑空する。英語では、二重否定は肯定になる(行きたくないわけではない)。だが肯定を二つ重ねても否定にはならない。

こうした一貫性のないルールを全部詰め込んでものの役に立つコンピュータシステムを作り

上げる試みは、いまのところ成功していない。計算機科学者のアーネスト・デービスと神経科学者のゲーリー・マーカスは「二〇一四年の時点では、常識推論の自動化に成功した例はほとんどない……いや、常識推論に近づいたとさえ言えない」と述べている。[*6] 人間の常識は、なるほどバイアスだらけ、バグだらけではあるが、それでも複雑かつ無秩序な世界でなんとかうまくやっていくという難事業をやり遂げてきた。人間は、自らのシステム1がやっているほどうまくものごとの仕組みを理解できるシンボリックなデジタルシステムをまだ設計できていない。碁を打つとか画像を認識するといった限られた仕事をこなす守備範囲の狭い人工知能には次第に近づいてきたが、守備範囲の広い汎用人工知能（AGI）には近づいているとは言いがたい。AGIはアルファ碁を開発したDeepMindの共同創設者シェーン・レッグの命名で、想定外のさまざまな問題の解決を考えられる人工知能を意味する。

ポランニーのパラドックスはどこにでもある

常識推論のできるシステムを開発するうえで最大の障害について、デービスとマーカスは「人間は常識推論をするとき……内面的に観察できないような方法を使っている」からだと述べている。[*7] 言い換えれば、人間がやすやすとやっている認識作業はまさにポランニーのパラドックスを体現しており、「人間は言葉にできる以上のことを知っている」ことを示しているのである。第1章で論じたように、このパラドックスはつい最近まで、人間の名人に勝てる碁プログラムの開発を妨げてきた。そしてポランニーのパラドックスは、どこにでも見つかる。多くの場面で、人間はどんなふうにして正しい答に行き着いたのか、わかっていない。

人工知能の開発にとって、これはじつに困ったことである。どんな思考回路をたどって答を出したのか、人間自身も含めて誰もそのルールを知らないとすれば、ルールに基づくシステムをどうして開発できるだろうか。まして、人間のやり方を模倣するコンピュータシステムをどうやって開発すればよいのか。ポランニーのパラドックスが存在する限り、自動化できる人間の仕事はごく限られてしまうように思われた。経済学者のデービッド・オーターは「人間がなんとなく理解してさっさとこなせる仕事の中には、コンピュータのプログラマーが明示的なルールや手続きという形で表すことができないものが多い。このため、人間をコンピュータで置き換えられる範囲は制限される」と書いている。[*8]

自分で学習できるマシンは作れるか？

人工知能開発のもう一つのアプローチ、すなわちパターン認識による方法は、一九五〇年代後半から取り組みが始まった。このアプローチでは、子供の言葉の習得と同じように経験、反復、フィードバックを通じて学習するシステムを構築し、ポランニーのパラドックスを克服しようとした。この取り組みを通じて「機械学習」という新たな分野が開拓されるにいたる。機械学習とは読んで字のごとく、機械すなわちコンピュータが自ら学ぶことを意味する。

機械学習を実現した初期の例の一つが、一九五七年に発表されたPerceptron（パーセプトロン）である。アメリカ海軍が資金を出した研究プロジェクトで、計算機科学者のフランク・ローゼンブラットが担当した。Perceptronの目標は、見たものを識別すること、たとえばイヌとネコを区別することである。[*9] そのために、人間の脳を模したニューラルネットワークの一種が採用された。

人間の脳には一〇〇〇億ものニューロンがあるが、きちんと配列されているわけではない。ニューロン同士は複雑に絡まりあっており、隣り合う一万程度のニューロンからインプットを受け取ってはアウトプットしている。[*10] 十分な数のインプットが十分に強い電気信号を送るたびに、ニューロンはアウトプットとして固有の信号を送る。「十分な数の」とか「十分に強い」の度合いは、一つひとつのインプットに対する「重みづけ」によって変化する。絶えず活発に活動するこのふしぎなプロセスから、人間の記憶や能力や閃きやバイアスや、そう、システム1やシステム2が生み出されるのである。

単純な画像分類を目的とするPerceptronでは、ニューロンのすべての働きを模倣することはめざしていない。Perceptronには四〇〇個のフォトレジスタが搭載され、人工ニューロンの単一の層に、脳を模してランダムに接続されている。このニューラルネットワークの最初の実験とローゼンブラットの自信たっぷりの予想は、ニューヨーク・タイムズ紙でも取り上げられた。「このたび公開されたデジタルコンピュータは、いずれは話したり歩いたり、見たり書いたりできるようになり、自己の存在を意識できるようになるだろう、と海軍は期待している」[*11]。

だが輝かしいブレークスルーは期待されたほどすぐには出現しなかった。一九六九年には著名な計算機科学者のマービン・ミンスキーとシーモア・パパートが『パーセプトロン――パターン認識理論への道』(邦訳東京大学出版会)を発表し、ローゼンブラットの設計では基本的なタスクの一部(線形非分離な問題)を解けないことを数学的に証明する。人工知能の開発者にとっては十分すぎる打撃だった。彼らはPerceptronに興味を失っただけでなく、ニューラルネットワークも機械学習も断念してしまう。かくしてこちらの陣営も「AI氷河期」に突入してしまったのだった。

執念が実を結ぶ

それでも、機械学習の開発に取り組むチームがいくつかあった。人間のように考えられるコンピュータを作るには、人間の脳をモデルにしたニューラルネットワークしかないと確信していたのである。彼らは高度な数学と高性能なハードウェアを駆使すると同時に、柔軟に現実的な方法を組み合わせ、人間の脳をモデルにはしても形を似せることにこだわらなかったおかげで成功した。たとえば人間の脳では、電気信号は一方方向にしか流れないが、ポール・ワーボス[*12]、ジェフリー・ヒントン[*13]、ヤン・ルカン[*14]らが一九八〇年代に作り上げた機械学習システムでは、信号は前方向にも後ろ方向にも送れるようになっている。

このバックプロパゲーション（後方への誤差伝播）のおかげで能力は格段に改善されたものの、進歩はじれったくなるほど遅かった。一九九〇年代には、ルカンの開発した文字を認識するマシンが手書きの小切手の判読に使われ、アメリカ全体で振り出された小切手の二〇％を処理するようになってはいたものの、他の実用例はほとんどなかった。*15

アルファ碁のはなばなしい成功からもわかるように、昨今ではすっかり状況が変わっている。アルファ碁は膨大な可能性について効率的な検索を行うアルゴリズムが特徴的だが、その核となっているのはやはり機械学習システムである。「アルファ碁では、ディープ・ニューラルネットワークを活用した新しいアプローチを採用した。アルファ碁は、人間の名手が指した棋譜から学び、さらに自分が指した棋譜からも学ぶことによって鍛えられる」とアルファ碁の開発者は書いている。*16

成功したのはアルファ碁だけではない。ここ数年間でニューラルネットワークはみごとに開花した。いまや人工知能の主流はこちらであり、この状況はしばらく続くと考えられる。ＡＩは、当初期待されたことのすくなくとも一部は実現しつつあると言ってよかろう。

人工知能の開発はなぜ急加速したか

人工知能の開発がここにきてこれほど急ピッチで進み、予想外の成功に結びついたのはなぜだろうか。驚異的な進歩にありがちなことだが、いくつもの要因が重なったこと、執念と偶然の両方が味方したことが大きい。内部事情にくわしい人の多くは、単独の最大の要因を挙げるとすればムーアの法則だと言う。ニューラルネットワークが、大型化するにつれて飛躍的に高性能になり、最近になってようやく、大勢の研究者が使えるほど安価になったというのである。

クラウドコンピューティングも、乏しい予算での研究の助けとなった。IT起業家のエリオット・ターナーによると、最先端の機械学習プロジェクトに必要な計算能力は、Amazon Web Service（アマゾン ウェブ サービス、AWS）のようなクラウドコンピューティング・プロバイダーから借りることができ、料金は二〇一六年秋の時点で一万三〇〇〇ドル程度だという。[*17] またおもしろいことに、ビデオゲーム人気も機械学習の開発にとって追い風となった。ゲーム機を動かしているグラフィックスプロセッシングユニット（GPU）は、文字どおり三次元グラフィックスに必要な計算を高速に行うために専用に設計されたプロセッサだが、このプロセッサは、ニューラルネットワークに必要な計算の性質にじつに適しているのである。そこで、開発プロジェクトには大量のGPUが投入されている。機械学習を研究するアンドリュー・ウ（呉恩達）は、「最先端のチームは、GPUでとんでもなく複雑なことをやっている。ほんの二、三年前には想像もできなかったようなことをね」と話す。[*18]

いわゆるビッグデータ（爆発的に増えたデジタルのテキスト、画像、音声、動画、センサーから送られるデータなど）も、ムーアの法則に劣らず機械学習にとって重要だ。小さな子供が言葉を習得するときに周囲の人が話すたくさんの単語や文章を聞く必要があるのと同じく、機械学習システムも、音声認識、画像分類などのタスクをこなせるようになるためには、できるだけ多くのサンプルに接する必要がある。[31] いまやその種のデータは無尽蔵に供給されており、しかも増え続けている。ヒントン、ルカン、呉恩達らが作ったシステムは、与えられるサンプルが増えれば増えるほど成績が向上するという、まことに好ましい性質を備えていた。ヒントンはこの好循環について、「いま考えると、機械学習がうまくいったのは、データの量とコンピュータの能力のおかげだと思う」とずいぶん謙虚に話している。*19

ヒントンは、もうすこし自慢してもよかっただろう。彼はニューラルネットワークに関するさまざまな進歩を実現した人物であり、そのうちの一つはこの分野の名前を変えるにいたるものだった。ヒントンは二〇〇六年にサイモン・オシンデロ、鄭宇懐との共同論文「ディープビリーフネットワーク（DBN）のための高速学習アルゴリズム」を発表し、十分な計算能力を備え適切に配列されたニューラルネットワークは、独力で学習できること、人間による訓練や監督はいっさい必要ないことを示した。*20 たとえば、大量の手書きの数字を見せると、ニューラ

〔31〕ビッグデータとアナリティクスは、人間の意思決定も変えた。これについては、以下を参照されたい。Andrew McAfee and Erik Brynjolfsson, "Big Data: The Management Revolution," *Harvard Business Review* 90, no. 10 (2012): 61–67.

ルネットワークはデータに十種類のパターン（0～9）があるという正しい判断に到達する。その後に新たな手書きの数字を見せると、さきほどの十種類のパターンのどれに該当するかを正しく識別した。

もっとも、この種の「教師なし学習（unsupervised learning）」は、機械学習の分野ではまだ比較的少ない。成功したシステムの多くは「教師あり学習（supervised learning）」だ。「教師あり学習」では質問と同時に答も教え、習熟させたうえで新たな質問を出す。たとえば音声認識のための機械学習システムには、人間の音声のファイルと、対応するテキストのファイルをセットにして与える。システムはこのセットを使って音声とテキストの関連性を学習し、新たに録音された音声を聞いて文章にできるようになる。「教師あり学習」も「教師なし学習」も二〇〇六年の論文で取り上げられていたことから、いまではこの新しい学習方法は「ディープラーニング」と呼ばれている。

ハイペースで進む実用化

ディープラーニングがビジネスの現場に応用された例は、数年前まではごく少なく、小切手の手書きの数字を読み取るルカンのシステムぐらいのものだった。ところがここに来て、驚異的なスピードで普及が進んでいる。Googleでディープラーニングの活用を推進するソフトウェアエンジニアのジェフ・ディーンによると、二〇一二年までは、Googleでもほとんど使われていなかったという。[32]*21 ところが二〇一五年の秋には全社で一二〇〇ものプロジェクトが発足し、検索エンジンにせよ、Gメールにせよ、ディープラーニングによる成果が他を圧するようになった。

ディープラーニングを「強化学習」と呼ばれる手法と結びつけることにとりわけ能力を発揮したのが、冒頭で紹介したアルファ碁の開発企業Deepmindである。[33] 彼らは情報関連への応用だけでなく、物理的な世界にも応用しようと考えた。Googleは世界最大級のデータセンターを運用している。データセンターというものは、一〇万機のサーバーに常時電力を供給すると

(32) ディーンの功績は目覚ましく、グーグルでは一種のレジェンド的存在になっている。彼の並外れた能力についてはこんな伝説がある。「真空中の光の速度は時速三五マイルだ。ジェフ・ディーンは週末を使ってこれを最大限に利用する」。Kenton Varda, Google+ post, January 28, 2012, https://plus.google.com/+KentonVarda/posts/TSDhe5CvaFe.

(33) 強化学習は、リターンを最大化するための効率的な行動をとれるソフトウェアエージェントと関連づけられる。強化学習に関してDeepMindが最初に公開したのは、Deep Q Network（ＤＱＮ）である。ＤＱＮは、古典的なAtari 2600ビデオゲーム（Space Invaders, Pong, Breakout, Battlezoneなど）をプレーできる。ＤＱＮは、プレーするゲームの名前も、ルールも、有効な戦略も、操作方法も教えられない。いやそれどころか、ゲームをやるのだということさえ教えられない。ただゲームのスクリーンを見せられ、コントローラを動かしてできるだけ高いスコアを出すよう指示される。するとＤＱＮは、表示された四九のゲームの半分以上で、人間のゲーマーの高得点をあっさり書き換えた。Volodymyr Mnih et al., "Human-Level Control through Deep Reinforcement Learning," Nature 518 (February 28, 2015): 529–33, https://torage.googleapis.com/deepmind-data/assets/papers/DeepMindNature14236Paper.pdf.

同時に絶えず冷却しなければならないので、途方もなくエネルギーを喰う。とりわけ機材の冷却はたいへんな難題だった。というのも、センターの演算負荷は予想外の変動を示すうえ、外気温などの状況によっても冷却の必要性は変わってくるからだ。

人間の管理者は、センターを適温に保つためにポンプや空調設備や冷却塔などを制御する。温度計や圧力計やさまざまなセンサーの数値をモニターし、どの程度冷却すれば適温になるかを判断するわけだ。Deepmind のチームは、機械学習をここで活用できないかと考えた。彼らはデータセンターの演算負荷、センサーデータ、外気温や湿度などの環境要因に関する過去のデータを抽出し、ニューラルネットワークに機材の冷却制御を学習させた。言ってみれば、Google のデータセンターを一つの巨大なビデオゲームと見立てて、アルゴリズムに高得点を出す方法を学習させたのである。この場合の高得点とは、エネルギー効率の改善だった。

そしてデータセンターの制御を実際にニューラルネットワークに移行すると、即座に劇的な効果が現れる。冷却に使われるエネルギーが四〇%も減ったのである。さらにデータセンターのオーバーヘッド（IT機器に直接使用されないコスト。付随的な負荷や電気的ロスを含む）は一五%改善された。[*22] Deepmind の共同創設者ムスタファ・スレイマンは、Google のデータセンターでこれほどの効率改善が達成されたことはかつてないと話す。

スレイマンは、Deepmind のアプローチが広い範囲に応用可能であることも強調した。チームが使ったニューラルネットワークは、データセンターごとに再構築する必要はない。できるだけたくさんの過去のデータを与えれば、自分で学習するからだ。このプロセスは緻密で困難ではあるが、やるだけの価値はあるという[34]。

今日実用化され好成績を上げている機械学習システムは、データセンターのエネルギーマネジメント、音声認識、画像分類、自動翻訳などで、どれも似ていないように見えるが、じつはどれもディープラーニングの一種である。この点は非常に重要だ。というのも、人工知能へのこのアプローチがさまざまな産業に普及する可能性があることを示しているからである。新しいニューラルネットワークは、ほとんど瞬時に複製して能力を増強し、新たなデータを投入して訓練し、応用することが可能だ。

一部の大企業（Microsoft、Amazon、Google、IBMなど）は、社内で開発した機械学習技術を、クラウドやアプリケーションプログラミングインタフェース（ＡＰＩ）を介して他社に提供している。*23 ＡＰＩとは、簡単に言うと、ソフトウェア同士のやりとりの仕方を決めたルールのことである。ＡＰＩは、異なるソースから取り出したコードを一つのアプリケーションに統合するときに役に立つ。またクラウドは、コードを世界中どこでもオンデマンドで活用することを可能にする。こうしたインフラが整ったとき、機械学習は急速に世界に広まり、かつ深く浸透

〔34〕データを投入してあとはシステムに学習させればよいのだから、ニューラルネットワークが正しく機能できるように準備するのは簡単に聞こえるかもしれない。だが実際には、現時点では非常に時間のかかる面倒な作業であり、計算機科学を専門的に学んだ技術者も手こずるという。

するだろう。だが普及のスピードは一様ではあるまい。たとえば第1章で取り上げたビジネスプロセスの場合、自社に合わせてリエンジニアリングを断行した企業は他社に先駆けて新たなビジネスモデルを生み出すことになった。これと同じような例が機械学習の分野でも予想外の場面で始まっている。

ここでは、日本の野菜農家の例を紹介しよう。自動車産業でエンジニアをしていた小池誠は、二〇一五年に仕事を辞め両親の営むきゅうり農家の手伝いをするようになって、機械学習を活用する余地がたくさんあることに気づく。そして手始めに、きゅうりの選別作業に着目した。選別は母親が担当していたが、熟練を要する面倒な仕事で、手作業で九等級に仕分けしなければならない。繁忙期には八時間ぶっ続けに作業をするという。日本の農家の多くは小規模の家族経営で、[24]母親しかやる人がいなかった（日本の農家の平均農地面積は一・五ヘクタール。これは野球場の約半分、サッカーコート二面程度である）。[25]

小池はアルファ碁のパターン認識能力に感銘を受け、またGoogleが二〇一六年一一月から提供しているオープンソースの機械学習ライブラリTensorFlow（テンソルフロー）に興味を惹かれた。[26] TensorFlowを使えば、きゅうりの選別作業を自動化できるのではないか、と考えたのである。もともとエンジニアだから、機械の設計や組み立てはお手のものだった。小池は機械学習の経験はまったくなかったが、TensorFlowの使い方を独習し、次にシステムにさまざまな等級のきゅうりの画像七〇〇〇枚を投入して学習させた。こうして、さほど高価でない市販のカメラ、コンピュータ、コントローラを使って、選別から箱詰めまでを自動で行う装置を作り上げたのである。一号機ですでに七〇%の精度を達成したという。高解像度の画像を使い、クラウドベースの高度な機械学習ソフトを搭載すれば、精度が上がることは確実だ。小池は「早く試してみたくてたまらない」と語る。[*27] こうした事例を見ると、Googleの佐藤一憲の言葉もあながち誇張とは言えまい。佐藤は、「機械学習とディープラーニングの応用を妨げているのは、人間の想像力だけだと断言してよかろう」と語っている。[*28]

本書の執筆時点では、成功例のほぼ全部が教師あり学習で、強化学習は数例にとどまっている(たとえばデータセンターのエネルギーマネジメント)。だが人間の学習の中心となっているのは、教師なし学習だ。たとえばよちよち歩きの子供は、ブロックで遊んだり、コップから水をこぼしたり、ボールを投げたり、椅子から落っこちたりしながら、毎日物理学を学ぶ。ニュートンの運動の法則を教わったり、$F=ma$という方程式を覚えたりするわけではない。ルカンは、教師なし学習の未開の地がいかに広いかを、ケーキになぞらえてこう話す。「知性がケーキだとしたら、教師なし学習はケーキ本体、教師あり学習はケーキの上のクリーム、強化学習はそのてっぺんに飾られたイチゴというところだ。いまでは、クリームとイチゴをどうやって作るかはわかっているが、ケーキそのものの作り方はまだわかっていない」。[*29] 汎用人工知能(AGI)を作るには、教師なし学習のもっと高度なアルゴリズムを開発しなければならない、とルカンは考えている。

学習するマシンと人間

現世代のニューラルネットワークの開発者たちは、ルールに基づくアプローチを前世紀の遺物呼ばわりする。タスクに関係のあるルールを残らず集めてコンピュータプログラムを作るやり方は大まちがいだったと今日では大方の人が考えており、自ら学習するシステムを作るほうがはるかに効率的だとされている。いまや統計的パターン認識手法のほうがＡＩ開発の主流であり、半世紀以上前に懸けられた期待のすくなくとも一部は実現しつつある。

ではは人間とマシンはどのような関係になるのだろうか。いくつかのスタイルがあるが、一つはポール・ミールやトーマス・ダヴェンポートの推奨する方法、すなわち人工知能の下した決定を人間が常識でもって確認し、必要とあれば介入するやり方である。データセンターのエネルギー効率最適化にあたってDeepmindがとった方法は、これだ。人間がつねに監視していて、必要なときにはいつでも介入する。

自動運転技術を開発中の自動車メーカーも、いまのところはこの方法を採用している。人間は、物理的にも精神的にも運転席にいて、自動運転中であっても安全な走行に気を配り、責任を持たなければならない。不注意が重大な事故につながりかねないことを考えれば、人間がつねに介入できる状態にしておくことが賢明かつ慎重なやり方だ、というわけである。実際、二〇一六年夏には悲劇的な事故が起きた。オートパイロットモードで走行中のテスラがトレーラートラックの横腹に衝突し、運転者（運転していたかどうかはともかく運転席にいた）のジョシュア・ブラウンが死亡したのである。[*30] 信号のない交差点を通過中の白のトレーラートラックに、テスラは対向車線から接近。テスラのブレーキが踏まれていないことから、ブラウンもテスラに搭載されたカメラも、フロリダの明るい空を背景にした白いトラックに気づいていなかったと推測される。[*31] おそらくブラウンは、テスラに搭載された運転支援機能（完全な自動運転ではない）を過信し、安心しきってハンドルから手を離してしまい、道路の状況に気を配っていなかったのだろう。

人間の不注意は永久になくならない問題だとGoogleは認識しており、運転から人間を完全に締め出すべきだと考えている。Googleの自動運転車プロジェクトの元責任者クリス・アームソンは、こう語る。「常識からすれば、われわれがめざすべきは運転支援システムであって、それを実用化し、徐々に改善していけば、いずれは自動運転が実現するということになるだろう。だが私に言わせれば、それは、毎日一生懸命ジャンプの練習をしていればいつか空を飛べるようになるというようなものだ。われわれに必要なのは、もっとちがうやり方だ[*32]」。だからGoogleは、人間がいっさい手を出さなくてよい一〇〇％自動運転の車をめざしている。これは自動車産業では、自動運転の「レベル5」に相当する。

現にGoogleの自動運転車の能力たるや、たいしたものである。アームソンが二〇一五年のTEDで行った講演の一部を紹介しよう。「マウンテンビューを走っていたときのことだ。われわれはとんでもない状況に出くわした。電動車椅子に乗った女性が道路上でアヒルを追いかけていたんだ。マニュアルのどこにも、そんなときどう対処すべきかなんて書かれていない。だが車は、ちゃんと対応できた。スピードを落とし、安全に切り抜けた」[*33]。あらゆる状況で安全に運転できる完全自動運転車は、まだない。だがそう遠くない将来に登場すると期待してよいのではないだろうか。

いわゆるバックオフィス業務は、これまでのところ自動化に頑強に抵抗してきた。だが機械言語がポランニーのパラドックスを克服するにつれ、バックオフィスへの侵入も始まっている。バックオフィスとは、顧客に直接対応するフロントオフィスではなく、顧客の目の届かないところで展開される知識労働を指す。たとえば仕入れ、経理、人事、情報システムなどだ。もちろんバックオフィスのうち標準化された大量の事務処理業務は、エンタープライズシステムによってだいぶ前に自動化されている。それでも多くの企業で、かなりの量の手作業が残っていた。

そうした手作業を自動化する一つの方法は、どんなルールで作業をしているのか、ルールが適用されないのはどんな場合か、どのケースにはこのルールを適用し、どのケースにはあのルールを適用するのか、といったことをそれぞれの担当者から聞き出すことである。だがこの種の聞き取り調査はひどく時間がかかり、仕事の邪魔になるうえ、おそらくあまりうまくいかない。定型的でないバックオフィス業務をしている人たちにとって、自分がどうやって仕事をしているのかを正確かつ網羅的に説明するのはむずかしいからだ。

日本のフコク生命は、ちがうアプローチを採用した。二〇一六年一二月に、IBMのあの有名な人工知能Watsonの導入を発表したのである。[*34] 当面の目標は、医療保険の保険請求処理業務のすくなくとも一部を自動化することだった。Watsonは、病院や医療機関から送られてくる書類から必要情報を抽出し、それを使って保険金払戻用の正しいコード番号を入力して表示する任務を与えられた。ところが時が経つうちに、Watsonは「過去の保険金支払い事例に対する評価を学習し、評価担当者の経験と専門知識を身につけた」のである。[*35] つまりAI技術は、仕事をするうちに学習し、人間がやっていたほかの仕事も肩代わりできるようになったのだった。

将来にはこういうことがもっと起きるのではないか、そしてディープラーニングをはじめとする機械学習がハイペースで普及するのではないか、と私たちは期待している。たとえばカスタマーサービス業務の多くは、相手の話を聞いて内容を理解し回答する、または求められたサービスを提供する、という流れになっている。最近の人工知能をもってすれば、ルールを学習すればこのプロセスの後半（回答する、または求められたサービスを提供する）は十分に可能だ。

だがカスタマーサービスで最も自動化が困難なのは、後半ではなく前半、すなわち相手の話を聞いて理解する部分である。音声認識を筆頭とする自然言語処理は、人工知能の研究が始まった当初から、最高難度の課題だった。当初主流だったシンボリックアプローチはことごとく失敗に終わっている。だがディープラーニングに基づく新しいアプローチが登場すると、音声認識は長足の進歩を遂げ、専門家を驚かせるほどになった。

二〇一六年一〇月に、Microsftの研究部門が驚くべき発表をする。同社のニューラルネットワークが「会話における音声認識で人間と同等の役割を果たす」ことに成功したというのである。[*36] 彼らのシステムは、決められたテーマに関する議論でも、家族や友人との会話でも、プロのトランスクリプショニスト（テープ起こし）よりも正確だった。この結果について意見を求められた言語学者のジェフリー・パラムは「生きているうちにこの日が来るとは思っていなかった。一九八〇年代には、連続音声認識を完全に自動で行うのはあまりに困難だと考えていた……ところがエンジニアは、統語解析もまったく使わずに、この偉業をやってのけた[35]……彼らが使ったのは、純粋な工学と、膨大なデータに基づく統計モデルだけだ……それなのに私は、この日が来るとは思いもしなかっただけでなく、絶対に来ないことに自信満々で賭けていたのだ[*37]」。

伝説的な計算機科学者フレデリック・ジェリネクは、「言語学者を一人クビにするたびに、音声認識システムの精度が上がる」と語ったとされる。[*38] この発言は、人工知能の開発がルールに基づくアプローチから統計的アプローチに移行した理由を端的に説明しているといえよう。

二〇一〇年代半ば頃には、音声認識システム開発チームの大半から言語学者は姿を消した。時を同じくして、性能の飛躍的向上が世界を驚かせたのである。これからも世界は何度も驚くことになると私たちは確信している。

顧客関係管理（CRM）ソリューションを手がけるSalesforce.com（セールスフォース）のCEOにしてハイテク産業のパイオニアであるマーク・ベニオフは、これからは「AIファースト」の時代だと言ったが[*39]、そのとおりだと私たちも考えている。ヒッポ（HiPPO）による意思決定は、もっとすぐれた何かで置き換えられるはずだとベニオフは言う。「多くの企業は、いまだに情報ではなく直感で重要な判断を下している……だがAIが普及して、企業も社員もより賢く、速く、効率的になれば、今後数年のうちに必ず意思決定のあり方は変わるだろう[*40]」。数年前だったら、このような予想は大風呂敷と揶揄されただろう。だが今日では、確実な見通しのように思われる。

〔35〕統語法とは単語など意味をもつ単位を組み合わせて文を作る文法規則の総体のことで、要するにルールベースの、という意味である。

この章のまとめ

・AI開発では、ルールに基づくアプローチ、いわゆるシンボリックアプローチは現在停滞している。このアプローチが再び採用されることは、いくつかの限られた領域以外ではないだろう。いや、もう二度と表舞台には出てこないかもしれない。

・機械学習、すなわち大量のサンプルを与えられ、自らパターンを特定して有効な戦略を考え出すソフトウェアシステムがついに開花した。実用化が進み、当初の期待を実現しつつある。

・機械学習システムは、規模の拡張、高速な専用ハードウェアでの実行、大量のデータの投入、アルゴリズムの改良といった条件が整うにつれて、よりよく性能を発揮するようになる。こうした改良は現在進行中であり、機械学習はハイペースで進化している。

・ニューラルネットワークは、これまでのところ「教師あり学習」(正解が紐づいているサンプルを与える学習方法)で大きな成果を上げている。だが「教師なし学習」(正解がわからないサンプルでの学習方法)では、さしたる進歩が見られない。

・「教師あり学習」は、現在人間が行なっているタスクの自動化に最適である。とくにパターンマッチング、診断、分類、予測、リコメンデーションなどに向いている。かつては機械には不可能と考えられていた画像・音声認識なども、いまでは多くの分野で人間と遜色ない能力を発揮している。

・現在はまだ、機械学習の普及の初期段階である。クラウドやオンデマンドで活用可能になったことから、そう遠くない将来に機械学習は経済・社会に広く浸透するだろう。

・機械学習システムだけでなくAIと名のつくものはすべて、人間の常識は持ちあわせていない。

あなたの会社では?

1 あなたの仕事の中で、パターンマッチング、診断、分類、予測、リコメンデーションに該当する重要な仕事はありますか? その仕事に機械学習を応用しようと考えていますか?

2 あなたの業務や意思決定事項のうち、AIに任せてみようと考えているものはありますか? 人間を介在させたいものはどれですか?

3 明日の朝会社へ行くときに、自動運転車で行ってみたいですか? たとえば五年間自動運転車を使ったら、自動運転車での通勤が快適になると思いますか? イエスの場合もノーの場合も理由を教えてください。

4 空欄に思い当たる単語を入れてください。もし競争相手が（　）に機械学習を応用して成功したら、我が社は大いに困ったことになる。

5 あなたの会社の機械学習戦略はどうなっていますか？　機械学習の導入はどの程度進んでいますか？

第4章

ロボットの登場

ヘパイストスの屋敷へ、銀色の足をしたテティスはやってきた……見ればヘパイストスは、汗を垂らして体をねじ曲げ、しきりに鞴（ふいご）を吹いておいでだった。いましも全部で二十もの鼎（かなえ）を鋳ているところで、大広間の壁にぐるりと並べてあった。鼎の一つひとつの脚に黄金の車輪がついていて、合図一つで神々が集まる席まで転がしていき、簡単に元に戻せるようになっている。まったく驚嘆すべきものだった。

――ホメロス『イーリアス』、紀元前八世紀栄養バランスがとれていて、かつおいしく、しかも手頃な値段の食事を出す店というものは、めったにない。そのめったにない食事を提供し、さらに自動化の未来も垣間見せてくれる店が出現した。二〇一五年にサンフランシスコにオープンしたサラダ専門店 Eatsa（イーツァ）である。現在はカリフォルニアのほか、ニューヨーク、ワシントンにも進出している。お店のメインは、キヌアにトウモロコシ、豆、ナス、ワカモーレなどたっぷりの野菜を盛り合わせたサラダである。大きなボウルに入ったサラダには、「サウスウェスタン・スクランブル」だとか「ベントー・ボウル」といったユニークな名前がついている。ちなみにキヌアは南米産の穀類で、栄養価がきわめて高いスーパーフードとして有名だ。[36]

〔36〕キヌアは、動物性タンパク質の生産と比べ、必要なエネルギー量が三〇分の一で済む。しかもコレステロールとグルテンを含まない。

世界初の無人レストラン

ただしEatsaはただのサラダ専門店ではない。無人レストランなのである。注文をとったり、会計をしたり、食事を運んだりする店員はいない。店に入ったら、まずタブレット端末でオーダーし、クレジットカードで支払いを済ませる（現金はお断りだ）。注文を済ませると、客のファーストネームと、ラストネームのイニシャルが店の奥の大型スクリーンに表示される（客自身は氏名を入力しないので、クレジットカードから読み取っているのだろう）。自分の名前がリストの一番上に来ると、その横に数字が表示される。その数字は、スクリーンの下に二〇個ほど設置されたボックスの番号を表している。ボックスの扉は透明の液晶ディスプレイになっており、中央に客の名前が表示される。ディスプレイ右上のボタンをダブルタップすれば扉が開くので、サラダボウルを取り出して持ち帰ればよい（店内にテーブルは少ししかないので、だいたいはテイクアウトすることになる）。

店内には店員が一人いて、まごついている人に教えたり、質問に答えたりしてくれる。だがほとんどの客はスムーズに注文できているようだ。Eatsaの評判は上々である。クチコミサイトYelp（イェルプ）には、たとえばこんなレビューが投稿されている。「誰とも何のやりとりもせずに、ものの数分でおいしくて栄養価が高くてリーズナブルな値段の食事が食べられる。Eatsaを嫁にもらいたいぐらいだ[*1]」。

このサラダ専門店は、セカンド・マシン・エイジの重要な特徴を体現していると言えるだろう。すなわち、これまで人間同士が物理的にやっていた取引などのやりとりが、いまやデジタルインターフェースを通じてできるようになる、ということだ。多くのビジネスプロセスは、じつは現物を移動したり変換したりする必要はなく、情報を移動したり変換したりすればよい。Eatsaで注文するのも、支払うのも、注文した品物を取り出す場所を教えてくれるのも、要は情報の移動である。もっとも、Eatsaが完全自動レストランであるとは言えない。まだお客が、つまり人間が操作を行なっているからだ。正しくは、Eatsaではビジネスプロセスが「仮想化」されたと言うべきだろう。

仮想化技術

仮想化技術は気づかないうちに普及している。空港でほとんど係員と言葉を交わさずに出発ゲートまで行けるのは、搭乗券をスマートフォンにダウンロードしてあったり、セルフサービスカウンターでプリントアウトしてあるからだ。外国からアメリカに帰ってきた場合、グローバルエントリープログラムを利用すれば、自動キオスクでパスポート、ビザまたは永住権カードを端末にスキャンして税関申告を行うだけで入国できる。入国審査の列に並ぶ必要はない。そのうち、国内のフライトに限っては、セキュリティチェックが全自動になるだろう。現にアメリカ運輸保安局（TSA）は、五つの国内空港で設備を導入して試用すると発表している。[37]

ネットワークとデジタル機器の普及とともに仮想化は加速してきた。いまやATMが文字どおりどこにでもあることからわかるように、現金の引き出しにわざわざ銀行窓口に並ぶ人はもういない。ネットバンキングを利用すれば、残高確認、送金、振込なども家にいながらにしてできるし、スマートフォンを使えばそれこそどこにいてもできる。多くのバンキングアプリでは、小切手を預金する機能も追加されている。小切手の写真をスマートフォンのカメラで撮ればOKだ。銀行機能の仮想化がこれほど広範囲になり、便利になったのだから、窓口にいる銀行員の数が減ったのも当然と言えよう。アメリカでは二〇〇七年には六〇万八〇〇〇人の出納係がいたが、その後は毎年減り続け、現在は二〇％減となっている。*2

仮想化ができない取引や業務というものはあるだろうか。多くの企業はあると考えている。文化評論家のバージニア・ポストレルは、ドラッグストアやスーパーマーケットなどでの無人レジは「技術的な理由から」流行らないだろうと予想する。「人間のレジ係がさっさと長い列をさばいていくのに、誰が面倒な機械操作をしたいだろうか」というわけだ。*3

ポストレルの言いたいことはよくわかる。大方のセルフレジはわかりにくくて時間を食う。それに、どうもしょっちゅうフリーズするようだ。私たちはなるべくセルフレジを使うようにしているが、それは使い勝手がいいからではなく、研究目的のためだ。とはいえ、セルフレジが徐々に進化していることは感じる。セルフレジの開発者が経験を積み、どうすればエラーを減らし客のストレスをなくせるかに気づけば、近いうちに大幅に進歩するだろう。

そうなったとき、未来のセルフレジはいまとはまるでちがったものになるとも考えられる。現時点のセルフレジはさして感動できるようなものではないが、仮想化が本格的に普及した暁には、いま話題の無人コンビニAmazon Goのような姿になるのかもしれない。Amazon Goの実験店舗（売場面積一七〇平方メートル）は、正式開店に先立って、二〇一六年一二月にシアトルで営業を開始した。[*4] この店にはレジもセルフレジもない。代わりに、買い物客はあらかじめ専用アプリをダウンロードしておき、ゲートのセンサーにスマートフォンをタップする。あとは店舗に備え付けられたセンサーとカメラ、そして機械学習とアプリが連動して、客が棚からバッグ（ショッピングカートではなく自分のバッグ）に入れた商品を追跡し、各人のアカウントに請求するしくみだ。つまり買い物客は、棚から欲しい商品をバッグに入れて店を出るだけである。ジャーナリストのロイド・アルターは、「Amazon Goは、オンライン技術を導入した実店舗ではない。実店舗でオンライン体験ができるのである」と書いている。[*5] 言うなれば、Amazon Goではショッピングカート（＝客のバッグ）はリアルだが、レジはバーチャルになっ

〔37〕現在の労働集約的な警備体制があまりうまくいっていないことは、統計データにも表れている。二〇一五年に国土安全保障省は、囮チームによる空港安全体制のテストを行った。囮チームが武器、爆薬などの禁止品目を携行してアメリカの空港検査をすり抜けようと試みたところ、なんと九五％が成功したという。七〇回の試行中、六七回で検査を突破することに成功した。

た。

仮想化の普及に懐疑的な人ももちろんいる。患者や常連客や有望な見込み客などを相手にする一部のサービスでは、相手を安心させ心地よくさせるために、人間味が必要だというのである。たしかにそうだろう。だがその一方で、人間の介在が不可欠だと考えられてきたサービスについても、むしろ無人化、仮想化を望む、いや切望する人もいるのである。

たとえば投資ファンドなどの金融サービス業では、客から相当の金額を預けてもらう以上、すくなくとも一回は一対一での面談が必要だと考えられてきた。だが富裕層を相手にする資産運用会社Wealthfront（ウェルスフロント）は、二〇一一年一二月の設立以来、三万五〇〇〇世帯から委ねられた三〇億ドル以上を運用しているが、その資金はすべてバーチャルに預かったものだ。人間の投資アドバイザーはどこにも介在していない。投資判断から人間を排除するのはもちろんのこと、金融サービス業のおきまりの演出もすべて排除している。そう、完全予約制の瀟洒なオフィス、ゴージャスな分厚いカタログ類、にこやかな受付嬢、いかにも切れ者そうなアドバイザーはいっさい存在しない。客はオンラインフォームに入力するだけである。

仮想化は自主的な選択か、それとも長期的な趨勢か？

じつのところWealthfrontの顧客は、他の資産運用会社の顧客に比べるとやや若く、ITにも通じている。[*6] 経済学では、このように製品やサービスの特性に応じて一定の特性を備えた利用者が集まることを指して、自己選択（self-selection）と呼ぶ。自己選択は、仮想化を促す要因となりうる。つまりある種の人たちは、Wealthfrontでの資産運用、スーパーマーケットでのセルフレジ、Eatsaでのサラダランチを選ぶ。一方、別のタイプの人たちは、人間の投資アドバイザー、人間のレジ係、人間のウェイターを選ぶ。

現時点では、企業はこの自己選択に従って、どちらか一方に力点を置いているようだ。たとえばMcDonald's（マクドナルド）はEatsaと同じく、仮想化技術の導入に熱心である。同社は二〇一六年一一月に、ニューヨーク、フロリダ、カリフォルニア南部に展開する五〇〇店舗にタッチパネルで注文と支払いができるセルフレジ方式を導入した。いずれはアメリカ国内の全一万四〇〇〇店に導入する予定だという。[*7] 対照的に、クレジットカードのDiscover（ディスカバー）は、人間によるサービスを強調している。同社の広告を見ても、お客様一人ひとりを大切にするきめ細やかさを売りにしていることがわかる。[*8] ある広告によると、「アメリカ国内のお客様には、いつでも人間のオペレーターが対応いたします」という。[*9]

これまで挙げたEatsa、Wealthfront、McDonald's、Discoverはいずれも、仮想化を好む利用者・好まない利用者という区分に基づくマーケットセグメントをターゲットにしている。これは自然だし、適切だと言えよう。だがアンチ仮想化市場がいつまでも現在の規模を維持できるとは思えない。アメリカで出納係が激減した現象からして、仮想化技術の信頼性が高まり、与えられた仕事を的確にこなせるようになったら、多くの人がそちらのメリットを選ぶようになるだろう。まして時が経つにつれて「デジタルネイティブ」の年齢層が増えていくのだから、なおのことだ。人間が介在すると時間がかかったり、非効率だったり、不快だったりすれば、仮想化技術が確実に選ばれるにちがいない。たとえば、安全で確実な完全自動のセキュリティチェックが空港に出現したら、誰が係官による検査の列に並ぶだろうか。

技術が十分に進歩し、十分な試験運用を繰り返して信頼性が高まったら、完全自動プロセスが普及し、現在は人間が介在するプロセスを駆逐するだろう。つまり、仮想化は長期的な趨勢だと私たちは考えている。「長期的な」とは、短期的な変動はあるかもしれないが、数年のスパンで見れば、という意味である。

ロボティクス大爆発

じつはEatsaでは、注文や決済の仮想化だけでなく、調理の自動化もめざしている。Eatsaの厨房では調理プロセスの最適化・標準化が進んでいるにもかかわらず、現時点で働いているのはロボットではなく人間のコックだ。その最大の理由は、扱う素材にある。アボカド、トマト、ナスといったものは、形が不規則なうえに柔らかいので、力加減がむずかしい。人間にとっては何の問題もないが、ロボットはいまのところ、かっちりしていて個体差の小さいものには向いているが、そうでないものはうまく扱えない。

これは、もともとロボットの視覚や触覚がひどく原始的であることが主な原因だ。トマトを上手に扱うには、ロボットよりはるかに繊細な視覚と触覚を必要とするのである。もう一つの原因として、「柔らかいものをつぶさないようにそっと扱う」方法をプログラミングするのは非常にむずかしいことが挙げられる。つまりこの点でも、人間は言葉にできるよりも多くのことを知っているわけだ。ロボットはこうした感覚では人間にはるかに遅れをとっている。

だが、ロボットは追いつくだろう――それも、すぐに。現にロボットシェフが少数ながら登場している。中国の黒竜江省にあるレストランでは、炒め物など火を使う調理を人間の形をしたロボットがやっている。[*10] ただし全自動というわけではなく、下ごしらえなどをするのは人間である。二〇一五年四月に開かれたハノーバーメッセ（国際産業技術見本市）では、イギリスのMoley Robotics（モーリー・ロボティクス）が調理ロボットを出展した。シンク、レンジ、オーブンなどのキッチン設備の天井から二本のロボットアームが下がっており、人間のような五本指がついていて、器用にヘラでかきまぜたりする。この調理ロボットは、実際のシェフが料理をする様子をさまざまな角度から録画したデータをインプットされており、それを忠実に再現する。見本市では、有名シェフのティム・アンダーソン（イギリスのマスターシェフコンペティションで優勝した）のレシピに基づく蟹のビスクを提供した。あるレビュアーは「おいしかった。レストランであれを出されても驚かないね」と評価している。[*11] ただしここでもまた、下ごしらえは人間がやっている。それにロボットアームには目がないので、調味料や器具が所定の位置に用意されていなかったら、止まってしまうかもしれない。

私たちが目撃した中で最も進化した調理ロボットは、Momentum Machines（モメンタム・マシンズ）が開発したハンバーガーメーカーだ。Momentum は、ベンチャー投資家のビノッド・コースラから支援を得て設立されたスタートアップである。このハンバーガーメーカーは、生肉、パン、調味料、ソース、香辛料を与えられると、ちゃんと焼き上げてハンバーガーにすることができる。一時間に四〇〇個作れるという。下ごしらえの大半もロボットが行う。出来立てを供するために、注文が入ってから調理を開始するそうだ。焼き加減やハンバーグの肉の割合など、注文のカスタマイズにも対応できる。そして、おいしい――実際に食べた私たちが言うのだから、ほんとうだ。

ロボットはDANCEで進化する

自動調理ロボットは、「ロボティクス大爆発」のごく初期の例と言えるだろう。ロボティクス大爆発とは、「カンブリア大爆発」に擬えてＭＩＴのギル・プラットが言った言葉である。カンブリア大爆発とは、いまから約五億年前のカンブリア紀に、今日見られる動物（専門的には「動物界脊椎動物門哺乳綱」といった生物分類の「門」）の多くが一気に出現した現象を指す。今日地球上に存在する動物の形態のほとんど全部のルーツは、種が爆発的に多様化したこの時期に遡るのである。

プラットは、いまはまさにロボティクスの進化における大爆発の時期だと考えている。彼は二〇一五年に「今日、いくつもの技術最前線における進歩が、ロボティクスの爆発的な多様化と実用化を実現しつつある。ロボットを支える基本的なハードウェア技術の多く、具体的にはコンピュータ、データストレージ、通信が飛躍的な進歩を遂げたためだ」と書いた。[*12] カンブリア大爆発を可能にした重要な要因の一つは、視覚の獲得だ。生物が初めて外界を見ることができるようになったのである。おかげで私たちの遠い祖先は、じつにさまざまな、そしてたくさんの新しい能力を身につけた。プラットは、マシンがいま同じような大跳躍の時を迎えていると見る。マシンの歴史上初めて、彼らは視覚を獲得し、それに伴って多様な能力を備えつつある。

ロボティクスにおける近年の進化は、五つの要素が互いに重なり合い影響し合いながら、同時並行的に発展したことが大きいと考えられる。その五つの要素とは、データ（data）、アルゴリズム（algorithm）、ネットワーク（network）、クラウド（cloud）、そして幾何級数的に向上するハードウェア（exponentially improving hardware）である。この頭文字をとって、私たちはダンス（ＤＡＮＣＥ）と呼んでいる。

データ：デジタル化された情報のストックは、音楽や映画やウェブページが加わって膨らむ一方だったが、この数年はとくに増加のペースがすさまじい。ＩＢＭによれば、世界のデジタルデータの九〇%は過去二四カ月間で生み出されたという。*13 スマートフォンや産業機器が送る信号、デジタルの写真や動画、絶えず増え続けるソーシャルメディア等々により、前例のないビッグデータ時代が出現した。

アルゴリズム：AIや機械学習を支えるのは大量のデータだから、データの洪水は大いに歓迎すべき現象である。アルゴリズムにせよ、ディープラーニングや強化学習にせよ、与えられるデータ量が増えるほど結果は改善される。大方のアルゴリズムのパフォーマンスはある時点で横這いになり、それ以上データを投入してもさしたる効果が上がらなくなるが、機械学習の多くの手法はまだその時点にはさしかかっていない。アンドリュー・ウ（呉恩達）は、「多くのクレバーな技術やムーアの法則が、横這いになる時期を先送りしてくれるだろう」とみている。*14

ネットワーク：ワイヤレス通信技術とプロトコルが長距離・近距離ともにより高速、低遅延、高効率になった。たとえばATTとVerizon（ベライゾン）は二〇一六年に5G（第五世代）の試験運用を発表。ダウンロード速度は毎秒一〇ギガビットに達するという。*15 これは、現在普及している中では最も速いLTE（Long Term Evolution）のなんと五〇倍だが、そのLTEにしても先代の3Gの一〇倍高速なのである。高速化のおかげで、より高速・高精度でデータを蓄積できる。つまり作業中のロボットや飛行中のドローンが常時接続状態で刻々と変化する周囲の環境に即応することが可能になる。

クラウド：クラウドコンピューティングの登場で、コンピュータの膨大なパワーを企業も個人も手軽に利用できるようになった。インターネット接続環境にありさえすれば、アプリケーション、サーバー、ストレージなどを長期リースで借りたり、数分単位でレンタルできる。クラウドコンピューティング・インフラは、誕生からまだ一〇年も経っていないが、ロボティクス大爆発を三つの点で強力に後押ししている。

第一に、かつては大学や国際的な研究機関しか持っていなかったようなコンピューティング資源をスタートアップや個人が活用できるようになって、参入障壁が大幅に下がった。

第二に、ロボットやドローンの設計に当たって、コンピュータの配置をさまざまな角度から検討する余地が生まれた。具体的には、どの情報はローカルつまり端末側で処理し、どの情報はクラウドで処理するか、といったことである。おそらく、過去のデータを再生して新たなヒントを得るといった大量のリソースを使う仕事は、クラウドで行うようになるだろう。

第三に、これがいちばん重要だが、クラウドコンピューティングを活用すれば、開発チームの全員が他のメンバーのやっていることを把握できる。プラットの言うとおり、「人間は生まれ落ちてから数十年かけて学習し、常識を身につける。一方、ロボットは先祖代々の知恵や世間の常識を受け継いではいないが、製作されたら直ちに、ロボット知識を蓄積し始めることができる」[*16]。その初期の例をテスラに見ることができる。テスラの車両群は、たとえば走行中に発見した障害物などのデータを共有する。情報共有によって、その障害物が固定か（複数の車が同じ場所で発見している）、道路中央に転がり出てくる恐れがあるのかを判断することができる。

幾何級数的に向上するハードウェア：ムーアの法則「半導体の集積密度は一八〜二四カ月で倍増する」が唱えられてから二〇一五年で五〇年になるが、驚いたことにまだまだ有効なようだ。一部の人は、いずれは物理的な限界に突き当たって倍増のペースが落ちると主張する。そうかもしれない。だが仮に集積密度をこれ以上高める方法が見つからなくても、この先かなり長い間、デジタル装置（プロセッサ、メモリー、センサー、ストレージ、通信端末など）の低価格化と性能向上が続くと私たちは確信している。

デジタル装置がどんな具合に進化しているかについて、ドローンメーカー3D Robotics（3Dロボティクス）のCEOクリス・アンダーソンがわかりやすく説明してくれた。彼が挙げたのはドローンの例だが、他の多くのものにも当てはまるはずだ。アンダーソンは私たちに金属製の円筒状の部品を見せた。大きさは直径一インチ、長さ三インチほどである。「これはジャイロセンサー(角速度センサー)だ。機械式で、一万ドルもする。航空産業の熟練工が九〇年代に作ったもので、一本の運動軸を検知する。われわれのドローンにはジャイロセンサーが二四個搭載されているから、単価が一万ドルなら、センサーだけで二四万ドルということになる。しかもこんなものを二四個も付けていたら、ドローンは冷蔵庫ぐらいのサイズになってしまうだろう。だが幸いにも、現在のセンサーはこんなものじゃない。本当に薄っぺらな小片で、一個三ドル。しかも目に見えないぐらい小さいんだ[*17]」。

安価な原料、グローバルなマスマーケット、激しい競争、規模の経済といった要因が重なった結果、価格が大幅に圧縮される一方で性能は大幅に向上したということである。アンダーソンは自分のドローンのことを「スマートフォン戦争がもたらした平和な分け前」だと話す[*18]。「スマートフォンの部品、つまりセンサーやGPS、カメラ、プロセッサ、ワイヤレス端末、メモリー、バッテリなどがどれも、信じられないほどの規模の経済と、AppleやGoogleのイノベーションのおかげで、ほんの数ドルで入手できるようになった。一〇年ほど前までは、考えられなかったことだ。なにしろどれもこれも、軍用だったのだからね。それがいまでは、量販店で買える」。

以上のようにDANCEという五つの要素が、ロボット、ドローン、自動運転車など多くの分野でカンブリア大爆発を導く起爆剤となっている。コンポーネントが劇的に安くなれば、実験もしやすくなるので、イノベーションの出現率は高まる。実験は多くのデータを生成し、その情報がアルゴリズムの精度を一層高め、機械学習を支える。アルゴリズムはクラウドに置かれ、ネットワーク経由でマシンに提供される。するとまた新たな試験や実験が行われ……という具合に好循環が続くことになる。

四つ目のDとは？

物理的な世界に迎えられたロボットやドローンをはじめとするデジタルマシンは、どのように普及していくのだろうか。数年先に彼らはどんな役割を果たしているだろうか。ロボットが最も適しているのは三つのD、すなわち単調（dull）・汚い（dirty）・危険（dangerous）な仕事だというのが一般的な見方だ。だが私たちはそこに、もう一つのDを付け加えたい。コストの高い（dear）仕事である。四つのDの度合いが高まるほど、その仕事はデジタルマシンに任される可能性が高くなる。

工事の進捗状況をチェックするために建設現場へ行く仕事は、その代表例だ。現場はだいたいにおいて汚く、ときに危険だ。そして、施工は図面通りか、材料は仕様通りか、寸法は正確か、といったことをチェックする仕事は単調である。それでも、現場に担当者が赴いてこの仕事をきちんとやっておかないと、あとになって取り返しのつかないことになりかねない。幸いにも、この仕事は近い将来に自動化できそうである。

二〇一五年秋に、世界第二位の建機メーカーである日本の小松製作所（一九二一年創業）が、アメリカのSkycatch（スカイキャッチ）との提携を発表した。Skycatchはドローンを手がけるスタートアップである。同社製の小型ドローンが現場上空を飛び、現場の状況を詳細な3Dマッピングにする。この情報がドローンから絶えずクラウドに送られ、クラウド上でソフトウェアが図面と照合する。その結果に基づき、自動化されたブルドーザー、ダンプカーなどの土木機械に指示が出される、というしくみである。

農業も、近いうちにドローンのおかげで様変わりするだろう。クリス・アンダーソンによれば、広大な農場に毎日ドローンを飛ばし、赤外線に近い波長の光でスキャンするという。この波長だと、作物の状態について大量の情報が得られるそうだ。現在のドローンに搭載されているセンサーは、一平方フィートごとに状態を評価できるほど精度が高い（そのうち作物一本一本を評価することも可能になるだろう）。農場の上を毎日飛行機で飛ぶとなったら単調なうえにコストがかかりすぎるが、安価な小型のドローンなら問題は一気に解決する。毎日飛ばして情報収集すれば、作物の経時的な変化をくわしく知ることができ、水、肥料、殺虫剤の散布時期や量をそれに合わせて調節できる。今日の先進的な農業機械は、均等散布ではなく、一フィートごとに量を変えて散布することが可能なのである。ドローンのデータは、精密農業の時代を牽引すると言えよう。

保険業界では、竜巻に襲われた家の被害状況をドローンで調べる日がほどなく来るだろう。また、絶滅危機種の群れを密猟者から守る、僻地の森林を不法伐採から守るといった仕事も、ドローンの得意分野である。汚くて危険な機械の点検には、すでに使われている。イギリスのSky Futures（スカイ・フューチャーズ）は、北海油田掘削リグの点検に専用のドローンを飛ばす。[*19]海水と過酷な環境で腐食した金属部品やセメント部分がないか探すためだ。ドローンなら上空から観察できるし、人間の作業員では危険すぎて登れないようなところも飛び回って情報を集めることができる。

このようにマシンが4D仕事をこなす例は、枚挙に暇がない。さらにいくつか例を挙げておこう。二〇一五年に、鉱業大手のRio Tinto（リオ・ティント）は、オーストリア西部ピルバラ地域にある鉱山で、世界で初めて鉄鉱石運搬に完全遠隔制御のトラックを使うことを決めた。[*20]無人車両は一日二四時間一年三六五日稼働し、三〇〇〇マイル離れた指令センターで制御する。休憩も交替も不要なら、さぼったり怠けたりすることもない。人間が運転するトラックを使う場合に比べて生産性は一二%向上したという。[*21]

デンマークやオランダなどの酪農先進国では、自動搾乳システムが酪農家の二五%に普及している。一〇年以内に、普及率は五〇%に達する見通しだ。[*22]また日本では現在、農薬散布の九〇%が無人ヘリコプターで行われている。[*23]

言うまでもなく、マシンが人間のやっていた仕事を肩代わりするのは、工場内ではもう数十年前から見慣れた光景となっている。工場では、デービッド・オーターが「環境制御」と呼ぶものを高い水準で実現できるからだ。環境制御とは、「マシンが働く環境を高度に単純化して、自動運転を実現できるようにすること」を意味する。[*24] 組立ラインはその代表例だ。環境制御は、自動化装置の頭脳がごく原始的で、周囲の環境を感知する能力がない場合には、絶対に必要である。だがDANCEの五つの要素がすべて進化すれば、自動化装置は工場を飛び出し、環境制御が行われていないところでも能力を発揮できるようになる。ロボット、ドローン、自動運転車、その他諸々のデジタルマシンはまさにそうだ。近い将来には、彼らはもっとたくさんの仕事を任されるようになるだろう。

では人間は何をするのか

人間はマシンたちとどのように関わることになるのだろうか。大きく分けて二つの方法がある。第一は、物理的な世界でマシンにできる仕事が増えるにつれ、人間の仕事は減り、アタマを使う仕事が増える。人類最古の産業である農業でも、まさにそれが起きている。

土地を耕し収穫する仕事は、長い間最も労働集約的だと考えられてきた。だがいまでは、高度に知識集約的な仕事になっている。インディアナ州で農業を営むブライアン・スコットは、ファーマーズ・ライフと題するブログにこう綴った。「僕のおじいちゃんは……ハーベスターやコンバインを操縦していたけど……そのうち目に見えないGPS信号を使って無人運転が可能になるなんて、考えもしなかっただろう。だがいまじゃ、それが実現している。しかも走行中に収量や穀粒水分など重要な項目のマップを作成できるんだ。それをプリントアウトすれば、作物の状況は一目瞭然だ。びっくりだろう?」[*25]。工場でも、労働者はもはや強靭な肉体の持ち主である必要はなくなった。今日の工場労働者に求められるのは、指示を理解し、数字を読み取り、トラブルシューティングができ、チームの一員として働ける資質である。

人間がマシンと働く第二の方法は、文字通り隣り合わせで働くことだ。これまた、すこしも目新しい話ではない。工場労働者は昔から機械に囲まれて働いていた。人間は、賢い頭脳、鋭敏な感覚、器用な手先、しっかりした足を持っている。この組み合わせは、どんなマシンにも備わっていない、いまなお貴重な価値を持つ組み合わせなのである。そのことを雄弁に物語る例としてアンディがよく挙げるのが、イタリアのオートバイメーカーDucati(ドゥカティ)だ。Ducatiのエンジンはひどく複雑にできている[38]。そこでアンディは、同社の製造工程がいったいどの程度自動化されているのか、興味を持った。すると、ほとんど自動化されていないことがわかったのである。

エンジンは、始めから終わりまで一人の人間が組み立てる。工員は低速で動くコンベヤベルトの横を移動しながら、必要なエンジンパーツがやってくるとピックアップして取り付け、ボルト締めし、必要に応じて調整する。そしてまた次のパーツ……という具合だ。Ducatiのエンジン工場では、スペースの有効活用、多品種少量生産、目視による確認、微妙な調整を行う精緻な感覚が求められる。そこで同社は、どんな自動化装置もこの基準を満たすことはできないと判断し、エンジン組み立てだけは最初から最後まで人間の仕事になっている。

小売業の倉庫でも、Ducatiと同じような能力が要求される。ありとあらゆる形状、サイズ、材質の商品を扱うAmazonなどは、とくにそうだ。Amazonは、在庫品を棚から取り出して箱詰めする作業を全自動できちんとこなせる装置を自前で開発できなかった[39]。が、賢いソリューションにたどり着く。マシンに在庫品の入った棚を運ばせればよい。すると人間が商品を取り出し、箱詰めする。マシンは棚を元の位置に戻す。かくしてAmazonの巨大な物流センターではどこでも、積み上がった棚がすばやく動き回る変わった光景が出現する。棚を運ぶのは、膝ぐらいの高さのオレンジ色のロボットで、ボストンに本社のあるKiva Systems（キバ・システムズ）の製品だ（Kivaは二〇一二年にAmazonに買収された*26）。ロボットは棚の下に入り、持ち上げ、作業員のいるステーションに運ぶ。作業員が商品の取り出しに時間がかかっていると、ロボットはどこかへ行ってしまい、別のロボットが棚を取りに来る。このしくみのおかげで、人間はロボットにまさる視覚と手先の器用さを活かすと同時に、棚から棚へ移動する労力と時間を節約することができる。

ロボットやドローンにまさる人間のこの優位性を、私たちはいつまで維持できるのだろうか。DANCEの五つの要素が絶えず進化している状況では、これは答えるのが非常にむずかしい質問だ。思うにあと数年は、人間の手と足と感覚の組み合わせを打ち負かすマシンは現れ

(38) 複雑になった最大の原因は、デスモドロミックと呼ばれるバルブ開閉機構にある。
(39) 本書の執筆時点では、私たちの知る限り、Amazonは開発を何度か試みたものの、条件を満たすものはできなかった。

ないだろう。ロボットは驚異的な進化を続けてはいるものの、人間と同じようなことをやろうとすると、まだかなりのろくさい。人間の頭脳と肉体は数百万年をかけて進化してきたので、物理的な世界が突きつける難題をうまく解決できるようにできているのである。ギル・プラットは、国防総省の研究開発部局であるDAPRAのプログラムマネジャーを務めていた二〇一五年に、ロボティクスが直面する課題を目の当たりにしたという。コンテストに参加したロボットたちの動きはあまりに緩慢で、まるでゴルフコンペのギャラリーのように見えたそうだ。それでも、彼に言わせれば、二〇一二年のロボットよりはるかにましだった。当時のロボットの動き方ときたら、草の成長スピードぐらいだったという。[*27]

モノづくりに進出するデジタル技術

本章で取り上げて来た例はどれも、デジタル技術によって作られたマシンがビットの世界を飛び出して現実の原子(アトム)の世界で仕事をこなし、人間と相互作用するものだった。だがデジタル技術の進歩は、原子の配列を変えること、つまりモノを作ることに関しても大きな第一歩を踏み出している。この大きな第一歩が始まったのは、ひどくありふれたプラスチックという代物である。

二〇一五年の世界のプラスチック生産量は、二億五〇〇〇万トンに達した。[*28] 現代の自動車では、大きさも形もまちまちなプラスチック部品が一台当たり二〇〇〇個以上使われている。プラスチック部品を作るには、まず金型を作らなければならない。金型に熱く溶けた樹脂を流し込み、強い圧力をかけて型の隅々まで行き渡らせ、その後に冷却して成形する。

金型が必要だということは、三つのことを意味する。第一に、型から数万数百万個を生産するのだから、非常に精密でなければならない。精密加工ができる材料であることに加え、耐久性も求められる。これらの条件を満たすとなると、高価にならざるを得ない。第二に、型を作る必要上、生産する部品に制約が課される。単純な形状のものなら問題ないが、たとえば噛み合う部品を一つの型から成形することはできないし、内部形状があまりに複雑だと型から外せない。また部品が複雑になるほど型も複雑になるため、溶かした樹脂を型の中に空隙なく均等に流し込むことがむずかしくなる。第三に、型から成形する場合には、加熱と冷却がポイントになる。十分に冷えてないうちに型から外すのはもちろんダメだが、必要以上に冷却するのは非効率だ。ところが型が冷える速度は一様ではない。部品の精度と生産効率との精妙なバランスをとることが要求される。

こうした中、三〇年ほど前から、さまざまな技術者がそもそも型は必要なのか、と考え始めた。[*29] そして紫外線硬化樹脂メーカーに勤務していたチャック・ハルが、紫外線硬化樹脂にレーザーを照射して硬化させた層を積み重ねて物体を造型するアイデアを考案し、一九八〇年代に特許を取得する。これが光造形方式と呼ばれる最も古い方式で（現在も主流である）、当時はラピッドプロトタイピングと呼ばれていた。読んで字の如く、模型を短時間で作る技術である。その後、インクジェットプリンターの原理を応用し、ノズルから材料を噴射して造形するインクジェット方式が開発され、3Dプリンターという名前が定着した。方式はどうあれ、一層一層材料を積層して造形する積層造形技術であり、型がいらない点は共通する。

型が不要の造形方式によって、大きな可能性が開けた。まず、GEの3Dプリンター開発プロジェクトに携わったルアナ・イオリオ曰く、「複雑な形状がタダになる」[30]。つまり、単純な形状でも複雑な形状でもコストは変わらない。どちらも非常に薄い層の積み重ねという点では同じだからである。中空構造や複雑な内部形状もお手の物だ。また粉末状の金属にレーザーを照射して焼結することで、金属材料も扱えるようになった（粉末焼結積層方式）。チタンなどの硬い金属は機械加工がむずかしいが、このやり方なら容易に造形できる。つまり硬度もタダになると言えるだろう。

複雑な形状にも硬度にも余分のコストがかからないとなると、従来の多くの制約が緩和される。たとえば、プラスチック部品を作るための金型には水管が配置され冷却のスピードアップを図っているが、3Dプリンティング技術を使えば、より効率的な形状の水管を最適配置することが可能になる。これは、コンフォーマル冷却ソリューションと呼ばれている。その結果冷却効率が大幅に向上し、部品の製造時間は二〇～三五％短縮されると同時に[31]、品質も向上した[32]。

3Dプリンター懐疑論者は、そんな調子でなんでもプラスチックで作っていたら、安物のプラスチック製品があふれて環境によくないと主張するかもしれない。だが私たちはそうは考えていない。もちろん、過剰消費はよくないし、プラスチックの不法投棄はもってのほかである。だが3Dプリンティングには重要なメリットがある。

たとえば、臓器モデルを考えてほしい。[*33] 3Dプリンティングの登場前は、手術前に患部を知る手がかりはCT（コンピュータ断層撮影）やMRI（磁気共鳴画像）の画像しかなかったが、いまではそれらの検査画像を基に臓器モデルを作成し、手術前にシミュレーションを行うことが可能になった。患者の臓器モデルのような場合に、量産を前提とした金型を使うのは、まったくのナンセンスである。このように、一回限りのモデル、試作品、あるいは特殊な部品が壊れてしまってすぐに交換品を欲しい場合、少しずつ形状の異なるものを何個か作りたい場合などには、金型方式は適していない。こういうときにこそ、3Dプリンティングは威力を発揮する。

3Dプリンティングの最大のメリットは、おそらく実験やカスタマイズをローコストに行えることだろう。従来はアイデアを完成品にするまでには、模型や試作品の制作に時間と労力をとられていたが、もうそんな必要はなくなった。

3Dプリンター用デザインソフト会社Autodesk（オートデスク）の元CEOカール・ベースは、3Dプリンティングはもっと大きなストーリーのごく一部に過ぎないとみている。「ローコストのマイクロプロセッサを使って精密制御を行う製造方式という大きな括りの中で見れば、積層造形はほんの一部に過ぎない」[*34]。言い換えれば、薄い層の上にまた薄い層を重ねることにだけセンサーやマイクロプロセッサは使われているわけではない。板ガラスや陶タイルの切断や金属の機械加工でも、センサーから送られてくるデータをマイクロプロセッサが処理して制御している。

3Dプリンターを筆頭に、概念的に言えば原子の配列を変えて目的の形状に成形する機械は、ムーアの法則とまではいかないが、長足の進歩を遂げている。CPUやメモリーほどの性能向上と価格低下は起きていないものの、二〇年前と比べればぐっと安くなったし、よりよい品質でより多種類の仕事をこなせるようになった。その結果、個人発明家、学生、起業家などでも手が届くようになっており、そこからまた新たにイノベーションが生まれると期待できる。高性能のプロ用ツールを手軽に使えるツールに変えたイノベーションが、また次に新たなイノベーションを生むという具合に、イノベーションの好循環がきっと起きるだろう。

この章のまとめ

- 今日人手を介している多くのビジネスプロセスが仮想化されつつある。デジタルへと移行し、人間の介入が次第に不要になっているのである。介在する人間はお客だけという場面もめずらしくない。
- 人間の介入を好む人もいる。だが仮想化は長期的なトレンドであり、マシンがより多くの能力を獲得するにつれて、仮想化されるビジネスプロセスは増えると考えられる。
- いまロボティクスは「カンブリア大爆発」を迎えている。その重要な要因は、マシンが視覚をはじめとする多くの能力を獲得したことにある。ロボット、ドローン、自動運転車などのさまざまな自動機械では性能向上、コスト低下、多様化が同時に進行し、普及が加速している。
- ロボティクスのカンブリア大爆発を牽引しているのは、データ、アルゴリズム、ネットワーク、クラウド、そして幾何級数的に向上するハードウェアである（頭文字をとってDANCEと呼ぶ）。
- ロボットをはじめとする自動機械は、4D（単調・汚い・危険・コストが高い）仕事でどんどん人間の代わりになりつつある。

・人間はいまもなお、どんなに先進的なロボットよりも俊敏で器用である。人間のこの優位はしばらく続くだろう。人間はこの能力のほかに鋭敏な感覚、問題解決能力を備えているので、多くの場面でロボットと隣り合わせで働く組み合わせが効果的と考えられる。

・3Dプリンティングはそれ自体として重要な役割を果たすと同時に、デジタルツールが伝統的な製造プロセスに入り込んでいく長期的なトレンドを示す一つの例でもある。3Dプリンティングという一つのイノベーションが、より高次のイノベーションを誘発すると期待される。

あなたの会社では？

1　あなたの会社には、人間の介在を必要とするビジネスプロセスがたくさんありますか？もしある場合、それは顧客（または社員、サプライヤー、パートナー）が人間味を求めているからでしょうか、それとも同程度に効率的なデジタル手段がないからですか？

2　あなたの業界で、今後三～五年以内に仮想化が最も進むと考えられるのはどのような仕事ですか？　もし顧客に選択権を与えた場合、仮想化が最も望まれるのはどれだと思いますか？

3　あなたの会社では、4D仕事（単調、汚い、危険、コストがひどく嵩む）はどれでしょうか？　それらの仕事をロボットその他の自動機械に任せる計画はありますか？

4　あなたの会社に肉体労働はありますか？　もしある場合、それはどのように人間と機械で分担していますか？　パターン認識や情報処理の仕事はどうですか？　接客など人間同士のやりとりが中心と考えられる仕事はどうですか？

5　あなたの会社で何か新しいアイデアの可視化やプロトタイプ作成を行う場合、3Dプリンティングなど何か新しい技術を活用していますか？

第5章

まだ人間が必要とされるのは・・・・

小説を書くときのルールは三つある。だがそれが何なのか、誰も知らない。

——サマセット・モーム（の言葉とされる）
（一八七四〜一九六五年）

テクノロジーがハイペースで進化する中、人間ならではの能力として残るものはあるのか――これは、人間とマシンを巡って最もよく聞かれる質問である。デジタル技術は、定型的な情報処理、パターン認識、言語能力、判断、予測から直感、器用さにいたるまで、さまざまな分野で人間に挑戦状を突きつけてきた。となると、人間が打ち負かされない分野というものが果たしてあるのだろうかと心配になってくる。

アンドロイドは創造性を発揮できるのか？

冒頭の質問に対して最も多い答は、「創造性」というものである。多くの人々が、何かまったく新しいことを思いつく能力はとうてい言葉には表せないから、マシンにはできないと考えている。たしかにそうだし、私たち自身も似たようなことを前著『ザ・セカンド・マシン・エイジ』に書いた。だがインダストリアルデザインにおける最近の事例を見ると、どうやらマシンは新しいすばらしいアイデアを考え出せるようになってきたらしい。そしてインダストリアルデザインに創造性が求められることについては、誰も文句はあるまい。

大方の人は熱交換器のしくみを真剣に考えたことはないだろう。だが冷蔵庫、ボイラー、エンジンなどの設計者は、絶えず熱交換のことを考えている。熱交換器とは、一言で言うと、温度の高い流体（液体または気体）から低い流体へ熱を移動させる装置である。このとき、二種類の流体を接触させない。たとえば、セントラルヒーティングのラジエーターは熱交換器である。ラジエーター内を通るスチームの熱で周囲の空気を温め、スチームと室内の空気は接触しない。

高性能の熱交換器を作るのは容易ではない。主目的はエネルギーの移動だが、そのうえに効率的で、安全で、耐久性があり、かつローコストでなければならない。これだけの条件をすべて満足させるには、設計者は求められる性能はもちろんのこと、熱力学、流体力学、材料特性、製造方法、コストなどにも通じていることが必要だ。とはいえ現実には、だいたいの場合に既存製品があり、大量の知識やノウハウが蓄積されているわけだから、設計者はそれを存分に活用することができる。

ではここに、必要な知識は完璧に備えているが、熱交換器については何も知らない人がいるとしたら、どうだろうか。もうすこしくわしく言うと、寸法、コスト、寿命、エネルギー移動など要求されているスペックはちゃんと理解しており、工学分野の知識に関しても超一流だが、

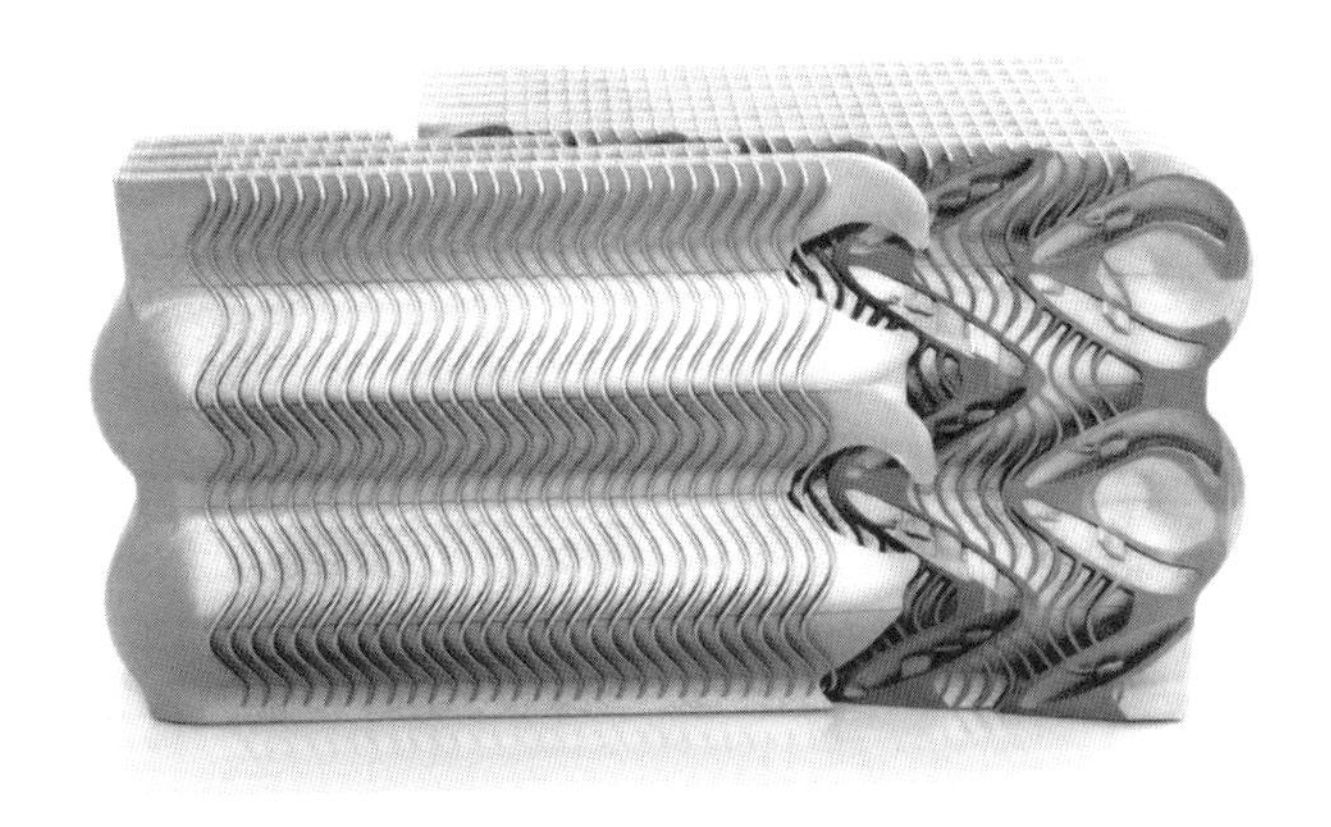

図 1
ジェネレーティブデザイン・ソフトが設計した熱交換器（© Autodesk）

熱交換器を見たことも聞いたこともないという人がいるとしたら、どうだろう。その人はどんな熱交換器を設計するだろうか。

図1は、そういう人が設計した熱交換器の例である。そしてここまで読んだ読者なら、これを設計したのがコンピュータだと言っても、驚かないだろう。

ジェネレーティブデザイン

図1に示した熱交換器は、「ジェネレーティブデザイン」の一例である。ジェネレーティブデザインとは、コンピューター支援設計（CAD）のようにソフトウェアが人間の設計者の図面作成や計算を支援するのではなく、ソフトウェアが一〇〇%自動で設計し、必要条件を満たすものを完成させることを意味する。

図1の熱交換器は、ジェネレーティブデザイン・ソフトで作成された図面に基づき、3Dプリンティングでプロトタイプを仕上げた。こんなことは従来は不可能だったが、3Dプリンターが普及した今日では、ジェネレーティブデザインの制約は取り払われた。製造プロセスに制約されないので、設計の自由度が高まり、誰も考えたことのなかったようなさまざまな形状や構造のものを次々に生み出すことが可能になったのである。人間のデザイナーとの決定的なちがいは、ソフトウェアは意識的にも無意識のうちにも、既存品や既存の手法に囚われないことだ。だから、真の意味で自由な発想ができる。

ならば、ジェネレーティブデザイン・ソフトはほんとうに「創造的」なのだろうか。これは、答えるのがむずかしい質問だ。そもそも「創造性」という言葉は、マーヴィン・ミンスキーの言う「スーツケース・ワード」、つまり多様な意味を含む間口の広い言葉である。ミンスキーは「意識、学習、記憶など、人間の知性を表す言葉には、スーツケースよろしくさまざまな意味が詰め込まれている」と語っている。[*1] 創造性も、そうだ。たとえばオックスフォード英語辞典では、「芸術作品などの制作において、想像力や独自の発想を活かすこと」と定義されている。

となると、ジェネレーティブデザイン・ソフトで設計された熱交換器は、芸術作品ではないし、誰の想像力も使っていないから、この定義には当てはまらないことになる。だがメリアム・ウェブスター辞典には、オックスフォードとはまったくちがう定義が示されている。「新しいものや新しい考えを生み出す能力」である。この定義なら、ジェネレーティブデザイン・ソフトは創造的だと言ってよいだろう。

図1の設計に人間は一切タッチしていないが、だからと言って人間が不要というわけではない。まずソフトウェアに、これこれの条件で作れと指示しなければならない。そのタスクをよりよく実行させるためには、そのものがどこに設置され、どんな条件で使われるのかも教える必要がある。したがって指示を出す人間は、熱交換器なら熱交換器の豊富な知識を持ち合わせていなければならない。結局のところ、熱交換器設計者と同程度の知識が必要だろう。

命がけの実験

では、そのような豊富な知識も自動的に生成されるとしたらどうだろうか。ジェネレーティブデザイン・ソフトと3Dプリンターの組み合わせに、さらに何か新しい工夫を加えて、より創造的な仕事ができないものだろうか。Autodesk（オートデスク）は二〇一三年からカーデザイナーやスタントドライバーと組んで、そうした試みを続けている。[*2] 目標は、すべて自動化によってレーシングカーのシャシーをゼロから設計したうえで、よりよい性能を発揮するためにシャシーはどうあるべきか、理想のスペックを見つけることである。

そのためにまずチームは、丸裸の状態のレーシングカー、つまりシャシー、トランスミッション、エンジン、シート、ホイールだけの実験車両を作り、それに一分の隙もないほどセンサーを取り付けて、応力、負荷、温度、変位などシャシーが耐えなければならないすべての要素を計測できるようにした。前章で述べたように、デジタルセンサーはいまでは小型化・高性能化・低価格化しているので、さほどコストをかけずに大量のデータを集めることが可能である。

次にこのセンサー満載の実験車両をカリフォルニア州南部のモハーベ砂漠へ持ち込み、スタントドライバーが車の壊れる限界ギリギリまで加速、急減速、ステアリング操作などの試験走行を行い、データを集める。命知らずのこの試験走行が終わる頃には、車の構造やそこにかかる応力について二〇〇〇万件以上のデータが集まった。続いて、Autodeskの新しいジェネレーティブ・デザインソフトDreamcatcher（ドリームキャッチャー）にデータを投入し、既存のシャシーの3Dモデルに当てはめる。そして生まれたのが、図2である。まあ、たしかに、シャシーに見えなくはない。だがそれよりも、マンモスか鯨の頭蓋骨、あるいは珪藻の二酸化ケイ素スケルトンのほうに似ている。[40]

それもふしぎではない。骨格など自然の構造物は、進化途上の偶然や絶え間ない競争に打ち勝ってきた勝ち組である。進化の歴史は、強靭性、耐久性、エネルギー効率にすぐれ、複雑だがスリムな驚嘆すべきデザインを生み出した。だから、一連の条件を満たす最適構造を設計するよう指示されたジェネレーティブデザイン・ソフトが、自然のもたらした勝ち組の構造に似たものにたどり着いても、さほど驚くべきではないだろう。

図 2
ジェネレーティブデザイン・ソフトが設計したレーシングカーのシャシー（©Autodesk）

読者は、このシャシーのもう一つのユニークな点に気づいただろうか。じつはこのシャシーは左右対称ではない。これには、わけがある。サーキットは右回りが圧倒的に多いため、周回を重ねるうちにレーシングカーにかかる負荷は右と左でかなりちがってくる。もちろん人間のカーデザイナーもこのことにずっと前から気付いてはいるのだが、これほど左右非対称なレーシングカーは見たことがない。これは、ジェネレーティブデザインだからこそ生み出せた設計と言えるだろう。

この例を見る限り、ジェネレーティブデザインが単なる模倣ではないし、人間の設計の修正でもないことがおわかりいただけ

(40) 珪藻は海藻の一種で、世界のどの海にも見られる。

よう。これまで人間がやってきたことを単に高度化したり組み合わせを変えたりしたわけでもない。むしろまったく逆のことをしている。コンピュータは、人間が蓄積してきた科学や工学の知識を学習し、性能要件を与えられるか、要件を導き出すためのデータを与えられれば、あとは人間がこれまで考えたこともないような新しいソリューションに到達するのである。

ユーレカ!

「デジタルクリエーター」とも呼ぶべきデザインソフトは、人間が経験を積むうちにどうしても蓄積されてしまうバイアスや盲点とも無縁である。無尽蔵と言えるほどの演算能力を以ってすれば、短時間かつローコストで、先入観にとらわれがちな人間のチームが思いつかないようなソリューションを何種類も提案することが可能だ。

科学の世界で新しい理論を発見し、それを実験で裏付けた偉大な例と言えば、誰もがあのアルキメデスのユーレカ!を思い出すだろう。難問の解決法を考え続けたアルキメデスは、風呂に入って水があふれるのを見た瞬間に「われ発見せり!」と叫んで風呂から飛び出した。ベイラー医科大学の計算生物学研究チームとＩＢＭの分析専門家によるユニークな調査では、人工知能 Watson は、彼なりのやり方で有用な仮説を発見できることがわかった。*3 ベイラーのチームは、プロテインＰ53を活性化させる性質を持つ酵素キナーゼを長年追い求めていた。[41] そのような性質を持つキナーゼは、ガンの成長を抑制する働きをするからだ。チームはまず Watson

に、このテーマに関する七万本の学術論文（ただし二〇〇三年以前に書かれたもの）を読み込ませた。[42] 次に、どのキナーゼにＰ53を活性化させる性質があるか、Watson に予測させた。するとWatson は七つの候補物質を挙げた。[*4]

さてWatson の挙げた候補は、ほんとうにＰ53を活性化させただろうか。論文の書かれた二〇〇三年以前から調査の行われた二〇一三年までの一〇年の間に、Watson が有力候補に挙げた七つの酵素はなんとすべてＰ53を活性化させる性質を持つことが確認されたのである。お断りしておくが、活性化作用を持つキナーゼの発見はけっして容易ではなく、過去三〇年間に年一個のペースでしか発見できていない。それを考えれば、Watson の成果は驚嘆に値すると言えよう。

でも芸術は別だ、そうだろう？

デジタルクリエーターは、アートの分野にも進出している。情報工学者サイモン・コルトンが制作した画家になりたがっているコンピュータプログラム Painting Fool（ペインティング・フール）は、人間によるインプットは一切なしにその日の「気分」に応じて目の前にいる人の

〔41〕リン酸基を他の化合物に転移させる酵素の総称。生体の信号伝達や反応の調節に関与する。
〔42〕Watson は人間のように言語を理解するわけではないが、テキストのパターンや関連性を発見し、それを知識ベースとして使うことができる。

肖像画を描く。[*5] またパトリック・トレセットはロボットアームを使って肖像画を描くほか、複数のロボットアームを組み合わせて人間不在を想起させるような舞台装置を制作している。[*6] さらに音楽研究家のデービッド・コープが開発した作曲プログラム Emily Howell（エミリー・ハウエル）は、多種多様なスタイルの楽曲を次々に生み出している。[*7]

だけどコンピュータのアーティストは、やっぱり人間ほどの才能はないね――そんな言葉をよく聞く。コンピュータのアートなんて、所詮底が浅いんだ、という声も聞こえてくる。だがそんな人たちのために、コープの二〇一〇年の作品をめぐるエピソードを紹介しよう。パシフィック・スタンダード誌の記事によると、こうだ。「サンタクルスで開催されたコンサートでは、プログラムに Emily Howell が人間ではないという注記がなかった。熱烈な音楽愛好家のある化学教授は、ハウエルの曲はすばらしい、自分の音楽人生で最大級に感動した曲の一つだと絶賛した。半年後、同じ教授が Emily Howell に関するコープの講演を聞きにきた。講演会場では、件のコンサートと同じ曲が録音再生された。すると、彼はこう言ったとコープは話している。『なるほど、いい曲だ。だがすぐに気づくことだが、これはコンピュータ音楽にちがいない。まったく深みがない。精神性が感じられない』と」。[*8]

コンピュータプログラムに作曲ができ、それを人間が好きになることに、特段驚くべきではないだろう。人間の美的感覚、つまり何を美しいと感じるか、何を快いと感じるかということはきわめて複雑で微妙であり、完全に理解することはむずかしい（しかも年齢や周囲の環境や流行によって変化する）。だがむずかしくはあるが、理解不能というわけではない。少なくとも人間は、大方の人が心地よいと感じるいくつかのルールを発見している。たとえば「黄金比（1.618：1）」はその一つだ。そのほかにも多くのことを発見し、学習してきた（たとえつかみどころがないとしても）。

美に関するこうした知識をコンピュータプログラムに取り込んで活用することは、すでに幅広い産業で行われている。Grid（グリッド）は、個人や企業に高度にカスタマイズされたウェブサイトを制作するスタートアップだ。同社の作るウェブサイトは顧客の好みをきめ細かく反映すると同時に、ウェブデザインのゴールデンルールに従っているが、同社にウェブデザイナーはおらず、デザインに人間は関与していない。また、ＩＢＭはWatsonの技術を料理に応用している。キッチンのWatson君は、これまでにない材料や香辛料・調味料の組み合わせで料理本何十冊分ものレシピを次々と発明してきた。中にはとてもおいしい料理もある。[43] それから読者は、上海タワーをよくご存知だろう。上海タワーは上海市浦東新区に位置する一二八階

(43) ファスト・カンパニー誌の記者マーク・ウィルソンは、Watsonが作った「ベンガリ・バターナッツ」バーベキューソースがお気に入りだ（Mark Wilson, "I Tasted BBQ Sauce Made by IBM's Watson, and Loved It," *Fast Company*, May 23, 2014, https://www.fastcodesign.com/3027687/i-tasted-bbq-sauce-made-by-ibms-watson-and-loved-it）。だが、「オーストラリア風チョコレート・ブリトー」はこれまでに食べたブリトー（メキシコ料理のトルティーヤの一種）の中で最悪だという（Mark Wilson, "IBM's Watson Designed the Worst Burrito I've Ever Had," Fast Company, April 20, 2015, https://www.fastcodesign.com/3045147/ibms-watson-designed-the-worst-burrito-ive-ever-had）。

建ての超高層ビルで、高さ六三二メートルを誇る。[*9] 非常にエネルギー効率がよく、高度なテクノロジーにより炭素排出量を年間三万四〇〇〇トンも減らすことに成功した。[*10] 建設資材の使用量も抑えられており、建設コストは五八〇〇万ドル節約できたという。[*11] しかも、ツイストしたユニークな姿と光り輝く外観はきわめて美しい。じつはビルの形と構造を最初に生み出したのは、コンピュータである。その後にデザインを発展させ、洗練させ、細部を煮詰めたのは、たしかに人間の建築家チームだった。だが人間チームのスタート地点はコンピュータ設計だったのであり、真っ白な紙からスタートしたわけではない。

人間にあってコンピュータにないもの

自動生成音楽のパイオニアであるデービッド・コープはこんなことを言っている。「僕が聞かされるのは、古臭いたわごとばかりだ。マシンと人間を対決させ、人間に最後に残された数少ないものをおまえは奪い取ろうとしていると言う。だが僕には、その後生大事にしている創造性とやらが、ひどく骨の折れるわりに非創造的に見えてしかたがない」。[*12] 彼の言いたいことはわかる。コンピュータは真に創造的か、あるいは創造的になりうるか、という議論は、一部の人間にとっては大いに関心があるだろう。だが私たちは、世界の創造性の総量をどれだけ増やせるか、ということのほうに興味があるし、増やせると考えると大いに興奮する。そのためにとるべき正しい道は、二面作戦で行くことではないだろうか。すなわち、新しい発想のできるコンピュータの開発をどんどん進めると同時に、人間のクリエーターとの最適の組み合わせを見つけることだ。最高のソリューションは、人間とマシンの協働から生まれると信じる。

人間とマシンが一緒に働くと提案すると、マシンがやるべき単調な仕事を人間にやらせようとしているのではないか、とよく言われる。第2章にも書いたが、二〇年ほど前に確立した「標準的なパートナーシップ」は、定型的な仕事をマシンにやらせて人間はもっと高度な考える仕事をするというものだった。だが今日では、デザイナーなどクリエーティブな仕事をする人たちは、つまらない単調なことに多くの時間を取られている。Autodesk の元CEOカール・ベースはこう話す。

CADツールなんてものは、幾何学の初歩みたいなものだ。直線を引く、中点を見つける、それから別の線を引く、直線をつなぐ曲線を描く、等々。ここで注意すべきは、CADを使う連中は、それでほんとうに問題が解決できるのかを知らないままにやっている、ってことだ。線を引いたり消したり延々とやった挙句に、その設計じゃうまく行かないとわかる。われわれはCADの扱い方をこのやり方で教えてきたが、どうも悪いツールを与えてしまったのではないかと思う。*13

こうしたわけで、Autodeskをはじめとする多くの企業が、創造性をサポートするよりよいツールの開発に取り組んでいる。次世代の製品は、いくつかの点で大きくちがったものになりそうだ。

第一に、「幾何学の初歩」を始める前に、最初のアイデアの実行可能性や合目的性のテストをする。最初のアイデアはナプキンの裏に走り書きしたスケッチでかまわない。次世代のツールはそのスケッチから瞬時に何かを読み取り、実行可能性を評価することができる。たとえばビルなら地震に耐えられるか、エンジンなら出力はスペック通りか、といったことを評価できる。

第二に、次世代のツールはデザインプロセスの各段階で、設計変更に伴う関連箇所の修正や計算といったルーティンワークを自動的にこなす。人間がやると時間がかかりすぎるしミスが多すぎるので、そのような仕事はマシンに任せる方がよい。かくして「標準的なパートナーシップ」は創造的な努力に捧げるためにアップデートされる。

人間のように考え感じるマシン

たとえテクノロジーが進化しても、人間はこの先も長い間、創造的な仕事では大きな役割を担い続けるだろう。これまでの章では、意思決定、判断、診断、予測など多くの仕事について、私たちは人間に控えめな役割しか与えてこなかった。ではなぜ創造性はちがうのか。思うに、これまでにない新しい何か、しかも役立つ何かを生み出すには、おそらくクリエーター自身がこの世に生きて暮らしていることが必要ではないだろうか。だがコンピュータは「生きて暮らしている」とは言いがたい。「知覚」について論じることは本書の手に余るが（この「スーツケース・ワード」には多くの人がさまざまな意味を詰め込んでいる）、一つ言えるのは、現時点でコンピュータに知覚はないということだ。人々が次に望んでいることを理解するためには、そのことが人間にとって何を意味するのかを深く考え、それを想像の中で人間の感覚と感情でもって体験しなければならない。それができるのは、いまのところ、そしてかなり遠い先まで、人間だけではないかと思われる。

バイオリニストで作曲・作詞も手がけるアンドリュー・バードは、二〇〇八年にこんなことに気づいた。「一見するとまとまりのない乱雑な考えを一つの歌にする何かが一つあるとすれば、それは過剰な自信じゃないかと思う」[*14]。これはすてきな発見だ。だがバードは控えめすぎると思う。コンピュータだって自信を失ったことはない。たとえば恋愛と喪失感についていくらでも所見を述べられるだろう。

だがもしコンピュータがコール・ポーターやジョニ・ミッチェルやジェイ・Zのようなすばらしい詩を書いたら、それは驚天動地の出来事だ。だいたいにおいてコンピュータ詩人の書くことは人間に対する理解に欠けている。この方面のデジタル化が進んでいるというデータは見つからない。人工知能のパイオニアであるヤン・ルカンは、人間のように考えたり感じたりするマシンができる日がいつか来るとしても、現時点では「何か概念上の大きな進歩が必要だが、それをどうやって実現するかわかっていない」状況だという。[*15] やはりこの分野の偉大な研究者であるアンドリュー・ウ（呉恩達）は、「人間の頭脳がどう働くのか、われわれにはわかっていない。現時点でわれわれのアルゴリズムは、脳のように働いてはいない」と話す。[*16]

彼らがやりとげるまで、私たちが目にすることのできるAI作成の詩や散文といえば、キュレーテッドAI誌に掲載されている代物ぐらいだろう。キュレーテッドAI誌は文字通りマシンが人間の読者のために「寄稿」している雑誌で、[*17] 代表的な作品としては、『音楽はベルトラン氏の知性に満足している』が挙げられるだろう。これは、ニューラルネットワークDeep Thunder（ディープ・サンダー）が二〇一六年八月に発表したもので、ジェーン・オースティンの小説をインプットしたところ、アウトプットされた作品だという。その冒頭部分を紹介しよう。

なんという寒さ。グリーフでこんなことが起きた記憶はない。私が一等賞をとろうと努力しているときにあなたの長兄に言いなさい。このことはすべて、クロフォード氏の家まで馬で行くときの出来事で、あまりに不注意だった。だがあなたはもっとはるかにほとんど値する。そして私は自分が高尚な言葉を持っていないとわかっている。ママ、音楽がベルトラン氏の知性に満足していることを私たちは知らないと私は確信する。[*18]

うむ。これが何を意味するのかまったくわからない。わかるのは、私たちがかなり遠い将来まで、人間が作る小説や詩のほうがずっと好きだろうということである。

デジタル世界における人間的なつながり

人間というものは、生まれたときから他の人間との関係の中に置かれている。人間は社会的な動物であり、近代以降の歴史を通じて、家族、一族、部族、市民社会という具合に次第に大きな集団に関わるようになった。こうした流れの不可避的な結果として、人間は個人としても集団の一員としても、互いに反応し同調するようにできている。ほとんどすべての人（ある種の病気や人格障害を除く）が、他人とどう関わるか、他人は自分のことをどう思っているかをつねに気にかける。MITメディアラボの研究者デブ・ロイは、この人間の社会的性質こそ、技術の進化にさほど影響されない仕事を予測する手がかりになる、と指摘する。ごくおおざっぱに言うと、生き残るのは人間の社会的衝動に応えるような仕事だと考えられる。ロイは社会的衝動の例として、共感、自尊心、困惑、羨望、正義、連帯意識などを挙げる。

こうしたものが仕事とどう関わっているかを説明するために、中学校の女子サッカー部のコーチの例を挙げよう。コーチがサッカーに関して深い戦略的知識を備え、ゲームの流れを読んで戦術を的確に切り替えられるとしたら、それはすばらしいことだ。だがプロチームではないのだから、サッカーの試合に勝ったところで金銭的報償が得られるわけではない。少年少女サッカーにおいては、試合に勝つ能力は、コーチの仕事の重要な要素とは言えない。それよりも大切なのは、目標達成に向けて仲間とともに練習に励み、チームメートを互いに支え合い尊重し合うことを教え、スポーツを通じた人格形成に努めることだろう。すぐれたコーチは、まず生徒たちに共感し、彼女たちが誇りを持って取り組めるように導く。また自身がロールモデルとして尊敬される人間になり、あのコーチから認められたい、と生徒に思われるようにする。

このようなすばらしいコーチが滅多にいないことは私たちも承知しているが、それにしても人間でないサッカーコーチというものが存在しないことを忘れてはならない。人工知能が女子サッカーチームのコーチになることを想像してほしい。AIコーチには、リーダーシップを備えた生徒を見抜いてキャプテンに指名したり、ちょっとばかり問題のある生徒をうまく導いたりすることができるだろうか。さらに、リーダー格の上手な選手が扱いにくい性質だったらどうするだろう。AIコーチはチームの結束を固め、好調なときもスランプのときもうまく乗り切っていけるだろうか。自信を失った気の弱い選手を励まし、できないと思い込んでいることをやらせる術を知っているだろうか。私たちは、テクノロジーに関して「絶対無理」ということはないと知っている。だがやはり、「たぶん無理」と言わざるを得ない。

コンピュータは、顔の表情や声の調子から人間の感情を読み取ることはかなりうまくできるようになってきた。だが、さきほど挙げたコーチの仕事にはもっともっと多くが求められる。

人間の感情や社会的衝動とうまく付き合いながら仕事を進める能力は人間ならではのものであり、この状況はかなり先まで変わらないだろうと私たちは考えている。この前提を踏まえると、セカンド・マシン・エイジが進行するにつれ、人間とマシンの新たな組み合わせが考えられそうだ。意思決定や判断、予測、診断といった仕事はマシンに任せる。そして、マシンの下した決定なり判断なりを必要に応じてわかりやすく説明し、受け入れるよう説得するのが人間の仕事になる。

たとえば、医療はその代表例となるだろう。病気や症状の診断は基本的にパターンマッチングであり、医療情報のデジタル化と機械学習の進歩などのおかげで、コンピュータは人間を上回る成果を上げるにいたっている。放射線医学、病理学、腫瘍学などきわめて専門化した分野では、診断技術のデジタル化がまだ進んでいないとしても、すぐに進むと断言できる。マシンの診断結果を人間がチェックするのは結構だが[44]、主たる判定者はマシンであるべきだ。

だが大方の患者は、マシンから診断結果を聞かされるのはいやだろう。患者の置かれた状況に共感し、つらい知らせを受け入れやすくしてくれる専門医から説明を受けたいはずだ。そして診断が確定してからは、医療のプロフェッショナルたちが患者に接し、社会的衝動を受け止め、治療を滞りなく受けられるようによい関係を築くことが大切になる。治療の手順がきちん

〔44〕いや、これもよくないかもしれない。時間と調査を重ねないと、確かなことは言えない。

と守られないと、患者の健康にとってよくないことはもちろん、アメリカでは処方薬だけで年間二八九〇億ドルの無駄になっているという。[19]
　マサチューセッツ州に本社を置く民間医療機関Iora Health（イオラ・ヘルス）は二〇一五年半ばから、患者にプロの「ヘルスコーチ」をつけるプログラムを六州一三の施設で運営している。コーチたちの仕事は健康に暮らすための助言指導をするだけでなく、患者の話を聞き、ともに時間を過ごし、ヘルスケアプログラム全体を人間味あふれたゆたかな体験にすることだ。このアプローチは非常に効果的だったと言えるだろう。ボストン・グローブ紙は、「ある施設では、入院が三七％、医療支出は一二％減少したという……また他の二つの施設では、救急車で運ばれる件数が三〇％減った」と報じている。[20]
　未来の進化した医療システムにおいても、人間の役割はけっしてなくならず、むしろ重要な価値を持ち続けるだろう。ただし、今日と同じ役割を果たすわけではなさそうだ。有能な診断者やヒッポとしてではなく、感情の機微を理解するケアコーディネーターとして表舞台に登場することになると考えられる。さきほど、未来の工場には人間が一人と犬が一匹いるという古いジョークを紹介した。これをもじって言うなら、未来の病院には人工知能と人間と犬が雇われることになりそうだ。ＡＩの仕事は患者の診断である。人間の仕事は診断結果を理解し、患者に伝え、治療に当たることだ。犬の仕事は、ＡＩの診断結果にケチをつける人間に噛み付くことである。

この章のまとめ

・コンピュータは、いまや「創造性」の定義に該当することを次第にできるようになっている。たとえば機能的で美しい製品を設計する、作曲する、科学的仮説を立てる、などである。

・コンピュータの創造的な能力は長足の進歩を遂げており、いまでは仕様に適合する部品を設計するだけでなく、大量のデータに基づき、目的を実現する仕様条件を導き出すこともできる。

・デジタルのクリエーターーは、しばしば人間が考えもしないようなソリューションにいたる。これはよろこばしい。視点が多様であるほど、よい結果につながるケースが多いからだ。

・だがコンピュータが人間というものを理解しているとは言いがたい。彼らは人間が知覚するように世界を知覚していないからだ。コンピュータプログラムが書いたまともな小説を読める日は、まだ遠い先だろう。

・人間とマシンの新しい組み合わせを考えるとき、創造的な仕事は有望な領域の一つである。たとえば、時間と労力を要するたたき台づくりをマシンに任せ、それを人間が手直しし細部を煮詰めるというのは有力なアプローチと言えるだろう。

・デジタル技術は、人間の社会的衝動に応えるという点ではお粗末である。そうした衝動や感情が絡んでくるような仕事は、これからも人間がやるほうがよい。共感や思いやり、リーダーシップ、チームワーク、コーチングを伴う仕事がこれに該当する。

・技術が進歩するにつれて、定量的なスキルよりも高度な社会的スキルがますます重要になるだろう。社会的スキルと定量的スキルをうまく組み合わせることが望ましい。

あなたの会社では？

1　あなたの会社で最も創造性ゆたかでイノベーティブな人材は、どの程度の量のルーティンワークをしなければいけませんか？

2　あなたは、人間が制作した絵、音楽、ウェブページ、学問上の仮定と、マシンが作成したものとを区別できると自信を持って言えますか？　人間が制作したもののほうがよいと自信を持って言えますか？

3　人間同士のやりとりがあなたの仕事や会社で最も役に立つのはどんな場面ですか？

4　あなたの会社で現在人間が行なっている仕事のうち、コンピュータに任せるのが最もむずかしいと思われるのはどの仕事ですか？　またその理由は何ですか？

5　現在のあなたの仕事、あるいはあなたの会社で行われている仕事の中で、人間とマシンの理想的な分業が実現しているのはどの仕事でしょうか？

6　マシンが新たに獲得した能力と人間ならではの感覚とを組み合わせたら、どんな新しい製品やサービスができそうですか？

PART 2

第2部

物理的なモノやサービスとプラットフォーム

PRODUCT AND PLATFORM

マシンの犠牲者たち

第6章

資本主義社会における経済の進歩は、すなわち混乱を意味する。

——ヨーゼフ・シュンペーター、一九四二年たった一つのコンピュータネットワークの出現によって、長い歴史を持つ複数の産業が、わずか一世代のうちに永遠に姿を変えた。これほどの規模の大変革がこれほどのスピードで産業に起きた例は、皆無とは言わないが、めったにない――最初の文章はやや誇張である。大変革を引き起こしたのは、たった一つのコンピュータネットワークすなわちインターネットだけではない。他のテクノロジーも少なからぬ援軍となった。だが、二番目の文章は誇張ではない。第1章で述べたように、蒸気機関や電気など、技術革新が原動力となった産業革命は以前にもあった。だがこれらの革命はもっと長い時間をかけて進展したのだし、おそらくは経済の隅々にまで波及するまでにはいたらなかった。

嵐の前の静けさ

インターネットのインパクトを理解するには、二〇年前のことを思い出すとよい。その頃、携帯電話はアメリカではまだ高価なオモチャだった。一九九五年の携帯電話の価格は一〇〇〇ドルで、持っていたのは人口の一三％にすぎない。[*1] 大半のアメリカの家庭には固定電話（当時は「固定電話」という言葉は存在しなかったが）が普及しており、銅線でできた電話網が全土に張り巡らされていた。電話網を建設したAT&Tの独占は一九八二年に打ち切られていたが、同社はなお数少ない長距離電話会社の一つとして君臨していた。一九九〇年代には、距離が長いほど電話料金は高くなった。大半の家庭は毎月二種類の請求書を受け取ったものである。一つは距離とは無関係の市内電話料金、もう一つは距離に応じて課金される市外電話料金である。

一九九〇年代半ば頃のほとんどのアメリカの地方や都市には、地元の新聞がすくなくとも一紙は存在した。[*2] 全国紙と言えるのは、ニューヨーク・タイムズ、ウォール・ストリート・ジャーナル、USAトゥデイなど一握りだった。当時のアメリカでは合計二四〇〇もの新聞が発行され、年間売上高の合計は四六〇億ドルに達していたのである。このほかに週刊誌、月刊誌の売り上げが一九〇億ドルあった。新聞・雑誌の利益は購読料と広告収入に拠っており、一九九五年の内訳は求人広告が三〇％、その他の広告が四九％、購読料が二一％となっている。求人広告は新聞社にとってコストがかからないうえ掲載期間が長いため（目的を達成するか、効果のないことに腹を立てた広告主が出稿を打ち切るまで）、とくに重要な収益源だった。

当時はラジオ局も花盛りだった。二〇〇〇年の時点で、アメリカでは一万以上のAM、FM

放送局が稼働しており、合計で二〇〇億ドルの収入を上げていた。[*3] 大半の局が一日のうちすくなくとも数時間は音楽を流しており、音楽業界との関係は良好だった。ラジオで流れた曲が気に入ったリスナーは、アルバムを買ってくれることが多かったからである。二〇〇〇年当時の音楽業界ではCDだけで年間一四三億ドルを売り上げ、それ以前の一〇年間と比べると年七%のペースで成長中だった。[*4]

CD（およびわずかながらDVD）の需要、とりわけポップカルチャー時代のスーパースターのアルバムに対する需要はきわめて堅調で、一九九七年には投資銀行家のデービッド・プルマンがデビッド・ボウイと組んで「ボウイ債」を売り出したほどである。[*5] 過去二一年間に発売された楽曲のロイヤルティを証券化した新種の証券（一種の資産担保証券）だった。[*6] ボウイ債はたちどころに売り切れ、五五〇〇万ドルの調達に成功した。[*7] これに刺激を受けて、イギリスのヘビメタバンド「アイアン・メイデン」[*8]、アメリカのソウル歌手ジェームズ・ブラウン、イギリスのロック歌手ロッド・スチュワート[*9]などが後に続いた。

人々がCDを買うには、コロンビアの通販クラブ（品物は郵便で送られてくる）のメンバーになるか、でなければレコード店へ行くしかなかった。ファンは、人気スターのアルバム発売日、たとえばマイケル・ジャクソンのヒット曲を集めた一九九六年の『ヒストリー』の発売日には、店の前で長い行列を作ったものである。

レコード店の多くはショッピングモールに入っていた。ショッピングモールはじつにアメリカ的な発明で、郊外に住むことが流行り出すと同時に全国に広まっている。アメリカ人の買い物好きは、一九五六年にあらゆる店の揃った空調完備のモール「サウスデール」がミネソタ州に出現して以来、いっこうに衰える兆しがない。[*10] 一九六〇年代にクルマ文化が定着するのと並行して、半世紀にわたるショッピングモール・ブームが始まった。なんと一五〇〇ものモールが一九五六〜二〇〇五年の間に建設されている。[*11]

一九九〇年代半ば頃のアメリカでは、フィルムの現像を頼んだり、できあがった写真を取りに行ったりするためにショッピングモールに立ち寄る人がかなりいた。一九九七年の時点で、フィルム、カメラ、現像代を含む写真関連産業は年商一〇〇億ドルを誇る一大産業だった。[*12] 一九九五年に消費者向けの最初のデジタルカメラであるカシオのQV10が発売されたが、[*13] 当時はさほどヒットしていない。九〇〇ドルという価格は高すぎたし、内蔵メモリに保存できるのは低解像度(〇・〇七メガピクセル)の写真九六枚だけだったからである。[*14] 一世紀の歴史を誇る老舗Kodak(コダック)の株を買っている投資家たちは、カシオなど敵ではない、デジタルカメラなど恐るるに足らない、と考えていた。一九九七年第一・四半期に、Kodakの時価総額は三一〇〇億ドルと過去最高を記録している。

そして嵐が来た

この時価総額をKodakが更新することは二度となかったと言っても、読者は驚かないだろう。一九九七〜二〇一二年の一五年連続でKodakの時価総額は減り続け、ついに破産申請をするにいたった。[45] いや、Kodakだけではない。さきほどの描写に登場するすべての産業が、一九九〇年代半ば以降、変革の大波に襲われ苦難の時を迎えることになる。

二〇一三年には、アメリカの新聞は発行部数も収益もそれまでの一〇年間に比べ七〇%も激減する。*15 失った収入は四〇〇億ドルを上回ったが、オンライン広告の収入はたった三四億ドルにすぎない。*16 業界は「印刷で一ドル失う毎にデジタルで入ってくるのは一〇セントだけ」と悲鳴をあげる。*17 二〇〇七〜二〇一一年の四年間で、アメリカの新聞業界では一万三四〇〇人が解雇された。*18 求人広告収入は、二〇〇〇年に八七億ドルだったのが二〇一〇年には七億二三〇〇万ドルと、一〇年間で九〇%減。新聞社はばたばた倒産した。その中には、アリゾナ州最古の日刊新聞トゥーソン・シチズン*19や一八五九年創刊のロッキー・マウンテン・ニュース*20も含まれていた。また大手新聞社マクラッチー・カンパニーは、時価総額が九〇%以

〔45〕Kodakの倒産は、けっして同社の繁栄の終わりではなかった。二〇一三年以降、Kodakは六四〇〇人の従業員で商業印刷や産業用フィルムに注力し、二〇一五年末には売上高一七億ドルを達成する。Kodakについては前著『ザ・セカンド・マシン・エイジ』でくわしく取り上げた。

上縮小する憂き目に遭っている。[21] 衝撃的だったのは、二〇一三年八月五日に名門ワシントン・ポスト紙がAmazonの創業者ジェフ・ベゾスに買収されたことだ。買収額は二億五〇〇〇万ドルだった。[22]

同じパターンが雑誌出版業界でも起き、発行部数も広告収入もみるみるうちに減っていった。ペントハウス誌の発行元も、[23] ナショナル・エスクァイア誌やメンズ・フィットネス誌の発行元も倒産。[24] ピーク時には三三〇万部の発行部数を誇った一九三三年創刊のニューズウィーク誌は、[25] 二〇〇七〜二〇一一年に発行部数が半減し、[26] 二〇一二年にはついに紙版の発行を打ち切る[27]（その後、二〇一四年に再開した）。一時期は強い影響力を誇ったオピニオン誌ニュー・リパブリック[28]（一九九〇年代半ばには「大統領専用機での必読誌」と言われた[29]）は、Facebookの共同創業者クリス・ヒューズに推定二〇〇万ドルで二〇一二年に買収された。(46)

雑誌業界における最も根深い変化を印象付けたのは、二〇一五年一〇月にプレイボーイ誌が行なった発表だろう。六二年の長きにわたりヌード写真を売りにして来た同誌が、これからはヌードは掲載しないと明言したのである。[30] プレイボーイを創刊したヒュー・ヘフナーは、二〇〇六年に（おそらくはヌード写真を通じて）最も影響力のあるアメリカ人の一人に選ばれたこともある人物だが、[31] そのヘフナー自身が、もはや時代の流れには勝てないと認めた。掲載打ち切りの理由の一つは、他誌と同じくプレイボーイも読者の獲得を相当程度ソーシャルメディアに依存するようになっていたが、Facebookもインスタグラムもヌードは禁じていることにあった[47](もっとも二〇一七年二月になって、創業者の息子で同誌のチーフクリエイティブオフィサーを務めるクーパー・ヘフナーは、ヌードの一部復活を宣言している)。[*32]

また音楽CD類の売り上げも、一九九九年の二七〇億ドル[*33]から二〇一四年には一五〇億ドル[*34]へと四五%減を記録した。[*35] この二〇一四年という年はまた、CDなど物理的な媒体の売り上げとダウンロードによる売り上げが拮抗した年でもある。[*36] 二〇〇二年には五大メジャーが世界の市場の七五%を占めていたが、[*37] 合従連衡により、いまでは三大メジャーすなわちUniversal Music(ユニバーサル・ミュージック)、Sony Music Entertainment(ソニー・ミュージックエンターテインメント)、Warner Music(ワーナー・ミュージック)が八五%を掌握している。[*38] レコー

(46) ヒューズはその後の四年間でニュー・リパブリック誌に二〇〇〇万ドルを投じたとされる(Ravi Somaiya, "The New Republic Is Sold," *New York Times*, February 26, 2016,https://www.nytimes.com/2016/02/27/business/media/the-new-republic-is-sold.html)。だが、デジタル媒体として再生させる試みは失敗に終わり、ヒューズは二〇一六年二月に結局転売した。

(47) プレイボーイ誌のチーフ・コンテンツ・オフィサーだったコリー・ジョーンズによると、二〇一四年に「安全」なサイトになって以来、Playboy.com へのトラフィックは四倍に増えたという(David Segal, "Playboy Puts On [Some] Clothes for Newly Redesigned Issue," *New York Times*, February 4, 2016, https://www.nytimes.com/2016/02/04/business/media/playboy-puts-on-some-clothesfor-newly-redesigned-issue.html)。ヌード掲載の打ち切りを決定した直後に、彼はこう話した。「誤解しないでくれ。一二歳の私は、現在の私に失望している。だが、こうすることが正しいと信じている」(Ravi Somaiya, "Nudes Are Old News at Playboy," *New York Times*, October 12, 2015, https://www.nytimes.com/2015/10/13/business/media/nudes-are-old-news-at-playboy.html).

ド店Tower Recods（タワーレコード）は二〇〇六年に倒産し[*39]、HMVも二〇一三年に同じ運命を辿った[*40]。二〇〇四年には、ムーディーズがボウイ債を投資適格からジャンク債に格下げしている[*41]。ボウイ債は予定通りすべて償還されたが、その後はこの手の証券化は行われていない。二〇一一年にゴールドマン・サックスがボブ・ディランやニール・ダイアモンドの楽曲ロイヤリティを裏付けに起債を試みたが、マーケットが成立しなかった[*42]。

そして二〇〇七年は、ここ半世紀で初めて新たなショッピングモールがアメリカで一つも建設されない年となった。二〇〇五～二〇一五年の一〇年間で既存モールの二〇％が閉鎖され、建設会社もビル保守会社も軒並み経営不振に陥る[*43]。モール経営大手のGeneral Growth Properties（ジェネラル・グロース・プロパティーズ）が二〇〇九年に破産申請したが、これはアメリカの商業用不動産業界で最大規模の倒産となった[*44]。

さらに市内電話・長距離電話も、ともに苦境に陥った。アメリカの世帯が二〇〇〇年に支払った長距離通話料金は七七〇億ドルだったが[*45]、二〇一三年には一六〇億ドルに減ってしまう[*46]。携帯電話が普及するにつれ、固定電話に加入しない世帯も増えてきた。二〇一五年には、アメリカの成人の四四％が固定電話を引いていない家で暮らすようになっており、ミレニアル世代（一九七七～一九九四年生まれ）では、この数字が六六％近くに達する[*47]。

アメリカのラジオ局の合計収入も、二〇〇〇年の二〇〇億ドルから二〇一〇年には一四〇億ドル[*48]へと三〇％近く減少し、独立系ラジオ局は次々に身売りしていった。その結果、集中化が加速し、アメリカ最大のラジオ放送事業者Clear Channel（クリア・チャネル）は一九九七年には一九六局抱えていたのが、二〇〇五年にはなんと一一八三局に拡大している。[*50]

以上の例から、ここ二〇年の間に、あまり共通点のなさそうな数多くの産業で時を同じくして地殻変動が起きたことがおわかりいただけよう。しかもいま挙げたのは、ほんの一例にすぎない。第7章以降では、大変革に巻き込まれた他の産業の例を見ていく。トーマス・フリードマンはこの大変革について、新著『遅刻してくれてありがとう』（日本経済新聞出版社近刊）の中で「誰かが賢いことをやってのけてあなたの会社を時代遅れにしてしまったときに起きること」だと定義している。[*51] その賢い破壊者にとって最も強力な武器になったのは、おそらくデジタル技術だったにちがいない。

無料（フリー）、完全（パーフェクト）、瞬時（インスタント）

デジタル技術が最強の武器である理由を理解し、セカンド・マシン・エイジの破壊的な力の源泉を知るためには、経済学では新種の二つのものの特徴を考える必要がある。一つは情報財、もう一つはネットワークである。

情報財には、無料（フリー）かつ完全（パーフェクト）という特徴がある。いったんデジタル化されたものは、基本的にただで複製できる。新しく作られたコピーは、たしかにハードドライブその他の記憶媒体でスペースをとるし、記憶媒体は無料ではないけれども、過去の標準に比べれば信じられないほど安い。一ギガバイトの情報を保存するコストは、二〇〇〇年には一一ドルだったが、[*52] 二〇一二年にはわずか〇・〇二ドルになっており、[*53] 今後も下がり続けるだろう。ある経済学者が言ったように、限界費用はゼロに近づいている。したがって、無料だと言ってもよかろう。

そして完全は――完全である。いったん原本がデジタル化されたら、その複製は原本と寸分違わない。と言うよりも、デジタルのコピーはデジタルのオリジナルとまったく同じである。[48] 読者もよくご存知のとおり、コピー機でフォトコピーをとる、つまりアナログのコピーをとる場合には、そうはいかない。だがデジタルコピーの場合には、一バイトたりとも欠落することはないし、薄れたり劣化したりということもない。[49] コピーを一つ作ろうが、一〇〇、一〇億作ろうが、同じである。

無料で完全だというのはじつに望ましい性質だが、だからと言って、ハードドライブに一〇〇個も一〇億個も同じファイルや写真を入れておいても意味がない。情報財の価値が飛躍的に高まるのは、ネットワークが利用可能なときである。なぜならネットワークは瞬時(インスタント)という第三の特徴をもたらすからだ。ネットワークは、情報財の無料の完全なコピーをある場所から別の場所へ、あるいはある場所からたくさんの場所へ、ほぼ瞬時に送り届けることができる。

インターネットは、無料(フリー)という概念を二つの方向に押し広げたという点で、とりわけ強力なネットワークだ。第一に、インターネット経由で楽曲なり写真なりのコピーを送るのに追加費用はかからない。というのも、いまでは大方の人が従量制ではなく定額制で契約しているからだ。だから、一度契約してしまえばあとはいくら使おうと料金は変わらない。[50] 第二に、すぐそこに送るのも、地球の裏側に送るのも、料金は変わらない。インターネットの構造上、物理的な距離は無関係だからである。ジャーナリストのフランシス・ケイルンクロスは、情報伝達の阻害要因が一つなくなったことを指して「距離の死」と表現した。*54

無料（フリー）、完全（パーフェクト）、瞬時（インスタント）の組み合わせは、単独の場合よりはるかに強力である。この三つがすべて備わった相手に対抗するのはむずかしい。紙の新聞を走って届けたり、CDをショッピングモールの中で売ったりすることと、無料で完全なコピーを作って瞬時に配布することを比べてみてほしい。記事を書いたり曲を作ったりする固定費は同じだとしても、後者では追加コピーの作成・配布に要する限界費用がほぼゼロなのだから、コスト面の優位は圧倒的である。人類

(48) 楽曲や動画をデジタル化した場合、ある意味でアナログに劣ることは事実である。というのも、デジタル化する際に一定の情報が失われるからだ。このため人によってはデジタル化を嫌う。たとえば映画監督のクエンティン・タランティーノは二〇一五年の作品『ヘイトフル・エイト』を制作した際に、七〇ミリフィルムを復活させた（Peter Suderman, "There's One Great Reason to See Quentin Tarantino's *The Hateful Eight* in Theaters," *Vox*, January 4, 2016, http://www.vox.com/2016/1/4/10707828/hateful-eight-70mm-roadshow）。また、オーディオファンの中には、いまなおレコードを愛する人々がいる。だがほとんどの人にとって、ほとんどの場合、デジタルの音源や動画は十分なクオリティを備えている。

(49) もちろん、エラーや故意の改竄が起きた場合は別である。ただしアナログの複製とはちがい、デジタルのエラーは、たとえたった一バイトであっても、暗号公開鍵に基づく認証技術を使って検知することができる。

(50) 言うまでもなく、インターネットサービスプロバイダーが定める上限に達していない限りにおいて、である。

の歴史の大半を通じて、無料で完全で瞬時に配布できる財やサービスはほとんどなかった。だがデジタル化されネットワークで送信可能な財であれば、その三つの特徴が自動的に備わることになる。

プラットフォーム

モノやサービスや情報を集めた「場」としてのプラットフォームは、無料（フリー）、完全（パーフェクト）、瞬時（インスタント）の優位性を活かしたオンライン環境であり、アクセス、複製、配布の限界費用がほとんどゼロである。[51]

多くの人が最も慣れ親しんでいるプラットフォームは、言うまでもなくインターネットだ。本章の冒頭で取り上げた産業の大変革を引き起こしたのも、インターネットにほかならない。ある意味で、インターネットはプラットフォームのプラットフォームと言えるだろう。たとえば、インターネット上で標準的に用いられる文書の公開・閲覧システムのワールドワイドウェブ（WWW）は、インターネットの情報転送プロトコル上に構築されている。このプロトコルにはすでに数十年の歴史があるが、イギリスのティム・バーナーズ＝リーがウェブを発明するまでは、インターネットは専門家同士の情報交換の場に過ぎなかった。[52] インターネットという一つのプラットフォームは、ウェブという別のプラットフォームの土台になったのである。前著『ザ・セカンド・マシン・エイジ』にも書いたが、このように汎用技術が「積み石」のような構造になっているおかげで、一つの積み石を利用してイノベーションが生まれ、それがまた積み石となる、あるいはまた先ほどの積み石から別のイノベーションが生まれる、という具合に組み合わせ型のイノベーションが可能になる。つまりゼロからではなくすでにあるものの新しい組み合わせだから、イノベーションがハイペースかつローコストで出現する可能性が高まるわけだ。

しかもプラットフォームには無料（フリー）、完全（パーフェクト）、瞬時（インスタント）という強力な武器が備わっているおかげで、驚くべき結果につながることが少なくない。一九九五年にプログラマーのクレイグ・ニューマークはごく簡素なカテゴリー別リストとメールアドレスをウェブサイトで公開し、[*55] サンフランシスコ・ベイエリアのローカル情報を投稿してほしいと呼びかけた。[*56] これが、Craiglist（ク

〔51〕限界費用とは、生産量の増加分一単位あたりの総費用の増加分のことである。インターネット料金プランのほとんどで、追加的に一ビット送信する限界費用はゼロである。

〔52〕バーナーズ＝リーは一九九〇年一〇月までに、未来のWWWを支える重要な三つの技術を開発していた。ウェブページを記述するための言語HTML（ハイパーテキスト・マークアップ・ランゲージ）、インターネット上のリソース（テキストや画像など）の場所を特定するための書式URL（ユニフォーム・リソース・ロケータ）、ウェブ・サーバーとウェブ・クライアントの間でデータの送受信を行うためのプロトコル（通信規約）HTTP（ハイパーテキスト・トランスファー・プロトコル）である。世界最初のウェブブラウザとウェブサーバーを作成したのもバーナーズ＝リーだった（World Wide Web Foundation, "History of the Web," accessed February 7, 2017, http://webfoundation.org/about/vision/history-of-the-web）。

レイグリスト）である。その後、他の都市にも次々とCraigslistが開設され、二〇一四年には七〇カ国に七〇〇のローカルサイトを数えるにいたる。[*57] かくして不動産、求人を始めとする広告の投稿先として、Craigslistは圧倒的な優位を確立したのだった。経営は順調で、二〇〇八年には二五〇〇万ドルの利益を計上したと推定される。[*58] ニューマークはニューヨークでの求人や賃貸物件の広告に限って料金をとっているが、それ以外は無料である。[*59] この料金設定は利用者にとってじつに魅力的だが、多くの新聞社にとっては致命的だ。ある調査によると、Craigslistは二〇〇〇〜二〇〇七年に印刷業界から五〇億ドルを奪ったとされる。[*60] つまり印刷の一ドルがデジタルの数セントに置き換えられてしまったわけだ。

　さらに二種類のプラットフォームが出現したせいで、新聞・雑誌の収益は一段と減ることになった。一つは、ニュースやまとめやクチコミなどのコンテンツを無料（フリー）、完全（パーフェクト）、瞬時（インスタント）に配信するプラットフォームである。この手のプラットフォームはあらゆる媒体、あらゆるテーマ、あらゆる産業を網羅し、書き手はプロのジャーナリストもいれば、フリーランスのライターもおり、専門家はだしのアマチュアやオタクもいるという具合で玉石混交ではあるが、これまで主流だった印刷媒体を押しのける勢いだ。もう一つは、ターゲットを絞った広告を提供するためのプラットフォームである。DoubleClick（ダブルクリック）、AppNexus（アップネクサス）、GoogleAdSense（グーグルアドセンス）などのサービスでは、広告主とコンテンツプロバイダーをマッチングする高速な自動化プロセスによって、両者にとってより効率的な広告を実現する。それだけでなく、アナログ媒体に比べればはるかに正確に広告効果を計測できる。こうしたマッチングプラットフォームはあっという間にオンライン広告を席巻し、ある推定によれば、二〇一六年にはアメリカで二二〇億ドルの広告予算がオンラインに投じられたという。[*61]マッチングプラットフォームを運営するいわゆるアドテク企業の設備たるやたいしたもので、たとえばAppNexusだけで八〇〇〇以上のサーバーを持ち、ピーク時には地球上のすべての大陸（南極大陸も含む）で一日四五〇億件の広告を処理する。[*62]

　コンテンツ配布と広告技術の提供というこの二種類のプラットフォームが印刷媒体を破壊する猛威を前にして、既存企業は狼狽し、ときに筋の通らない反応を示してきた。たとえば二〇〇七年にはベルギー[*63]、ドイツ[*64]、スペイン[*65]で新聞社を代表する団体がGoogle News（グーグルニュース）に対して訴訟を起こした。Google Newsは、新聞各社のニュースを統合し、ヘッドライン、写真、記事の短い要約を提供するサービスである。訴訟は原告側の勝訴に終わり、どの国でも収益を新聞社と折半しない限りサイトを閉鎖するよう命じられた。Google側は、Google Newsには広告を掲載していないので折半すべき収益はゼロであると主張したが、やむなくサイトを閉鎖。すると新聞社のウェブサイトへのトラフィックは激減し、結局各社は裁判所に決定の取り消しを要請する羽目に陥った。

　同じようなことがあちこちで繰り返されている。プラットフォームが実現する無料（フリー）、完全（パーフェクト）、瞬時（インスタント）という優位性は、既存企業に手厳しい挑戦状を突きつける。二〇〇九年にジャン・コウムとブライアン・アクトンがWhatsApp（ワッツアップ）というスマートフォン用のインスタントメッセンジャーアプリを発表した。マルチデバイス対応で、相手の電話番号さえわかっていれば、電話のデータ回線を介して音声通話（チャット）やテキストメッセージを無料でやりとりできる。ショートメッセージサービス（SMS）と似ているが、多くの国でショートメッセージは一件ごとに課金されるため、無料のWhatsAppはヨーロッパを中心に大流行した（ちなみに日本ではスマートフォン以前の携帯電話の段階からeメールが導入されたこと、スマートフォンが主流になってからはLINE（ライン）の普及率が高いことから、WhatsAppの人気はあまり高くない）。データ回線はそもそも定額制が多いし、Wi-Fiの場合には完全に無料となる。コスト意識の高いユーザーが次々にWhatsAppに乗り換え、二〇一六年にはアクティブユーザーが一〇億人を突破。[*66] 一日に取り交わされるメッセージは四〇〇億件にも達した。[*67] SMSが重要な収益源だったモバイル通信事業者にとっては、まったくありがたくない現象である。だが、WhatsAppの無料（フリー）、完全（パーフェクト）、瞬時（インスタント）に対抗する術はほとんどなかった。

強力なネットワーク効果

そのうち、割安なSMSプランに加入していたユーザーまでWhatsAppを使うようになる。なぜなら、自分がメッセージを送りたい相手がWhatsAppを使っているなら、自分も使うほうが都合がよいからだ。

これはまさに、経済学者が「ネットワーク効果」と呼ぶ現象である。ネットワーク効果とは、モノやサービスの利用者が増えるほど、利用者にとってそのモノやサービスの価値が高まることを指す。ネットワーク効果はデジタル社会のビジネスを理解するうえで重要な概念であり、一九八〇年代に多くの論文が書かれた。[53] 一九八〇年代と言えば、コンピュータネットワークとソフトウェアが経済において重要な役割を果たすようになった時期だから、ネットワーク効果が注目されたのも当然と言えよう。

ネットワーク効果は、需要サイドの規模の経済と呼ばれることもある。[54] この効果があまりに強力なものだから、ついに二〇一四年にはFacebookが二二〇億ドル払ってWhatsAppを買収するにいたった。当時のWhatsAppの社員はわずか七〇人。[*68] それだけの社員で、六〇〇〇万人のアクティブユーザーを抱え、[*69] 他のSMSネットワークの一・五倍ものメッセージを毎日

〔53〕とくに重要なのは、ジョー・ファレルとガース・サロナーの共同研究（たとえば、Joseph Farrell and Garth Saloner, "Standardization, Compatibility, and Innovation," *Rand Journal of Economics* 16, no. 1 [Spring 1985], 70–83, http://www.stern.nyu.edu/networks/phdcourse/Farrell_Saloner_Standardiization_compatibility_and_innovation.pdf）および、マイケル・カッツとカール・シャピロの共同研究（Michael Katz and Carl Shapiro ("Network Externalities, Competition, and Compatibility," *American Economic Review* 75, no. 3 [June 1985]: 424–40, https://www.jstor.org/stable/1814809?seq=1#page_scan_tab_contents）である。

〔54〕ユーザー（需要サイド）にとっての利益は規模が大きくなるほど増えるため、このように言う。需要サイドの規模の経済に対比されるものとして、供給サイドの規模の経済がある。こちらは、規模が大きくなるほど供給サイドの平均コストが下がることを意味する。

扱っていたのである。[*70] ネットワーク効果のすさまじさを実感するために、こんな思考実験をしてみてほしい。WhatsWrong（ワッツロング）というアプリがあるとしよう。WhatsApp と機能も使い勝手もデザインも全部同じだが、ユーザーが一人もいないとする。そうしたら、あなたは WhatsWrong を使いたいだろうか。Facebook は（いや他社でもよいが）買収したがるだろうか。

ネットワーク効果が起きる一因はプラットフォームの設計にもあることが、WhatsApp の例からわかる。もし WhatsApp がショートメッセージサービスと互換性があったら、ユーザーにとって乗り換えるかどうかはコストだけの問題になっていたはずだ。だが互換性がなかったため、大勢が WhatsApp を使うようになると、SMS ユーザーは取り残されたように感じてそそくさと乗り換えていった。乗り換えるユーザーが増えるほど、ネットワーク効果はますます強力に作用する。コンピュータの先駆者と目されるミッチ・ケイパーは、かつて「アーキテクチャは政治である」と言ったが、プラットフォームは政治であると同時に経済でもある。

増殖するプラットフォーム

プラットフォームの経済学、ムーアの法則、そして組み合わせ型イノベーションは、多くの産業、とりわけ既存の大手企業を驚愕と混乱に巻き込んでいる。ここでは、e コマースの巨人 Amazon による驚きのイノベーションを紹介しよう。Amazon は企業規模が拡大するにつれて、さまざまな新しいニーズに直面するようになった。たとえば、顧客の注文履歴をすべて保管し、以前に購入していた商品をカートに入れたらメッセージでお知らせできるようにしたい、また顧客がほんとうに欲しいものをリコメンドできるようにしたい……などである。このほか、アフィリエイトの支払計算を高速化したい、広告費の処理を合理化したい、といった課題もあった。そこでCEOのジェフ・ベゾスは最高情報責任者兼上級副社長リック・ダルゼルに、システム間の「インターフェースの強化」を任せる。[*71] 強化するとは、ここではどのシステムへのアクセスもつねに一定の手続きで行うようにし、便宜的なショートカットなどはいっさい排除するという意味である。かくしてダルゼルは社内のシステムを総点検することになった。[*72] 要はすべて標準的なインターフェースで統一する作業で、じつに面倒ではあるが、技術的に目新しいところは何もない。この作業が完了した暁には、Amazonには分散型ITインフラが整備されたことになる。つまり開発チームは、必要なときに必要なだけコンピューティングリソースやストレージリソースにアクセスして作業し、全体として生産性と俊敏性を高めることが可能になった。

そしてAmazonは、自分たちが強力な新しいリソースを手にしたことに気づく。ストレージスペース、データベース、処理能力といったITリソースがモジュール化され、いつでも必要に応じてくっつけたり切り離したりできるのである。しかもAmazonの高速インターネット接続をもってすれば、世界中のどこからでも瞬時にアクセス可能だ。どうだろう、これだけのリソースを使いたがる人がいるのではないか？ データベースを構築したいとか、ウェブサイトを立ち上げたいとか、とにかく何かITリソースを制作したいが、そのために必要なハードウェアやソフトウェアを自前で整えるほどの資金はないとか、買ってすぐ陳腐化したりメンテナンスやセキュリティ対策に頭を悩ますのはいやだという人がきっといるのではないだろうか？

　というわけでAmazonは二〇〇六年にAmazon Web Service（AWS）を開始する。[*73] AWSはクラウドサービスのプラットフォームであり、最初にリリースされたのは、ストレージサービス[*74]とコンピューティングサービスだった。[*75] はやくも一年半後には、二九万人以上がこのプラットフォームを利用したと同社は発表している。[*76] その後、データベースやアプリケーションなど新しいツールやリソースを増やしていき、現在も急成長を続けている。二〇一六年四月には、AWSはAmazonの総収入の九%を占め、[*77] 営業利益のなんと半分以上を上げた。[*78] ドイツ銀行のアナリスト、カール・ケアステッドは、エンタープライズIT業界で史上最速ペースで成長した企業としてAWSを挙げている。[*79] この発言にAmazonの株主はさぞ喜んだにちがいない。実際、AWSがサービスを開始した二〇〇六年七月一一日からの一〇年間で、Amazonの株価は二一一四%（一株三五・六六ドルから七五三・七八ドルへ）も上昇している。[*80]

　プラットフォームの破壊的威力を示す好例として、音楽業界を外すわけにはいかない。音楽業界はプラットフォームの大波に三回も翻弄された。CDなどの売り上げは、二〇〇〇年から二〇一五年までの一五年間で三七〇億ドルから[*81]一五〇億ドルへと半減している。[*82] この時期に人々が音楽をあまり聴かなくなったわけではない。[55] 経済学者のジョエル・ウォルドフォーゲルが行なった調査では、音楽の質は低下していないこと、多くの人が以前とすくなくとも同程度には音楽を聴いていること、ただしそのために使うお金はぐっと減っていることが判明した。[56] 音楽著作権の保有者は、最初の二項目には満足だろうけれども、三番目の項目には大いにがっかりするにちがいない。

音楽業界の売り上げが減った第一の要因は、海賊行為の横行である。無料（フリー）、完全（パーフェクト）なコピーを瞬時（インスタント）にダウンロードできるとなったら、チャンスとばかり飛びつく人は大勢いるし、著作

(55) 音楽の売り上げを調べるのは、レコードやCD時代には簡単だった。デジタルフォーマットが出現すると、音楽業界では、ダウンロードをアルバムに換算するTEAという単位（一〇曲ダウンロードでアルバム一枚に換算）、ストリーミングをアルバムに換算するSEAという単位（二〇一四年の時点では一五〇〇曲ストリーミングでアルバム一枚に換算）を導入した。これによって、過去の実績とのおおよその比較が可能になっている。二〇一五年を通じて、アメリカ人は五億六〇〇〇万枚相当のアルバムを購入または合法的に消費した（Keith Caulfield, "Drake's 'Views' Is Nielsen Music's Top Album of 2016 in the U.S.," *Billboard*, January 5, 2017, http://www.billboard.com/biz/articles/7647021/drakes-views-is-nielsen-musics-top-album-of-2016-in-the-us）。これに対して二〇〇〇年には、七億八五〇〇万枚のアルバムを購入していた（Jake Brown, "2016 Soundscan Data: Total Music Sales and Consumption," *Glorious Noise*, January 6, 2017, http://gloriousnoise.com/2017/2016-soundscan-data- total-music-sales- and-consumption）。両者の差は、言うまでもなく、今日横行する非合法の（従って追跡不能の）消費で説明がつく。

(56) ウォルドフォーゲルは、音楽のクオリティを計測するスマートな方法を開発した。一つは、回顧的なアルバム（ローリングストーンズのベスト五〇〇など）に対する批評に基づく指数、もう一つはリリース後の長期的な年代別のオンエア数および販売数の分析である。以下を参照されたい。Joel Waldfogel, *Copyright Protection, Technological Change, and the Quality of New Products: Evidence from Recorded Music since Napster*, NBER Working Paper 17503 (October 2011), http://www.nber.org/papers/w17503.pdf.

権者に申し訳ないなどとは思いもしないだろう。ウェブの登場からほどなくして、楽曲の「共有」を謳うファイル交換プラットフォームが出現したが、これらの大半は、要するにしかるべき料金を払わずに音楽を手に入れようというものだった。[57]

一九九九年にサービスを開始したNapster（ナップスター）は、そうしたプラットフォームの第一陣である。[*83] このほかにKazaa（カザー）、LimeWire（ライムワイア）、Grokster（グロクスター）などがあった。[*84] これらのプラットフォームはあっという間に大人気となる——もちろん、著作権者は別だ。彼らは激怒し、違法コピーを攻撃する一大キャンペーンを行い、埒が明かないとみるや弁護士を雇って最終手段に訴えた。全米レコード協会は一九九九年にNapsterを相手取って訴訟を起こし、二〇〇〇年にはヘビメタバンドのメタリカも追随する。そしてサンフランシスコ連邦裁判所は二〇〇一年にサイトの閉鎖を命じた。

訴訟と閉鎖命令によって海賊行為はいくらか減ったにしても、音楽業界の減収減益には歯止めがかからなかった。次なるプラットフォーム、Appleの音楽ストアiTunesが登場して、音楽業界の苦境に追い打ちをかけたのである。これは、Appleのプラットフォームが音楽の切り売りを可能にしたためだった。

ふつうの消費者が音楽を入手する主な手段といえば、iTunesが登場するまでは、アルバムを買うことだった。二〇〇二年（iTunes登場の前年である）におけるCDの販売量では、アルバムとシングルの比率はじつに一七九対一だったのである。[*85] だが消費者がほんとうに聴きたいのは、アルバムの中の一曲か二曲程度であることが多い。だいたいは、ラジオか何かで耳にしたことのあるヒット曲である。だから、アルバム全体をリスナーに味わってもらいたいアーティスト（およびアルバムを売って収入を増やしたいレコード会社）と、お気に入りの一曲か二曲だけを聴きたい大方の消費者との間には、ミスマッチが存在していた。AppleのiTunesは、このミスマッチを消費者が望む方向にすっぱりと逆転させたのだった。消費者は、完全（パーフェクト）な楽曲を瞬時（インスタント）にiTunesで手に入れることができる。無料（フリー）ではないが、アルバムを買うことを考えればはるかに安上がりだ。

それまでひとまとめになっていて切り売りできなかったものを切り離す、というのはプラットフォームに共通する特徴の一つである。iTunesは、アンバンドリングを当たり前にしたと言えるだろう。消費者がiTunesのやり方を支持したとなれば、著作権者としても無視するわけにはいかない。ネットワークの規模が拡大し高速化するにしたがって、楽曲のアンバンドリングはますます魅力的になった。考えてみてほしい。一曲ずつ録音されたCD一〇枚を消費者の元に届けるとしたら、一枚だけのときに比べてコストは一〇倍かかる。となれば、一〇曲を

〔57〕音楽のデジタル化が進んだ二〇〇一年に、Appleは音楽プレーヤーソフトのキャンペーンで"Rip, Mix, Burn"と謳った。既存のCDから好きな曲を取り出し、編集し、自分だけのCDを作ろう、というほどの意味だが、これは海賊版の制作を煽るものとして音楽業界の大物の不興を買った。Apple, "Apple Unveils New iMacs with CD-RW Drives & iTunes Software," February 22, 2001, https://www.apple.com/pr/library/2001/02/22Apple-Unveils-New-iMacs-With-CD-RW-Drives-iTunes-Software.html.

ひとまとめにして一枚のCDに収録するほうがよい。これが、アナログの経済学である。だがネットワーク上では、ビットを送るコストは事実上ゼロである。となれば、楽曲を切り売りするのになんの不都合もない。これが、ネットワークの経済学である。

とはいえ、アンバンドリングで話は終わらない。Netscape（ネットスケープ）の元CEOジム・バークスデールはかつてこう言った。「金を稼ぐ方法を私は二通りしか知らない。バンドリングとアンバンドリングだ」[*86]。そして彼の言うとおり、音楽に関しては両方が当てはまった。渋々ながら楽曲の切り売りに同意した著作権者たちは、今度は音楽プラットフォームの第三の波に脅かされることになる。それが、Spotify（スポティファイ）やPandora（パンドラ）に代表される音楽ストリーミング配信サービスだ。このサービスでは、巨大な音楽ライブラリから一曲ずつ聴くもよし、無限の組み合わせのプレイリストを作るもよし、ユーザーの傾向からサービス側がおすすめしてくれる曲を流すもよし、と言う具合に魅力的な提案をしている[58]。スマートフォンでもPCでも視聴でき、しかも無料（フリー）、完全（パーフェクト）、瞬時（インスタント）だ。とはいえSpotifyでは有料会員も急増中で、消費者は定額料金を払えば高音質の音楽を自分の好きな順序で堪能できる。別の言い方をすれば、ユーザーはバンドルされた膨大な数の楽曲を買うことができる。

無料（フリー）、完全（パーフェクト）、瞬時（インスタント）の環境に出現したもう一つの予想外の出来事は、モノが従来とはちがう新しいやり方で再びバンドルされるようになったことである。とりわけ音楽サブスクリプション（定額制音楽配信サービス）のような情報財は、売る側にすれば一曲ずつ切り売りするより利益が大きいし、消費者にとっても時間の節約になる。大方の消費者は、次にどの曲を買おうかなどということに頭を悩ますよりも、毎月すこしばかりの料金を払って聴き放題にするほうを好む。この現象は、心理学でも（意思決定をするのは、とくに支出が絡む場合、面倒である）、経済学でも（モノをバラ売りするよりうまくバンドルして売るほうが儲かる）説明がつく。[59] だがモノがデジタルでない場合には、このビジネスモデルは成り立たない。大量のモノをバンドルするとなれば、中には使わないモノも含まれるだろう。使わずに終わるモノの限界費用がほとん

（58）Spotifyのサービス開始は二〇〇八年だが、最初の数年は著作権者との交渉と楽曲ライブラリーをリスナーに提供するためのインフラ構築に費やされた。二〇一三年にこれらの課題はおおむね克服されたため（Erik Bernhardsson, "When Machine Learning Matters," *Erik Bernhardsson* [blog], August 5, 2016, https://erikbern.com/2016/08/05/when-machine-learningmatters.html）、同社はパーソナライズされた「おすすめ」をするための機械学習に力を入れる（Jordan Novet, "Spotify Intern Dreams Up Better Music Recommendations through Deep Learning," *VentureBeat*, August 6, 2014, http://venturebeat.com/2014/08/06/spotify-intern-dreams-up-better-music-recommendations-through-deep-learning）。かくしてSpotifyは、アルゴリズムを駆使したDaily Mixというオプションを二〇一六年九月に提供開始する（Spotify, "Rediscover Your Favorite Music with Daily Mix," September 27, 2016, https://news.spotify.com/us/2016/09/27/rediscover-your-favorite-music-with-daily-mix）。このオプションでは、ユーザー一人ひとりに二四時間ごとにカスタマイズされたプレイリストを生成する。

（59）情報財のバンドリングと共有に関する経済学は、エリック・ブリニョルフソンとヤニス・バコスとの一連の論文で取り上げられている。たとえば以下を参照されたい。Yannis Bakos and Erik Brynjolfsson, "Bundling Information Goods: Pricing, Profits, and Efficiency," Management Science 45, no. 12 (1999): 1613–30; Yannis Bakos and Erik Brynjolfsson, "Bundling and Competition on the Internet," Marketing Science 19, no. 1 (2000): 63–82; and Yannis Bakos, Erik Brynjolfsson, and Douglas Lichtman, "Shared Information Goods," Journal of Law and Economics 42, no. 1 (1999): 117–56.

どゼロなら（音楽配信がそうだ）、そういうモノが含まれていても問題ではない。だがそのモノがアナログなら（たとえばレコードやCDなら）、全然使いもしないものを大量に送りつけるのはコストがかかり、利益を損なうことになる。

　定額制の音楽配信が消費者に支持されることがわかると、ストリーミング配信サービスは爆発的な勢いで伸びていった。二〇一六年前半には、ストリーミング配信がアメリカの音楽関連収入の四七%を占めるにいたる。[*87] Spotify は地上波のラジオ音楽番組に倣って著作権者に利益を分配しているが、その金額は、平均するとリスナー一人一曲当たり〇・〇〇七ドルにすぎない。[*88][60] しかもラジオ聴取者は気に入った曲のCDをあとで買うかもしれないが、Spotify のリスナーはまずもってそんなことはしない。一カ月一〇〇ドル足らずを払えば聴きたいときに聴きたい場所で何度でも聴けるのだから。この意味で、ラジオ局とレコード会社は持ちつ持たれつの関係にあったが、Spotify は、レコード会社に取って代わるものとなっている（これについては次章でくわしく取り上げる）。

　かくしてストリーミング配信サービスは、消費者の購買行動を変えた。聴きたい曲だけをばらして買っていた消費者が、今度はサブスクリプションという新しい形でバンドルされた楽曲を買うようになった。この現象は、デビッド・ボウイが二〇〇二年にした予言を少なくとも部分的には実現したと言えそうだ。「私たちが音楽について考えてきたすべてのことが、今後一〇年の間に絶対的に覆されるだろう。何物も、この流れを食い止めることはできない……音楽そのものが、水や電気のように垂れ流されるようになる」――彼は賢くもそう言ったのだった。[*89]

たしかにこの予言に近いことが起きた。それも、大方のアーティストにとってはうれしくない形で。大物シンガーソングライターのテイラー・スウィフトは二〇一四年一一月に、自分の曲をSpotifyから引き揚げると発表し、「ファイル共有とストリーミング配信は、アルバムの売り上げを激減させた。アーティストはこの打撃に立ち向かうべきだ」と述べた。[*90] だが大方のアーティストは、大勢に逆らうつもりはないようだ。無料(フリー)、完全(パーフェクト)、瞬時(インスタント)のアーキテクチャはあまりに強力で、到底無視できないということだろう。

この先、同じパターンがもっと増えるにちがいない。経営学者のジェフリー・パーカー、マーシャル・バン・アルスティン、サンギート・チョーダリーは著書『プラットフォーム革命』の中で「プラットフォームが出現した結果、従来の経営手法のほとんど全部が……覆されようとしている。われわれは不安定の時代を迎えており、どの企業、どの経営者もその影響から逃れられない」[*91] と書いているが、まったくその通りだと思う。

〔60〕情報財のバンドリングと共有に関する経済学は、エリックとヤニス・バコスとの一連の論文で取り上げられている。たとえば以下を参照されたい。 Yannis Bakos and Erik Brynjolfsson, "Bundling Information Goods: Pricing, Profits, and Efficiency," *Management Science* 45, no. 12 (1999): 1613–30; Yannis Bakos and Erik Brynjolfsson, "Bundling and Competition on the Internet," *Marketing Science* 19, no. 1 (2000): 63–82; and Yannis Bakos, Erik Brynjolfsson, and Douglas Lichtman, "Shared Information Goods," *Journal of Law and Economics* 42, no. 1 (1999): 117–56.

この章のまとめ

- インターネットと関連技術は、過去二〇年間に小売から新聞、写真にいたる幅広い産業に激震をもたらした。消費者がデジタルの選択肢を持つようになると、これらの産業の既存企業は大幅な収益減に直面している。
- 既存企業に打撃を与えたのは、ネットワークの普及とともに情報財が無料（フリー）、完全（パーフェクト）、瞬時（インスタント）という優位性をフルに発揮できるようになったことである。デジタルの追加的な複製の制作・伝達に要する限界費用はほぼゼロであり、複製は完全に原本と同じである。この複製をネットワークではほぼ瞬時に伝達・配布することができる。
- アナログのモノやサービスの大半は無料（フリー）、完全（パーフェクト）、瞬時（インスタント）ではないため、競争で不利になった。
- ネットワーク財には、ユーザーが多いほど価値が高まるという性質がある（ネットワーク効果）。その結果、「需要サイドの規模の経済」が生じ、大規模なネットワークほど有利になる。
- プラットフォームとは、アクセス、複製、配布の限界費用がほとんどゼロのデジタル環境である。

・プラットフォームの特性、ムーアの法則、そして組み合わせ型イノベーションは、コンピュータハードウェアから音楽にいたるさまざまな産業に大変革をもたらしている。

あなたの会社では?

1 あなたの会社で、無料(フリー)、完全(パーフェクト)、瞬時(インスタント)という優位性を活かせそうな事業は何でしょうか?

2 あなたの業界で今日いちばん重要なプラットフォームは何ですか? 三年先にそのプラットフォームはどうなっていると思いますか?

3 あなたの会社で現在提供しているもののうち、クラウドベースで届けているケースはどのぐらいありますか? 自社は業界に先行していると思いますか?

4 あなたの会社の典型的な顧客の立場に立って考えてみてください。あなたの会社の製品は、バンドル、アンバンドル、リバンドルしたとき、いまのままより魅力的になるでしょうか?

5 あなたの業界ではネットワーク効果は今後どのように加速化あるいは普及するでしょうか? 現実的なシナリオを考えてみてください。

第7章

プラットフォームを巡るスマートな戦略

経済学のおもしろい効用の一つは、人々に自分が設計できると思っているものについていかに少ししか知らないか、示せることだ。

――フリードリヒ・フォン・ハイエク、一九八八年スティーブ・ジョブズは、おそらくアメリカの企業史上最も偉大なCEOとして君臨した人物だと言えるだろう。彼は二〇〇七年に、そのCEOとしてのキャリアの半ばにさしかかろうとしていた。ところがこの年、経済学の基本的な教えの一つを十分に理解していなかったがために、あやうくAppleの将来を台無しにするところだった。

スティーブ・ジョブズの過ち

二〇〇七年初めにAppleはiPhoneを発表する。まさに「アイコニック」と呼ぶにふさわしい製品だ。スマートなデザインに、これまでにないスペック。マルチタッチスクリーンも、パワフルなモバイルインターネットブラウザも、加速度センサーも、GPSも、すべてこのとき初めて登場したのである。発売直後からiPhoneは大ヒットし、熱狂的なレビューが続々と投稿され、初年度に六〇〇万セットを売り上げたという。もっとも、リリース前は懐疑的な声のほうが強かった。Microsoftの共同創業者であるスティーブ・バルマーもその一人である。「五〇〇ドルだって？　補助金でも出るのかね？　料金プランはどうなっているんだ？　とにかく、そいつは世界で一番高い電話だ。ビジネスマンには受けないね。なにしろキーボードがついていないんだから。それじゃ、メールを打つときに困るだろう」[*1]。言うまでもなく、こうした懐疑的な見方がまちがいだったことはすぐに証明された。

とはいえジョブズ自身も始めのうち、ある重要な点でまちがった意見を抱いていた。そもそもiPhoneは電話というよりはコンピュータであることを意図して設計されており、プロセッサ、メモリ、ストレージ、OS、ユーザーインターフェースなどコンピュータに備わっているものがすべて搭載されていた。だからもちろん、アプリケーションもあった（デスクトップPC用のソフトウェアと区別するために、「アプリ」と略称されるようになる）。

ジョブズが自社製品を厳格にコントロールしたことは有名である。つねに最上のユーザーエクスペリエンスを提供するためには厳格な品質管理しかないとジョブズは信じており、したがってiPhoneのアプリもすべて自前で制作すべきだと考えていた。ウォルター・アイザックソンによる評伝『スティーブ・ジョブズ』（邦訳講談社）にもこう書かれている。「二〇〇七年初めの発売当初は、外部の開発者によるアプリは一つも存在しなかった。ジョブズは外部の人間にアプリを開発させるのをいやがった。そんなことをすればiPhoneの中がごたごたするし、ウィルスに汚染されるかもしれない。とにかく、完全性が損なわれてしまうと考えていた」[*2]。

ジョブズは二〇〇七年一月にニューヨーク・タイムズ紙の取材に応じた際にも「携帯電話がPCのようなことになってほしくない。アプリを三つダウンロードし、それから電話をかけようとするともう動かない、なんてことは願い下げだ」[*3]。

一方Appleの内外で強い影響力を持つ人たち、たとえばマーケティング担当上席副社長のフィリップ・シラー、取締役のアーサー・レビンソン、ベンチャー投資家のジョン・ドーアらは、外部によるアプリ開発に賛成だった。ジョブズは発売時点まで彼らの意見に耳を貸さなかったが、やがて検討に値すると考えるようになり、取締役会の議題として取り上げるにいたる。

プラットフォームの威力

いまではもちろん、ジョブズが最終的に考えを変え、外部で開発されたアプリをiPhoneに(のちにはiPadにも)受け入れたことを私たちは知っている。これは正しい決断だった。今日では、アプリのないスマートフォンなど想像もつかない。だがなぜ正しい決断だったと言えるのだろうか。アプリは多ければ多いほどいいのだろうか。

多いに越したことはないだろうが、多ければいいというものでもない。もし無料で使えるアプリが全部ゲームだったら、ゲーマーは喜ぶとしても、そうでない人にとってはあまり魅力的とは言えない。あるいは、多種多様なアプリが用意されていても、一つ一〇〇ドルもしたらどうだろう。そんなスマートフォンは大金持ちの格好のオモチャにはなるだろうが、大方の人には手が届くまい。

この二つの仮定から、アプリの幅広い選択肢と手軽な価格（または無料）が iPhone の人気につながったことがわかる。この現象をより単純化し、プラットフォームの威力を深く理解するために、ミクロ経済学の授業の最初で教わる二つの項目に触れておこう。一つは需要供給曲線、もう一つは補完財という概念である。なんだかこむずかしく聞こえるかもしれないが（教科書や大学の講義ではとくにそうだ）、けっしてそんなことはない。この二つを理解しておくと、プラットフォームについていろいろなことがわかってくるだろう。

需要供給曲線の基本

需要曲線とは財の価格と需要量との関係を表す曲線のことで、ほとんどの財の場合に両者の関係は非常にわかりやすい。要するに、価格が下がるほど需要は増えるということだ。値段が下がったら人々は小麦や材木やコンピュータをたくさん買うし、ひんぱんに飛行機に乗る。大方の財についてこれが当てはまる。この単純な事実をグラフに表すと、おおむね図3のようになる。

縦軸は財やサービスの価格、横軸はその価格での需要量を表す。価格が非常に高いと、需要

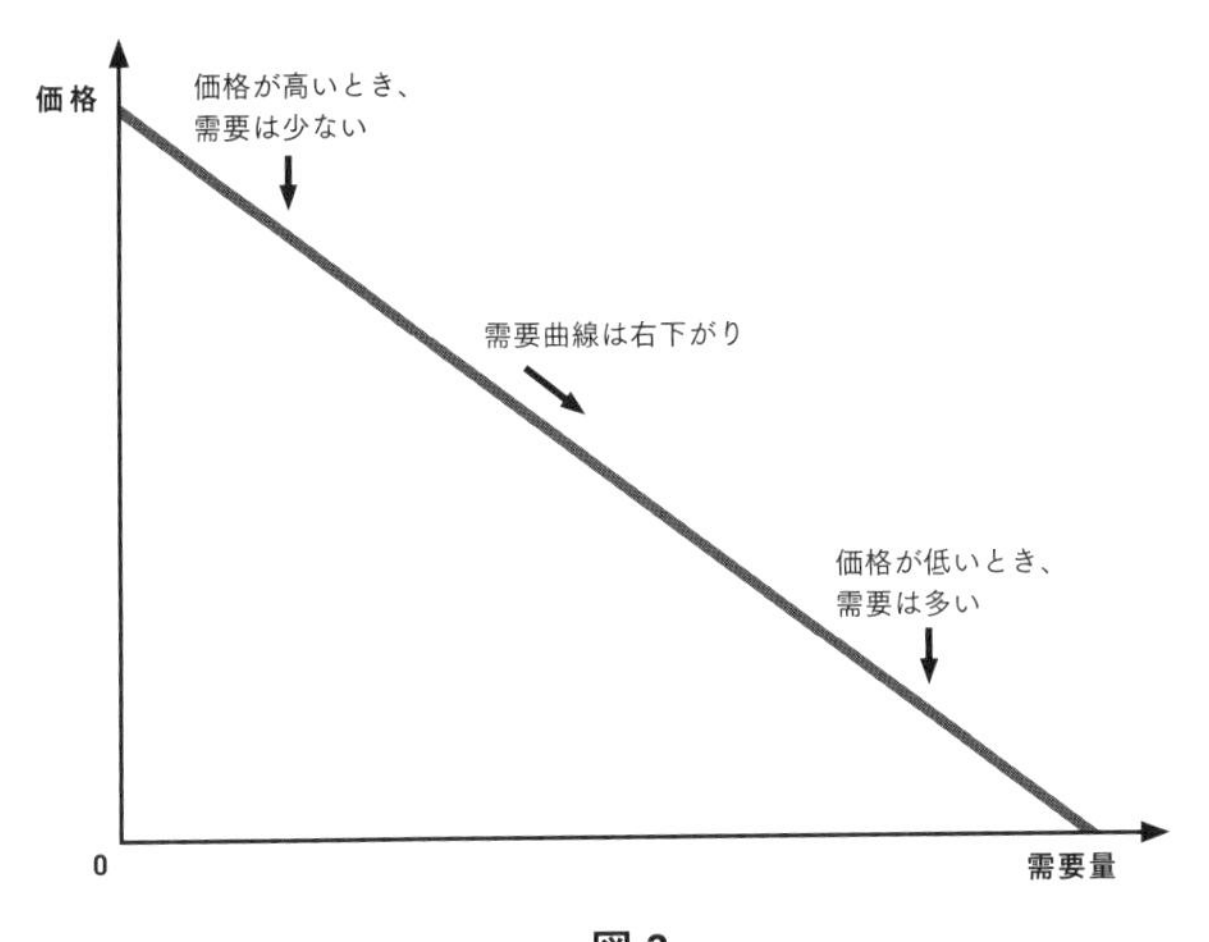

図 3
大半の財の需要曲線

量は非常に少ない。逆に価格がゼロまで下がると、需要量はぐんと増える（ただし、無制限にそうなるわけではない。たとえ無料になったところで、誰もが小麦や材木やコンピュータを欲しがるわけではないし、飛行機に乗りたがるわけでもないからだ）。通常の財であれば、価格と需要量の組み合わせをグラフ上にプロットして結べば、だいたいにおいて図3のようになる。そこで「需要曲線は右下がりである」と説明される。

一方、供給曲線は、財の価格と供給量の関係を表す曲線のことで、需要曲線とは異なる様相を示す。財やサービスの価格が上がるほど、供給側はそれを売りたいと考え、どんどん生産する。そこで需要曲線と同じ縦軸と横軸で供給曲線を描

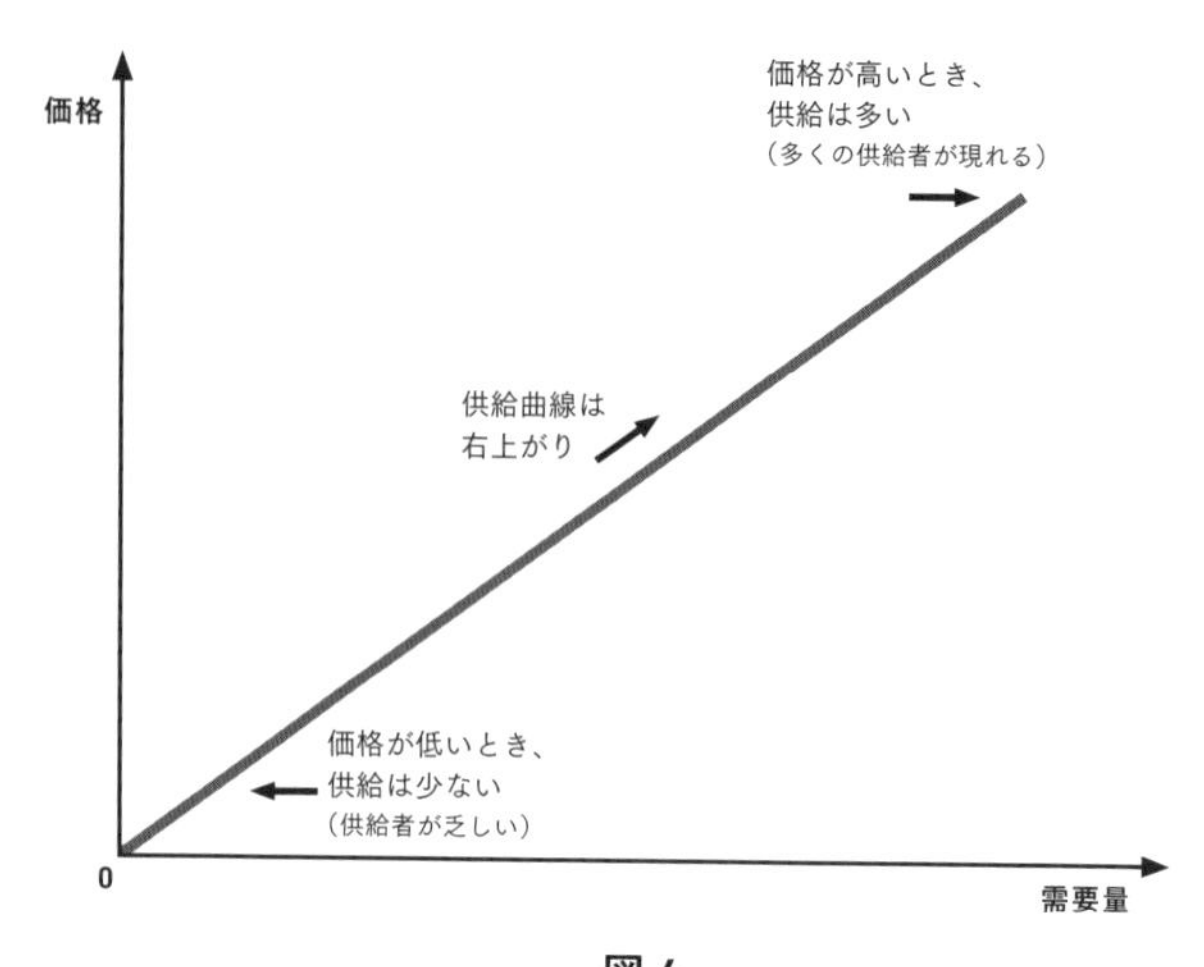

図4
大半の財の供給曲線

くと、おおむね図4のようになる。

そこで次のステップは、需要曲線と供給曲線を同じグラフ上に表し、両者がどこで交差するかを見ることになる。図5にそれを示した。経済学の教科書の最初のほうに必ず出てくるこの図には、たくさんの情報が隠されている。まず、需要と供給がマッチしたときの価格と量を読み取ることができる。このときの価格に量をかけた積、言い換えれば、グラフ中の濃い色で塗りつぶされた長方形の面積は、生産者が受け取る収入を表す。

ではここで、収入を表す長方形の上に形成された三角形に注目してほしい。この領域にいるのは、とてもお得な買い物をした消費者である。というのも、P^*より多く払うつもりがあったのに、P^*しか

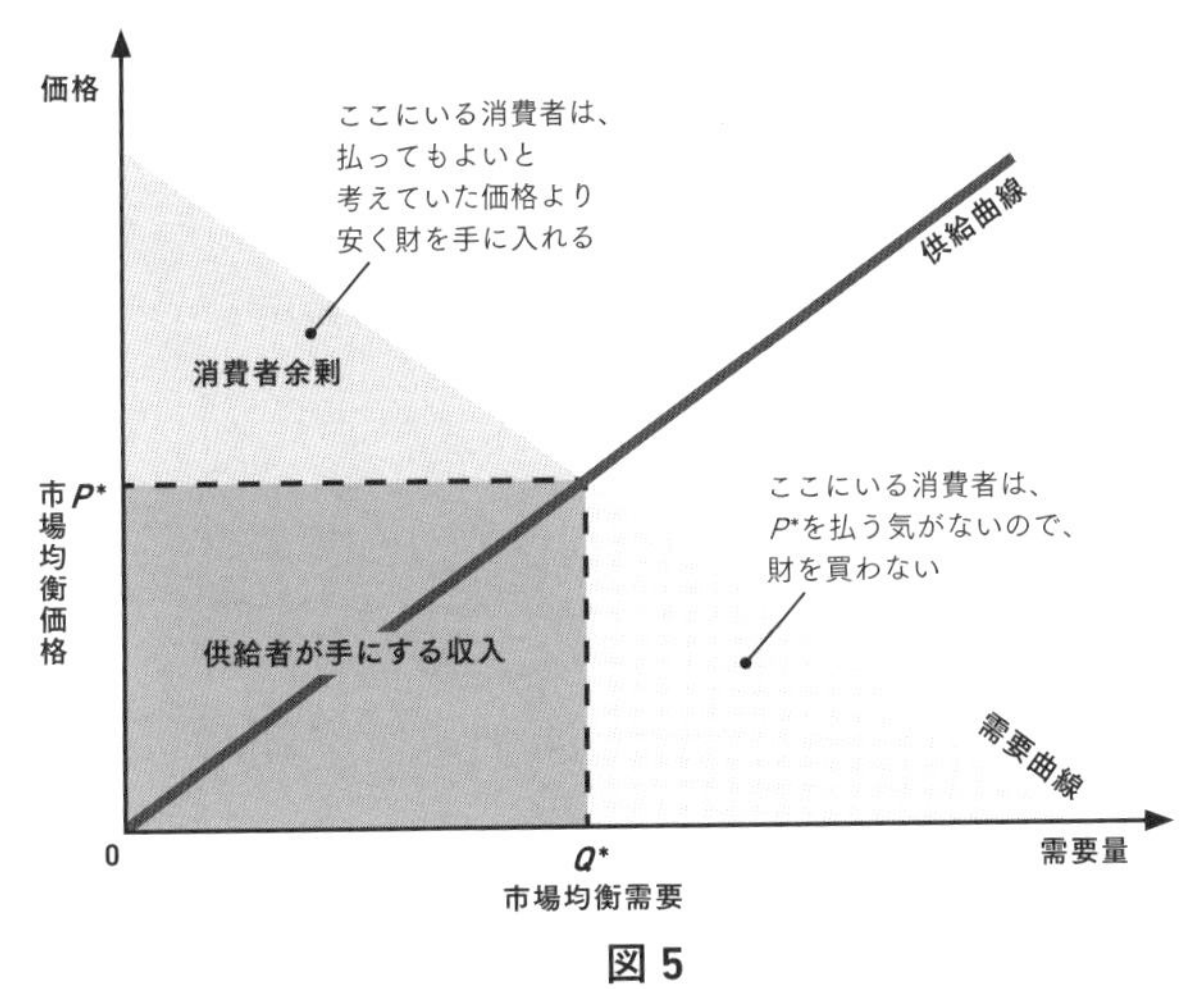

図5

経済学の教科書に必ず出てくる需要供給曲線

払わずにその財を手に入れることができたからだ。この三角形は、消費者のポケットに残された金額（消費者が払ってもよいと考える金額からその財の価格を差し引いた金額）の合計を表しており、「消費者余剰」と呼ばれる。生産者にとって、消費者余剰が存在することはうれしくない。生産者にしてみれば、消費者が払ってもよいと考えた金額は全部いただきたいところだ。相手によってちがう価格設定をすれば、この願望を達成できるときもある。だがだいたいは、うまくいかない。競争市場であって、消費者が十分な情報を知ることができるなら、同じ財はどこでも同じ価格で売られることになるからだ。このことを経済学では「一物一価の法則」という。

収入を表す長方形の右側に形成された三角形は、財を買わなかった消費者を表している。というのも、P^*まで払う気がなかったか、払えなかったからだ。彼らは、「市場均衡価格」に対応できなかった消費者である。

おそらくiPhoneの需要曲線は、図3のようになるだろう。そしてiPhone用のアプリも同様の曲線を描くと考えられる。だがiPhoneとアプリは相互依存する関係にあるのだから、両者を別々に考えても意味がない。iPhoneとアプリは、経済学者の言う「補完財」である。補完財の基本的な特徴は、ちょうど社交ダンスを踊るカップルのように、それぞれの需要曲線が密接に相互作用し、しかもそれが予測可能であることだ。

補完財の存在が需要曲線をシフトさせる

ひき肉とハンバーガー用の丸いパン（バンズ）は、昔からある補完財の一つだ。夏の週末にスーパーマーケットがひき肉を安売りするときは、バンズも仕入れておくほうがよい。というのも、ひき肉とともにバンズも売れると予想できるからだ。一般に、補完財は次のような特徴を持つ財のペアである。財A（ここではひき肉）の価格が下がると、財B（ここではバンズ）の需要が増える（需要曲線が移動する）[61]。図6が示すように、財Bの価格は変わらなくても、需要は増えるのである。

〔61〕専門的に言えば、交差価格弾力性が負の財が補完財である。ちなみに正の財は代替財、ゼロの財は独立財と呼ばれる。

図6a ひき肉の価格が下がると…

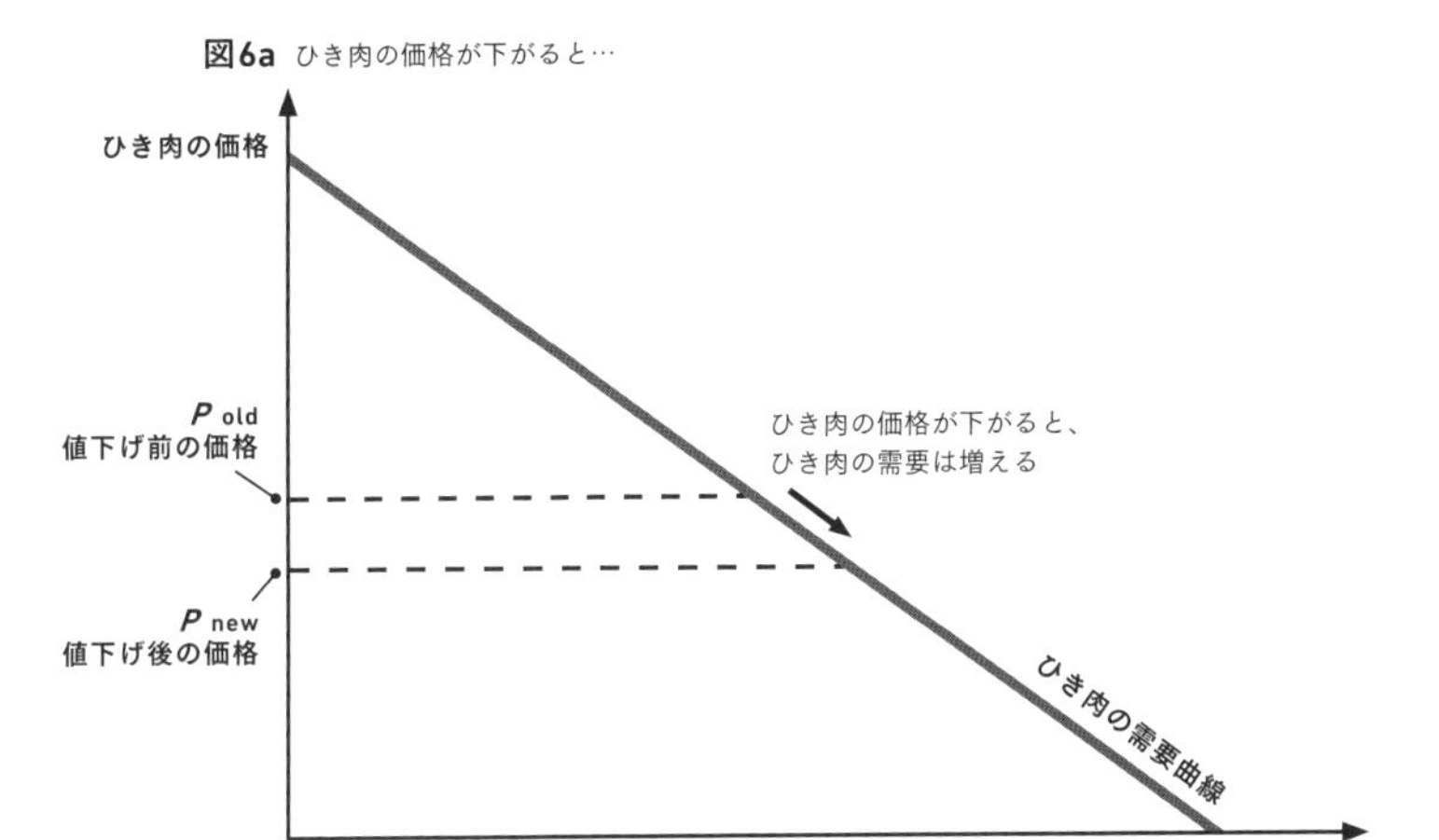

図6b バンズの需要曲線は外側へとシフトする

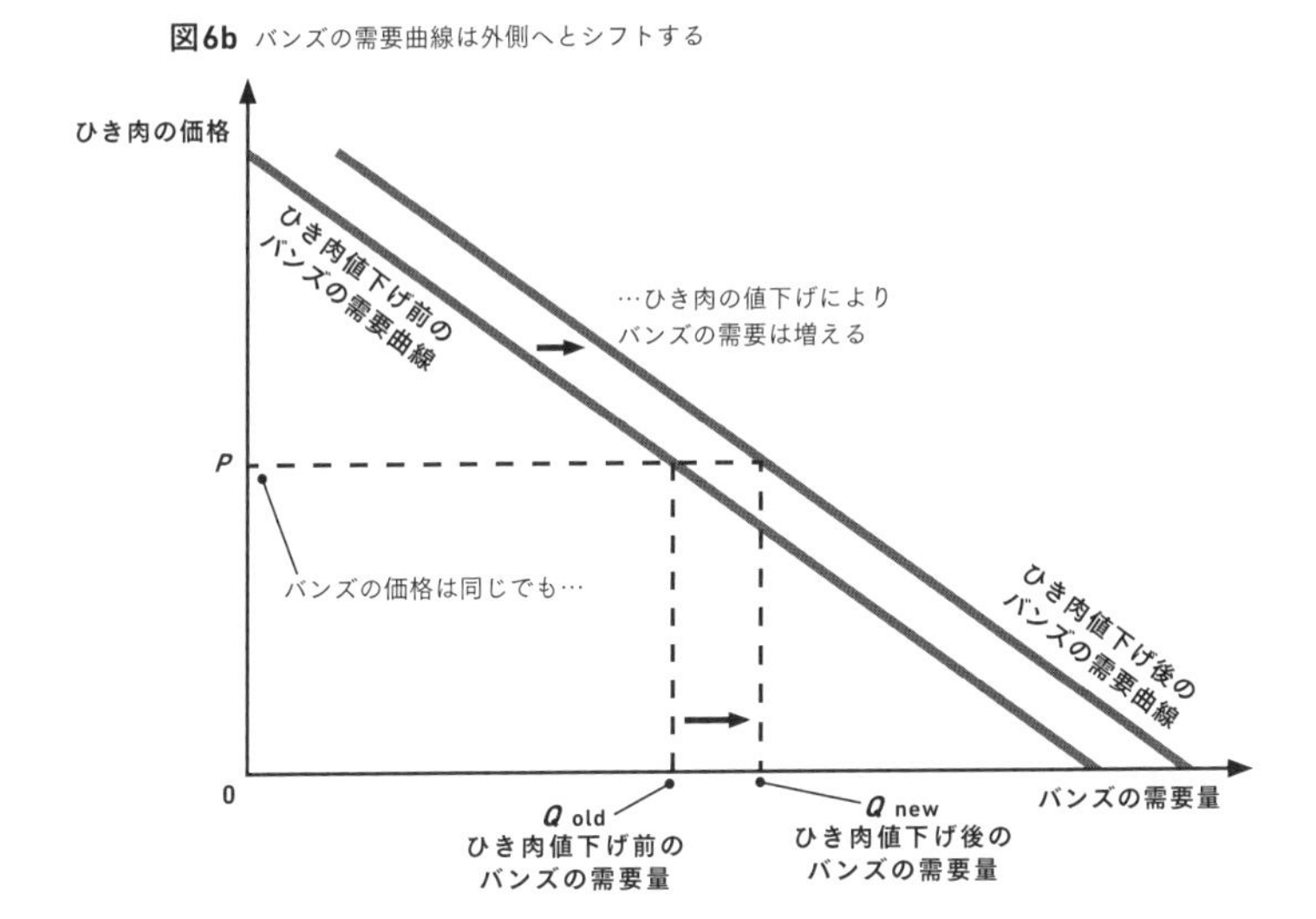

図6
補完財ペアの需要曲線

補完財はあちこちに存在する。たとえばビンとフタ、作物の種と肥料、鉄筋とコンクリート、車とタイヤ、等々。そして企業はこの補完関係をうまく利用して、需要と利益を最大化する方法を習得していた。たとえば髭剃りメーカーは本体価格をうんと安くしてシェアを稼ぎ、利幅の大きい替え刃の需要を増やしている。もちろんスティーブ・ジョブズも、アプリがiPhoneの補完財であることに気づいていたにちがいない。だが当初外部のアプリを遮断した時点では、Appleに利益をもたらす二つのことを見落としていた。一つは、「蓼食う虫も好き好き」と言うとおり消費者の好みは千差万別であること、もう一つは、大方の開発者はアプリを無料で提供する用意があることだ。

消費者の好みは、ほんとうにさまざまである。ベジタリアンはいくらひき肉が安くても、ひき肉も買わないしバンズも買わない。たぶん彼らにとってバンズの補完財は野菜だけでできたベジバーガーだろう。こうしたわけだから、iPhoneユーザーにとっての「キラーアプリ」は人によってちがう。ゲームを欲しがる人もいれば、ビジネスに役立つツールを欲しがる人もいる。音楽のストリーミング・アプリが欲しい人もいれば、作曲アプリが欲しい人もいるという具合だ。これほど色とりどりの好みに対応する最善の方法は、App Store（Appleが運営するアプリのダウンロードサービス）を単一ブランドを扱う商店にするのではなく、一種の公開市場にすることである。たとえAppleのように創造性ゆたかな企業であっても、音楽認識アプリShazam（シャザム）やモバイルゲームAngry Birds（アングリーバード）の両方を発想することはできまい。ちなみにShazamはラジオやカフェで流れている音楽を認識して曲名を教えてくれるアプリで、毎月一億人が利用するという。Angry Birdsは、鳥たちが豚から卵を取り返すというアクションパズルゲームである。

二〇〇九年末に発売されたAngry Birdsは、史上最高のダウンロード数を記録したと言われる。このゲームも無料だ。[62] 補完財のペアの片方が無料というのは、なかなかに興味深い。需要曲線のグラフに戻り、今度はAngry BirdsとiPhoneの二本の線を引いてみよう。話を単純にするために、同じサイズで引くことにする（もちろんこれは正確ではないが、ここで言いたいことに影響はない）。

右下がりの需要曲線からは、Angry Birdsの価格が一〇ドルだったら需要がどれほどで、五ドルになったら需要が増えることが読み取れる（図7）。そしてもし無料になったら、さらに

（62）Angry Birdsを制作したフィンランドのRovio Entertainmentは、二〇一五年に一億四二〇〇万ドルの収益を上げた（Rovio Entertainment, "First Quarter of 2016 Shows Successful Turnaround for Rovio after Expected Difficult 2015," April 6, 2016, http://www.rovio.com/first-quarter-2016-shows-successful-turnaround-rovio-entertainment-afterexpected-difficult-2015）。アプリだけでなく、玩具などのプロダクツの販売やライセンス供与でもかなりの収入になったようだ（Alvaris Falcon, "85 Cool Angry Birds Merchandise You Can Buy," Hongkiat, accessed February 4, 2017, http://www.hongkiat.com/blog/cool-angry-birds-merchandise）。また二〇一六年に公開された映画『アングリーバード』は同社始まって以来の国際的に成功した映画となった（Rovio Entertainment, "The Angry Birds Movie Is the Most Internationally Successful Finnish Movie of All Time!" January 4, 2017, http://www.rovio.com/angry-birds-movie-most-internationally-successful-finnish-movie-all-time）。

図7a アプリが無料になると、需要は増える…

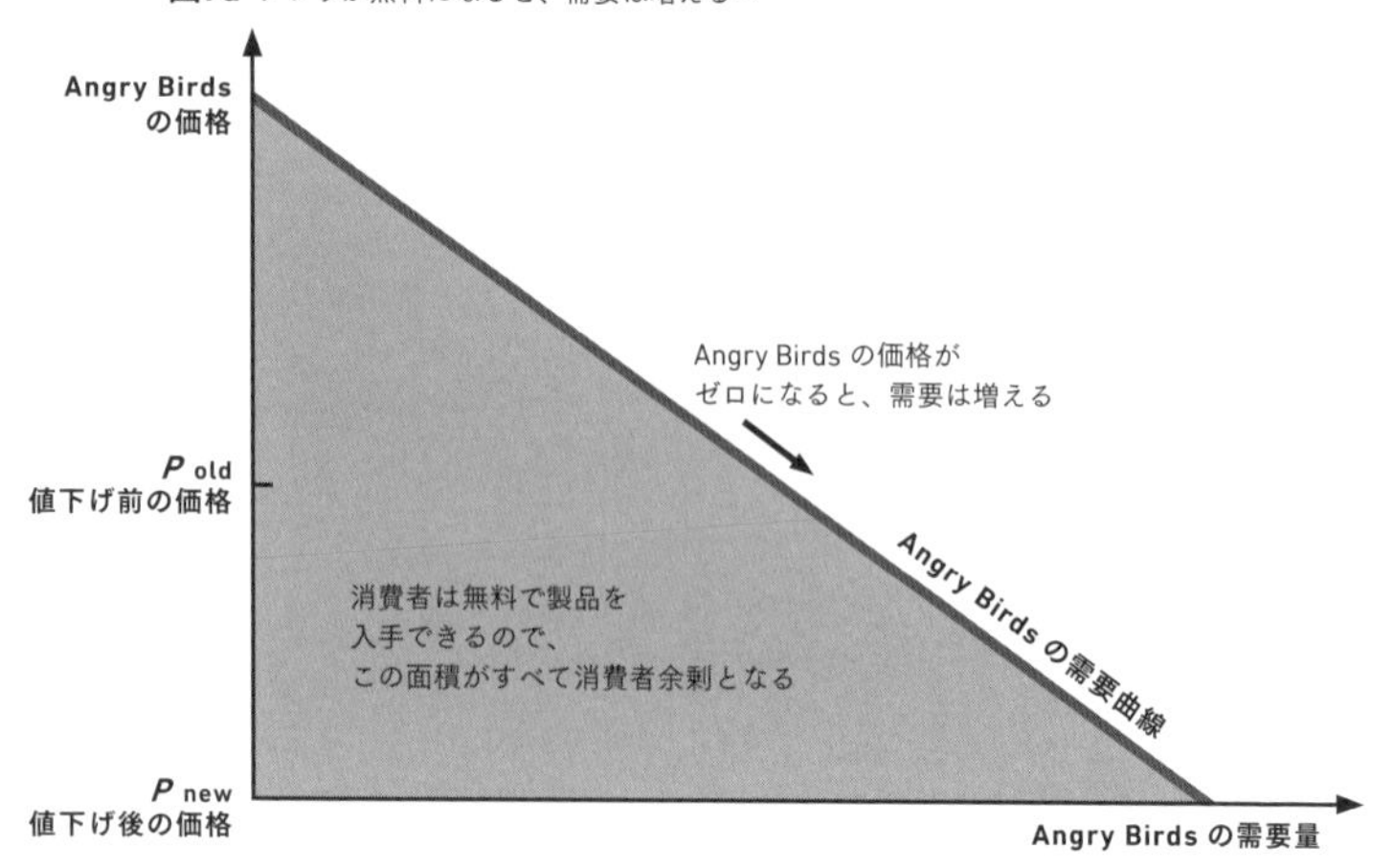

図7b スマートフォンの需要曲線は外側へとシフトする

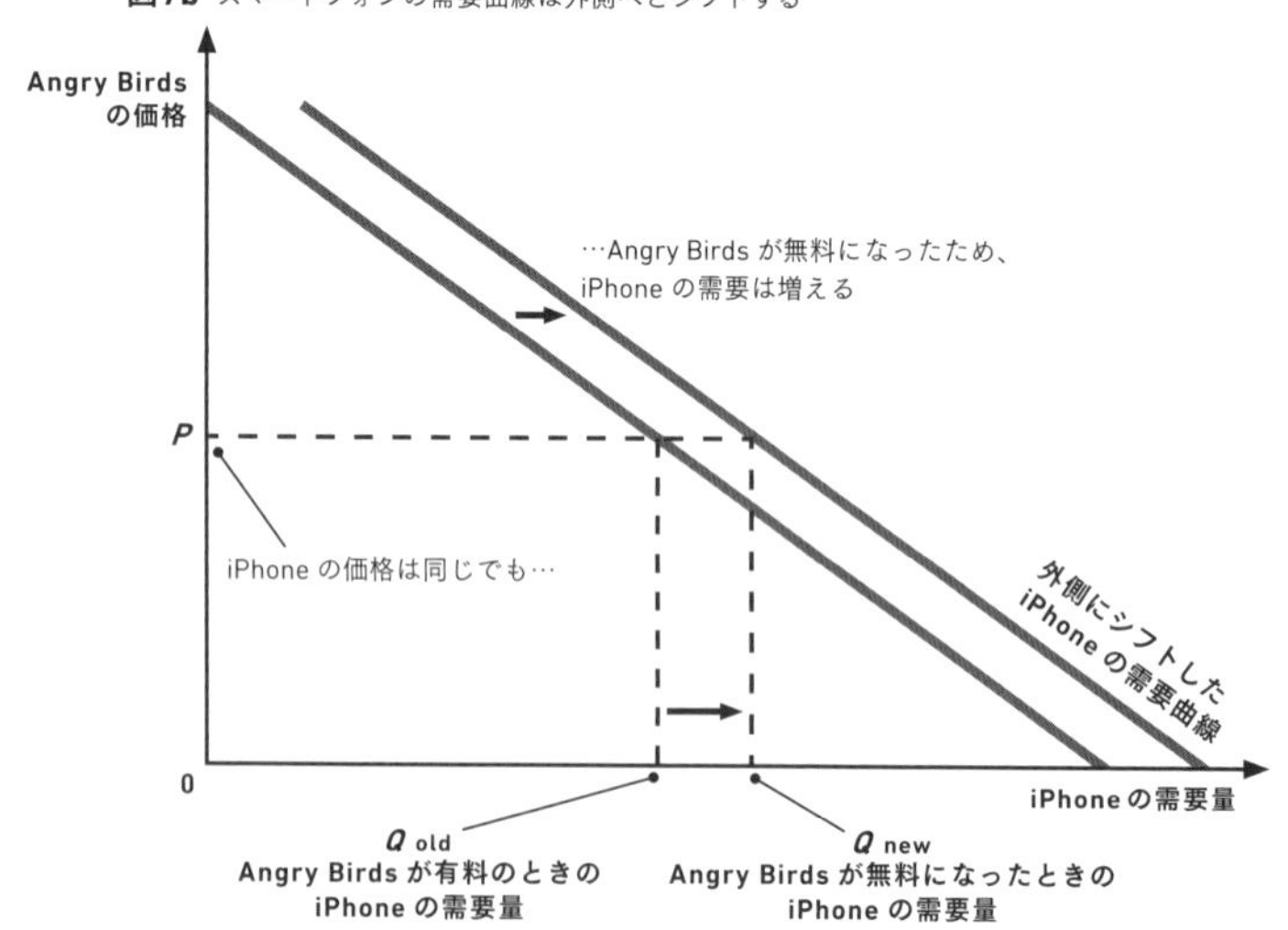

図 7
一方の補完財が無料の場合の補完財ペアの需要曲線

需要が増える。だが、それだけではない。興味深いのは、消費者余剰が巨大になることだ。図7の需要曲線の下側に現れる三角形が全部消費者余剰になる。ほんの少しでもAngry Birdsにお金を出す気のあった消費者にとって、無料はまったくお得なお買い物となる。

補完財が無料(フリー)、完全(パーフェクト)、瞬時(インスタント)になったら

アプリとスマートフォンが補完関係にあることはすでに述べたとおりである。となれば、Angry Birdsの価格が消費者の想定していた価格からゼロに下がったら、iPhoneの需要は増えるはずだ(需要曲線を外側へ移動させる)。つまりShazamやAngry Birdsのような無料アプリの存在は、二つの効果をもたらすことになる。一つは消費者余剰を生むこと(これは重要だ。というのも顧客が得をしたと思って喜んでくれるのは、つねに企業にとってよいことだからである)。もう一つは、iPhoneの需要を増やすこと、つまり高い値段を払ってでもiPhoneを欲しいと思う人が増えることである。これはまさにAppleが望んでいることだ。

とはいえ、一つひとつのアプリがiPhoneの需要を増やす度合いはほんのささやかなものにすぎない。単におもしろそうなゲームをやるためだけに、iPhoneに五九九ドル(二〇〇七年の最初の価格)も払う気になる人がいるだろうか。だがアプリというiPhoneの補完財一つひとつの効果は相累積される。だから、iPhoneが提供するアプリが膨大な数に上れば、需要押し上げ効果は相当なものになるはずだ。無料のアプリが一つだけだったら、高価なスマートフォンが突然魅力

的な商品になるということはないだろう。だが何十万ものアプリが用意されているとしたら、どんなユーザーにもきっと欲しいアプリがあるにちがいないとしたら、どうだろう。膨大かつ多種多彩なアプリの宝庫は消費者余剰を大きく増やし、iPhone本体の需要曲線を大きく外側にシフトさせる。さらにそこに、期待効果も加わる。これだけ多くのアプリが供給されていること、つまりそれだけたくさんのアプリ開発者がiPhoneのためにアプリを制作しているのだということが、消費者に信頼感を与えるのである。これならこのiPhoneはいつまでも価値を維持するだろう、いや、新しいアプリが投入されるにしたがってもっと価値が高まるにちがいない、と。

だがいったい誰が無料のアプリを制作しているのだろうか。純粋な利他主義者なのか、それとも自分の能力を誇示したい連中なのか。フリーアプリの開発者の中には、そういう人もいるかもしれない。だが大方の人は、そうではない。無料の財の経済学がよくわかっていなかった二〇〇七年の時点では、無料のものがこれほど多く世の中に出回るようになるとは、想像できなかった。だがいまでは、多くの人や企業がよろこんで無料アプリを提供しており、そこには以下のようなさまざまな理由があることがわかっている。

フリーミアム：一部の企業は、基本的なサービスや製品は無料で提供し、高度な機能や追加容量などからは料金を徴収するビジネスモデルを採用している。たとえばクラウドベースのストレージサービスDropbox（ドロップボックス）や、あらゆる断片的な情報をまとめて溜めておくクリッピングマネジャーEvernote（エバーノート）がそうだ。このアプローチはユーザーに人気が高く（その証拠に、設立二年目のDropboxをスティーブ・ジョブズが「九桁」の金額で買収した）[*4]、ほかにも多くのアプリがフリーミアムとして提供されている。無料の財は高額の財の補完財であり、けっして代替財ではないことに賢い企業は気づいている。無料で提供すれば有料バージョンの需要は増えるのであって、共食いにはならない。

広告収入：多くのフリーアプリは、ユーザーに広告を提示することによって制作者への報酬をまかなっている。Googleの iPhone専用検索エンジン、交通情報をシェアするアプリWaze（ウェイズ）などは広告が含まれており、広告収入は結構な額に上る。たとえばiPhone専用のFacebookのアプリは、ユーザーから料金はとらないが、二〇一六年第三・四半期のFacebookの収入は、八四％までがモバイルの広告収入で占められていた。[*5]

顧客向けサービス：銀行、保険、投資などの分野では、多くの企業が顧客向けにフリーアプリを開発している。たとえばAmazonは、二〇一〇年一〇月にショッピングアプリを発表。実店舗で買い物中に欲しい商品のバーコードをスマートフォンで撮影すれば、Amazonでもっと安く買えるかどうかをアプリが即座に教えてくれる。また二〇一〇年八月にチェース銀行が導入したアプリは、小切手の写真を撮って自分のアカウントにアップロードするだけで銀行口座に入金できる。こうした利便性は、消費者余剰を大幅に増やすと言えるだろう。現に他行もさっそくまねをしている。

公共サービス：多くの行政機関や非営利団体が、業務遂行の一環としてアプリを提供している。たとえばボストンに住んでいる私たちは、Street Bump（ストリートバンプ）というアプリがお気に入りだ。このアプリを起動して車を運転すると、iPhoneのセンサーと連動して自動的に道路の凸凹を検出する。このデータはボストン市に送られるので、道路の補修に役立つというわけだ。また、経済統計オタクの私たちは、セントルイス連銀が提供するFREDアプリも愛用している。広範な経済データが収集されており、アクセスしやすく、ダウンロードもグラフ化も可能というすぐれものだ。また、ジェニファー・パルカが立ち上げたコード・フォー・アメリカという革新的なプログラムでは、一流ハイテク企業のウェブデザイナーやエンジニア（長期有給休暇をとる）が地方自治体にチームとして派遣され、課題をヒアリングした上でウェブサービス、アプリを作成する。

製品と連動するアプリ：デジタル製品が日常生活に浸透するにつれて、デジタル製品と連動するアプリが増えている。たとえばエクササイズなどの活動量を計測するFitbitやNike+

FuelBand、スマートフォンで鍵の開閉をするAugustSmartLock、レシピと連動するキッチンスケールDrop、スピーカー本体が直接インターネットにつながりストリーミング配信サービスの音楽を再生するSonosといった製品は、すべてアプリ経由で操作する。また、カーセキュリティのViper（バイパー）製エンジンスターターを取り付ければ、スマートフォンからエンジンロックを解除してエンジンを始動させることも可能だ。

ここに紹介したのは、フリーアプリを開発する動機のごく一部に過ぎない。ジョブズがApp Storeを外部に開放するメリットを理解したときから、Appleは膨大なフリーアプリを取り込み、消費者余剰を大きく増やし、需要曲線をシフトさせることができた。二〇〇八年七月にiPhone 3Gを発売した時点で、App Storeでは八〇〇本のアプリを購入可能であるとAppleは発表したが、それから三日と経たないうちに、ダウンロード数は一〇〇〇万本を上回った（ちなみに二〇一六年六月時点のアプリの数は二〇〇万本を上回るらしい）。まさにジョブズが言うとおり「グランドスラム」級の成功である。[*6]

プラットフォームのオープン化

プラットフォームとは、アクセス、複製、配布の限界費用がほとんどゼロのデジタル環境だと定義したことを思い出してほしい。iPhoneはまさにこの定義に当てはまる。だが、ジョブズが外製アプリを拒み、Apple の純正品のみを売るとしていた時点では、iPhone は閉じたプラットフォームだった。プラットフォームをオープンにしたからこそ、イノベーションが押し寄せ、めざましい勢いで成長が始まったのである。

このApple の例からもわかるように、プラットフォームのオープン化には多大なメリットがある。最も重要なのは、プラットフォーム企業だけでは到底思いつかないような百花繚乱のアイデアをもたらすことだ。こうした外部からの貢献は、二種類の経済的利益を生む。一つは消費者余剰を増やすこと、もう一つは補完財の需要曲線を外側にシフトさせ、値下げをしたわけでもないのに補完財の需要を増やすことである。

プラットフォームのオープン化は、プラットフォーム企業にさらに二つのメリットをもたらす。第一は、データを入手できることだ。どんなアプリあるいはプラットフォームのどの部分が人気なのか、人気度はどのように推移するのか、利用者の行動はどう変化するのか、等々。こうしたデータは、トラブルシューティングにも役立つし、パーソナライズされた「おすすめ」をするうえでも欠かせない。また次にどんな企画を打ち出すかを決めるときの参考にもなる(これ以外にもたくさんあるが、その一部は次章で取り上げる)。第二は、新たな収益機会が創出されることである。じつは iOS 用アプリの多くは有料であり、Apple は三〇%の手数料を徴収している。二〇一五年には、この手数料収入だけで六〇億ドルに達したという。[*7]

ただし、収益の最大化にこだわりすぎて、プラットフォームをオープンにしすぎるのは危険だ。オープン化にはトレードオフもあることを考えなければならない。世界最大のデジタルプラットフォームであるウェブは、当初の意図を反映して、誰でも参加できるようになっている。その結果、生活をゆたかにするたくさんのイノベーションにつながる一方で、マルウェア、サイバー犯罪、サービス妨害（DoS）攻撃、フィッシングやアイデンティティ泥棒、児童ポルノ市場、ドクシング（個人情報の晒し）など、人間性を疑いたくなるような悪事の温床にもなってきた。

プラットフォームの質を保つには

こうした悪事や悪いコンテンツを防ぐ最善の方法は、よりよいプラットフォームを構築することである。選別を強化し、レビューシステムを確立するなどして、悪質なものを撃退し、良質なものだけを取り込むことだ。ただし何が悪くて何が良いかは、プラットフォーム企業が基準を決めなければならない。スティーブ・ジョブズはiOSプラットフォームをオープンにすると決めたときから、選別の重要性に気づいていた。アイザックソンの評伝によると、「ジョブズは、オープンと非オープンのいいとこ取りをする方法は一つしかないとすぐに気づいた。外部の開発者は自由にアプリを書いてかまわないが、Appleが事前に定めた厳格な基準に適合したうえで、Appleの審査に合格し、承認を得なければならない。さらに、アプリはApp Store以外で販売してはならない。こうすれば、大勢の開発者を呼び込むメリットを活かす一方で、iPhoneのステータスを保ち、一貫したイメージとユーザーエクスペリエンスを維持することができる」[*8]。

じつのところAppleのアプリ審査は、時間がかかりすぎるとか、基準が曖昧だとか、厳しすぎるなどと評判が悪い。たしかにそうかもしれないが、このような審査の存在は、ある重要な事実を物語っている。それは、プラットフォームの持ち主は、自分の創作物をどのように演出し、どのように使ってもらいたいか、自分の自由に決める権利を持っている、ということだ。プラットフォームは彼の財産であり、知的財産権は強力なのである。

このことから、人気のあるプラットフォーム（人気が出たのはネットワーク効果、消費者余剰、補完財による経済性を存分に活かしたからだ）は大きな影響力を持つと言える。なぜなら、プラットフォーム企業にはコンテンツやメンバーシップやトラフィックの選択権があるからだ。二〇一五年にFacebookは、有力メディアの記事を直接掲載するサービスInstant Articles（インスタントアーティクル）を開始し、ニューヨーク・タイムズ紙、BBCなど大手九社と連携した[*9]。メディア側にとっては自社サイトへのアクセスは減るが、Facebook上の記事には独自広告を掲載でき、一定の広告収入が分配される。この流れに追随すべきか、悩むメディアは多い（その後二〇一七年には、メディア側からの要望に応えてFacebookがメーター課金制の有料配信を検討中と報じられている）。いずれにせよ、教訓ははっきりしている。強力なプラットフォームは、自らの影響力の範囲内でなら、過酷な選択を突きつけることが可能なのである。

プラットフォーム戦争

プラットフォームで先陣を切ったAppleのApp Storeがはなばなしい成功を収めると、当然ながら、負けてはならじと追随する者が現れた。追随した企業の戦略からも、プラットフォームの経済学についてさらにいくつかのヒントを学ぶことができる。

二〇〇五年にGoogleは、ほとんど無名のスタートアップAndroid（アンドロイド）を五〇〇〇万ドルで買収した。ハイテク系著名ブログであるEngadget（エンガジェット）は当時、「GoogleがなぜAndroidを買収したのか、理解に苦しむ。Androidは誰も聞いたこともないスタートアップで、携帯電話用のソフトウェアを作っているらしいということしかわかっていない」と書いている。[*10] だが数年のうちに、同社がAppleのプラットフォームに対抗できる価値を持っていることがはっきりした。Googleの事業開発担当上席副社長を務めるデービッド・ラウィーは二〇一〇年に、あれは我が社の「最高の買い物」だったと述べている。[*11] じつはこの買い物は、あやうく成立しないところだった。というのもAndroidの創設者アンディ・ルービンは、Googleへの売却が決まる数週間前に韓国を訪れ、Samsung（サムスン）に買収を持ちかけていたからだ。[*12]

遅れて登場したGoogleのスマートフォン用OSとアプリプラットフォームは、スタート時点からAppleとはまったくちがっていた。第一に、AppleのiOSはiPhone専用だが、GoogleのAndroidはオープンソースOSとしてリリースされ、デバイスメーカーに無償で提供される。GoogleはOS自体は収益源ではないし、OSによってスマートフォンの売り上げが爆発的に伸びるわけではないと考えていた。彼らに言わせれば、OSはサービスを普及させ、検索連動広告収入を一段と増やす媒体に過ぎない[63]。Googleはまた、ロケットスタートに成功して勢いのあるAppleを追い落とすには、自社のプラットフォームをとにかくすばやく世界中に配布するしかないことにも気づいていた。Androidをオープンソースにしたのは、そのためである。オープンソースにすれば、Googleがあとから一方的にルールを変える（たとえばライセンス料を徴収するなど）ことはできないので、潜在的なデバイスメーカーやアプリ開発者は安心するからだ。この戦略は功を奏する。二〇一一年には、スマートフォン用OSとしてのAndroidのシェアは世界最大となり[*13]、二〇一六年第三・四半期に販売されたスマートフォンの八八%がAndroidを採用するまでになった[*14]。

第二のちがいは、GoogleはAppleほど厳格にアプリを選別していないことである。Googleは公式ストアを展開してはいるが、Androidユーザーは別のところから容易にアプリを入手できる。つまりここでもGoogleは、Appleほど中央集権的でないやり方を選んだと言えよう。どちらが賢明なやり方かは、現時点では判断できない。

スマートフォン用のプラットフォーム構築を試みた企業はほかにもあったが、これまでのところ成功していない。Microsoftは、Appleのように自社製のデバイスを売ろうという野心と、Googleのように広告収入を上げようという野心の両方を抱いて、[15] 二〇〇八年にスマートフォン事業を発足させた。[16] そして二〇一三年にはフィンランドのNokia（ノキア）を買収したが、[17] このこと一つとってもMicrosoftがいかに本気だったかがわかるだろう。Nokiaは一時期携帯電話では世界市場で圧倒的な地位を誇っていたこともあったが、スマートフォンの脅威に気づくのが遅すぎ、一方ではスマートフォンに、他方ではアジアのメーカーが作る格安の携帯電話に押され、苦境に陥ってしまう。MicrosoftとNokiaのペアはGoogleとAppleに太刀打ちできるプラットフォームの開発に取り組んだが、望んだ結果は得られていない。人気アプリの開発者は、Microsoft版の開発にいっこうに興味を示さなかった。[18] 二〇一六年第一・四半期の時点でMicrosoftのスマートフォンの世界シェアは一％未満にとどまり、[19] 同年末には多くの業界通が「Microsoftの実験は終わった」とみなすにいたる。[20] この失敗で二万人以上が解雇され、[21] 八〇億ドル近い損失が計上された。[22] Microsoftの歴史上、最大の損失である。[23]

他社の試みはさらに悲惨な結果に終わっている。BlackBerry（ブラックベリー）といえば、

〔63〕二〇一六年第四・四半期には、Googleが提供する検索連動広告のクリック数の九六％はモバイル端末からだった。モバイルユーザーが増えるほど、モバイル端末からの検索が増え、したがって広告収入も増えることになる。Jack Nicas, "Alphabet's Earnings Rise but Falls Short of Views? Update," Morningstar, January 26, 2017, https://www.morningstar.com/news/dow-jones/TDJNDN_2017012614626/alphabets-earnings-rise-but-falls-short-of-viewsupdate.html.

かつては企業向け市場を席巻したモバイルメール端末だった。多忙なエグゼクティブたちは、この新兵器に夢中になったものである。二〇〇九年の時点では、スマートフォンの二〇％がBlackBerryのOSを採用しており、[24]親会社のResearch In Motion（RIM）の時価総額は七七〇億ドルに達する。たしかにBlackBerryのセキュリティ性能と長いバッテリー寿命は企業向けには魅力的ではあったが、そのハードウェアはiPhoneやAndroidほど一般消費者の支持を得られず、そのせいでアプリ開発者たちはBlackBerryに食指を動かさない。スマートフォン業界は、RIMがAppleやGoogleに対抗する勢力になって交渉力を持つようになることを期待したのだが、ついにそうはならず終いだった。[25]二〇一六年末に同社は自前のハードウェアの製造を打ち切ると発表。同社の時価総額はピーク時から九五％も縮小し、四〇億ドルを下回った。[26]

以上の例から学べる教訓は、こうだ。ある限られた領域では、大勢の支持を得られるプラットフォームの数は限られている。とりわけ、ユーザーが同時に複数のプラットフォームを使うこと（マルチホーミングと言う）に乗り気でない場合にそう言える。ではプラットフォームは一つでよいかと言えば、それでは独占状態になって勝手なルールを作りかねないから、好ましくない。しかしユーザーは、現実的な選択肢はせいぜい二つか三つあれば十分だと感じている。現にスマートフォンの場合、二つ以上のプラットフォームを同時に使いこなしているユーザーは滅多にいない。

成功するプラットフォームの特徴

本章で取り上げたプラットフォーム戦争の勝者にはどんな特徴があるだろうか。また、これから繰り広げられるバトルではどうだろう。もちろんプラットフォームのタイプによってバトルの内容はちがってくるが、すでに私たちは勝利を収めたプラットフォームがどういうものか、知っている。まず、ハイペースで成長すること、そしてプラットフォームの所有者と参加者の両方に価値を提供できることだ。そのほかに、次のような特徴を備えている。

1　早い時期に地位を確立する。一番乗りである必要はない（現にAndroidは二番手だった）。だがあまりに出遅れると、潜在的参加者がすでにプラットフォームの選択を決めてしまい、ネットワーク効果が働いて手も足も出なくなる。

2　可能な限り、補完財の優位性を活かす。補完財のペアのうち、一方の価格が下がれば他方の需要が増えるからだ。

3　プラットフォームをオープン化し、幅広く多様な供給を募る。それによって消費者余剰が拡大する。とくに、無料で供給される場合がそうだ。参加者が無料で利用できるものが増えるほど、ペアの補完財の需要曲線は外側にシフトし、需要が増える。

4　プラットフォームをオープン化した場合でも、参加者に一貫性のある心地よいエクスペリエンスを提供するために、供給サイドに対して一定の基準を示し、審査を行う。

さきほどのAppleとGoogleの例からわかるように、完全に閉じたシステム（第三者からの補完財の提供をいっさい認めない）と完全にオープンなシステム（プラットフォームがもたらす価値を十分に共有できない）との間でうまくバランスをとる方法は一つではない。だがともかくも、ちょうどよい落とし所を探る努力はしなければならない。

ユーザーエクスペリエンスを高める

先ほど挙げた項目に加えてもう一つ、成功するプラットフォームの運営者が必ずやっていることがある。それは、プラットフォーム参加者に提供するユーザーインターフェースとユーザーエクスペリエンスに非常にこだわり、つねに改善に努めることだ。ユーザーインターフェースとは、人間がマシンとの間で情報をやりとりするためのしくみのことである。たとえばiPhoneでは、タッチスクリーン、ホームボタン、マイク、スピーカーといったものがユーザーインターフェースに当たる。インターフェースは、ユーザーが気持ちよく使えて、できるだけ直感的にわかるものがよい。アインシュタインは「すべてのものは、これ以上単純化できないというところまでシンプルに作られるべきだ」と言ったとされるが[*27]、最良のインターフェースもまさにそうである。

ユーザーエクスペリエンスは、製品やサービスの利用を通じて得られる体験のことで、非常に幅広い概念であるが、ごく単純化して言えば、使ってみて気持ちがよかった、楽しかった、とても便利だった、といったことである。デザイナーのエド・リーは、二枚の写真を使ってユーザーインターフェースとユーザーエクスペリエンスのちがいを明快に説明している。曰く、スプーンはユーザーインターフェースで、シリアルの入ったボウルはユーザーエクスペリエンスだそうだ。[*28]

すぐれたユーザーインターフェースとユーザーエクスペリエンスが重要な役割を果たした例として、Facebook が挙げられるだろう。大方の人は忘れているかもしれないが、Facebook は世界初のソーシャルネットワークではないし、世界で初めて大人気になったソーシャルネットワークですらない。先行したのは Friendster（フレンドスター）で、[*29] 二〇〇二年からサービスを開始していたし、MySpace（マイスペース）も二〇〇三年には発足し、夢中になっているユーザーは大勢いたから、強力なネットワーク効果がすでに生じていたはずだ。その証拠に、News Corporation（ニューズ・コーポレーション）は MySpace を二〇〇五年に五億八〇〇〇万ドルで買収している。[*30]

だが時が経つにつれて、どちらのプラットフォームもユーザーの期待に応えられなくなった。Friendster は、ユーザーが増えるにつれてサイトが遅くなるなどパフォーマンスが低下する。MySpace のほうは、ユーザーに自分のスペースをデザインする自由裁量の余地を与えすぎた。ウェブデザインを手がけるフェーム・ファウンドリーは、公式ブログに次のように書いている。

あなたの知人の中で、自宅の設計のできる人がどれだけいるだろうか。あるいは、玄関に飾っても恥ずかしくない絵を描ける人がどれだけいるだろうか。たぶん、ほとんどいないだろう……すぐれたウェブデザインも同じだ。ウェブデザインはアートであって、ふつうの人がそう簡単にできるものではない。ところが MySpace はそう考えなかったらしい。ユーザーに好きにやらせた結果、まったく見るに耐えないような代物が氾濫することになった……対照的に Facebook は、サイトの基本となる枠組みを設けて制限する方式を選択した。[*31]

このちがいが、成否を分けることになった。MySpace を買収した News Corporation は、結局は買収時の一割以下の三五〇〇万ドルで二〇一一年に売却している。[*32]

ユーザーエクスペリエンスに十分配慮していればけっして先行サービスに負けないことが、オンライン決済サービス Stripe（ストライプ）の成功例からわかる。二〇一〇年の時点では、すでにeコマース事業者向けにさまざまなオンライン決済サービスが登場していた。たとえば個人や中小事業者向けのPayPal（ペイパル）、大企業向けにはChase Paymentech（チェース・ペイメンテック）やAuthorize.Net（オーソライズ・ネット）という具合である。だがパトリックとジョンのコリソン兄弟は、既存サービスのユーザーインターフェースもユーザーエクスペリエンスも不十分だと感じていた（当時彼らは二一歳と一九歳だった）。どれもeコマース事業者にとって、無料（フリー）、完全（パーフェクト）、瞬時（インスタント）ではなかったからだ。当時すでにeコマースはモバイル端末からの利用が急増しており、PCからの利用とはまたちがったユーザーインターフェースやユーザーエクスペリエンスが求められるようになっていた。

パトリック・コリソンはこう話す。「たとえばどこかのサイトでショッピングをして決済方法にPayPalを選んでボタンを押すと、ページがPayPalに切り替わり、そこで自分のアカウントにログインすることになるだろう？　だがスマートフォン上でこれをやろうとすると、結構な確率でうまくいかないじゃないか[*33]」。そこでコリソン兄弟は、スピーディーで使い勝手のいいクラウドベースのサービスを開発して、eコマース事業者のニーズに応えてみせようと意気込む。開発に着手してすぐ、彼らはeコマース事業者がじつにさまざまなニーズを抱えており、その多くが満たされていないことに気づいた。事業者としては、とにかく顧客が利用したい決済方法に対応したい。だがその決済方法たるや、小切手のこともあれば、デビットカードのこともあり、決済ネットワークもさまざまなら通貨も多種多様だ。そして事業者によってニーズの組み合わせは異なるうえ、事業が拡大したり、客層が変わったり、海外発注を受け付けたりすれば、ニーズ自体も変わってくる。それに呼応して詐欺の手口も多様化するし、適用される法規も、税金や申告義務もちがってくる。このほかにも厄介ごとは尽きない。

パトリックは二〇一五年の夏にこんなことを話してくれた。「決済がどんなにややこしいことになっているか、事情を知らない人にわかってもらうのはむずかしい。たとえば、中国の事業者が国外でビジネスをするのはほとんど不可能だ。中国政府やアメリカ政府が妨害するからじゃない。あまりに決済が面倒だからだ。逆に、アメリカの事業者が中国人相手に商売をしようとしても、まずできない。中国の消費者の大半はAlipay（アリペイ）を使おうとするが……アメリカ人の事業者がアメリカ国内にAlipayのアカウントを持つことはできないんだ。[64]……こういう障害物があちこちにあるせいで、本来できるはずのビジネスができていない」[*34]。

そこでコリソン兄弟は、これまでに誰もやらなかったことをやろうと決める。自分たちが作る決済プラットフォームは、現在の煩わしさをいっさい感じさせないユーザーエクスペリエンスと、決済システム開発者にやさしい（導入時に数行のコードを加えるだけで済む）ユーザーインターフェースを備えるのだ、と。

当時これはリスクの大きい目標だった。単に困難なだけでなく、市場から望まれていない可能性もあったからだ。決済サービス業界では、eコマースで重要なのは手数料が安いことだというのが常識であり、[65] Stripeが一件ごとに徴収する手数料はけっして安いとは言えない（とくにデビットカード決済の場合）。コリソン兄弟は、導入しやすくテスト運用が容易である、導入時のコストが安い、システムへの統合が技術的にシンプルである、他の決済プロセスへの移動に伴う煩雑さや遅延がない、スケーラブルであるといったメリットと引き換えなら、eコマース事業者は少々高い手数料も引き受けてくれるだろう、と賭けに出た。「たった一人でビジネスを始めたばかりの人から、世界最大級の企業にいたるまで、全部対応できる決済プラットフォームがあるべきだと僕たちは確信していた」[*35]。

コリソン兄弟の賭けは、当たった。正式ローンチから五年で、アメリカのインターネットユーザーの半数がすくなくとも一回はStripeで決済している。[*36] そして二〇一六年一一月の時点でStripeの時価総額は九〇億ドルに達した。[*37] これほどの成長を遂げられた大きな理由の一つは、Stripeを導入すれば、eコマース事業者、とりわけ規模の小さい事業者や新規参入したばかりの事業者は、自分たちにフィットするやり方を見つけるまで徹底的にテスト運用を繰り返せるからだ、とパトリックは見ている。彼がよく例に挙げるのが、Postmates(ポストメイツ)だ(同社については次章でくわしく取り上げる)。「Postmatesは顧客企業の一つで、オンデマンド配達アプリを使った買い物代行・配達サービスを展開している。彼らはAppleと提携し、Appleの店舗から商品を配達する仕事も引き受けているんだ。じつは彼らはもともとちがうビジネスを始めるつもりだった。事前予約の必要な宅配サービスだ。そしてStripeを導入した。

〔64〕Stripeは二〇一六年八月にAlipayによる決済をサポートするようになった。
〔65〕決済サービス事業者の多くはいまだにそう信じているらしい。

Stripeなら決済の煩わしさから解放されるから、いろんな可能性が拓けてくる。そこで彼らは試行錯誤を繰り返した結果、オンデマンド配達に行き着いたんだ」[*38]。

導入が容易なStripeなら、事業者は後顧の憂いなく新しいことを試せるし、何度でもテストを繰り返せる。イノベーションが次々に出現する時代には、これはきわめて重要な要素だ。Stripeがサービスを拡大し、通貨換算、入金管理、不正検知、納税、マネーロンダリングに関する法令遵守などもカバーするようになると、顧客はますます大きな価値を見出すようになった。こうした追加的なサービスは補完財に相当する。したがって通貨換算機能も、不正検知機能も、消費者余剰を増やし、サービス全体の需要を拡大させる効果がある。

プラットフォームの二面性

成功したプラットフォームがどれもそうであるように、Stripeもネットワーク効果の恩恵に与っている。しかもStripeの場合、プラットフォームが「二面性」を持つため、相乗効果が得られる。二面性とは、たとえばゲーム機というプラットフォームで言うとゲーム開発者とゲーム機ユーザーという異なる二グループの参加者がいて、人気のゲーム機には多くのソフトが開発され、それによってますます多くの消費者がそのゲーム機を買うというふうに、二つのグループが相互に影響をおよぼす関係性にあることを意味する。決済プラットフォームStripeの参加者は、決済を円滑に行いたい事業者と、銀行やクレジットカード会社など決済手段を提供する金融機関の二つのグループである。金融機関としては、たくさんの事業者が利用するプラットフォームのほうが取引が多いから好ましい。同様に事業者にとっても、たくさんの決済手段を使えるプラットフォームのほうが利便性が高まるから好ましい。

デジタルの世界では、二面プラットフォームは強力なネットワーク効果を伴う。これについては次章でくわしく論じるので、ここではStripeがその一例であることを指摘するにとどめたい。パトリック・コリソンは、「僕たちはインターネットのGDP拡大に必要なインフラを構築したいんだ」と野望を語っている。(66)*39 いまのところ、彼らは順調に目標に向かっているようだ。その大きな要因は、プラットフォームの威力と魅力的なユーザーエクスペリエンスを組み合わせることの必要性に気づいた先見性にあると言えよう。

(66) インターネット上で行われる全世界の経済活動の総量を増やす、というほどの意味である。

この章のまとめ

・デジタルプラットフォームは、今日成功している企業の多くで利益を生み出す原動力となっている。プラットフォームは、供給サイドと需要サイドを強力に結びつける役割を果たす。

・二種類の製品は、一方の価格が下がると他方の需要を増やすとき、補完財の関係にある。

・プラットフォームをオープンにすると、外部から補完財が供給されて、プラットフォーム企業の製品の需要を押し上げる効果がある。補完財がデジタルの場合、その多くは、無料(フリー)、完全(パーフェクト)、瞬時(インスタント)という特性を備えている。

・プラットフォームをオープン化した場合、プラットフォーム企業は品質維持のために外部からの供給を選別するほうがよい。セキュリティに問題があったり、不正が疑われるようなものを受け入れると、プラットフォームの価値が損なわれる。

・プラットフォーム企業は、外部からの供給を呼び込むと同時に、それらを的確に選別する能力を競うことになる。ただし、先行するプラットフォームがすでに二つ以上存在する場合、後発プラットフォームの集客はむずかしくなる。とりわけ、消費者がマルチホーミングをする気がない場合はそうだ。

・成功するプラットフォーム企業は、ユーザーインターフェースとユーザーエクスペリエンスに多大な注意を注ぐ。
・多くのプラットフォームは二面性を備えており、一方の側と他方の側とにタイプの異なる顧客がいる。

あなたの会社では？

1 あなたの会社の製品の補完財になりうるものは何でしょうか？ それをどう活用すれば全体の需要を押し上げることができますか？
2 あなたの会社でプラットフォームを構築する意義はありますか、それとも他社のプラットフォームに参加するほうが効率的ですか？
3 あなたの会社がプラットフォームを運営しようとする場合、外部からの参加をどのように選別するつもりですか？ 幅広い参加を促すと同時にクオリティを維持するにはどのような戦略が望ましいでしょうか？
4 あなたの業界にすでに成功しているプラットフォームが存在する場合、模倣するのではなく差別化を図るにはどうしたらいいと考えますか？ すでに複数のプラットフォームが存在する場合、後発のプラットフォームに勝ち目はありますか？

5

魅力的なユーザーエクスペリエンスを提供するための戦略は何かありますか？　ターゲットとなるユーザーにどのような価値を提供できますか？　あるいはユーザーが抱えるどのような問題にソリューションを提供できますか？

第8章

なぜプラットフォームは栄えるのか

やった。これまで誰もやらなかったこと
——レベニューマネジメントのやり方が
わかったんだ。

——ドナルド・バー、ピープル・エクスプレス航空CEO、一九八五年ヨガやフィットネスなどのエクササイズほど、デジタル化から縁遠いものはなさそうに見える。みんなで一緒に体を動かし、汗を流してがんばる集団の中にいるあの感じは、いかに強力なバーチャルリアリティといえども再現できまい[67]。となれば、フィットネスクラブの経営はデジタル革命とは無縁だと結論づけたくなるだろう。だがClassPass（クラスパス）の事例を見ると、そうとも言い切れないことがわかる。ビットの世界で威力を発揮したプラットフォームが、物理的な世界にも進出してきているのである。デジタルのプラットフォームを使ってデジ

〔67〕だがテクノロジーではつねにそうだが、絶対ということはありえない。自動運行技術のPeloton（ペロタン）が開発したインドア・バイクは、Wi-Fi機能を搭載した二二インチのスクリーンを介して、現実のインストラクターによるフィットネスのレッスンを自宅に居ながらにして受けられる。リアルタイムでもオンデマンドでも可能で、価格は一九九五ドル。二〇一六年二月にはOculus（オキュラス）と協力してバーチャルリアリティ（VR）用ヘッドマウントディスプレイの供給を開始し、スクリーンが不要になった。Mark Prigg, "Now You Can Track Your Gym Sessions Too: Peloton Teams Up with Strava App to Monitor Spin Classes? and Says It Is Also Working on Oculus Rift VR Workouts," DailyMail.com, February 18, 2016, http://www.dailymail.co.uk/sciencetech/article-3452996/Now-track-gym-sessions-Peloton-teams-Strava-app-monitor-spin-classes-says-working-Oculus-Rift-VR-workouts.html.

タル化できないものを提供するサービスがここ一〇年で多数出現しており、これからますます発展しそうな勢いだ。

ビットの経済学を原子(アトム)の世界に持ち込むと

フィットネスのスタートアップ ClassPass は、パヤル・カダキアが二〇一三年に設立した。提携する八〇〇〇以上のフィットネスクラブのプログラムをアプリ経由で予約・受講できる月額定額制サービスを提供している。発足当初は月額九九ドルで通い放題のプランを提供し、これが大人気となった。しかし二〇一六年一一月になって、カダキアは回数制限を導入するという苦渋の決断を下す。彼女は公開書簡で通い放題プランの打ち切りを発表し、これまでのビジネスモデルでは会社が存続不可能であることを説明した。

通い放題プランを開始した二〇一四年五月の時点では、新会員を募り、ClassPass について知ってもらう狙いがあった。「その意味ではこのプランは成功でした」とカダキアは書いている。[*1] だが実際には、成功しすぎたと言うべきだろう。「会員の多くが毎日のように、いやほんとうに毎日クラブを利用するようになりました。これはみなさんの健康のためにはよろこばしいことです……ですが、受講者数が増えれば増えるほど、私たちが各クラブに支払う額も大きくなります。このままでは会社が立ち行かないことがわかりました[*2]」。

通い放題プランのメンバーは、すぐさまソーシャルメディアで怒りを爆発させた。「もうがっかりだよ。#classpassが通い放題を打ち切りだってさ。なんでだ?」という具合である。[*3]あまりに批判の声が強いので、ビジネス・インサイダー誌がこんなタイトルの記事を掲載したほどだ。「ClassPassの通い放題プランの打ち切りでメンバーは大興奮」[*4]。

通い放題プランにはそもそも根本的な問題があったとカダキアも認めている。「あのプランは、長期的な選択肢にはなり得ないものだった。なぜなら、私たちの掲げる約束と矛盾してしまうからだ。コストを減らすためにメンバーにエクササイズを減らしてほしいと思うようになったら、いったい私たちのビジネスは何のためなのか、ということになる」[*5]。

とはいえ通い放題プランがうまくいくよう、ClassPassが全力で奮闘してきたことも事実だ。その経過を振り返ってみると、ビットの経済学を原子(アトム)の世界に持ち込むとどういうことになるのか、貴重なヒントが得られる。

通い放題プランは、顧客にとってはシンプルで魅力的な選択肢である。月極め料金を払えば、ClassPassが提携しているフィットネスクラブで好きなレッスンを好きなだけ受講できる(同じクラブでは月三回までという条件付き)。自宅近くであれ、会社の近くであれ、出張先であれ、ClassPassの提携クラブならどこでもOKだ。一方、提携クラブの経営者にとっては、空いているレッスン枠をClassPassに提供するだけでよい。ClassPassのメンバーが受講するたびに、ClassPass側から一定料金を受け取ることができる。

つまりClassPassは、二面プラットフォームを構築したわけである。そして二面プラットフォームは強力なネットワーク効果を持つ。メンバーが増えるほど、クラブ側にとって魅力的になる。そして提携するクラブが増えるほど、既存メンバーにとっても入会を考える人にとっても魅力が高まる。だが事業が拡大するにつれて、状況は危うくなってきた。その最大の原因は、物理的な供給物、たとえばヨガのクラスの空き枠といったものは、デジタルとはちがうことにある。つまり無料（フリー）、完全（パーフェクト）、瞬時（インスタント）というデジタルの特徴は当てはまらない。だから物理的な世界でプラットフォームを構築する場合には、このちがいによくよく注意しなければならない。ClassPassのビジネスは、基本的には、スタジオをフル稼働できないフィットネスクラブとエクササイズをしたくてたまらないメンバーの間を取りもつことにある。ではまず、クラブ側の課題について見ていこう。

あなたの在庫は繰り越せない

フィットネスクラブにとってのClassPassの価値は、余っているレッスン枠を有効活用して収入が得られることである。このことをもうすこしむずかしく言うと、クラブ側は翌日に繰り越せない在庫（枠が余った状況でレッスンが終わってしまったら、それはもう二度と取り返せない）から収益を得られる、ということになる。これ自体は結構なことだ。だがクラブ側は、あるレッスンを正規会員が何人予約するかは直前までわからない。つまり在庫が収益を生むか生まないか、正確に予想することはむずかしい。

この点はきわめて重要である。というのも、ClassPassが払う金額は、正規料金より安いからだ。思うにClassPassは、クラブ側をこう説得するだろう。「あなたはフィットネスクラブの経営者で、スタジオの賃貸料、インストラクターの給与など固定費をすべて負担している。その一方で、レッスンに受講生一人を追加する限界費用はきわめて低い。せいぜいシャワーとタオルぐらいのものだろう。だから、あなたが負担している一人あたりのコストがこの限界費用を上回る限り、ClassPassの会員を受け入れるほうが得になるはずだ」と。

これに対して賢いクラブ経営者は、おおむねこんなふうに答えるだろう。「たしかにあなたの提案はもっともらしく聞こえる。だが、私としては慎重にならざるを得ない。私にとっての限界費用が小さいというのは、おっしゃるとおりだ。だが、私の在庫は無限にあるわけではない。どのレッスンも、空きはせいぜい三、四人というところだろう。この空いた枠をClassPassに提供して、あなたのところの会員が割引料金で予約できるようにした瞬間から、私はもうその枠を正規料金で売ることはできなくなるし、月額料金を払っているウチの会員が予約することもできなくなる。ClassPass会員が受講したせいでレッスンが受けられなかった、とウチの正規会員に文句を言われるのは絶対に願い下げだ。だから、慎重にならざるを得ない」。

この仮想のやりとりから浮かび上がるのは、物理的な世界で提供されるフィットネスクラブのレッスンの空きというものは、デジタルの世界で提供されるものとは経済特性がまったくちがうということだ。レッスンの空き枠は、全然無料（フリー）、完全（パーフェクト）、瞬時（インスタント）ではない。まず、空いているレッスン枠は繰越不能であるから、完全とは言いがたい。しかも空きには限りがあり、無料でいくらでも増やせるわけではない。なるほど空きがある限りは受講生を一人追加する限界費用はきわめて低いが、定員に達した瞬間に、限界費用は大幅に増えるのである。収容人員に限りがあり、在庫が繰越不能だという特性は、飛行機の座席、ホテルの部屋など多くのものに当てはまる。そしてその大半が、右下がりの需要曲線を描く。すなわち、価格が高いうちは払おうという人は少ないが、価格が低くなると大勢が欲しがる。

レベニューマネジメントがビジネスを救う

「レベニューマネジメント」は、固定的な供給量と繰越不能の在庫という産業構造上の特性を抱えるサービス業において、収益最大化をめざして開発されたビジネス戦略であり、そのためのアルゴリズムである。レベニューマネジメントの最終目的は、限られた繰越不能在庫をできるだけ高値でできるだけ多く売り、売れ残りは安ければ買うという客に値引きして売って、収益を最大化することである。レベニューマネジメントは、航空業界から始まって[68]、その後にホテルにも普及し、どちらの業界も大きく様変わりさせた。いまや成功している大手航空会社やホテルチェーンは、どこもレベニューマネジメントに熟達している。ClassPassも、アプリという形でフィットネスクラブにレベニューマネジメントの手段を提供していたと言える。そして右下がりの需要曲線が示すとおり、割安料金なら払う客を送り込むことによって、クラブ側が自力では満たせなかった空きを埋めるというわけだ。

〔68〕アメリカの民間航空委員会は、航空業界を監督する目的で一九三八年に設立された。この委員会によって、航空運賃は数十年にわたり非常な高水準に人為的に維持された。一九七八年に民間航空規制緩和法が可決され、政府規制が撤廃されて、民間航空会社は自由に運賃を設定できるようになる。また、People Express のような格安キャリアの参入も可能になった。People Express は当初急成長を遂げ、五年足らずで月間一〇〇万人を運ぶようになり、アメリカで五大キャリアの一角を占めるまでになる（Markus Salge and Peter M. Milling, “The Pace or the Path? Resource Accumulation Strategies in the U.S. Airline Industry,” paper presented at the Annual Conference of the Systems Dynamics Society, Oxford, England, 2004, http://www.systemdynamics.org/conferences/2004/SDS_2004/PAPERS/150SALGE.pdf）。People Express の成功の決め手は、ひとえに格安運賃だった。だいたいにおいて競合大手より四〇～五五％も安かったのである。

これは、American Airlnines（AA）のような大手にとって由々しき事態だった。競争力を高めるために、AAは最初期のレベニューマネジメントに数百万ドルを投じ、長距離路線の前広な予約「スーパーセーブ運賃」を適用すると同時に、直前の予約の運賃を吊り上げた。この戦略により観光客とビジネス客の峻別が可能になり、それぞれが何に対して気前よく払うかがわかってくる。一九八七年の年次報告書で同社はレベニューマネジメントを「しかるべき席をしかるべき顧客にしかるべき価格で売る」ことだと定義している（ThinkWell Consulting, “Yield Management to the Rescue: The American (Airlines) Way,” 3, accessed Feburary 5, 2017, http://thinkwellconsulting.com/wp-content/uploads/2015/10/ThinkWell_WhitePaper_w_Graphics1.pdf.）。

AAはできるだけ多くの席を売ると同時に、利益率の高いビジネスクラスの開拓にも力を入れる。こうした努力も奏功し、レベニューマネジメントは三年間で一四億ドルの利益をもたらした（Barry C. Smith, John F. Leimkuhler, and Ross M. Darrow, “Yield Management at American Airlines,” Interfaces 22, no. 1 [1992]: 22, http://202.120.24.209/DBD/reading/American Airlines.pdf）。しかしAAの親会社に当たる持ち株会社は、同時期に八億九二〇〇万ドルの利益しか計上していない。People Express は次第に押されてシェアを失い始め、ついに一九八七年に廃業した。

だがこのハッピーな取り決めにも、一つ問題がある。それも、大きな問題だ。なぜクラブ側は、ClassPassを信用し、彼らが提供するレベニューマネジメント手段を使わなければならないのか。自前でレベニューマネジメントをすればいいではないか。ClassPassのレベニューマネジメント・ソフトウェアを上手に活用すれば、ClassPassの利益になることはまちがいない。だがクラブ側にとっても利益になるのかどうかは、はっきりしない。仮にこのソフトウェアのおかげでClassPass会員が押し寄せてレッスンの空きが埋まったとしても、それがクラブ側にとって最良の結果だったかどうかは判然としない。

クラブ側が迷うのも無理はなかった。この問題を解決すべく、ClassPassはクラブにある提案をする。リスクの小さい実験をしてみてはどうか。どれか一つのクラスを選び、期間を区切ってClassPassのアプリの試験運用をしてほしい、と持ちかけたのだった。そしてこの実験は、プラットフォームのメリットをあきらかにする結果となった。[*6] 副社長のザッハ・アプターはこう話す。

> 私たちは、二週間くださいと頼んだ。どれか一つのクラスで二週間やってみて、私たちに何ができるか見てほしい、と。するとクラブのオーナーが、ちょうどいい、あるクラスにいま空きが五人分ある。レッスン開始は一時間半後だ。さあ君たちに何ができるのか見ものだな、と言った。そうしたらほんとうにレッスン開始の五分前に、ウチの会員が五人

やって来たんだ。オーナーはびっくりしていたよ。驚いたね、どうしてこんなことが可能なのか。これはすぐにClassPass枠をどの程度設けるのが適切か、検討を始めなくちゃいけない、と言ってくれた。[*7]

いまではClassPassは多くの都市に多数の会員を抱え、アプリ経由で収集した膨大な情報に基づいて的確なレベニューマネジメントをクラブ側に提供している。加えて、試験運用を通じてプラットフォームのユーザーインターフェースとユーザーエクスペリエンスが優れていることも実証されたため、他のクラブもClassPassに興味を示すようになった。

ここでもまた、補完財の威力を見てとることができる。ClassPassのアプリが提供するレベニューマネジメントは、プラットフォームと対になる無料の補完財である。それによって需要曲線は外側にシフトし、ClassPassを導入するクラブが増える。すると提供されるレッスン枠も増える。そうなれば、ますます多くのエクササイズ愛好者がClassPassの会員になりたがる。こうしてネットワーク効果が強力に作用し続けるわけである。

使い放題にするには

ただしこの好循環にも一つ問題があった。熱狂的なエクササイズ愛好者が大勢いて利用しすぎると、プラットフォームの収益性が脅かされることである。その結果が「通い放題プランの打ち切り」ということになったわけだった。問題は、プラットフォームの収入は会員数に比例して増えるが、支出（受講者数に応じてクラブ側に支払う料金）は受講会員数に比例して増える、というところにあった。毎月せっせと受講する会員が増えるほど、収支の不均衡は拡大し、ついにはいかに優秀なレベニューマネジメントをもってしても対応できなくなったのである。

デジタル化できないものを提供する点では配達サービスのPostmatesも同じだが、定額料金制を導入した後も、賢いやり方で収支の均衡を保ってきた。

形のある商品を配達する場合、発注から納品までのリードタイムがきわめて短いと、Amazonのような大手でも対応がむずかしい[69]。そこに着目したPostmatesは二〇一一年にオンデマンドの配達アプリを開発し、地元レストランや地元商店で注文から一時間以内に買い出しと配達を行うサービスを開始した。同社のビジネスモデルでは、流通事業者とは異なり、自前で倉庫を持つ必要がない。配達する商品は、店舗と在庫に存在するからだ。Postmatesは、アプリで注文を受けてから買い物代行兼配達員（空き時間にお金を稼ぎたい学生などが中心である）を派遣すればよい。大勢が配達員に登録しており、アプリが近くにいて都合のつく配達員に通知するので、一時間以内の配達が可能になる。当初Postmatesは、利用者からサービス料九%をとっていた。これはPostmatesの収入となる。そのほかに配達料が発生し、こちらは注文内容と混雑状況によって五～二〇ドルである。その大半は配達員に支払われる。Postmatesはすぐに本社のあるサンフランシスコの域外にも事業を拡大し、配達件数は三年間で一五〇万件に達した。だがもっとハイペースで成長するには、サービス料をもっと抑える必要があることはあきらかだった。

そこでPostmatesは二〇一五年一月に、サンフランシスコ、ニューヨーク、ロサンゼルスの一部商店での買い物に限り、サービス料なしで配達料四・九九ドルの定額制を試験的に導入する。すると狙い通り、需要は急増した。一〇週間のうちに、すべての注文の二〇%が定額制対象店への発注になり、しかも平均して他の注文の二倍の額に達したのである。注文の大幅増を目の当たりにした店舗側は、Postmatesのプラットフォーム経由での注文について、小売原価の最大二〇%までPostmatesに払うことに同意する。また、大口・高額注文に関しては三〇%まで払うことに同意する店舗もあった。注文件数が増えれば、配達員は一回の出動で複数の注文をこなすことが可能になるので、配達コストも下がるし、非常に効率がよい。

定額制の試験結果に気をよくしたPostmatesは、二〇一六年三月に月額制の使い放題プランを導入する。三〇ドル以上の注文は、月額一〇ドルで使い放題というプランである。ClassPassの通い放題プランとは異なり、取引一件ごとにプラットフォームには収入がある（店舗側が小売原価の一定パーセンテージを払ってくれる）。したがって、事業が急成長してもコスト倒れにはならない。さらにPostmatesは、Apple、Starbucks、メキシコ料理店チェーン

〔69〕ドローンによるデリバリーが実現すれば、話はちがってくるかもしれない。

Chipotle Mexican Grill（チポトレ）、薬局チェーンWalgreen（ウォルグリーン）などのパートナー企業向けに、社内システムとの接続を容易にするためのインターフェースも開発した。二〇一六年九月の時点で、同社はアメリカ四〇都市で月間一三〇万件の配達をこなしている。

オンラインからオフラインへ

ここ一〇年ほどで目立ってきたトレンドとして、ソフトウェア、音楽、バンキング・サービスといったデジタル化された情報だけでなく、物理的なモノやサービスをプラットフォーム経由で提供するサービスが増えたことが挙げられる。ClassPassとPostmatesは、その代表例だ。巨大でときに破壊的なインターネットというプラットフォームの第一世代は、情報産業で展開された。そしていま、第二世代がそれ以外の産業でも拡大しつつある。

このプラットフォームには、O2Oというぴったりの名前がついている。O2Oは、オンライン・ツー・オフラインを意味する。この言葉を私たちに教えてくれたのは、人工知能の専門家アンドリュー・ウ（呉恩達）だ。このO2Oという表現は、オンラインの世界がオフラインの世界に押し寄せている起きている現象をじつに的確に捉えていると思う。それとともに、ネットワーク効果、補完財のバンドリング、そして少なくとも部分的には無料（フリー）、完全（パーフェクト）、瞬時（インスタント）という特性も、オフラインの世界に持ち込まれている。

二〇一六年末の時点で、すでに多くの産業にO2Oプラットフォームが登場している。運輸業にはLyft（リフト）とUber、旅館業にはAirbnb、流通業にはフードデリバリーのGrubhub（グラブハブ）とCaviar（キャビア）、医療産業には介護サービスのHonor（オナー）という具合で、まだほかにもたくさんある。これらの企業はビットの世界と原子（アトム）の世界を結びつける。彼らのプラットフォームが提供する物理的な在庫の多くは、フィットネスクラブのレッスン枠や宿泊施設の空室のように繰越不能だが、中にはそうでないものもある。しかし繰越可能な在庫であってもO2Oビジネスが十分に成り立つことは、Rent the Runway（レント・ザ・ランウェイ）の成功例が証明している。

パーティーや式典など特別な場面で有名デザイナーのゴージャスなドレスを着るのはすてきなことだが、かなり高くつく。まして同じドレスを何度も着たくないとなれば、なおのことだ。平均的なアメリカ人のクローゼットにある服の半分は、三回以上着用されたことがないという。[*8] ジェニファー・フライスとジェニファー・ハイマンは、女性のこの「いつも新しいドレスを着たい」願望を叶えようと考えた。それが、プラットフォームを活用して衣装をレンタルするRent the Runwayである。利用者はアプリ上で借りたいドレスやアクセサリーを選び、配送日を指定し、着用後（四〜八日後）に配送時の袋に詰めて返却する。サイズが心配なときは、追加料金なしでSサイズとMサイズを一緒に借りることも可能だ。レンタル料は商品の小売価格の一〇％前後に設定されており、たとえばイヤリングは五ドル、イブニングドレスだと数百ドルになる。[*9]

服飾品は、Rent the Runwayがすべて所有している（そのために、同社はアメリカ最大級のドライクリーニング工場も持っている）。[*10] それができるのは、もちろん服飾品が繰越可能な在庫だからだ。そして自前で所有しているおかげで、事業が全米規模に拡大するにつれておもしろい現象が起きてきた。服飾品は繰越可能であるとはいえ、だんだんに劣化するし、価値も下がってくる。だが、一様に価値が下がるわけではない。たとえば最新流行のハンドバッグは、モードの最先端を行くニューヨークでは流行遅れになっても、今度は別の都市で人気が出たりする。[*11] だからRent the Runwayは、ClassPassとはまたちがったレベニューマネジメントをしていると言えるだろう。同社のアルゴリズムでは、商品ごとに人気の高い（したがって高く払ってくれる人の多い）地域や年齢層を特定し、ターゲットに「おすすめ」する。こうした手法で、繰越可能な在庫の価値をできるだけ長く保っている。

同社は二〇一六年春に、満を持して借り放題プランを導入した。[*12] 月額一三九ドル払えば、常時三点まで借りられる。一点返却すると、ウィッシュリストの次の商品が一点送られてくるしくみだ。このやり方だと、会員にいつも何か借りてもらうと同時に、借りすぎは防げるので、ClassPassが陥った落とし穴を巧みに避けることができる。

B2BでもO2O

これまで挙げたO2Oプラットフォームの例では、利用者はどれも個人消費者だった。だとすると、「オンラインからオフラインへ」現象は、企業間取引とは無縁なのだろうか。

私たちは、そうは考えていない。経済学の基本の大半は、個人か企業かを問わず当てはまるはずだ。だからO2Oプラットフォームは、利用者がどちらであっても広まると考えている。いやじつはすでに、オンラインとオフラインを結ぶB2Bプラットフォームは登場し始めている。

- アメリカのトラック輸送業界は、年間七〇〇〇億ドルの収入を生み出しているが、まだまだ非効率だ。[*13] たとえば総走行距離の一五%相当、トラックは空荷で走っている。[*14] また、荷主とトラック運転手の仲介をする運輸代理店（手数料収入の合計は年間八〇〇億ドルと推定される）[*15] の多くは、いまだに電話やファックスやeメールを使っている。ニューヨークを拠点とするTransfix（トランスフィクス）はトラックの稼働状況を常時アップデートして荷主の輸送ニーズに敏速に応えるプラットフォームを開発し、旧態依然の需給のマッチングを一新した。[*16]
- 製造業や流通業では、ピーク時の需要に合わせるため、とかく倉庫スペースを持ちすぎるきらいがある。そこでシアトルを拠点とするFlexe（フレックス）は、一時的に追加の倉庫スペースを必要とする企業と、倉庫の空きスペースを提供できる企業とを引き合わせるプラットフォームを開発した。*17

● Elance（エランス）と oDesk（オーデスク）は、フリーランサーと専門技能を急遽必要とする企業とを引き合わせるクラウドソーシング・サービスの先駆的企業である。二〇一五年に両社は合併し、Upwork（アップワーク）となった。クライアント企業が仕事の依頼をプラットフォームに掲載し、フリーランサーが応じるしくみである。内容は、ウェブデザイン、コピーライティングから経理業務、データ入力までさまざまだ。成果物がデジタルで提供されるものであれば、世界のどこにいるフリーランサーも仕事を引き受けることが可能だ。Upwork のプラットフォームは需要と供給を結びつけるとともに、進捗状況の管理や報酬の支払い、履歴やフィードバックなどの機能も提供する。Upwork の取り分はクライアントがフリーランサーに払う報酬の一〇％に設定されている。二〇一六年までの実績は、年間三〇〇万件、金額にして一〇億ドル以上に達した。*18

● イベントや年次総会などの会場の確保は、これまで非常に時間のかかる作業だった。イベント主催側は何日も、ときには何週間もかけてあちこちを打診し、会場を視察し、設備や収容能力などを確かめたうえで、スケジュール調整や料金交渉をしなければならなかった。会場手配やイベント自体の代行業者は存在したが、彼らが請求する手数料はだいたいにおいてひどく高い。一九九九年創業の Cvent（シヴェント）は、このマッチングを行うプラットフォームを開発・運営する。近年ではモバイル端末への招待状送付からケータリング、オンライン調査などにも事業を拡大した。二〇一五年までのイベント管理実績は、年間一万五〇〇〇件[19]、金額にして九二億ドル相当に達する。[20]

●社会学者のロバート・K・マートン（ノーベル経済学賞を受賞したロバート・C・マートンの父）は、第二次世界大戦中のマスコミに対するアメリカ人の反応を調査した。この調査の経験を活かして考案されたのが、今日よく知られている「フォーカスグループ」である。市場セグメントを代表する人を集めて議論してもらい、情報やフィードバックを得る手法のことだ。フォーカスグループの参加者を募るときは、従来は専門のエージェントやプロのリクルーターに頼むのがふつうだった。彼らがどうするかと言うと、だいたいは通りや広場やショッピングモールで網を張っていて、これだと思った人に声をかけるという原始的な方法をとっている。だが現在では、UserTesting（ユーザーテスティング）、Survata（サーベータ）、dscout（ディースカウト）、Google Consumer Surveys（グーグル・コンシューマー・サーベイズ）などがフォーカスグループや消費者調査のためのプラットフォームを提供している。

世界に広がるO2Oプラットフォーム

アメリカではハイテク系のスタートアップを育てる環境が整っていると言われる。このため、セカンド・マシン・エイジをリードする卓抜なアイデアはすべてアメリカで生まれると考える人もいるようだ。だが、そんなことはない。おもしろいO2Oプラットフォームの発想は、各国の事業環境やビジネスチャンスを反映して、世界のいろいろな国で生まれている。

たとえばフランスでは、都市間鉄道輸送ネットワークは整備されてはいるものの、運賃が高い。しかも民間のバス輸送が厳しく規制されているため、低料金の事業者との競争がない。[70] フレデリック・マッツェラ、ニコラス・ブリュッソン、フランシス・ナペズ[*21]はここに目をつけ、二〇〇六年にBlaBlaCar（ブラブラカー）を創業した。[*22] 事前予約のできるヒッチハイクのマッチングサービスといった趣きである。ある都市から別の都市へ中・長距離ドライブをする人がいて、車内にスペースがある場合、同じ目的地を目指す旅行者を乗せてくれる。乗せてもらった人はガソリン代などを分担するしくみだ。料金体系は距離、所要時間、ドライバーの経験値などに応じてBlaBlaCarが決めており、ドライバーは上限を上回って請求してはならない。「BlaBlaCarのドライバーは金儲けはしない」というのが同社の謳い文句であり、[*23] だからこそ多くの人に愛されているし、規制当局ともあまり揉めずに済んでいる。また長距離移動（平均距離は三〇〇キロ）が対象のため、タクシーとも競合しない。[*24] 二〇一六年九月の時点で、同社のプラットフォームはヨーロッパを中心に二一カ国で運営され、[*25] 毎四半期に一〇〇〇万回以上のライドシェアを手がけている。[*26]

インドネシアで一番人気のO2Oプラットフォームは、やはり交通関連だが、フランスとはだいぶ趣がちがう。ジャカルタの交通渋滞は途方もなくひどく、多くの人がオジェック（Ojek）

と呼ばれるバイクタクシーを利用している。バイクなら、カタツムリのようにしか進まない車を尻目にすいすいと目的地まで運んでくれるからだ。そこでナディム・マカリムは二〇一五年にGo-Jek（ゴージェック）というスマートフォン用のアプリを開発し、オジェックの配車サービスを開始した。利用者がアプリ上で乗車地点と降車地点を指定すると、料金が表示され、近くに対応可能な登録ドライバーが見つかれば、そのドライバーの連絡先や写真、乗車地点までの所要時間が通知されるしくみだ。Uberのバイク版と考えればよいだろう。Go-Jekでは料金が明示され、ドライバーにぼられる心配がないこともあって、たちまち大人気になり、二〇一六年半ばの時点で月間平均二〇〇〇万回の輸送をこなしている。現在ではレストランの出前代行や食品などの買い物代行・配達、さらには自動車の整備保守からハウスクリーニングにまで事業を拡大中だ。二〇一六年八月にGo-Jekは五億五〇〇〇万ドルの資金調達に成功し、時価総額が一三億ドルに達して、インドネシア初のユニコーン企業（評価額が一〇億ドル以上で非上場のベンチャー企業）となった。[*27]

〔70〕この規制は二〇一五年七月に緩和され、フランス政府はバス会社の路線新設を許可した（Oxera, "En Route to French Transport Liberalisation: The Coach Market," August 2015, http://www.oxera.com/Latest-Thinking/Agenda/2015/En-route-to-French-transport-liberalisation-theco.aspx）。この決定は大いに歓迎され、都市間バス利用客は二〇一三年には一〇万人にすぎなかったのが、二〇一六年には五〇〇万人に達している（"Liberalization of Intercity Bus Market in France," Busradar.com [blog], August 13, 2015, https://www.busradar.com/blog/liberalisation-france).

お次は中国である。一四億近い人口とスマートフォン普及率の高さを誇り、IT系スタートアップの実績も豊富な中国は、モバイルO2Oプラットフォームにとって理想的な土壌だと言える。その代表例の一つが、Edaixi（e袋洗）（e洗濯という意味）である。アプリでクリーニングを依頼すると、指定日時に取りに来てクリーニングし、七二時間以内に届けてくれる。手数料は一五ドルだ。二〇一五年八月の時点でEdaixiは一六都市でサービスを展開し[*28]、毎日一〇万件の注文をこなしていた[*29]。同年末には二八都市（合計人口一億一〇〇〇万人）に事業を拡大している[(71)][*30]。

洗車サービスのGuagua Xiche（呱呱洗車）は、対象都市内に駐車しておくと、プロを派遣して洗車してくれる[*31]。利用者は駐車してある場所とナンバープレートをアプリに入力するだけでよく、作業に立ち会う必要はない。同社は二〇一五年に五八〇〇万ドルの資金調達に成功し、一二都市に事業を拡大した[*32]。

フードデリバリー・サービス分野では、最近では「食べたい人」と「料理する人」のマッチングサービスが登場している。たとえばHao Chushi（好厨師）（お気に入りのシェフという意味）は、自分の気に入ったシェフに予約を入れると、シェフが実際に自宅に来て料理を作ってくれるサービスだ[*33]。利用者の好みや食事制限に合わせた献立を考えてくれ、料金はだいたい一五ドル（食材は含まない）[*34]。なかなか魅力的ではあるが、やはりこの分野の最大手はなんといってもEle.me（餓了魔）（空腹とは無縁という意味）だ[*35]。同社は二〇一五年一〇月に六億ドルを調達し、累計調達額はなんと一一億ドルに達している。もっとも、中国のO2Oビジネスが巨額の調達に成功するのは、けっしてめずらしいことではない。掃除、子守、美容・化粧のプロを派遣するO2Oプラットフォーム企業58Daojia（58到家、訪問という意味）は二〇一五年一〇月にシリーズA投資で三億ドルを調達した。[72][*36] また中国の検索最大手Baidu（百度）は、傘下のグループ購入のNuomi（ヌオミ、糯米）に今後三年間で三二億ドルの投資を行うと発表している。[*37]

O2Oプラットフォームの魅力

私たちは、経済学の見地からもO2Oプラットフォームに惚れ込んでいる。O2Oプラットフォームの魅力の一つは、補完財の威力をまざまざと見せつけてくれることだ。とりわけ補完財の片方が無料の場合に需要曲線を外側にシフトさせる効果、つまり需要を押し上げるパワーには惚れ惚れする。たとえばAirbnbは、部屋を提供するホスト向けに価格設定最適化ソフトを無料で提供しており、それによって登録するホストがぐっと増えている。

〔71〕アメリカの起業家は中国の成功例を真似ようとしているが、必ずしもうまくいっていない。洗濯サービスのアメリカ版Washioは一七〇〇万ドルを調達したものの、二〇一六年には閉鎖に追い込まれている。Edaixiとはちがい、Washioの料金設定は高いとみなされていた。配達料金だけで五・九九ドルである。

〔72〕シリーズA投資とは、スタートアップが行う資金調達の最初のラウンドを指す。通常は、一〇〇万ドル程度で、三億ドルは桁外れだ。

もう一つの魅力は、O2Oプラットフォームがビットの世界の経済学と原子(アトム)の世界の経済学をみごとに結びつけていることだ。規模が拡大するにつれて、プラットフォームは膨大な量の情報を扱うことになる。会員の個人情報、好み、履歴、モノやサービスの在庫と価格、決済、クレーム等々。これらの情報の保管、処理、送信に要するコストはきわめて安く、無料(フリー)、完全(パーフェクト)、瞬時(インスタント)に近づいている。つまり、プラットフォームは有用な情報をつねに収集・蓄積できるうえ、コストが非常に小さいため、コストの増加をはるかに上回るスピードでネットワーク効果が働く。加えて、補完財の一方が無料の場合、利用者一人ひとりの寄与度は小さくても、数百万人が利用するとなれば、あっという間に需要押し上げ効果が高まる。

このように、情報とアルゴリズムというビットのツールは、物理的なモノやサービスが突きつける厄介な問題を解決する助けとなる。フィットネスクラブやデリバリーサービスや運送業の経営がむずかしい理由のかなりの部分は、キャパシティが有限で在庫の多くは繰越不能であることに起因する。物理的なモノやサービスならではのこれらの要因のせいで、需要と供給のマッチングはしばしば頓挫をきたす。

レベニューマネジメントは、ビットの世界のツールの一つだ。レベニューマネジメントは長年にわたって研究が重ねられ、現場での運用も重ねて精度が高まってはいるが、うまく機能するためには通常は大量のデータが必要である。また、大量の供給と大量の需要があるときのほうが効果が高い。言い換えれば、レベニューマネジメントは事業規模が大きいほどよりよく機能する。そしてすでに述べたとおり、ネットワーク効果はプラットフォームの特性の一つであり、よくできたプラットフォームはネットワーク効果により急速に参加者を増やす。だから、プラットフォーム型のビジネスモデルでは、レベニューマネジメントがよく機能する。フィットネスクラブがレベニューマネジメント・ツールを活用してクラスの収益を最適化できるのはこのためだ。

このほかにも、Airbnb は価格最適化ツールを活用して繁忙期・閑散期それぞれに最適価格を設定して賢く部屋を貸しているし、Uber の登録ドライバーは、需要の多い地区が赤く表示される「ヒートマップ」を活用し、客を乗せるチャンスが高い場所に移動して効率よく稼いでいる。いま挙げたレベニューマネジメント・ツールにせよ、価格最適化ツールにせよ、ヒートマップにせよ、どれも豊富なデータに基づく高度なアルゴリズムであり、デジタルではないビジネスでは従来は無縁とされてきた。とりわけ、ごく小規模の事業ではそうだった。だがありがたいことにビットの世界には、無料（フリー）、完全（パーフェクト）、瞬時（インスタント）という特性がある。おかげでビットの世界との橋渡しをするO2Oプラットフォームは、世界中に急速に普及した。

プラットフォームのもう一つの魅力は、即時決済という非常に魅力的な経済特性を提供できるからでもある。つまり大きな価格変動なく取引を迅速に完了させられるということだ。ジャカルタのビジネスマンも、ボルドーからリヨンまでお金をかけずに行きたい旅行者も、空荷で戻るところだったトラックで一稼ぎしたい運送会社も、みんな望むことは同じだ。すぐに取引を成立させたい、願わくはこちらの利益をできるだけ増やしたい、そして不愉快な想定外のことが起きないでほしい、ということである。これを実現する最善の方法は、二面プラットフォームの両側にできるだけ大勢の参加者を呼び込むことだ。人気のあるO2Oプラットフォームはまさにそれをやってくれる。

O2Oプラットフォームには、経済学の理論だけでなく、さまざまな分野の知恵が取り込まれている点も魅力である。たとえばUberのドライバーに客をピックアップしてから目的地までの最適ルートを教えてくれるアルゴリズムには、オペレーションズリサーチにおける古典的な「巡回セールスマン問題」の解法がいくつか応用されている、というふうに。

その一方で、O2Oビジネスが生み出す大量のデータは、機械学習の格好の材料にもなっている。プラットフォームの隆盛は、ユーザーインターフェースとユーザーエクスペリエンスの大幅な進歩にも寄与した。信頼性と柔軟性を備え、しかも直感的にわかりやすいウェブサイトを設計することも十分にむずかしいが、それがスマートフォン用アプリとなれば一段とむずかしい。なにしろあの小さな画面上で動かさなければならないからだ。私たちが取材したプラットフォーム開発者はみなユーザーインターフェースには苦労すると口をそろえ、ローンチ後もたびたび手を入れて改善に努めているという。また彼らは、ユーザーエクスペリエンスにも注意と時間を注ぎ込んでいる。トラブルシューティングやカスタマーサポートは、悪い評判を立てないためだけでなく、エクスペリエンスをゆたかにするためにも非常に重要だ。

O2Oプラットフォームの魅力の締めくくりに、ほんの一〇年前には存在し得なかったという事実を挙げておきたい。本章で紹介したビジネスのほとんどは、モバイル端末つまりスマートフォンに依存しているが、スマートフォン時代が始まったのは、iPhoneが出現した二〇〇七年である。スマートフォンは史上初のモバイルコンピュータだ。しかも、GPSセンサーによる位置特定機能も搭載している。これらは、ほぼすべてのO2Oビジネスにとって欠かせない補完財にほかならない。

クラウドコンピューティングも、多くのプラットフォーム企業にとってなくてはならないものである。膨大なコンピューティング能力をインターネットを介していつでもどこでも活用できるとなれば、自社の将来を予測して設備投資する必要はないからだ。クラウドプロバイダーは事実上無限のコンピューティング能力をほぼ瞬時に提供してくれるから、スタートアップは自前で用意しなくて済む。Microsoft の元戦略責任者で、ClassPass と Flexe に早い段階で投資したチャーリー・ソングハーストは、クラウドコンピューティングの出現によって、オンライン実験の実施やスタートアップの事業拡大が容易になったと話す。

なぜって、将来予測をしなくていいからだ。クラウドコンピューティングは、将来需要という厄介な変数を取り除いてくれる。もう将来需要を見積もり、それに基づいて計画を立てるなんてことは、しなくていい。製品発表から逆算して人を雇ったり下請けに発注したりする必要がなくなるのだから、大きなちがいだ……とにかくやりたいことをやってみる、それでうまくいきそうなら、そのまま続ければいい。そりゃ、最後はクラウドプロバイダーから結構な額の請求書が来るだろう。だが株主からせっつかれるのとはわけがちがう[*38]。

端的に言うと、クラウドコンピューティングは起業家に、需要が増えたらいつ何時でも事業を拡大することを可能にする。しかし可能にするだけであって、義務付けるわけではない（株を発行して資金調達したら、そうはいかない）。このような「リアルオプション」の価値は大きいが、事業価値を評価する従来の手法ではとかく見落とされがちだった[73]。

遊休資産の活用と資源保護

Ｏ２Ｏプラットフォームには、眠っている資産を活用できるというメリットもある。車やトラックから、空いている部屋や空いているレッスン枠、さらには自分自身という貴重な人材資源にいたるまで、資産を持っている人にそれを活かして利益を得る機会を提供してくれるのがプラットフォームだ。だからどうした、という読者もおられるかもしれない。そんなことを気にするのは経済学者かせいぜい会計士ぐらいだ、と。だがもっと多くの人が、遊んでいる資産の有効活用にとりくむべきだと私たちは考えている。というのも、遊休資産の活用は多くの人の生活をよりゆたかにより便利にすると同時に、地球環境にとっても好ましいからだ。

生活がよりゆたかにより便利になるというほうは、すぐに納得できるだろう。エクササイズのクラスを都合のよい場所で割安に受けられる、街中や長距離移動で割安な輸送手段を利用できる、いろいろなレストランから出前をしてもらえる、パーティーのたびにまだ着たことのないゴージャスなドレスを着られるといったことは、たしかにうれしいことだ。だがこれらはすべて消費である。そして消費は資源を使うし、多くの資源は有限だ。となれば、消費を促すプラットフォームが地球環境にとってなぜ好ましいのだろうか。

答は、限りある資源の稼働率を高めるからである。ゴージャスなドレスや自家用車は、ほとんどの時間は使われていない。Rent the Runway や Uber は、ドレスや車の稼働率を押し上げる役割を果たす。平均的な自家用車は、九五%の時間は使われずに駐められているだけだ。[*39] ライドシェアによって、稼働率は五〇%まで押し上げられる。つまり、一〇分の一の資本で同じだけの資本サービスを得られることになる（資本サービスとは、蓄積された非金融資産が生産活

〔73〕経済学者のアビナッシュ・ディキシットとロバート・ピンダイクは、ロバート・マートン、マイロン・ショールズ、フィッシャー・ブラックらによるリアルオプション・プライシング理論をさらに洗練させた。たとえば以下を参照されたい。Avinash K. Dixit and Robert S. Pindyck, *Investment under Uncertainty* (Princeton, NJ: Princeton University Press, 1994).

動に与える貢献（フロー）を表す概念である）。となれば、プラットフォームによってより少ない資産がより多く稼働するようになれば、その資産（さきほどの例ではドレスや車）の生産量は減っていくはずだ。ただし、その資産に対する将来の需要が稼働率の上昇を打ち消すほどに増大するようなら、生産量は減らない。さあ、どちらだろうか。ドレスを着ていく機会は今後どんどん増えるのだろうか。車の所有に関しては、すでにアメリカの都市部の若者の間では減少傾向が確認されている。二〇一三年の時点で、一九八〇年代・九〇年代生まれの若者の車所有率は、前の世代が同じ年齢だったときと比べ、一三％少ない。[*40] この若者たちはまさにスマートフォン世代である。したがって、Uberなどのライドシェアを始め、O2Oプラットフォームの利用に抵抗のない世代だと考えられる。

資源が十分に活用されないという状況は、全然使わずに寝かしておくときにだけ発生するわけではない。ドライブ中の空いている席、目的地から帰るときに空荷のトラックもまた、無駄であり資源の浪費である。そしてBlaBlaCarやTransfixのようなプラットフォームは、この無駄を減らすことができる。O2Oプラットフォームが普及するほど、資源の浪費は減っていくだろう。パワフルなモバイルコンピュータが世界に普及し、クラウドコンピューティングなどの技術が進歩し、起業家がビットの世界の経済的メリットを原子（アトム）の世界に持ち込むにつれて、資源の無駄はますます減っていくと私たちは信じている。

この章のまとめ

・デジタルプラットフォームは、輸送、宿泊からフィットネスクラブにいたるまで、物理的なモノやサービスを扱う産業にも急速に普及している。こうしたプラットフォームは、オンライン・ツー・オフライン、すなわちO2Oと呼ばれる。

・これらの産業の多くは、在庫が繰越不能だという特徴を備えている。また車の空き席、家の空き部屋、フィットネスクラブのレッスン枠の利用者を受け入れる限界費用は小さいが、空き枠すなわち在庫は有限である。したがって、純粋な情報財を扱う場合とは異なり、無料（フリー）、完全（パーフェクト）、瞬時（インスタント）ではない。このためプラットフォーム企業はレベニューマネジメント・ツールを提供して需給のマッチングを試みている。

・ビットの世界のプラットフォームと同じく、O2Oプラットフォームも補完財とのペアリングにより全体の需要を押し上げることが可能である。

・O2Oプラットフォームは世界中に広まっている。また新しい傾向として、消費者向けでないものも扱うプラットフォームも出現している。とくに中国では、O2Oプラットフォームの発展ぶりがめざましい。

・O2Oプラットフォームには、短期間での集客、ユーザーエクスペリエンスの管理、既存の資本や労働資源の活用、データやアルゴリズムを駆使した需給マッチングが可能であるため、急速に成長し、既存企業に挑戦状を突きつけている。多くの投資家がO2Oプラットフォームの潜在性を認め、積極的に資金調達に応じてきた。

あなたの会社では？

1 業界にネットワーク効果やレベニューマネジメントを持ち込むプラットフォーム企業に対して、あなたの会社は対抗するつもりですか、それとも協力する戦略を考えていますか？

2 利用者は使い放題が大好きです。あなたの会社は経済的に成り立つやり方で使い放題プランを提供できますか？

3 あなたの会社のオンライン事業のユーザーインターフェースとユーザーエクスペリエンスは、業界で有力なプラットフォーム企業と比べてどこが見劣りしますか？ 人気のプラットフォームはどのように運営されているでしょうか？

4 あなたの会社の資産は十分に活用されていますか？ 遊休資産はどのくらいありますか？ 遊休資産を有効活用できるプラットフォームは業界に存在しますか？

5 あなたの会社の主要資産の稼働率が劇的に上昇したら、収益や成長にどのような影響があるでしょうか？

第9章

そのビジネスにチャンスはあるか?

賢人は、敵から多くを学ぶ。

——アリストパネス、紀元前四一四年

配車サービスUber（ウーバー）のプラットフォームが誕生したのは、じつはパリだった。起業家のトラビス・カラニックとギャレット・キャンプが二〇〇八年にパリに行ったとき、なかなかタクシーがつかまらなかったのがきっかけである。「そこで二人は、ボタンをタップすればタクシーに乗れるサービスを作ろうと考えたのです」とUberのウェブサイトで説明されている。[*1] 当初のサービス名はUberCabで、その名の通り、タクシーだけが対象だった。[*2] ローンチ後の成長は着実ではあったが、ペースは鈍い。初期段階で、フルタイムでUberに専念してはどうかとキャンプがカラニックに持ちかけたとき、カラニックはいやだと答えている。成功の可能性は「いまいましいほど低い」と感じていたからだ。[*3]

脅威にさらされる既存企業

二〇一〇年後半になって、カラニックは新たな可能性に気づく。彼はアプリを使ったタクシー配車サービスというアイデアを捨て、より大きなビジョンを思い描くようになった。[*4] 社員四人のこの会社でもって、旅客輸送産業に殴り込みをかけてやろうじゃないか。その決め手となるのが、二面プラットフォームのネットワーク効果だった。Uber のプラットフォームに登録するドライバーの数が増えるほど、利用者にとっては魅力が高まり、多くの人が利用するようになる。そうなるとさらに多くのドライバーが登録し、するとまた……という具合に好循環が回り出すはずだ。かくして一八カ月後に UberX が発足した。[*5] タクシーではなく、ふつうの自家用車（4ドアセダンが条件である）とドライバーがプラットフォームに登録し、都合のいい時間に働いて客を運ぶ。さらに二〇一四年八月には、相乗りサービス UberPool（ウーバープール）がスタートした。[*6] 料金がぐっと割安になるこのサービスはたちまち人気になり、プラットフォームのネットワーク効果は一段と強力になった。

プラットフォームとネットワーク効果によって、Uber は驚異的な成長を遂げる。同社の発表によると、二〇一六年の収入は二〇〇億ドルだという。[*7] そして同年六月の時点で時価総額は六八〇億ドルに達し、一五〇億ドルの資金調達にも成功した。[*8] この資金を投じて、同社は全世界への事業拡大を積極的に進めている。

それに伴い多くの都市で、タクシー会社など都市部の旅客輸送業者が多大な影響を被っている。たとえばロサンゼルスのタクシー会社は、Uber や Lyft が登場する前の二〇一二年には合計八四〇万人を運んでいた。[*9] ところがその後三年間で輸送実績は三〇％近くダウンし、ハイヤーも四二%減となっている。またサンフランシスコで最大手のタクシー会社 Yellow Cab（イエローキャブ）は、二〇一六年一月に倒産に追い込まれた。[*10]

タクシーの営業免許（転売可能である）は、長年にわたりよい投資と考えられてきた。たとえばニューヨークではタクシー免許の価格はつい最近まで高騰し続け、二〇一三年には一三〇万ドルに達している。ところがそれから三年足らずで、ピーク時の半分以下まで値下がりしてしまった。[*11]

既存のタクシー事業者が失ったビジネスを取り返すのはむずかしそうだ。Uber の二面プラットフォームがもたらすネットワーク効果、使い勝手のよいユーザーインターフェース、満足度の高いユーザーエクスペリエンスは圧倒的に優位であるし、さらに豊富な資金力を持ち合わせているとなれば、勝ち目は薄い。アメリカでは Lyft、ヨーロッパでは Hailo などが同種のプラットフォーム構築に乗り出しているが、先行する Uber を追い落とすにはいたっていない。Uber の破竹の勢いを止められるのは、規制しかなさそうだった。

規制は万能か?

こうした経緯から、世界のあちこちで Uber のプラットフォームの合法性が問題にされ、旅客輸送サービスに新たなルールが設けられる事態となっている。ときには、どう考えても Uber 対策としか思えないような法案も可決された。たとえばフランス議会は、UberX によく似たUberPopを二〇一六年に違法であるとし、Uberと経営陣に罰金を科した。[*12] そして二〇一七年初めには、カナダのバンクーバー市がUberを全面的に禁止している。

金融部門でも、既存事業者が規制でもっとプラットフォーム企業に対抗している。二〇一五年六月にエコノミスト誌が「なぜフィンテックは銀行を殺せないのか」という衝撃的なタイトルの記事を掲載したが、そこで取り上げられた金融イノベーションの大半は、決済、為替などのプラットフォームである（くわしくは第11章で取り上げる）。記事では、既存の銀行は規模の点でも「自由裁量でお金を貸せる」点でも新規参入者よりはるかに有利だが、この優位性の大半は、保護されているからこそだと指摘する。「その代表例が、当座預金口座だ。誰でもただで安全にお金を預けておくことができ、いつでも自由に引き出したり小切手を振り出したりできる。シリコンバレーには、手厚く保護された金融業に手を出したいと考える人間はほとんどいない」。[*13]

ただし、仮に保護政策が今後もずっと続けられたとしても、銀行はいずれ不安に苛まれることになるという。その不安とは、「いずれ金融サービス業は公益企業の一種になるのではないか、ということだ。言い換えれば、厳しい規制の下で多数の店舗を展開する、地味でほとんど儲からないビジネスに成り下がることだ」という。[*14] その可能性は大いにあるだろう。いや金融だけでなく、他の多くの産業にその可能性がありそうだ。おそらく大方の産業分野で、プラットフォームに参加しない事業者は、いくらすぐれた製品を持っていても利幅とシェアの縮小に直面することになるだろう。

作っても作っても儲からない

この傾向は、すでにモバイル通信産業に顕著に表れている。前章で述べたように、モバイル通信でプラットフォームが出現し大人気となったのは、Apple の iPhone（およびオペレーティングシステム iOS）が登場した二〇〇七年のことだ。追随した Google の Android がシェアで凌ぐまでになったものの、それ以外の参入者は成功していない。Microsoft も BlackBerry も敗退した。最大の理由は、ソフト面で太刀打ちできなかったことにある。

ではハードウェアだけを製造する企業はどうかというと、けっしてうまくいっているとは言えない。Android が登場するとすぐに、アジア企業がハードウェア製造に次々に名乗りを上げた。中には大成功を収めた企業もあるが、大半は激越な競争の中で利益を確保できず、あえなく討ち死にしている。中国のスマートフォン・メーカー Xiaomi（シャオミ、小米科技）のCEOレイ・ジュン（雷軍）は、従業員に宛てた二〇一五年一月付の公開書簡の中で、同社の時価総額が四五〇億ドルに達したと報告した。[*15] テクノロジー系スタートアップとしては、その時点での世界トップである。同社の二〇一四年のスマートフォン販売台数は六一〇〇万台に達し、[*16] 中国メーカーの中で首位に躍り出ていた。[74] 同社製のスマートフォンは中国でも最安値の部類に属しており、二〇一五年の時点で一四九ドルと、市場平均価格の半分以下である。[*17] これだけ安いと利幅はひどく小さくなってしまう。それでも投資家は、デバイスが十分に普及すればインターネットサービスで利益を得られると期待して、Xiaomiに投資し続けた。

だが彼らの読みは当たらなかった。記録的な時価総額を達成してからの一年間で、Xiaomiは二回も販売目標を下回ってしまう。頼みの綱のインターネットサービスのほうも、収入の五%にも満たないという体たらくだった。[*18] 二〇一六年第二・四半期には販売量が前年同期比四〇%減となり、[*19] 時価総額はせいぜい三六億ドルと推定された。[*20]

韓国のSamsungも、スマートフォン時代の初期に次々にヒットを飛ばしたものの、結局は減収減益の憂き目に逢っている。二〇一六年まで四年連続で販売量は減り続け、ついに二〇一六年の販売台数は二〇一一年以来の最低となった。[*21] 昨今のスマートフォンは信じられないほど複雑な構造になっており、製造に細心の注意を要する。高度な製造技術と知識、そしてグローバルなサプライチェーンが欠かせないから、世界でも一握りの企業しか作ることはできない。そのうえスペックがのべつ変わるから、よほど体力のある企業でないと長期にわたって対応するのはむずかしい。

製造企業がこれだけ奮闘しても、利益の大半はプラットフォーム企業へ行ってしまう。ある推定によると、二〇一五年に世界のスマートフォン事業が生んだ利益の九一%はAppleの懐に入ったという。[*22] しかも驚いたことに、翌年にはこの偏りはさらに大きくなった。BMOキャピタル・マーケッツのアナリスト、ティム・ロングによると、二〇一六年第三・四半期には、世界のモバイル機器メーカーの営業利益の一〇三・九%をAppleが上げたという。サムスンが〇・九%を上げた。残るメーカーはみな赤字である。*23

スマートフォンに関して唯一Appleに対抗できるプラットフォーム構築に成功したのはGoogleだが、そのGoogleの財務報告によると、Androidおよび関連モバイルサービスは損益分岐点に到達していない。そうは言っても、Androidの収益は巨額だ。二〇一六年一月にOracle（オラクル）の弁護士が法廷で述べたところによると（OracleはJava関連の著作権を侵害されたとしてGoogleを訴えていた）、Android事業の収入は三一〇億ドル、利益は二二〇億ドルに達するという。(75)*24

(74) 二〇一五年四月にXiaomiは、二四時間以内に売り上げた携帯電話の台数でギネス記録を更新した。Kevin Lynch, "Mi.com Sells 2 Million Smartphones in a Day to Set Sales World Record," Guinness World Records, April 9, 2015, http://www.guinnessworldrecords.com/news/2015/4/mi-com-sells-2-million-smartphones-in-a-day-to-set-sales-world-record-376583.

プラットフォームはあらゆる産業を席巻するのか？

プラットフォームが一段と普及すれば、スマートフォン製造を手がけるXiaomiとSamsungのような苦境が多くの産業を襲うのだろうか。プラットフォームはあらゆる産業を席巻し、既存企業の利益を奪い取ってしまうのだろうか。答は、イエスでもあればノーでもある。

プラットフォーム革命はまだまだ終わらない。そのインパクトは、今後むしろ強まるだろう。前章で挙げたStripe、ClassPass、Postmates、Transfixなどの事例は、大きなトレンドの先駆けに過ぎない。プラットフォームはこれからも増殖し続け、情報産業以外にどんどん浸透していくだろう。プラットフォームには、利用者を有利にし、競争相手を不利に追い込むだけのたくさんのメリットがあるからだ。

だからといって、将来はあらゆるビジネスがプラットフォームを介して行われるようになると主張するのは行き過ぎである。産業によっては、製造企業とプラットフォーム企業が平和共存するだろう。そして多くの産業は、おおむね大きくは変わらないだろう。収益戦略は何もプラットフォーム企業だけが持っているわけではない。

そうは言っても、プラットフォームが今後さらに広く普及することはまちがいない。プラットフォームが生み出すネットワーク効果は強力だし、場合によっては自己増殖することもある。とくに、舞台裏でユーザーインターフェースやアルゴリズムの改善に努力しているプラットフォーム企業は強い。しかもプラットフォームの魅力が増して利用者が増えるほど、さまざまな実験も可能になるので、ユーザーインターフェースやアルゴリズムの改善はやりやすくなる。

加えて前章で触れたように、プラットフォームは即時決済を可能にする。これは、多くの参加者が最重視するメリットかもしれない。また規模が拡大するほど多くのデータを収集できる。新しいビジネスチャンスをつねに窺っているプラットフォーム企業にとっては、このメリットは大きい。彼らは膨大なデータを通じて参加者についての理解を深め、その行動を予測

(75) 二〇一六年一月に、Oracle の顧問弁護士は Java の著作権侵害をめぐる訴訟に関連して、Google と Android の収益分配協定の詳細を公表するよう連邦裁判所の判事を説得した。法廷で推定値を口頭で開示した弁護士は、どうやってその数字を見積もったのかはあきらかにしていない。これに対して直ちに Google は裁判記録からその部分を削除するよう抗議した。「非公表の財務データは取り扱いに注意を要するものであり、公開すれば当社の事業に多大な悪影響がある」という（Joel Rosenblatt and Jack Clark, "Google's Android Generates $31 Billion Revenue, Oracle Says," Bloomberg, January 21, 2016, https://www.bloomberg.com/news/articles/2016-01-21/google-s-android-generates-31-billionrevenue-oracle-says-ijor8hvt）。Android の推定利益は客観性を欠く。おそらく、Play Store（Google が三〇%、開発者が七〇%とる）からの収入の全額と、検索連動広告・モバイル広告収入の一部も含めるべきだろう。Nicholas Iovino, "Oracle Wins Chance to See Google Contracts," Courthouse News Service, January 14, 2016, http://www.courthousenews.com/?s=Oracle+Wins+Chance+to+See+Google+Contracts.

し、レベニューマネジメントやプライシングのための高度なツールを開発する。

プラットフォームの規模の大小を問わず、プラットフォーム企業にとって圧倒的な優位性は、ユーザーインターフェースとユーザーエクスペリエンスをコントロールできることだ。つまり、どの情報を提供しどのような手順にすれば取引がスムーズに進行し、双方の満足度を高めることができるかは、プラットフォーム企業の手腕にかかっている。そしてこれがうまくいくと、二つの重要なことが起きる。第一に、長らく取引の妨げとなってきた情報の非対称が、解消とまではいかなくとも緩和される。第二に、プラットフォームのブランド構築に役立つ。

レモンと情報の非対称

これから取引をしようというときに、一方の当事者がその取引についてよく知っていて、他方は知らないというのは、よくないことである。それも、両方の当事者にとってよくない。というのも、事情に通じていない側は、自分が不利な立場にいることだけはちゃんと知っていて、相手の申し出を鵜呑みにしてはいけないことに気づいているからだ。そうなると、だまされるぐらいならいっそ取引自体をやめてしまおうということになる。これは、じつに残念なことである。というのも、成立しなかった取引の中には、双方にとって実りある取引があったにちがいないからだ。情報レベルに格差があったがために、成立したはずの取引が失われてしまった。

こうした「情報の非対称」が、不利な立場の当事者にとってだけでなく市場全体にとって損失であることを初めて理論化したのは、経済学者のジョージ・アカロフである。アカロフは一九七〇年に発表した著名な論文「レモン市場」の中で、このことをあきらかにした。[*25] ちなみにレモンとは、外見はまともな欠陥品や不良品のことである。レモンは皮が厚くて外見からは中身の見分けがつかないことから、こう呼ぶらしい。[76] 論文では中古車市場を例にとり、レモンすなわち一見するとよさそうだがじつは重大な故障を抱えた車の存在が、市場全体に多大な不利益をもたらすと指摘した。売り手のほうは、もちろんどの車がレモンか知っている。だが買い手の大半にはわからない。買い手は欠陥車を高値で買うことを恐れ、どの車に対しても欠陥車に相応の金額しか払わなくなるため、市場に優良車を出す売り手がいなくなる。こうして質の悪い中古車しか市場に出回らなくなる。つまり情報の非対称が中古車市場を非効率にし、衰退させているという。これを防ぐには、たとえば欠陥車と判明したら返金するといった保証を売り手がつけるなどの措置が必要だろう。

アカロフの理論を突き詰めれば、情報の非対称のせいで市場が成り立たなくなり、取引がいっさい消滅する可能性もある。これは当時としてはあまりに新奇な発想で、直感的には理解できないため、彼の論文はあちこちの専門誌で掲載を断られた。ある査読者は、「こんな瑣末

〔76〕さまざまな理由から、中古車の品質は現在では一九七〇年より大幅に向上しており、この意味で「レモン」という言葉が使われることはあまりない。

なトピックに関する論文を載せるわけにはいかない」とし[26]、別の査読者は反対に、「もしこの論文が正しいなら、経済学はもっとちがうものになっていたはずだ」とし、したがって正しくないと断定した[27]。だが、アカロフは正しかった――経済学は本来はちがうものだったのである。そして彼の正しさは、最終的にノーベル経済学賞によって認められたのだった。

情報の非対称称が重大な意味を持つのはどんなときだろうか。あなたが初めて訪れた街で車を探し、誰か知らない人が自分の車に乗せてあげようと申し出たときは、その一つだろう。ドライバーの大半は正直で安全だとしても、万一そうでなかったときの命と財布の危険は受け入れがたい。この情報の非対称称が解消されない限り、Uber のような配車サービスの市場は拡大しないと考えられる。

二〇一六年三月の時点で、Uber のアメリカでの輸送実績は月間五〇〇〇万件に達していた[28]。Uber の登録ドライバーの大半はプロではなく、空き時間に自分の車と労力を使って小遣い稼ぎをしようという一般の人たちである。さあ、この人たちを信用して大丈夫だとどうやって判断すればいいのか。

この深刻な情報の非対称称を解消すべく、二〇一三年にカリフォルニア州は、Uber や Lyft などの輸送ネットワーク事業者に対し、登録ドライバーの犯罪歴の確認を義務付けた[29]。なるほどこうした身元確認を行えば、いくらか安心はできるだろう。だが実際には、犯罪歴の確認が義務付けられる前に Uber も Lyft も事業を拡大していたし、ヨーロッパの BlaBlaCar にいたっては、二〇一六年六月になっても、そのような身元調査は義務付けられていない。*30

その代わりにこれらの事業者のプラットフォームには、情報の非対称を解消するためのユーザーインターフェースが用意されている。とりわけ効果的なのは、ドライバーにも利用者にも一件ごとに評価を求め、全員の評価の平均が表示されるしくみになっていることだ。[77] さらに料金体系も明朗で、GPSセンサーで測定した移動距離、所要時間、かかった料金を明示した領収書が利用者にメールで送られてくる。

こうしたシンプルだが効果的な対応により、情報格差の多くが解消されている。もちろん完全に解消されるわけではないが、それでも何もわからないよりはるかに安心感があり、利用者にとってもプラットフォームにとってもメリットが大きい。さらに、プラットフォーム企業は実験と改良を続けている。たとえばUberは二〇一七年初めに、ドライバーに運転中の「自撮り」写真の提出を求める抜き打ち検査を実施した。提出された写真を登録時の写真と照合することで、本人であることを確認する。

経済学者のタイラー・コーエンとアレックス・タバロックは、情報の非対称を解消する方法

〔77〕BlaBlaCarでは、じつに個性的な評価項目を設定している。BlaBla（おしゃべりをするという意味）の社名のとおり、ドライバーと客のコミュニケーション能力が評価の対象になっているのである。同乗者とおしゃべりをあまりしないと"Bla"、すこしおしゃべりすると"BlaBla"、話に花が咲くようなら"BlaBlaBla"である。Rawn Shah, "Driving Ridesharing Success at BlaBlaCar with Online Community," Forbes, February 21, 2016, http://www.forbes.com/sites/rawnshah/2016/02/21/driving-ridesharing-success-at-blablacar-with-online-community/#73ea3e4679a6.

として、プラットフォーム利用者によるレビューに注目している。非対称が大幅に緩和される要因として彼らが挙げるのは、第一にスマートフォン、センサー、ネットワークなどの技術の進歩と普及、第二に大量のデータが収集可能になったことだ。「シェアリングエコノミー型サービスの多くは……相互評価システムを導入している。たとえばUberでは、利用者がドライバーを評価するだけでなく、ドライバーも利用者を評価する。法規による縛りがなくても、この相互評価方式が膨大な取引の維持を可能にしている[*31]」。

「膨大な取引」を成り立たせているのは、Uberでも類似の他のサービスでも、パートタイムのドライバーたちだ。彼らの多くはあくまで副業で、営業免許の申請は言うまでもなく、身元審査などの面倒な手続きをしてまでドライバーをする気はないだろう。だがさほど負担にならない手軽な方式ならよろこんで評価に応じるし、自分が五つ星のドライバーと認定されれば誇らしい。しかも商売上も好都合である（評価が低いと仕事は来なくなる）。Uberのプラットフォームと相互評価システムは、まさにそれを可能にしている。

相互評価システムは「信頼を実現する設計」だとAirbnbのCEOで共同創業者のジョー・ゲビアは話す。さらに、このシステムには個人の偏見や差別をなくす働きもあるという[*32]。Airbnbに宿泊施設を登録しているホストの大半は、自分が人種差別主義者であるとは思っていないだろう。だが同社のデータによれば、白人よりもマイノリティのほうが、ホストから宿泊を断られる確率がやや高いという[(78)]。ただし、一〇以上のレビューで高い評価を得ているマイノリティであれば、今度は逆に白人よりも断られる確率が低くなる。「高い評価はバイアスに勝つ」のだとゲビアは言う。[*33] もっと言えば、Airbnb のプラットフォームのユーザーインターフェースとユーザーエクスペリエンスは、「知らない人は危険」だという根本的なバイアスを覆す方向に働く。[*34]

言うまでもなく、評価システムをはじめ情報の非対称を解消しようとするプラットフォームのさまざまなメカニズムは完璧ではない。現に、ドライバー、利用客、ホスト、宿泊客による犯罪や迷惑行為が発生しているし、差別も消えていない。それでも、プラットフォームが爆発的に普及すれば、情報の非対称は次第に解消されていくのではないだろうか。すくなくとも、アカロフが懸念した市場の消滅につながるようなことはあるまいと考えられる。それに、そもそもプラットフォームの賢い設計と参加者の選別により、人々がそっぽを向くほどたくさんのレモンは最初から混ざっていないはずだ。

〔78〕以下の研究によると、Airbnb が行なった実験では、新しく作成されたプロフィールがあきらかにアフリカ系アメリカ人の名前であることがわかると、貸してもいいと回答するホストは平均して一六％減ったという。Benjamin Edelman, Michael Luca, and Dan Svirsky, "Racial Discrimination in the Sharing Economy: Evidence from a Field Experiment," Ben Edelman.org, September 16, 2016, http://www.benedelman.org/publications/airbnb-guest-discrimination-2016-09-16.pdf.

プラットフォームのブランド力

プラットフォームには利用者同士の情報交換や交流を促す働きがあり、それがまたプラットフォームにメリットをもたらしている。たとえば利用者は、プラットフォームの向こう側にいる企業、すなわち自分が実際に買うモノや利用するサービスを提供する企業よりも、プラットフォームそのものに強い愛着を持つ。これは、プラットフォーム企業のブランド確立に大いにプラスになる。たとえばClassPassの会員の多くにとって、ClassPassはヨガやピラティスをするフィットネススタジオそのものだ。彼らにとって、あちこちの都市にあるあれやこれやのスタジオはすべてClassPassの提携スタジオであり、ClassPassは便利だとか使いやすいというふうに認識する。つまりClassPassの側からすれば、スタジオを建設して運営する労力もリスクもなしに、「フィットネスのClassPass」というブランドを構築できる。これは驚くべきことだし、従来のやり方でフィットネスクラブを運営している人、これから運営しようとする人にとっては脅威でもある。時間とエネルギーをかけてスタジオを準備し、プログラムを企画し、インストラクターを雇い、客を集めるといった苦労をしてきたフィットネスクラブが、ClassPassというブランドの下でいつでも替えのきく一要素に成り下がるとしたら、これは問題ではなかろうか。

今後、既存企業が価格決定力を徐々に失うとしたら、この問題は一段と深刻化するだろう。フィットネスクラブの例で言えば、一流クラブのオーナーは自分のところの会員に高い料金を要求できるにしても、ClassPass側は空いたレッスン枠に対して払う料金をできるだけ値切ろうとする。となれば当然ながら、両者は緊張関係に陥る。多くのプラットフォーム企業は、とくにまだ新しくてこれから規模を拡大しようという段階では、すくなくとも一つは一流クラブに参加してもらいたいだろう。だから、最初は下手(したて)に出るかもしれない。だが登録会員が増え、人気が出るにつれて、できるだけ利幅を増やそうとするはずだ。

プラットフォーム企業にとってそのための最強の武器となるのが、ユーザーインターフェースであり、ユーザーエクスペリエンスである。たとえば、一つひとつのクラブやレッスンがどうだった、こうだった、ということよりも、ClassPassを使って便利だった、好きなときに手近な場所でレッスンを受けられて満足だった、と思わせることだ。プラットフォームの威力をもってすれば、あまり知られていないクラブを利用者に引き合わせることもできる。つまりプラットフォームには、無名クラブを有名にする力があると言っても誇張ではない。

プラットフォーム企業が会員数や規模を拡大し知名度を上げるにつれて優位に立つことをわきまえている多くの有名ブランドは、いまのところプラットフォームに距離を置こうとしている。たとえば、ニューヨークを拠点にするインドアのサイクリングクラブSoulCycle（ソウルサイクル）がそうだ。SoulCycleは一一州にクラブを展開し、熱心なファンがついている。[*35] 二〇一七年初めの時点で、彼らはClassPassにいっさいレッスン枠を提供していない。プラットフォームが普及するにつれて、こうした著名ブランドが今後どのような決断を下すのか、注目である。

プラットフォームの料金設定はなぜ低いのか

確立したブランドを持つ企業がプラットフォームを敬遠する理由の一つは、プラットフォーム企業は売り手が設定した正規料金を値切ることにある。どうしてそうなのか、直感的には理解できない。どちらも収益の最大化をめざしている以上、売り手の利益とプラットフォーム企業の利益は一致するはずではないか。だが実際には、一致しないことが多い。これは、価格弾力性、需要曲線の特性、強力なネットワーク効果に原因がある。

価格弾力性が大きいと……

ある種の商品の需要は、価格の変動にほとんど影響されない。たとえば集中治療室で医師から高価な薬を推奨されて、値引き交渉をする人はいないだろう。しかし商品の中には、わずかな価格の変動で需要が大きく変化するものもある。たとえば原油をスポット相場より一セントでも高く売ろうとすると、買い手はつかない。しかし一セント安くすれば、やすやすと買い手を見つけることができる。このように価格の変動によって需要や供給が変化する度合いのことを、経済学では価格弾力性と呼ぶ。価格が一％変化したときの需要の変化率（％）で表し、価

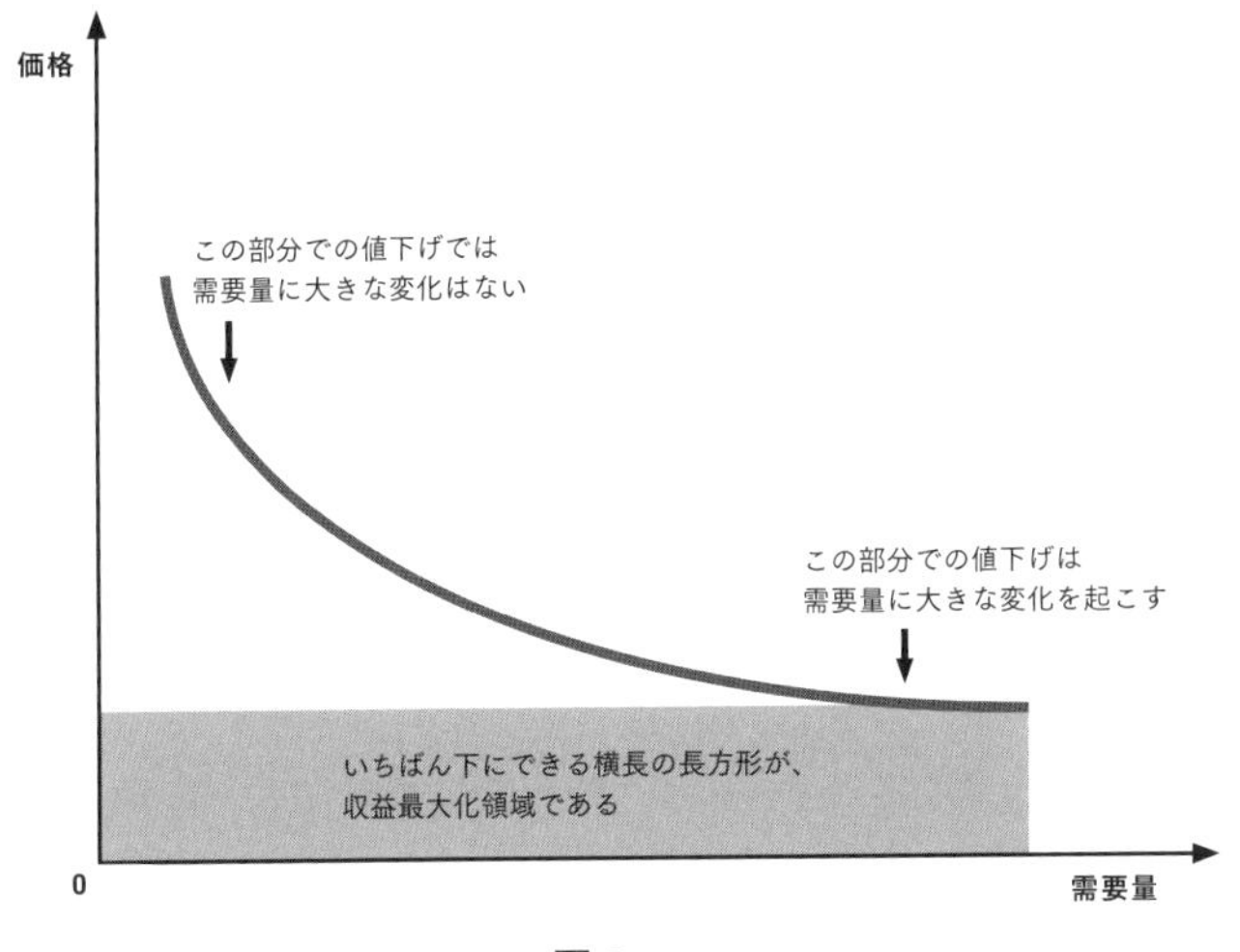

図8
需要曲線の形状

格の変化率に対して需要の変化率が高いほど弾力的であるという。だいたいのモノは価格が上がるほど需要が減るので、需要の価格弾力性は通常は負になる。

大方の商品は、価格帯によって価格弾力性が異なる。つまり、ミルクの値段が二〇ドルから一〇ドルに下がったときの需要の伸びと、二ドルから一ドルに下がったときの需要の伸びはちがう。前者より後者のほうが伸びは大きい。このような商品の需要曲線は、図8に示すように、右下へ行くほど水平に近づくという特徴を持つ。

いま、あなたが商品を一個だけこの市場に供給し、その後の追加的な供給のコストはゼロであるとしよう。このとき、最初の一個の価格はいくらにすべきだろうか？　答は、収入を最大化するような値段にしなさい、というものである。それはつまり、需要曲線の下にできるp（価格）xq（数量）の長方形の面積が最大になるようにすることだ。[79]そして商品の需要曲線が図8のような形をとる場合は、最大の長方形はいちばん下に細長くできることになる。

都市部の配車サービスは、これに該当すると考えられる。Uberが、最初はUberXで、続いて相乗りのUberPoolで料金を引き下げると、需要は一気に拡大した。[80]Uberは料金を低く抑えれば収入を最大化できると知っていたのである。

だが二面市場では、単に価格を下げて一方の需要を増やすだけでは話は終わらない。第6章で取り上げたインスタントメッセンジャーWhatsAppとネットワーク効果のことを思い出してほしい。Uberもネットワーク効果の恩恵に与っている点ではWhatsAppと同じだが、WhatsAppや電話やファックスのように一面性のネットワークとは異なり、Uberではネットワークが二面性を備えている。この二面性ということに、改めて注目しておこう。

プラットフォームのどちら側にいるのか？

プラットフォーム企業は、二面プラットフォームのそれぞれの側の参加者に、それぞれに異なるアプリを提供する。Uberの例で言えば、利用客には車を探すためのアプリ、ドライバーには客を見つけるためのアプリである。Uberのアプリを使って車を探す人は、他の人が同じアプリを使おうと使うまいと、直接の影響はない。

むしろ利用客にとって重要なのは、ドライバー用アプリを使っている人の数である。ドライバー用アプリを使う人が多いほど、近くで車が見つかる可能性は高くなるので、配車用アプリを使っているユーザーにとってサービス自体の利便性が高まる。それによって、需要は押し上げられる（需要曲線は外側にシフトする）。もし大勢の人が配車用アプリを使って車を呼び出しても、実際に街中で登録ドライバーの運転する車が一台も見つからなかったら、そのサービスには何の価値もない。同様に、大勢の人がドライバー用アプリをオンライン状態にしていても、配車用アプリを使う人が一人もいなかったら、まったく稼ぎにならない。

じつはUberのような二面プラットフォームが生み出すネットワーク効果は、すこしも目新しいものではない。古くは、クレジットカードの利用者と小売事業者の関係性がある。Visaはどの店でも使えるがDiscoverは使える店が少なかったら、たとえDiscoverは年会費が無料でも、大方の人はVisaカードを選ぶだろう。そして大勢の消費者がVisaを持っているなら、小売事業者にとってはVisaを受け付けることのメリットが大きくなる。そしてVisaを受け付

(79) p（価格）×q（数量）の長方形については、第7章の図5の説明を参照されたい。

(80) 二〇一六年にUberのエコノミストとシカゴ大学が行なった研究では、アメリカの四都市におけるUberXの乗車五〇〇〇万件を使って実際の需要曲線を推定した。その結果、料金が下がるにつれて需要曲線がフラット化することが確かめられた。Peter Cohen et al., "Using Big Data to Estimate Consumer Surplus: The Case of Uber," August 30, 2016, https://cbpp.georgetown.edu/sites/cbpp.georgetown.edu/files/ConsumersurplusatUber_PR.P

ける店が増えるほど、Visaを持つ人は増える。

二面プラットフォームが強力なネットワーク効果を生む点では、Airbnbも同じだ。いや、ナイトクラブだって同じである。男が大勢来るほど、ダンスやロマンスを求めて女がやって来るし、女がたくさんいれば男が集まって来る。Androidのアプリとスマートフォン、コンピュータのオペレーティングシステムとその上で動作するソフトウェア、ゲームソフトとゲーム機……という具合に、二面プラットフォームがネットワーク効果を形成する例は多い。どのケースでも、二面市場の一方の側にいる参加者は、反対側の参加者が増えるほど、より大きなメリットを得られる。賢いプラットフォーム企業はこの関係性をよく理解しており、それぞれの側を適切に管理する。具体的に言うと、一方の側の魅力を高めるために、逆の側で強力に集客を行う。

二面市場の価格戦略は、この市場に特有の経済特性を理解していないと、ひどく攻撃的ではかげたものに見えるかもしれない。二面市場の特徴として、一方の側で需要が変化すると、反対の側の需要に大きな影響を与えることが挙げられる。Uberを例にとると、利用料金を引き下げたら、いうまでもなく利用客の数は増える（つまり、需要曲線の下に向かう）。だが、料金引き下げの重要な副次効果は、登録ドライバーにとってもプラットフォームの魅力が高まることだ。利用客が増えれば、それならドライバーに登録しようかと考える人が増える。つまり、二面プラットフォームの一方の側で料金を引き下げれば、両方の側で需要が増え、双方にメリットをもたらすのである。

成功するのは、この二面市場の経済学をよく理解している企業だ。たとえばクレジットカード会社は、消費者と小売事業者の両方に価値をもたらすのだから、理論的には二面市場のどちらにも課金してよいはずだ。実際にそうするときもある。たとえば消費者からは年会費を徴収し、小売事業者からは一件当たり決済金額の二％の手数料をとる、というふうに。現にクレジットカードの導入初期には、どのカード会社も利用者から会費をとっていた。だが次第に、需要を最大化するために消費者には無料でカードを提供するようになった。そうなるとどうしても、二面市場の反対側にいる小売事業者から高い手数料をとらなければならない。カード会社は年会費の引き下げや撤廃でカード会員を増やすことで、小売事業者にとっての魅力を高め、手数料の引き上げを受け入れさせている。

会費をタダにすると需要が増えるなら、もっとやればいいじゃないか、と思われただろうか。つまり、タダより安くするということだ。ご明察のとおり、多くのカード会社は実際にそうしている。たとえばキャッシュバックがあったり、マイルが貯められたりする。カード会社によっては、カードを使うと直接ボーナスが還元されるケースもある。モノやサービスにマイナスの値段をつけるなどということは、通常はあり得ない。だが二面市場ではそれが持続可能だし、有効な収益戦略でもある。

交差弾力性、乗り換えコスト

二面市場の価格付けには、多くの戦術的・戦略的判断が関わっている。たとえばクレジットカード市場では、なぜ消費者が（キャッシュバックやマイルなどの形で）お金をもらい、小売事業者は（手数料の形で）お金をとられるのだろうか。逆ではいけないのだろうか。ここで重要になるのが、さきほど説明した価格弾力性である。すこしばかり値下げをするだけでどれほど多くの利用者を追加的に獲得できるだろうか、逆にすこしでも値上げをしたらどれほど多くの利用者を失うだろうか。価格弾力性の高い側で値下げをして、低い側で値上げをするのが賢い戦略だが、話はここでは終わらない。次に問題になるのは、「交差弾力性」である。需要の交差弾力性とは、財Aの価格変化により財Bの需要がどれだけ変化するのかを把握する指標のこと（交差弾力性が正の財は代替財、ゼロの財は独立財、負の財は補完財と呼ばれる）だが、二面市場の交差弾力性では、市場の一方の側で値下げをしたら、反対側ではどうなるのかを問題にする。交差弾力性が高いほど、市場のもう一方の側に与える影響は大きくなる。

クレジットカードの場合、これらの要素を勘案すると、消費者の側で値下げをして小売事業者の側で値上げをするのが得策になる。あるカードを持つコストが小さいか、ゼロか、それどころかマイナスなら、大勢の消費者がそのカードを持ちたがるだろう。大勢の消費者が持っているなら、市場の反対側にいる小売事業者はそのカードの取り扱いに乗り気になる。たとえ手数料が少々高くても、である。その結果、プラットフォームの持ち主であるカード会社は、シェアを拡大し、利益を増やすことができる。

またネットワーク型の産業では、乗り換えコストも価格付けの重要な要素となる。あるネットワークから別のネットワークへの乗り換えが容易なら、集客に投資する意味はあまりない。いろいろと魅力的な特典を用意して勧誘したところで、相手はそれをポケットに入れ、翌日にはあっさり乗り換えてしまう可能性があるからだ。だが乗り換えが高くつくとなれば、最初に大勢を取り込むことによって、バンドワゴン効果が発動する可能性が高くなる。[*36] バンドワゴンとは楽隊を乗せてパレードの先頭を走る車のことで、バンドワゴン効果とは「バスに乗り遅れるな」「勝ち馬に乗れ」という心理を煽ることを意味する。そうなると、他の人たちもそれっとばかりに追随する。最初の特典の効果がなくなっても、誰も乗り換えようとはしない。乗り換えコストが嵩むということもあるが、みんなが乗っているバスから降りたくないからだ。利用者がこのような状況に置かれることを、経済学では「ロックインされた」と言う。

ネットワーク効果が強力に働くケースでは、当然ながら大勢が利用しているネットワークのほうが、利用者の少ないネットワークよりも、これから選ぶ人にとっては魅力的になる。したがって、大きいネットワークほど容易に集客でき、ますます優位に立つ。別の言葉で言えば、ネットワーク効果が強力に働く市場では「勝者総取り」現象が起きやすい。となればネットワーク型のビジネスでは、とにかく最初だけでも価格を下げてできるだけ早く利用者を増やそうというインセンティブが働く。

いま挙げたさまざまな効果は相互に作用するので、二面市場の両側でそれぞれの参加者に対して適正なインセンティブを設定するには、絶妙なバランスを必要とする。プラットフォーム企業がどちらかの側からべらぼうな手数料をとろうとしたら、参加者は撤退してしまうだろう。そうなったら、反対側の参加者もいなくなる。二面市場の夢のような好循環は、あっという間にシェアを失う下向きの悪循環に変わりかねないのである。

だからといって、プラットフォーム企業は価格にばかり気をとられてはいけない。ユーザーインターフェース、ユーザーエクスペリエンス、評価システム、マーケティング、ネットワーク技術なども参加者を増やすための重要な要素である。プラットフォームを成功に導いている企業は、強欲になってはいけないことをよく知っており、市場の両側で巧みに価値を創出する。

二面市場のロジックをざっと説明したところで、多面市場についても触れておこう。二面市場は、多面市場に移行することが少なくない。多面市場とは、読んで字の如く、さまざまな参加者グループがプラットフォームを介して相互に作用するような市場のことである。たとえばiTunesは、iPhoneで楽曲を入手する最高に便利な手段だ。iTunesに参加するアーティストが増えるほどiTunesの魅力は高まり、それがiPhoneを買うインセンティブとなる。ここまでは、iTunesは二面プラットフォームである。だがiPhoneが普及すると、アーティストにとってiTunesの魅力がますます高まるだけでなく、さまざまなアプリの開発者にとっても、プラットフォームとしての価値が高まる。iTunesがアプリを扱うようになり、そこで入手できるアプリが増えるほど、ますます多くの人が利用するようになる。多面プラットフォームに新たな参加者グループが加わるたびに、その新しい参加者が誰にどんな商品を売るかとは関係なく、既存の参加者にメリットをもたらすのである。

プラットフォームの重要性と存在感が今日のように高まった一因は、こうした相互作用にある。ある商品のユーザーと他のユーザーとの交差弾力性はごく小さいとしても、無料（フリー）、完全（パーフェクト）、瞬時（インスタント）の世界では、あっという間に数百万人が利用するようになることを忘れてはいけない。ユーザー一人当たりの押し上げ効果はごくわずかだとしても、数百万人となれば膨大なちがいを生み出し、プラットフォーム企業と参加者の双方にメリットをもたらすことになる。だからこそ、入念な情報収集・解析や慎重な選別による質の維持など、プラットフォーム企業のさまざまな戦術的・戦略的判断が重要になるのである。

なぜUberはうまくいったのか？

ではここでUberの例に戻り、いま挙げたさまざまな要因がどのように作用しているのかを見ていこう。第一に、Uberが利用料金を引き下げると、利用者が増える。これは、値下げをすれば需要が増える通常の財と同じである。Uberの利用は比較的需要の価格弾力性が高いので、需要曲線の下の方にできる横長の長方形の面積が大きく、値下げはよく効く。第二に、Uberは二面プラットフォームであるから、利用者が増えれば、登録ドライバーの数も増える。

利用者が増えるということは、ある都市における利用者の密度が上がることを意味するので、ドライバーからすれば無駄な待ち時間が減り、効率的に稼げるようになるからだ。そして第三に、他のサービスに乗り換えるのはそれなりにコストがかかるので（蓄積した実績が失われる）、サービス開始の初期段階でネットワークの拡大に重点的に投資し、できるだけ多くのドライバーと利用者を呼び込むことが重要になる。

そしてこの第三の点で、投資家はUberに賭けた。ネットワーク効果も乗り換えコストも十分に大きいから、数十億ドルを投資してプラットフォーム参加者を一気に増やすだけの価値はあると踏んだのである。ただしUberの場合、市場が地理的に分断されている点がいささか問題だった。ニューヨークでいくらUberが普及し、登録ドライバーが大勢走り回っていても、北京で車を探す人にとってはほとんど意味がない。となれば、地球上の大都市全部を「勝者総取り」というわけにはいかない。ある市場ではUberが勝ち、別の市場では同種の別のサービスが勝つ、ということがありうる。

それでもUberは、プラットフォーム構築にあたって二つの大きな優位を手にしている。まずは、忍耐強い投資家が気前よく資金を出してくれたことだ。Uberの場合、技術開発、マーケティング、雇用、ドライバー採用などに相当額の初期費用が発生するが、これをすべて資金手当てすることができた。二〇一六年七月までに借り入れと直接投資により、一五〇億ドルの資金調達に成功したとみられている。[*37]

投資家が金を出す気になったのは、Uberにもう一つの優位性を認めたからである。それは、ネットワーク効果が強力に作用し始め、規模の経済を達成した暁には、世界のどこかの都市で新たに配車サービスを始める際の限界費用はごく小さくなると見込まれることだ。プラットフォームの構築には無料（フリー）、完全（パーフェクト）、瞬時（インスタント）というビットの世界の特性が当てはまるので、低料金で事業をスタートさせ、最終的にはその料金水準で収益を最大化できるはずだ。そして市場で圧倒的に強いプラットフォームを持つ企業の成長期に投資すれば、いずれ大きな見返りを手にできるだろう……と読んだのである。

この読み通りになる市場、つまりプラットフォームとビットの世界の経済学がとりわけよく当てはまる市場は、需要の価格弾力性が高い（需要曲線を下がっていくほど需要の伸びが大きくなる）市場である。とはいえ、いくら好循環が続いているプラットフォームといえども、まったく新しい競争相手の出現や、経営の失敗や、技術革新などの影響はもろに受ける。だから成功しているプラットフォーム企業の経営者は、自己満足を厳に慎まなければならない。

既存企業は太刀打ちできるのか？

プラットフォームの出現は、消費者にとってはうれしいニュースである。図8を見ればよくわかるように、消費者余剰がぐっと増えるのだから消費者は得をする。だが原子（アトム）の世界の経済学に支配される既存企業にとっては、うれしい話ではない。Uberの話を続けると、タクシーにとって新たなお客を運ぶ限界費用はゼロではない。いや、ゼロに近いとも言いがたい。お客を一人よけいに運ぶには、そのためにガソリン代や人件費が新たに発生する。だからほとんどのタクシー会社は需要曲線の上のほうで、つまり高い運賃で営業しようとする。そのために需要が減るとしても、である。

ところが二つの要素が運賃を押し下げる方向に働く。第一は、消費者である。消費者はあきらかに、できるだけ支払いを減らしたいので、ネットワーク企業の側につく。そして第二の要素は、供給サイドである。大方の市場では、大勢のサプライヤーが競争しており、さらに大勢の予備軍が控えている。プラットフォームは、参入障壁を低くしてこの競争を激化させる（タクシー運転手になるには営業免許が必要だが、Uber に登録するのはものの数分で済む）。言い換えれば、プラットフォームはサプライヤーをコモディティ化し、消費者にとって置き換え可能なものにする。そして競争とコモディティ化は料金を押し下げる方向に作用し、低価格でモノやサービスを提供できる企業が取引を勝ち取ることになる（もちろん一定の品質を維持することが前提だが）。以上をまとめると、こうなる。プラットフォーム企業と消費者は価格の押し下げを求め、供給サイドの競争はそれを実現する。しかも多くの場合、プラットフォームにはさまざまな手法を駆使して稼働率と効率を高める余地があるので、価格を一段と押し下げることになりやすい。

伝統的なビジネスが生き残る場所は

第2部を通じて、プラットフォームの破壊力をさまざまな例を挙げながら説明してきた。情報産業だけでなく幅広い産業でプラットフォームは既存企業を脅かし、利益や価格決定力を奪い取って、新参企業の急成長を支えている。プラットフォームが持つ強力なネットワーク効果、ビットの世界の経済特性（無料(フリー)、完全(パーフェクト)、瞬時(インスタント)）、効率的なユーザーインターフェースがもたらすゆたかなユーザーエクスペリエンス、既存企業にとっては信じられないほどの低価格は、プラットフォーム企業に絶大な優位性をもたらしてきた。

こうした優位性は、あらゆる産業で成り立つのだろうか。既存企業はそれに太刀打ちできないのだろうか。言い換えれば、プラットフォームはあらゆるところに進出し、すべてを奪い、伝統的な企業を退場させるか、みじめな敗残者に貶めるのだろうか。ここ二〇年間でそうした例が繰り返されてきたことは事実であり、変化の大波はまだ引いてはいない。プラットフォームが市場に激震をもたらし、ときに転覆させる例はこれからもっと増えるだろう。

だからといって、既存のものをすべて根こそぎにするわけではない。プラットフォームにはたしかに途方もない破壊力があるが、その力は無限ではない。現に、Airbnbが急速に普及しても、既存のホテルの多くはびくともしていない。宿泊産業の調査・評価会社ＳＴＲによると、アメリカのホテル産業は、二〇一五年と一六年に二年連続で過去最高の稼働率を記録したという。[*38] しかもこの高い稼働率は、必ずしも宿泊料金の引き下げによって実現したわけではない。ロサンゼルスでは、Airbnb が宿泊施設の一二%を占めるにもかかわらず、二〇一五年に平日の稼働率は八%上昇している。[*39]

ホテルが Airbnb に駆逐されない理由

都市部の旅客輸送業では Uber をはじめとするプラットフォーム企業が業界に甚大な影響を与えているのに、旅館業の場合はあまり影響がないのはなぜだろうか。最大の理由は、都市内の移動には差別化の要素が乏しいのに対し、宿泊は差別化の要素がきわめて多いことにある。プラットフォームが繁盛するのは、新しいサービスのエクスペリエンスが既存サービスと大して差がないときだ。

都市で移動する人が望むことは、住民であれ、観光客であれ、ビジネスマンであれ、ほとんど変わらない。速く、安全に、そしてできれば安く移動することだ。ときには豪華な車で移動することが重要なシーンもある（企業が顧客に出迎えの車を差し向けるときなどがそうだ）。が、たいていはそうではない。よほどオンボロな車でなければ十分だという人にとって、Uber で目的は十二分に達成できる。私たち自身の体験からも、そう言って差し支えない。私たちは、住んでいるボストンでも、外国のあちこちの都市でも、数え切れないほど Uber を利用してきた。ドライバーがベンツで現れたら、それはすこしはうれしい驚きだが、A地点からB地点へ移動するという目的に関する限り、根本的なちがいはない。

だが宿泊となると話はちがってくる。宿泊施設の格式や立地や設備といったもののちがいが、利用者にとって重要な意味を持つからだ。貧乏旅行をする学生や低予算でローカル色を満喫したい観光客にとっては、訪れた土地の民家に泊まり、地元の人とコミュニケーションをとることに価値がある。一方、都心部の会議に出席するために出張してきたビジネスマンにとっては、交通の便がよく、ランドリーサービスが用意され、アスレチックジムやプールが備わり、コーヒーのルームサービスのあるホテルが望ましい。Airbnbは前者のような旅行者と宿泊施設のマッチングを行うすばらしいプラットフォームではあるが、後者の役には立たない。はっきり言うと、ビジネスマンが泊まりたいのは設備とサービスが万全のホテルであり、Airbnbに出る幕はないのである。

都市部の旅客輸送と宿泊の対比から、前者は都市内における単一商品市場を形成しているのに対し、後者はそうではないことがわかる。Airbnbが供給するのは基本的にセカンドラインの商品であり、既存のホテルより安く泊まりたい旅行者が対象だ。民家に安く泊まることができ、多くはホストとの親密なコミュニケーションが付いているというAirbnbの商品は、それを望む旅行者の間でシェアを拡大してはいるが、大手ホテルのシェアを侵食してはいない。

ではAirbnbは旅館業のどこに打撃を与えたのか。経済学者のゲオルギオス・ゼルバスとデービッド・プロゼルピオが行った調査によると、テキサス州オースティンでは、Airbnbの出現で旅館業全体の収入が一〇%減ったという。ただし「減り方は一様ではない。最も減収が大きかったのは、低料金で食事のつかないホテルだった」[40]。

プラットフォームに適さない取引は？

さまざまな理由から、旅館業は単一商品市場にはなっておらず、したがってプラットフォームの破壊力に対抗できている。ビジネスマンは都心部のステータスの高い地区に泊まりたい。また、海外展開していてポイントを貯めやすいホテルチェーンを利用したい。裕福な観光客は、室内の設備や快適性を重視する。家族連れや長期滞在者は、ホテル内にレストランがあり、施設が充実していることが望ましい。オンライン旅行代理店のPriceline（プライスライン）は、当初こうしたちがいを無視し、単に料金と条件（シングル、ツイン、シャワー有無など）だけで旅行者とホテルのマッチングをするプラットフォームを導入した。だがこのやり方はホテル業界から猛反発を喰らい、早々に姿を消す。Priceline傘下のBooking.com（ブッキングドットコム）は、いまでは在来の旅行代理店のようにきめ細かい条件でのマッチングを行なっている。最近になってHotel Tonight（ホテル・トゥナイト）のような直前予約サービスが登場し、ホテルの稼働率向上に一定の効果を上げているが、業界全体に大きなインパクトを与えるにはいたっていない。

以上のように、供給サイドにさまざまな差別化が図られているとか、利用客が特定のブランドやチェーンにロックインされているといった市場では、プラットフォームは破壊力をさほど発揮できなくなる。

ほかにもプラットフォームが有効でない市場はあるだろうか。たとえば、国防総省が次期戦闘機を購入するといったケースでは、プラットフォームに出番はないだろう。この市場の参加者はあまりに少ない（買い手は一人で、売り手も数社のみである）。しかも取引はおそろしく複雑で、確認や交渉を要する事項が多すぎる。このように、プレーヤーが少なく、供給する製品やサービスが複雑な市場は、プラットフォームに適していない。したがって、発電プラントの設計・施工、大型合併・買収に対する法務・税務上のコンサルティング、美術館での大規模展覧会の企画や出展品の手配といった大規模かつ複雑なプロジェクトは従来通りのやり方で行われ、プラットフォームが活躍する場面はないと考えられる。

この章のまとめ

- プラットフォームは、ある産業に広く浸透し、その産業が生み出す価値の大半（場合によっては全部）を奪うことがある。
- プラットフォームが価値の創出に成功したのは、従来は情報の非対称により成り立たなかった取引を成立可能にしたからである。
- 多くのプラットフォームにとって成功のカギを握るのは、ネットワーク効果の二面性である。二面プラットフォームでは、一方の側での参加者に関する決定が、反対側の参加者に大きな影響を与える。
- 二面プラットフォームは多面プラットフォームに移行し、交差弾力性が一段と高まることがある。
- 乗り換えコストの存在により、一時的に利用者をロックインすることが可能になる。したがってネットワーク効果が期待できるプラットフォーム企業にとっては、初期段階で集中的に投資し、シェアを獲得することに重要な意味がある。いったんシェアを確立してしまえば、利益は後からついてくると期待できる。
- プラットフォームが拡大するにつれて、既存企業は公益企業のように地味でほとんど儲からない存在に成り下がる恐れがある。

- 人気のあるプラットフォームは、短期間で強力なブランドを構築することが可能だ。それによって、既存企業のブランド価値が押し下げられる可能性もある。
- 物理的なモノやサービスに差別化が図られている市場や、顧客が特定のブランドにロックインされている市場では、プラットフォームの破壊力は削がれる。

あなたの会社では？

1 あなたの業界で今後三～五年以内にプラットフォームがどのように発展するでしょうか？ いくつかシナリオを考えてみてください。

2 あなたの業界で情報の非対称がいくらかでも解消された場合、どんな商機が出現するでしょうか？

3 プラットフォームは多くの場合、既存企業の製品をコモディティ化し、価格を押し下げる方向に作用しますが、あなたの会社ではそれに対抗する戦略を立てていますか？

4 あなたの会社が二面または多面プラットフォームを運営している場合、どの面を無料（さらにはおまけつき）にして参加者を呼び込もうと考えていますか？ 需要の価格弾力性が最も高いのは、どの面ですか？

5 プラットフォームが普及しても、あなたの会社の商品は今後も差別化を図れるでしょうか？ 答がイエスの場合、それはなぜですか？ 差別化を持続可能にしている要因は何でしょうか？

第3部

PART 3

CORE AND CROWD

クラウドとコア

第10章

クラウドの出現

未来の記録や史料においては、人類の営みの魅力的な無秩序にむやみに複雑な階層や規則性を当てはめないように願いたい。

――セオドア・ネルソン、二〇〇八年

ワールドワイドウェブが主流になるすこし前に、サイエンスライターのロバート・ライトが重要な予言をしている。Usenet（ユーズネット）がホストするNewsgroup（ニュースグループ）に参加した経験を、ニューリパブリック誌一九九三年九月一三日号への寄稿で報告したときのものだ。[*1] Usenetは一九七九年に着想された最初期のコンピュータネットワークの一つで、主に大学の教員や学生が利用し、ファイルやメールを転送する手段のほか、他のユーザーとさまざまなトピックについて話し合うためのフォーラムを提供していた。このフォーラムの一つがNewsgroupである。当時Usenetはあまりユーザーフレンドリーではなかったし、そもそもオンライン接続自体が困難だった（ブロードバンド接続など存在しなかった時代である）。そうした弱点にもかかわらず、Newsgroupはじつに刺激的な場だったとライトは書いている。「参加者のほとんどはきわめてまじめな人たちで、何らかのトピックについて討論することを真剣に望んでいた。そして討論のレベルは、もちろんフォーラムによって差はあったものの、平均的にきわめて高かった[*2]」。

ライトは、同じ興味や関心を持つ人がかんたんに集まって情報共有や意見交換ができることに感銘を受け、オンライン文化が今後数年のうちに開花すると鋭く見抜いた。そしてオンラインがいかにビジネスの世界に影響を与えるかについて、じつに説得力のある具体例を挙げている。彼が「標準的なゴルフクラブのセットにいまでは二番アイアンが含まれていないのはなぜか、教えてほしい」と質問を投げかけると、四八時間と経たないうちに一〇以上の回答が寄せられたという。ライトによれば、「もっともらしい答」が一つ[81]、有意義なヒントが一つあったという。だが答が得られたこと以上に重要なのは、誰が答えたかということだ、とライトは指摘する。「オンラインによる重要な変化は、人々のやりとりに恣意的な制限を加えられなくなることだ。距離はもはや障害にはならない。人種も問題ではない。男か女かも関係ない……となれば、文字どおり肉体を離れて、自由な精神的交流が可能になる[*3]」。

つまり一九九〇年代前半という早い時点で、ライトはまだほとんど日の目を浴びていなかったオンラインの世界のきわめて重要な特徴に気づいていたのだった。それは、世界のどこからでも、そして人種や民族や性別を問わずどんな人からでも、さまざまな知識の断片を集める手段になる、ということである。コンピュータネットワークを介して知識の集積が容易になれば、大きな可能性が開けるにちがいなかった。

ここにはすべてがある

世界中から知識を集めてくるというのは、まさに図書館の発想である。図書館は最も古くから存在し、最も長く存続している文明的装置の一つだ。君主、教会、民主国家の政府から慈善家にいたるさまざまな組織や個人が資金を出して建設し、専門的な訓練を受けた司書が蔵書の収集・管理を行う。これはまさに私たちが「コア」と呼ぶものであり、図書館は文化を支える屋台骨だと言えよう。第1章で、コアとは「さまざまな組織が長年にわたり培ってきた知恵、専門知識、しくみ、能力」だと定義した。「長年」とはつまり、インターネット時代よりも前から、ということである。だが最初にはっきりお断りしておくが、私たちはコアが悪いとか時代遅れだというふうにはまったく考えていない。私たち自身、図書館には毎日のようにお世話になっているし、MITの図書館は世界一だと自惚れてもいる。

ライトは初めてコンピュータネットワークに接したときに、とうとうコアの代わりとなりうるものが出現したのだと鋭くも見抜いた——ただ、それがどれほどの猛スピードで、どれほどの規模で起きるのかは気づかなかったが。このコアの代わりになりうるものを、私たちはクラウドと呼ぶ。第1章でも述べたが、クラウドコンピューティングのクラウド（cloud）ではな

〔81〕ライトはそのもっともらしい回答をエッセイに書いていない。ここには、私たちの答を書いておくことにしよう。二番アイアンが含まれないのは、扱いが非常にむずかしいからである。

く、クラウドファンディングのクラウド（crowd）、つまり不特定多数の人々である。インターネットとそれに伴うさまざまな新しい技術により、この不特定多数の人々が容易にオンラインに参加できるようになった。言ってみれば今日のウェブは、クラウドが作り出す図書館である。巨大で、無秩序で、絶えず拡大し変化する図書館だ。クラウド自体がそうであるように、このような図書館の形成と存続を可能にしたのは、無料（フリー）、完全（パーフェクト）、瞬時（インスタント）というビットの世界の経済特性である。もしアクセスしたり投稿したりするたびに料金を取られていたら、ウェブは存続できなかっただろう。

ウェブと図書館のちがいに注目すると、クラウドとコアの鮮明なちがいに気づく。まず、ウェブのほうが大きい。人類の歴史が始まって以来、出版された本の数は一億三〇〇〇万冊と推定され、[*4] 世界最大の図書館とされるアメリカ議会図書館には約三〇〇〇万冊が収まっている。[*5] これに対してウェブで検索・閲覧可能なページの数は、二〇一五年の時点でおおよそ四五〇億ページに達しており、[*6] しかも家に居ながらにして、あるいは移動中に、瞬時に個人的に（誰にも知られずに）見ることができる。さらに現在では、Google Books や Project Gutenberg（プロジェクト・グーテンベルク）などにより、すくなくとも二五〇〇万冊の本がデジタル化され、オンラインで読めるようになっている。[*7]

オンラインが生み出す情報はテキストだけではない。図書館が収蔵するのは書籍、地図、史料といった紙媒体が中心だが、ウェブにはテキスト、音楽、写真、ポッドキャスト、動画、バーチャルリアリティ……と、何でもござれだ。しかもどのジャンルも拡大し続けている。たとえばYouTubeだけでおよそ八〇〇〇万本の動画が、Facebookなどにはそれ以上の数があると推定される。[*8] これほど膨大なコンテンツを交通整理できる人は一人もいない。誰かが写真の投稿に赤信号を出したり、ブログの投稿に青信号を出したりしているわけではない。コアである物理的な図書館の場合には、管轄官庁があり、承認手続きがあり、この本はOK、こっちはNGと言える決裁権を持った人間がいる。クラウドには、それがない（非常に影響力の強い情報発信者もいることはいるが）。

無秩序とどう付き合うか

クラウドには序列も階層もないため、当然ながらコアよりはるかに無秩序である。クラウドは本質的にも意図的にも管理や命令とは無縁だ。この構造は表現の自由を保障し、イノベーションを促す。そのこと自体はすばらしい。

その一方で、管理や制御が不可能というクラウドの性質は、二つの問題を引き起こす。第一は、四方八方から無数に流れ込む情報の大海の中では求めるものがなかなか見つからないことだ。

コアでは、あらかじめコンテンツを選別し整理整頓しておくことでこの問題に対処している。何を図書館に入れるか判断し、分類番号を振り、しかるべき棚に収める。そのために図書館には購買担当部署があってカード目録があるし、雑誌には編集長がいて目次がある。ウェブでも初期の頃は、こうしたアプローチが試みられた。たとえばYahooは、インターネット上の情報についてある種のカード目録を作成し、管理しようとした。[82]

だがオンラインコンテンツが爆発的に増えるにつれて、この試みは頓挫する。多くの専門家が、ウェブはいずれ慢性的な無秩序に陥ると予想した。数学者のジョン・アレン・パウロスは、初期のウェブについて「インターネットは世界最大の図書館だが、蔵書はすべて床にぶちまけられている」と表現している。[*9]

この問題を解決したのは、コンテンツそのものだった。スタンフォードの計算機学科の学生だったラリー・ペイジとセルゲイ・ブリンは、ウェブ上のコンテンツの多くは、他のコンテンツとリンクしていることに気づく。これこそまさに、ティム・バーナーズ＝リーがウェブ（クモの巣状に絡み合う関係）と名付けた所以だった。ペイジとブリンは、こうしたリンクを使えばすべてのコンテンツの序列が作れるのではないかと考える。あるトピックに関して他のページから最も多くリンクされているページ、つまり被リンク数の多いページを最上位とする。これは、学術論文の評価とよく似た手法と言えるだろう。ご存知のとおり、他の論文で引用される回数が多いほど、すぐれた論文とされる。ペイジとブリンはさらに巧妙な重み付けをした。多くのリンクを集めているページからのリンクだった場合にはそのリンクの重みを大きくし、そうしたページからのリンクが多いほどランキングが上がる、というふうにしたのである。

こうした開発されたページのランク付けアルゴリズムはPageRank（ページランク）と名付けられ、このアプローチを説明した論文「ハイパーテクストウェブ検索エンジンの構造」が第七回国際ワールドワイドウェブ会議（ブリスベーン、オーストラリア）で発表された。[*10] さらにこのアプローチを実地で試すべく、二人はのちにGoogleと改称する小さな会社をシリコンバレーで起業する。一九九八年九月のことだった。

クラウドが持ち込むオンラインのコンテンツは、管理不能だとしてもでたらめに散乱しているわけではない――このことに気づいたGoogleは、世界を変えた。インターネットは、実際にはきわめて精妙な構造を持つのである。ただしそれは、コアのように誰かが意図的に決定した厳格な構造ではない。PageRankのようなアルゴリズムで分析されたときに初めて浮かび上がってくる構造である。コンテンツ自体が変化し発展するにつれて、浮かび上がってくる構造も変化し発展する。こうして私たちは、クラウドが生み出すコンテンツの海をスムーズに航海することができるようになった。

制御不能なクラウドが不可避的に引き起こす第二の問題は、中には悪意のある行為や不正行

〔82〕ウェブのキュレーターとしてのYahooの役割が消滅すると、その存在理由も消滅した。二〇一六年にVerizon（ベライゾン）が同社の買収に同意。「ハイテクの歴史の中で最も悲しい五〇億ドルのディール」と呼ばれた。Brian Solomon, "Yahoo Sells to Verizon in Saddest $5 Billion Deal in Tech History," *Forbes*, July 25, 2016, http://www.forbes.com/sites/briansolomon/2016/07/25/yahoo-sells-to-verizon-for-5-billion-marissa-mayer/#7084344771b4.

為におよぶ輩がいるということだ。コアは、そうした輩を合法的に排除することができる。図書館なら退出させ、会社ならクビにすることが可能だ。だがウェブではそうはいかない。別の名前やIPアドレス[83]を使えばたやすく舞い戻って来れるし、匿名のマントの陰に隠れることもできる。その結果、悪口や罵詈雑言からヘイトスピーチ、犯罪行為にいたるまで、ありとあらゆるよからぬ行動がウェブに紛れ込むことになる。

それらはじつにいやなものであるが、クラウドという概念にとって致命的ではない。まず、ウェブに参加する人の大半は悪者ではない。大半の人がよき意図をもって参加している。だから、悪意のないコンテンツのほうが圧倒的に多い。さらに、Googleのような検索ツールによってよからぬコンテンツや意味のないコンテンツのランクは下げられるので、容易には人目につかないようになる。加えて、多くのページビューを誇るサイトのほとんどで、運営者が賢明な方針を掲げている。たとえばクラウドの共同作業によるオンライン百科事典ウィキペディアは、「五本の柱」の一つとして「善意をもって行動し、他の人の言動を善意にとってください」と参加者に呼びかけている。[*11]

もちろん、このような紳士的な方針を掲げれば万事がうまくいく、というわけではない。二〇一六年には、Facebookをはじめとする多くのソーシャルメディアが「フェイクニュース」に翻弄された。またTwitterでは人種差別、女性蔑視、反ユダヤなどの卑劣な発言が垂れ流された。ウィキペディアの共同創始者であるジミー・ウェールズは、Wikipediaがフェイクニュースと比較的無縁だった理由の一つは、ガバナンスにあったと述べている。適切な方針、基準、制度、技術を採用すれば、クラウドは質的水準を維持することができる。ただしそれと引き換えに、新しい情報を投稿・拡散・共有し、利益をもたらすスピードは犠牲になる。これについては後段で論じる。

本書を執筆している二〇一七年初めの時点では、クラウドに発言の場を与えた有力プラットフォームはまだこの問題に有効な対策を打ち出していない。だが人間の頭脳とマシンを組み合わせれば、必ず解決できるはずだと私たちは楽観している。具体的には、フェイクニュースや悪意あるコンテンツに人々が警告を発することを可能にすると同時に、機械学習を通じて悪意あるコンテンツを自動的に特定するアプローチが有望だ。

市場のマジック

図書館やウェブのような膨大な情報の集積は、言うまでもなく有益でありがたい存在である。知りたいことがあるときは、誰でもそこへ行って調べ、学ぶことができる。クラウドが作り出す情報の集積には、もう一つメリットがある。大勢の人が持ち込んだ情報をベースに、自

(83) IPアドレスとは、インターネットに接続するすべての機器に割り当てられた数字のことである。

然発生的に新しい知識が生まれることだ。まるでマジックのようだが、現実に毎日のように起きている。

このことを最初に指摘したのは、オーストリア出身の経済学者フリードリヒ・ハイエクである。一九四五年に発表した論文「社会における知識の利用」がそれだ。当時は、ソ連のような計画経済と自由市場経済のどちらがすぐれているかについて、激しい議論が戦わされていた。言い換えれば、たった一つのコアがモノやサービスの生産と分配をすべて計画する経済と、生産も分配も誰からも命令されないクラウドによる経済のどちらがよいかという論争である。そしていまとなっては信じられないことだが、前者が後者に勝る、すくなくともうまくやれば勝るものになりうる、という見方が主流だった。そうした思想的潮流の中、ハイエクの論文はそれがいかに途方もない誤りかを説明してのけたのである。この意味で、ハイエクはクラウドの守護聖人と言ってよいだろう。

計画経済はどこがまちがっているのか?

計画経済は、「計画の出発点となるべき社会全体の網羅的な全情報を単一のセンターに集めることは不可能」だから絶対にうまくいかない、とハイエクは主張した。[*12] だが今日では、技術の力で精密なモニタリングが行えるのだから、情報の集約は十分に可能ではないだろうか。あらゆる生産装置にセンサーを取り付けると同時に、市場調査やソーシャルメディアのサーチを行なって需要動向を調べ、それを単一のコア、すなわち巨大な分配最適化アルゴリズムに投入すれば、最適な計画が立てられるのではなかろうか。ハイエクは、そうは考えない。仮にそのようなアルゴリズムが存在するとしても、実際に必要な情報のすべては収集できない。ある時ある場所という環境に依存する知識、すなわちそこにいて「そのリソースの最適な利用を熟知している個人」の知識まで集約することはできないからだ。[*13]

ハイエクは、ポランニーのパラドックス（われわれは語れる以上のことを知っている）に類することが経済全体に当てはまるのだと示唆したように思われる。自分が知っていること、持っているもの、欲しいものをすべて話すことなど誰にもできない。となれば、巨大なアルゴリズムにはほんとうに必要な情報が投入されないことになり、そこからアウトプットされるのはじつに偏った非生産的な計画になるだろう。これは言ってみれば、善意の塊だが少々ピントのずれた叔父さんが、あなたが去年ほしかったが今年はもう興味のないものを町中探してクリスマスにプレゼントしてくれるような行動を、国家を挙げてやろうとするようなものだ。中央計画委員会が国民の最善の利益だけを考えて行動したとしても（この仮定を書き出してみただけで、まずもってあり得ないことがわかる）、過度の一極集中は政府による常時監視[*14]と不条理な官僚支配[*15]を招くことになるだろう。

ではコアのいない自由市場経済は、どうやって運営されるのだろうか。人々が政府からの過度の監視や規制を受けずに自由に取引することによって、かつ価格という指標を使うことによって、である。モノの値段は、需要と供給を均衡させるだけでなく、決定的に重要な情報をまったくコストをかけずに経済全体に伝達する役割を果たす。ハイエクの言葉を引用しよう。

> ある一つの資源が不足したら、一つも命令を出さず、ほんの一握りの人しかその原因を知らなくても、数万数十万の人々がその資源を節約するようになる。つまりまさにすべきことをするようになる。これはじつに驚嘆すべきことだ……もしこの価格というシステムが意図的に人間が設計したものであって、価格の変動に導かれて行動する人々が自分たちの決定は直接の目的をはるかに超えた意味を持つと理解しているのであれば、このメカニズムは人間の知恵がもたらした最高傑作の一つだと誇ることができただろう。が、残念ながらそうではない。[*16]

ハイエクの論文は、二〇世紀になって複雑性理論に取り込まれることになるアイデアの多くを予見していたことがわかる。個人の行動がクラウド全体にとって大きな価値を持つ情報を生み出しうること、そのような分散した情報を一握りのコアで拾い集めるのは不可能であることを、彼は理解していた。二、三の鉱山や精錬所を見ただけでは錫の価格を知ることはできない。市場が発生システムだと言われるのは、ここだ。あらゆる参加者の相互作用から価格は発生するのである。

集団知を活かす

人々がオンラインに接続し、クラウドを形成するようになると、その集団としての知識(集団知)、いわゆる「群衆の叡智」を掘り起こして活用する試みが始まった。中でも早い段階で活用が始まったのが予測市場である。予測市場は、ハイエクの知見を直接的に活かしたしくみと言えるだろう。この市場で扱うのはモノやサービスではなく、大統領選挙の結果やアカデミー賞の受賞者など将来のイベントである。ひらたく言えば「みんなの意見は案外正しい」ことに期待して、将来予測に活用しようというわけだ。現在アメリカでは、アイオワ電子市場やニュースフューチャーズなどの予測市場が運用されているほか、Hewlett-Packard(ヒューレット・パッカード)やGoogleなどが社員参加による企業内市場を運営し、意思決定に活用している。

では、予測市場のしくみをざっと説明しよう。ここでは、次の四半期にインフレ率が三%を上回るかどうかを市場に予測してもらうことにする。まずマーケットメーカーが、「三%を上回ったら一ドルもらえる」という権利を証券として売り出す。三%を上回らなかったら、〇ドルである。この証券は、ニューヨーク証券取引所とまったく同じように市場参加者同士が売り買いできる。次に市場にできるだけ大勢の参加者を呼び込み、売買を促す。インフレ率が必ず三%を上回ると確信する参加者は、この証券に一ドルまで払うことが合理的だ。六〇%の確率で三％を上回ると予想する参加者は、証券価格が〇・五ドルなら買う価値があるだろう。絶対に上回らないと確信する参加者にとって、この証券に価値はない。証券価格が〇・七ドルで安定したら、市場全体としては三％を上回る確率が七〇％あると見込んでいることになる。ある映画の興行成績が一億ドルを上回るか、ある候補者が大統領になるか……等々、時事問題やスポーツから製品の売れ行きまで、さまざまな将来イベントを市場に問うことができる。最後に、問題のイベントが実際に起きてから、マーケット・メーカーは的中した証券の保有者への支払いを行う。ここでは、四半期が終了し平均インフレ率が三％を上回ったら、証券保有者に一件あたり一ドルを支払う。

予測市場の運用成績は、市場価格と集団知に関するハイエクの洞察を裏付けるものとなっている。たとえばアイオワ電子市場は大統領選挙の結果を世論調査より正確に予測してきたし、ハリウッド・ストック・エクスチェンジはアカデミー賞の受賞者をかなりの確率で的中させてきた。つまり予測市場の価格は、かなり正確な確率予測ツールとなる。

適切に重み付けした世論調査や、天才的な予知能力を持つ人間による予測などの手法と比べて、予測市場の精度のほうが高いのだろうか。これについては、活発な議論の対象となっている。とはいえ、適切な条件で運用すれば予測市場がきわめて有用であることを疑う人は、もはやほとんどいない。予測市場の専門家で現実に活用もしてきた経済学者のロビン・ハンソンは、「予測市場は、市場による価格付けをよいものとする基本原則に貫かれている。情報は経済プレーヤーの間に広く分散しているのだから、それを集約するメカニズムを見つけることが望ましいが、自由市場は多くの場合この役割をじつにうまく果たす。なぜなら、誰でも参加でき、利益（または損失）を得る可能性がよりよい情報を求める強いインセンティブとなるからだ」と語っている。[*17]

クラウドをどう組織するのか？

ハイエクが強調し賞賛し、ハンソンらが新たな活用法を見出した価格というシステムは、市場参加者の相互作用が生み出すすばらしい副産物である。言い換えれば、価格のほとんどは、意図的な努力の産物ではない。では、意図的な努力を実際にやってみたらどうだろうか。つまりクラウドをオンラインに結集させ、何かを一緒にやらせようとしたらどうなるだろうか。

そんなことはどう考えてもできっこないと思えるし、うまくいかない理由をいくつでも挙げられる。そのような試みに、とりわけそれが無報酬だとしたら、いったい誰が参加するだろうか。また参加を申し出た人間がその仕事にふさわしい能力や適性を備えているとどうしてわかるだろう。また、仕事をどう分担するのか、その分担を誰が決めるのか。各人が分担した仕事が十分な水準に達していることをどうやって確かめるのか、そもそもその基準を誰が決めるのか。人類の歴史において、クラウドを結集しなければ実現できないような壮大なプロジェクトは、いずれもコア主導で実行されてきた。クラウドだけでそれができるのだろうか。

なぜ Linux は成功したか

リーナス・トーバルズはいま挙げたような疑問を抱いたかもしれない。それでも彼は、オペレーティングシステム Minix に関わる Newsgroup に、次のようなメッセージを投稿した。一九九一年八月二五日のことである。

Minix（ミニックス）を使っているみんなへ

ボクはいま、386（486）AT互換機用のフリーのオペレーティングシステムを作っている（ほんの趣味的なもので、GNU(84)のようなプロ向けの本格的な奴じゃない）。四月からごそごそやってきて、そろそろ動かせそうだ……で、みんながこの新しいオペレーティングシステムにどんな機能を求めるのか知りたいな。意見をもらえたらうれしい（必ず採用するとは約束できないけど）。*18

トーバルズが開発中のオペレーティングシステムはまったく新しいものだったが、すでに心臓部であるカーネルはだいぶ出来上がっていた。トーバルズは商用ソフトではなく、フリーなシステムを作りたかったのである。フリーとは、単に無料を意味するのではなく、「誰でも自由に使い、修正し、拡張できる」というほどの意味だった。開発者のコミュニティでは、「ただのビール」じゃなくて「表現の自由」の「自由」のことだとよく説明されたものである。これに対してMicrosoftは、Windowsのソースコードを公開していない。だから、外部の人間はどう動くのかわからないし、修正もできない。「フリーのオープンソース」を信奉するソフト開発者たちは、このような透明性の欠如は問題だとかねてから主張しており、トーバルズもまったく同感だった。

トーバルズが開発したオペレーティングシステムは、のちにLinux（リーナスのMinix）と呼ばれるようになる。そして「ほんの趣味的なもので、GNUのようなプロ向けの本格的な奴じゃない」という彼の説明は、コンピュータ史上もっとも不正確な表現であったことがあきらかになった。Linuxはいまやまちがいなく世界で最大規模で最もプロ仕様のオペレーティングシステムであり、巨大なデータセンターからAndroidのスマートフォンやタブレット端末にいたるまで、多種多様なハードウェアで採用されている。*19

クラウドの新しいルール

いま改めてLinuxの歴史を振り返ってみると、クラウドの力を借りて何か壮大なことを成し

〔84〕GNUも、オープンソースのオペレーティングシステムである。この頭文字は、「GNUはUnixではない」ことを表す。

遂げようというときの重要な基本原則が浮かび上がってくる。オープンであること、学歴・資格偏重を避けること、各自の仕事が検証・取り消し可能であること、将来の道筋が明確であること、各自の貢献が自発的であること、オタク的なリーダーがいることだ。以下ではこの順で説明する。

1 オープンネス

最初のメッセージを発信するとき、トーバルズはできるだけ広い範囲の人に呼びかけたいと考えた。だから、プログラミングの経験のある人やソフト開発企業に勤めている人だけを対象にはしなかった。このアプローチはずいぶん変わっているし、まちがっているように見える。だってそうだろう、家を建てるときに誰彼構わず呼びかけて来てもらっても、収拾のつかないことになりそうだ。だがLinuxの場合、このやり方はうまくいった。二〇一五年までにカーネル開発に寄与した開発者は一万一八〇〇人にのぼり[20]、Samsung、IBM、Intelといった大手企業も資金と人材の両面で参加するようになる[21]。第7章で、スマートフォン用のアプリを開発する人の動機はさまざまだと書いた。それと同じで、オープンソースのオペレーティングシステム開発に参加する個人や企業の動機もさまざまである。Linuxはオープンであったがゆえに、そのすべてを受け入れることができた。

2 学歴・資格不問

学歴・資格偏重を避けるというのは、オープンであることの一要素ではあるが、かなり直感に反することなので、独立項目として論じておきたい。これはつまり参加者に、出身大学も成績も肩書きも推薦状も経験年数も問わないということである。トーバルズはそうした条件をいっさい設けなかったし、参加者に聞きもしなかった。彼は Linux のソースコードを公開し、改良してほしいと呼びかけただけである。オープンソース運動の支援者で Web 2.0 の提唱者の一人でもあるティム・オライリーは、ユーザーを共同開発者として信じることが Web 2.0 の身上だと二〇〇五年に語ったが[*22]、トーバルズのしたことはまさにそれだったと言えるだろう。とはいえトーバルズは、もちろん当時はオライリーの言葉を知らなかったわけだが。彼は二〇一六年に次のように率直に認めている。「オープンに参加者を募るという方法を選んだのは、今日考えられているような深い意味があったわけじゃない。それよりもむしろ、半年かけてやってきたこいつを見てくれ、そして何か言ってくれよ、という気持ちだった[*23]」。参加者の学歴や資格を問わないというトーバルズの姿勢は徹底していた。彼がすばらしいのは、プログラミングが大好きだがまだ何も知らない高校生であっても、あるいはどうみてもオペレーティングシステムの開発にはふさわしくない経歴の持ち主がいたとしても、けっして門前払いを食わさなかったことである。

3　検証・取り消し可能性

ソフトウェア開発で「来る者は拒まず」という方針が（家を建てる場合よりはるかに）うまくいくのは、ある参加者が付け加えた新しいピースがきちんと動くかどうかが比較的容易に検証でき、だめとなったら比較的容易に削除できるからだ。たとえばプリンタドライバーだったら、指定されたページをちゃんとプリントアウトできなければならない。もしできないようなら、それをオペレーティングシステムから取り除く必要がある。ソフトウェアのクオリティは、コードを点検する、実際に動かしてテストする、などの方法でチェックできる。ここが、ソフトウェアの開発が小説や交響曲の創作と大きくちがうところだ。小説の場合、誰かの付け足した章が作品の出来栄えをよくしたかどうか、判断するのはむずかしい。クラウドの開発したLinuxが世界で最もポピュラーなオペレーティングシステムになったのは、クオリティを判断する客観的な基準が設定可能だったおかげだと言えよう。

　またソフトウェア開発では、開発中のすべてのバージョンを上書きせずに保存しておく習慣がある（それができるのも、無料(フリー)、完全(パーフェクト)、瞬時(インスタント)というビットの世界の経済特性のおかげだ）。だから、もしコードの一部が不具合だったら、その部分を含まないバージョンにかんたんに戻せる。仮に参加者の誰かが悪意をもっていても、あるいは単に無知であっても、ソフトウェア全体に取り返しのつかないようなダメージを与えることはできない。したがって開発プロジェクトをオープンにし、参加者の資格を問わないスタンスをとることが、他のプロジェクトに比べてはるかに容易である。

4 将来の透明性

助っ人として名乗りを上げた参加者には、自分たちの努力が最終的にどんな形で結実するかがわかっていた。まず言うまでもなく、自分たちが新しいオペレーティングシステムを作っているのだと知っていた。さらに、自分たちの成果を誰がどのような形で将来使うことができ、どのような形では使うことができないかをはっきりとわかっていた。

この第二の点についてもうすこしくわしく説明しておこう。トーバルズはLinuxプロジェクトの早い段階で、LinuxをGNU一般公衆使用許諾（GPL）の下で公開することを決めた。GPLはフリーソフトウェア運動の提唱者リチャード・ストールマンが一九八九年に開発したライセンスで、主にフリーソフトウェアの開発・配布に適用される。GPLには二本の柱がある。第一は、ソフトウェアはエンドユーザーが自由に使用、研究、複製、修正できること。第二は、将来派生する修正版、拡張版などもすべてフリーとすることである。GPLが採用されたとき、Linuxに関わった人はみな、このオペレーティングシステムがいずれ非公開になったり、誰かが所有権を主張したりする恐れはないこと、いま自分たちの開発作業を律しているルールが将来変わる可能性もないことを理解した。フリーソフトウェア運動を支持する人たちにとって、こうした確証が得られたことは大きなインセンティブになる。クラウドにとって、自分の仕事が評価されること以上に、自分たちが情熱を注いだ成果が誰かの懐を不当に温めたりすることがないか、ということが重要な意味を持つ。

5　自発性

プロジェクトに参加した個人や企業は、どの部分を担当するか、自分で決めた。トーバルズや中心的なメンバーが仕事を割り振ったわけではない。となると、重要な部分が欠落するようなことはないのか、という疑問が湧く。だがよく考えてみると、「重要」というのはこの場合、エンドユーザーにとって重要であることを意味する。すると、エンドユーザー自身が開発に参加しているのだから、彼らの自主性に任せていれば重要な部分は必ず実行されると安心していてよいことになる。Samsung や Intel などの大企業からプロジェクトに参加したエンジニアたちは、おそらく会社から指示を受けていただろう。だが全体としてみれば、作業はおおむね現場に委ねられていた。それどころか、Linux のある特定のバージョンで作業するように、という指示もなかったのである。ただしオペレーティングシステムは「分岐」させることが可能だった。[24] そこで、たとえば名刺大のハードウェア Raspberry Pi（ラズベリーパイ）用のオペレーティングシステム Raspbian バージョンが制作されるのと並行して、[25] 巨大なサーバー用に最適化されたバージョンも開発されていった。こうした分岐は、プロジェクトを制御不能な事態に追い込むどころか、それぞれにきわめて有用な成果を上げており、Linux の成功の一要因となっている。

6　オタク型リーダーシップ

プロジェクトが進行し規模が拡大しても、トーバルズは絶大な影響力を持ち続けた。彼のリーダーシップのスタイルを私たちは「オタク型（geeky）」と呼んでいる。何か一つのことに興味を持つと熱中してのめり込むタイプを表現したつもりだ。こういうタイプは、新しい技術の周辺に集まって来る。その中でリーダーになるのは、その技術に誰よりも惚れ込み、おもしろがり、寝食も忘れて没頭し、名人の域に達するような人物だ。トーバルズはまさにそうである。彼は生涯を通じて一プログラマーであり続けた。それも、非常に優秀なプログラマーである。だからトーバルズの意見には開発コミュニティの誰もが耳を傾けた。このタイプのリーダーは、自分たちのやっていることについて明確なビジョンを持っていることが多い。それは何も壮大なビジョンである必要はない。トーバルズ自身、「自分に先見性があったとは思わないし、五カ年計画のようなものは何も立てていない。自分は一介のエンジニアに過ぎない……自分の目の前の地面に空いている穴を埋めようとしただけだ、その中に落っこちる前にね。だが、そのために他人に時間と労力を使ってもらおうというのだから、やりたいことを明確にして、みんなにその気になってもらう必要はあった[*26]」。

そしてオープンソースのオペレーティングシステムを一から作るということは、じつにやり甲斐のある大仕事だった。オタク型のリーダーは多くの場合、自分の領域について一家言持っている。トーバルズは、「洗練されたコード」を書くことに夢中だった(彼に言わせると、洗練されたコードとは「大きなパターンを見抜き、本能的に正しい方向に進んでいることを知っているようなコード」だという)[*27]。また、ときに辛辣に自分の意見を表明してきたことでも知られる[85]。そうした痛烈な物言いは、一部の参加者にとってはおもしろくなかったにちがいない。それでもコミュニティ全体は、プロジェクトに誰よりも熱心で、かつくわしいのはトーバルズだと考えていた。これはオタク型リーダーの最大の特徴である。

いま上げた六つの要素がクラウドを動かし、長い時間をかけて世界レベルのオペレーティング・システムの構築・維持・改善をやり遂げ、Linux の驚くべき成功を支えたと考えられる。検証可能だったことで、ほんとうに役に立つピースだけが残された。将来の方向性が明確だったおかげで、参加者は自分たちの努力が横取りされるのではないかという疑心暗鬼に陥らず、力を尽くすことができた。そしてトーバルズや中心となったグループが発揮するオタク的なリーダーシップは、Linux の理想と文化を保ち、勢いを持続させたのだった。

一度は失敗しかかった Wikipedia

オンラインにクラウドを動員する共同作業に、さきほど挙げた六つの要素の一部しか備わっていなかったらどうだろうか。それでも所期の目的を達することは可能だろうか。最終的な結論を出すためには、まだまだ多くの調査研究が必要だ。が、ウェブが生まれてほどない時期に始められたある試みが、一つの答を示唆している。それは、誰でも無料で使えるオンラインの百科事典を作るという壮大なプロジェクトだった。

　百科事典そのものの歴史は古い。最初期の百科事典として知られるのは、古代ローマの政治家にして博物学者の大プリニウスが著した『博物誌』全三七巻である。紀元一世紀頃のことだ。そして一七二八年にはイギリスのイーフレイム・チェンバーズが『サイクロペディア、または諸芸諸学の百科事典』を編纂し、「人類の知識はすべてここにある」[*28]と豪語した。ただ両者に共通するのは、非常に高価だったことである。だから、富裕層以外は手が届かなかった。

　ウェブが登場したとき、情報工学者のジミー・ウェールズは、大勢の人のボランティア精神に訴えかければ、誰の手にも届く百科事典をウェブ上に作れるのではないかと考えた。そして、一九九九年に当時哲学の博士課程に在籍していたラリー・サンガーに声をかけ、Nupedia（ヌーペディア）プロジェクトがスタートする。ウェールズとサンガーはボランティア執筆者の募集を開始。品質を維持するために、「その分野での専門家で（少数の例外を除き）博士号を

〔85〕たとえば二〇一六年七月には、トーバルズはプログラマーたちに、コードにコメントをつけるときの「正しい」方法を述べた。彼はLinux Kernelメーリングリストで「均整のとれた伝統的なC言語形式でコメントを書くことがむずかしいときは、君たちがいまやっているような不均衡なたわごとをぐだぐだ書かないで、C++言語を使ってほしい……コメントを〝ボックスに入れる〟ような人とは今後もう話さないことにする」（Linus Torvalds, Linux Kernel Mailing List post, July 8, 2016, 10:19:26, https://lkml.org/lkml/2016/7/8/625）。

持っていること」を条件とした。[*29] 並行して、執筆・編集の手順も決めた。

1 執筆担当者の決定および執筆
2 査読者の指名
3 査読の実施
4 査読評価の公開
5 編集作業
6 最終稿の公開
7 最終承認と一般公開

これでうまくいったのだろうか。一八カ月の期間と二五万ドルの支出を費やした成果は、完成した項目が一二、下書き段階が一五〇だけだった。[*30]

あまりのスローペースに業を煮やしたウェールズとサンガーは、他のやり方を模索し始める。そして二〇〇一年初めにプログラマーのウォード・カニンガムが開発したwikiの存在を知った。誰でも書き込みができ、他人の投稿を編集・修正・削除もできるデジタルホワイトボードのようなもので、コンピュータ上での共同作業によってテキスト編集を行うためのツールである。Nupediaのチームはwikiをベースにしたウェブサイトを立ち上げ、二〇〇一年一月一五日にサンガーがこう呼びかけた。「お願いがあるんだ。ここに来て項目を書き加えてほしい。たぶん五分か一〇分しかかからないと思う」[*31]。

このサイトはWikipedia（ウィキペディア）と名付けられた。一月末までに書き込まれたのは六一七項目だったが、二〇〇一年末には一万九〇〇〇項目になる。そして二〇一六年には二九一言語で三六〇〇万項目を数え[*32]、アクセスランキングで世界六位を占めるにいたった[*33]。

クラウドの力を存分に発揮させる原動力となったのがwikiだったことはまちがいない。その結果ウェールズとサンガーは、自分たちの予想すらはるかに上回る形で、世界中の誰もがアクセスできるフリーでオープンな百科事典を生み出すことができた。Wikipediaが成功したのは、Nupediaとは異なり「来る者は拒まず」のオープンなアプローチを採用し、学歴・資格を不問にし、参加者の自発性に任せたからだと考えられる。さらに執筆に関する標準の設定、執筆・編集手順の順守なども断念し、各自が最適と判断した形式で書けるようにした。

とはいえ無秩序に陥ることを防ぐために、Wikipediaでは早い段階で検証可能性の原則を導入している。「利用者は、発見した問題点を編集・修正することができる。つまり利用者は、執筆者と編集者を兼ねる」とし、また「独自研究は書かない」という方針も掲げた[(86)][*34]。このほか、文書用のコピーレフトライセンスGFPLを採用し、自分の書いたものが横取りされるの

〔86〕「検証可能である」ことは、Wikipediaの指針の基礎となる「五本の柱」に含まれている（Wikipedia, "Wikipedia:Five Pillars," last modified February 6, 2017, at 10:52, https://en.wikipedia.org/wiki/Wikipedia:Five_pillars.）。

ではないかといった不安を払拭した。

さらにウェールズを筆頭に中心的な「ウィキペディアン」たちはオタク型のリーダーシップを発揮し、百科事典の編纂に自ら熱心に取り組むと同時に、全体の指針作りにも力を注いでいる。[87]とくに有益な貢献をした人への報奨やより投稿を奨励する方法などを検討するコミュニティも発足した。[88]

最近では古い伝統ある組織でも、Linux や Wikipedia のようなアプローチが受け入れられるようになってきている。アンディは二〇〇九年の著書『エンタープライズ2・0』の中でこうしたアプローチを強く支持したが、当時は「来る者は拒まず」式のオープンな共同作業のためのツールもなければ、そもそもそうした考え方自体が異端視されていた。だがいまでは、状況は変わってきている。

とりわけ注目に値するのは、二〇一三年八月にリリースされたグループコラボレーションツール Slack（スラック）である。*35 Slack はオンラインツールで、情報交換やファイル共有がかんたんにできるほか、チャット、文書編集、アンケート調査などの機能が備わっており、組織内はもちろん、組織横断型の共同作業にも適している。製品開発などのプロジェクトチームでの活用例が多いようだ。二〇一六年一〇月の時点で Slack のアクティブユーザー数は四〇〇万人を超え、有料ユーザー数は一二五万人に達した（無料ユーザーは、機能が限定的なフリープランを利用する）。Slack の普及は、Linux や Wikipedia のようなやり方が企業でも受け入れられたことの証と言えるだろう。

(87) ラリー・サンガーは二一世紀に入ってほどなく、方針についての意見の相違を理由にWikipediaから離れた。彼は、Wikipediaの反権威主義が行き過ぎで信頼性を欠くと考えるようになった（Larry Sanger [timothy, pseud.], "The Early History of Nupedia and Wikipedia, Part II," Slashdot, April 19, 2005, https://slashdot.org/story/05/04/19/1746205/the-early-history-of-nupedia-and-wikipedia-part-ii.）。

(88) ウィキペディアンは、投稿に対して報酬はもらわない。またほとんどが匿名である。したがって、名誉もインセンティブとしては限られる。ヤナ・ガルスのフィールド実験があきらかにしたように、彼らは仲間内の評価を誇りとするようだ（Jana Gallus, Fostering Voluntary Contributions to a Public Good: A Large-Scale Natural Field Experiment at Wikipedia, Natural Field Experiments 00552(2016), https://ideas.repec.org/p/feb/natura/00552.html.）。

この章のまとめ

・クラウドは多くの点でコアの対極に位置付けられる。クラウドは大規模で、多種多様で、おおむね制御不能であり、だいたいにおいて無秩序である。

・コアはいまでも重要だし有用である。だがグローバルなネットワークと信頼性の高いプラットフォームを容易に構築できる今日では、クラウドが能力を発揮する環境が整ってきた。

・クラウドは無秩序に見えるが、何の構造も持たないわけではない。メンバー同士の相互作用の結果として、時間経過とともに構造が立ち現れる。株式市場、予測市場、検索エンジンといったものは、そうした構造から価値のある情報を抽出する。

・ハイエクが慧眼にも指摘したとおり、過度の集中化・組織化は失敗する。社会には、ポランニーのパラドックス（われわれは語れる以上のことを知っている）に類すること（人々は知っていることをすべて話しはしない）が当てはまるからだ。

・クラウドが力を合わせれば、Linuxのような壮大なプロジェクトも実現しうる。クラウドの共同作業がうまくいくためには、オープンであること、学歴・資格偏重を避けること、各自の仕事が検証・取り消し可能であること、将来の道筋が明確であること、各自の貢献が自発的であること、オタク的なリーダーがいることが条件になる。

・オンライン百科事典Wikipediaの前身であるNupediaの例が示すように、いま上げた条件の一部しかそろっていない場合には、プロジェクトは頓挫する可能性がある。とはいえ六つの条件のバランスをとるのはむずかしく、試行錯誤と幸運が必要だろう。

あなたの会社では?

1 あなたの職場ではクラウドを活用したことがありますか? 何回ぐらい、またどのように活用しましたか?

2 あなたの会社で、あるいは個人的に、オープンネス、学歴・資格不問、検証可能性、将来展望の透明性、自発性を特徴とし、オタク的なリーダーが率いるような共同作業をするとしたら、どんな領域でしょうか?

3 多くの組織の意思決定プロセスやリソース配分プロセスは、どちらかと言うと計画経済に似ているようです。あなたの会社では市場に近いメカニズムの導入を考えていますか、それは可能ですか?

4 あなたの業界ではクラウドを活用するツールを使う機会がありますか?

5 あなたの会社のコアは、権限の一部を移譲し、クラウドに委ねる用意があるでしょうか？

専門家はなぜ役に立たないのか

天才たちは、いつだって人目につかない片隅で数々の作品を生み出してきた。あのミューズ、気まぐれな女神たちときたら、大邸宅は通り過ぎ、立派なアトリエや書斎にいる巨匠や大家には目もくれず、汚らしい小屋でぼろを着て没頭する弟子たちにありったけの愛情を注いできた――そのことを考えると微笑を禁じ得ない。

――ワシントン・アーヴィング、一八二四年ほんとうに複雑で手強いものを相手にするときは、専門家に頼るな。門外漢の力を借りろ――これが、クラウド型イノベーションに注目してきたカリム・ラクハニ、ケビン・ブードローらによる魅力的な研究の結論である。[*1] 彼らは、あまたあるヒトの白血球のゲノム配列を決定する効率的な方法を見つけようとしていた。白血球は、言うまでもなく血液の細胞成分の一つで、身体の組織に侵入した細菌や異物を撃退してくれる。白血球のゲノム配列解析は、このすばらしい免疫システムをよりよく理解するためにぜひとも必要だった。

基準を超えたビギナーたち

とはいえ、白血球のゲノム配列解析は途方もなくむずかしい。白血球は、人間を襲う多くの抗原に膨大な種類の武器で対抗しなければならない。しかも抗原は絶えず進化している。この難題に対して、ヒトの体は一つひとつの白血球内に遺伝子によってコードされた抗体を作るというスマートな答を出してきた。これが抗原抗体反応である。ただし遺伝子それ自体は複数の遺伝子断片が一つに長く繋がって編成されており、ときに突然変異を起こす。この活動的な断片の正確な配列は細胞によってちがう。つまり、細胞によって異なる武器を持つということだ。だから、武器の種類は豊富である。ある推定によると、ヒトの白血球内には抗体反応に関わる遺伝子断片が一〇〇ぐらい存在し、それが編成・再編成されることによって、一〇の三〇乗もの武器を作り出せるという。一〇の三〇乗というのは、地球上にある砂粒の一兆倍に相当する。

配列解析に当たって研究者が通常行うのは、アノテーションと呼ばれる作業である。アノテーションとは、一般にあるデータに対して関連する情報（メタデータ）を注釈として割り当てることを言うが、ここでは遺伝子構造、遺伝子機能の情報、文献情報などを配列データに注釈付けすることを指す。この作業をコンピュータで行う場合、自動アノテーション処理と呼ぶ。この処理方法は一通りではなく、どのやり方がベストか、つまり最も精度が高くかつ高速かはわかっていない。よく使われるのは、アメリカ保健省が開発したMegaBLASTというアルゴリズムだ。これは、一〇〇万の配列データのアノテーションに四・五時間かかり、精度は七二％である。[*2] ベス・イスラエル・メディカルセンター（ニューヨーク）のラミー・アルノート博士が開発したidAbというアルゴリズムは、性能が大幅に向上しており、[*3] 同じ量のデータのアノテーションを四八分以内に七七％の精度で完了する。[*4]

これ以上の性能向上は可能だろうか。それを知りたいと考えたラクハニ、ブードローらは、二段階のプロセスを踏んでクラウドの力を借りることにした。まず、遺伝子断片のアノテーションを特定の免疫遺伝学の問題から切り離して一般的なアルゴリズムの問題とした。こうすれば、遺伝学、生物学などの高度な専門知識がなくても解くことができるので、幅広い参加者を募ることができる。

次にこのアルゴリズムの問題をTopcoder（トップコーダー）に投稿して、挑戦者を募った。Topcoderはソフトウェア開発を主な対象とするクラウドソーシングのコミュニティで、ここで実施されるプログラミングのコンテストも腕試しとして人気がある。二〇〇一年にジャック・ヒューズが設立した。世界中からTopcoderに参加する人たちの多くは、タフな難題に挑戦することを楽しんでいるようだ。ラクハニらは問題を提示するとともに、作業の速度と精度を組み合わせて点数化する評価方法も明示し、アノテーションの対象となるデータを公開した。データは二セットに分割して一セットは応募者全員に提供し、もう一セットはテスト用としてTopcoderのサイトに置かれた。応募者は後者の閲覧やダウンロードはできないが、自分たちのアルゴリズムを動かして結果に対する評点を知ることはできる（三番目のセットもあり、こちらは最終評価をするために使われた）。

コンテストの期間は二週間である。期間中に一二二の個人またはチームが最低一回はテスト用データにアルゴリズムを適用し、多くのチームが何度もトライした。最終的に六五四件のアノテーション処理が提出された。六九カ国、一八歳から四四歳までと、応募者はじつに多種多様である。しかも、すくなくとも通常の基準からすれば未経験者がかなりおり、およそ半分がまだ学生だった。「計算生物学の研究者や民間企業でその分野の仕事に携わっている人は一人もいなかった。研究所に所属しているか、生命科学の分野で働いていると名乗った人が五人いただけだ」という。*5

では、結果はどうだったのだろうか。もちろん、全部がよかったわけではない。いや、大半がMegaBLASTやidAbより劣っていた（ただし処理速度ではまさっていた）。しかし三〇件はMegaBLASTより精度が高く、うち一六件はidAbをも上回った。さらに八件の精度は八〇％に達しており、問題のデータセットでは理論上これを上回ることはまず不可能と考えられたのである。[89] しかも、idAbを上回ったチームの平均処理速度はわずか八九秒で、idAbの三〇倍以上速い。精度で上位三位のチームにいたっては、なんと一六秒で、一八〇倍だったのである。

もう一つ、付け加えておこう。このコンテストの賞金総額は六〇〇〇ドルだった。

専門家のどこがダメなのか？

この結果は例外なのか、それともこれはありふれたことなのか？ 私たちはラクハニにこの質問をぶつけてみた。というのも彼は、競技プログラミングなどクラウドを対象とするさまざまなコンテストに関する先駆的な研究者であり、いま挙げたアノテーション以外にも多くの調査を行なっているからだ。

私たちは航空宇宙局（NASA）、医学大学院、有名企業などのために、クラウドを対象とするコンペティションを過去五年間で七〇〇回以上実施してきた。うち、クラウドが集まらなかった、つまり誰も問題に挑戦しようとしなかったのは一回だけだった。[90] それ以外のコンペティションでは、既存のやり方とすくなくとも同等か、大幅に上回る結果が得られている。*6

これはちょっと信じられないことではないだろうか。NASAのような公的機関や、民間の大企業や研究所は、最新鋭の立派な研究施設や優秀なスタッフなどの環境も整っているし、イノベーションを創出するために膨大な時間と資金と労力を投じてきたはずだ。こうしたリソースは、コアの中のコアと呼ぶべきものである。それなのに、これらのリソースこそが解決すべ

〔89〕ラクハニらの説明によると、「残るエラーは、アノテーションが不可能な配列のものだった」という。Karim Lakhani et al., "Prize-Based Contests Can Provide Solutions to Computational Biology Problems," *Nature Biotechnology* 31, no. 2 (2013): 108–11, http://www.nature.com/nbt/journal/v31/n2/full/nbt.2495.html.

〔90〕ラクハニは、この失敗の原因は出題者が問題を十分に明確にしなかったか、懸賞金が十分でなかったためだと考えている。

き難題を、ぽっと現れたクラウドが解いてしまうというのは、どうしたことか。

コアを構成する専門家は、正直なところさほど優秀ではないのだろうか。第2章でさんざん例を挙げたように、専門家にしても人間である以上、研究のクオリティを低下させかねないさまざまなバイアスにとらわれている。そしてもしかすると、その分野で評価が高まり著名になるほど、バイアスをバイアスと気付かず、自信過剰になるということがあるかもしれない。すくなくとも、一度考え抜いたことはもう大前提として是認し、二度と見直しをしないということはありそうだ。こうして思いがけない死角が増えると、大失敗につながる可能性が出てくる。

多くの「専門家」が全然専門家でない可能性だって、ある。科学技術の変化が速く、複雑で高度化する一方の世界では、一般人が理解するのは至難の技だ。素人には専門家の優劣を見抜くことはまずできないとなれば、水準に達していない専門家が専門知識を要する職に就いていてもおかしくない。そして専門家自身が、ある特定の研究を遂行する能力について、自分で自分を欺き世間を欺くことはありうるだろう。

だが私たちは、これほどひんぱんにクラウドが専門家を打ち負かす真の原因が、専門家が優秀でないせいだとは考えない。今日科学の分野で働いている多くの学者も技術者も、研究を遂行する十分な能力を備えているし、熱意も持ち合わせていると信じる。ではどうしてそうした優秀な学者や技術者を、半ば以上素人のクラウドが打ち負かせるのだろうか。

ミスマッチが多すぎる

組織には多くの長所があるが、自分たちのやり方に固執するきらいがある。「これまでそうしてきたから」という理由で非生産的なやり方を続けた結果、創造性が衰え、イノベーションが生まれなくなる例は枚挙にいとまがない。組織の機能不全や硬直化は深刻な問題であり、コアが本来の能力を発揮できなくなる大きな原因となっている。

だがもっと重大なのは、コアは直面する問題の解決に適していないことがままあるのに対し、クラウドは膨大であるがゆえに、まずそれはないことだ。となると、コアがこうもひんぱんにミスマッチを起こすのはなぜだろうか。研究所や研究開発部門は、現在や将来の研究にまさに必要な人材を集めているのではないのか。遺伝子研究チームの雇った専門家がまるでお門違いで、いっこうにDNAの謎が解けないと嘆くような事態がなぜ起きるのか。

あくまで推測の域を出ないが、おそらくこういうことではないだろうか。一つは、重要な新しい知識はあらゆる学問分野で毎日のように生まれているが、それがコアに届くまでには時間がかかることだ。たとえばヒトゲノムの配列解読は二〇〇三年に完了すると、医学、生物工学、薬学から農業、畜産など幅広い分野で活用され、その後も技術の進歩と普及がハイペースで進んでいる[91]。つまり、多くの組織のコアで働く研究者が知識やスキルのアップデートに日夜努めない限り、クラウド、とりわけ新しい教育を受けた若者たちに容易に追い抜かれるような状況が出現していると考えられる。たとえば最先端の遺伝子編集技術は、コアの研究者たちが五年前に習得したものとはまったくちがう。二〇一二年にCRISPR-Cas9システムが発見され、いかなる遺伝子も簡単迅速に、かつ高い精度でノックアウト、ノックインすることが可能になったからだ。

人工知能や機械学習、エネルギー生産の分野なども変化のペースが速い[92]。そうした分野では、コアが蓄えた知識があっという間に時代遅れになるということが起こりうる。だが膨大な数のクラウドのどこかには、最新の進歩を理解している人が誰かしらいるものだ。だから、コアは古びても、クラウドは古びない。

門外漢の意外な効用

クラウドがしばしばコアを上回る結果を出す理由は、もう一つ考えられる。多くの問題は、ちがう視点から見ると思いがけない解決が得られるということだ[*7]。こちらのほうが、単なるミスマッチよりも示唆に富んでいる。ちがう視点とは、ひらたく言えば、コアとは年齢も性別も学歴も経歴もちがえば、発想も問題解決のアプローチも使うツールもちがう人たちの視点である。これはまさにクラウドの定義にほかならない。このような人たちをコアに迎え入れることはきわめてむずかしく、ほとんど不可能と言ってよいだろう。考えてみてほしい。たとえば製薬会社の研究所に、もしかしたら何かの役に立つかもしれないという理由で宇宙物理学者や暗号解読の専門家を雇う、などということが可能だろうか。企業側からすれば、雇わないというのが完全に合理的な判断である。だが困難な課題への取り組みがコアの中だけに限定される場合には、宇宙物理学者や暗号解読者の力を借りることは未来永劫できない。

役に立ちそうもないからという理由で役に立ったかもしれないインプットを遮断するのは、じつに残念なことである。というのも、決め手になったのは遠く離れた分野の知識や知恵だったというケースが結構な頻度で出現しているからだ。オープンソース運動で知られるエリック・レイモンドが言うとおり、「目玉の数さえ十分あれば、どんなバグも深刻ではない」のである。*8 つまり、潜在的な解決者の数や種類が増えるにつれて、解決の確率は高まる。さきほどのアノテーション・コンテストの結果は、このことを雄弁に物語ると言えよう。速度と精度の両面で既存のアルゴリズムを上回ったチームに、計算生物学の専門家は一人もいなかった。しかもさきほど述べたように、こうした例はめずらしくない。ラクハニとラース・ボー・イェペ

〔91〕二〇〇〇年の時点で最初にヒトゲノムの配列解読に要した費用は五億ドル以上と推定される。しかし、二〇一五年半ばにヒトゲノム全部の配列の「設計図」を作成したときのコストはわずか四〇〇〇ドルであり、二〇一五年末にはこの数字は一五〇〇ドルまで下がっている。 National Human Genome Research Institute, "The Cost of Sequencing a Human Genome," last modified July 6, 2016, https://www.genome.gov/sequencingcosts.

〔92〕ラメズ・ナームは、既存のソーラー発電能力をすべて二倍にすればコストは一六%下がると指摘する。 Ramez Naam, "How Cheap Can Solar Get? Very Cheap Indeed," *Ramez Naam* (blog), August 10, 2015, http://rameznaam.com/2015/08/10/how-cheap-can-solar-get-very-cheap-indeed.

センは、InnoCentive（イノセンティブ）で公開された一六六の問題を調査した。[*9] InnoCentiveは、研究開発上の問題解決のためにEli Lilly（イーライリリー）が二〇〇一年に立ち上げたクラウドソーシングサイトである。調査の結果、有望な解決を提案したチームには、問題解決を依頼した企業の専門領域からかなり外れた門外漢が加わっていたことが判明した。[93]

じつのところクラウドがあれほどの威力を発揮できるのは、基本的に門外漢だからである。クラウドの中には、何かの分野に秀でていて経験も豊富で根気と情熱もあるが、地理的にも社会的にも専門分野としても、課題からひどく離れている（ように見える）人たちがいる。[94] そうした人々を結びつけるコンピュータネットワークが世界中に広がり、TopcoderやInnoCentiveのようなプラットフォームが出現することによって、多士済々のクラウドを活用できるようになった。こうしてクラウドは貴重なリソースとなったのである。

コアがクラウドの価値に気づくとき

賢い企業は、自分たちが抱える難題を解くにはクラウドが有効だということに気づいてきた。いや、難題を解くだけでなく、需要を探るなど、さまざまなことにクラウドは大いに役に立つ。クラウドの活用はまだ始まったばかりだが、すでにコアがクラウドに出会う興味深い例が見受けられる。

●仕事をしてもらう

すでにWikipediaやLinuxの例で見たように、クラウドの力を結集すれば壮大なプロジェクトをやってのけることが可能だ。とくに、オープンネスや資格不問など、前章で挙げた六つの要素が備わっているときは成功率が高い。一部の企業はクラウドの参加を求めるために、これらの要素を実際に取り入れている。その最初期の例が、AmazonのMechanical Turk（メカニカルターク。かつて現実に存在した「機械仕掛けのトルコ人」という意味で、じつは中に人間が入っていたことから、人間の手を借りるという意味を持つ）だ。当初はAmazonのウェブサイトの膨大なページをチェックして重複を削除する社内プロジェクトとしてスタートしたが、二〇〇五年一一月に一般公開された。[*10] 今日では、Mechanical Turkのプラットフォームに提示されたさまざまなタスクをクラウドがこなしている。名刺をスプレッドシートに打ち込む、心理調査に回答する、画像にラベルを付けてAIプログラムに入力するといったかんたんな仕事から、[*11] 専門家が開発したプログラムのエラーを発見・修正するといったやや高度な仕事などもある。[*12]

〔93〕このことはすでに前著で指摘したが、非常に重要なので、ここで再び取り上げておく。

〔94〕ある程度距離のある結びつき、いわゆる弱い紐帯の重要性は、多くの社会学の文献で強調されてきた。中でも広く引用されるのは、Mark S. Granovetter, "The Strength of Weak Ties," *American Journal of Sociology* 78, no. 6 (1973): 1360–80である。最近では、Sinan Aral and Marshall Van Alstyne, "The Diversity-Bandwidth Trade-off 1," *American Journal of Sociology* 117, no. 1 (2011): 90–171がある。

ワーカーはプラットフォームに掲載されたタスクのリストから自分で選ぶことができる。

ゲノム配列のアノテーション・コンテストに登場したTopcoderも、アプローチはMechanical Turkに似ている。コンペティションを実施して世界中からプログラミングの優れた能力を持つ人材を掘り起こし、ソフトウェア開発やシステムインテグレーションのアウトソースを検討中の企業との橋渡しをするという形だ。とは言え、Topcoderの登録者はプログラマーだけではない。デザイナー、学生から物理学者まで多種多様である。[*13] Topcoderのプラットフォームには企業がアウトソースするプロジェクトのリストが提示されているので、登録者は自分でやりたいものを選び、Topcoderはタスクの取りまとめと品質管理を行う。Topcoderは主にプログラミングが守備範囲だが、データ解析を扱う同様のプラットフォームにKaggle（カグル）がある。[*14]

●適任者を見つける

タスクを依頼する側がクラウド全体に呼びかけるのを望まないケースもある。タスクの内容が明確で適格者だけを募りたい場合や、とにかく急ぐ場合などだ。ふさわしい人材を効率よく見つけるには、リクエストを見る人が多いほどよい。というわけで、タスクマッチング・プラットフォームが人気になっている。たとえば99designsやBehance（ビーハンス）はロゴなどのグラフィックデザイン、世界最大のクラウドソーシングサイトUpwork（アップワーク）

は事務作業からシステム開発まで、Care.com（ケア・コム）はベビーシッターや介護、家事全般、TaskRabbit（タスクラビット）はいわゆる便利屋という具合だ。ちなみにTaskRabbitにリクエストされる仕事は、結婚式の立会いを務める、[*15] 誰かのおじいちゃんにアイスクリームケーキを届ける、[*16] 新型iPhoneの発売日にAppleの店舗で行列する、[*17] など毛色の変わったものも多い。これらの例から、ウェブとスマートフォンの普及により、需要と供給をマッチングさせる確率が飛躍的に高まったことがわかる。タスクの需要を見る「目玉」が多ければ多いほど、マッチングの確率は高まるからだ。

●市場調査を行う

第1章で取り上げたように、GEはいまなお世界で最も規模が大きく最も成功している老舗企業でありながら、ナゲットアイスメーカーの製品化にクラウドの力を借りた。クラウドを活用するプラットフォームの威力に気づいた大企業は、GEだけではない。多くの企業が、検討中の新製品に対する人々の関心度を知るのにこうしたプラットフォームが好都合だと気づいている。プラットフォームは、とくにニッチなオーディエンスの反応を知るのに適しているようだ。たとえばテレビドラマ『ヴェロニカ・マーズ』は高校生探偵ヴェロニカ（クリスティン・ベルが演じた）を主人公とするシリーズで、二〇〇四〜〇七年にかけてオンエアされ、若年層を中心に熱心なファンがついていた。[*18] ファンは、番組終了後もインターネットなどでドラマのことを話題にした。

この現象に、映画スタジオのワーナー・ブラザーズ、主演したベル、原作者のロブ・トーマスが興味を持つ。そして最終回の放送から数年後に、劇場版を制作するほど十分な需要があるのか知りたいと考えた。それを確かめるために、彼らはクラウドファンディング・サイトKickstarter（キックスターター）で募金キャンペーンを開始した。[*19] キャンペーンでは短い予告編、ベルとトーマスが募金協力を呼びかける動画、募金額に応じた特典が用意された。[(95)*20] スタート時の目標額は二〇〇万ドルである。すると、なんと最初の一二時間で目標額に達し、最終的に五七〇万ドルを集めることに成功した。[*21] かくして映画は制作され、二〇一四年三月に封切られ、良好な興行成績をあげると同時に、評論家からも好意的な評価を得ることができた。[*22]

マーク・アンドリーセンはブラウザのNetscape Navigatorの開発者として知られ、現在はベンチャーキャピタリストとして著名な人物だが、そのアンドリーセンは、新製品や新サービスに対する反応を予測する方法として、これからはクラウドファンディングが標準的な手段の一つになるだろうと考えている。「過去二〇〇〇年間、モノやサービスはすべて、靴や食品からエンターテイメントにいたる一切合切は、逆の側から来ていた。つまり供給主導だった。だがこのやり方だと、市場がそいつを好きか嫌いかわかったときには、すでに大金を注ぎ込んでいることになる。クラウドファンディングは、このモデルを逆転させる。大勢が先買いしてくれないものは、売り出さない……クラウドファンディングは、プラットフォームやクラウドという社会資本から、必要資金という金融資本を生み出すしくみだ。このしくみを活用すれば、これから売り出そうとしているものに対する興味や関心を引き起こし、先に買わせることが可能になる」[*23]。

アンドリーセンの言葉通り、二〇一六年初めにはクラウドファンディングのIndigogo（二〇〇八年創設）が「エンタープライズ・クラウドファンディング」サービスを開始した[*24]。大企業向けに「新製品の製造に投資する前に消費者のリアルタイムのフィードバック」を提供し、「市場調査を単なるコストから先行予約販売と顧客獲得のチャンスへと変える」サービスである[*25]。

●新規顧客を獲得する

最近ではクラウドファンディングならぬクラウドレンディング・プラットフォームが登場し、次第に定着してきている。その多くは、もともとはピア・ツー・ピア（P2P）すなわち個人間の貸し借りをマッチングする目的で開設された。有望なアイデアを思いついてビジネスを始める資金を必要とする人と、そのアイデアに乗ろうという人とを結びつけるわけである。だが時が経つにつれて、意外にも機関投資家が興味を示し始める。その中には世界最大級の

（95）三五〇ドルまでの出資者にはボイスメールでのメッセージが、一〇〇〇ドルまでの出資者には試写会のチケット二枚が送られる。六五〇〇ドルまでの出資者は映画の最後に名前が掲載され、一万ドルならエキストラで出演できる。

ヘッジファンドも含まれていた。[*26] プラットフォームにはすでに借り手がプールされており、債務不履行率もある程度は予想がつき、金利も競争的に決められるとなれば、なかなか悪くない条件だ。アメリカの二大クラウドレンディング・プラットフォーム、Prosper（プロスパー）とLending Club（レンディング・クラブ）では、二〇一四年の時点でどちらも融資額の半分以上は機関投資家が出し手だった。[*27] 彼らの多くは専用ソフトを使ってインターネット上で網羅的に投資機会を探している。つまりP2Pのマッチングを意図したクラウドレンディングは、個人や中小企業に規模の大きい貸し手が貸すというごくありふれた形に移行したと言える。従来とちがうのは、借り手を見つけてプールする方法だけだ。

プラットフォームを新規顧客の獲得に活用している例として、クラウド自身の中から生まれたビジネスも紹介しておこう。二〇一一年にウォーカー・ウィリアムズとエバン・スタイツクレイトンが創設したTeespring（ティースプリング）がそれだ。同社は、一般の人がデザインしたオリジナルTシャツが一定数以上の支持者を獲得したら、その製造・販売を手がけるプラットフォームを運営しており、すでに二〇〇万枚近いTシャツが販売された。アンドリーセンは、こう説明する。

Teespringは、社会資本を金融資本に転換する新しい方法を体現している。Tシャツなんか、と鼻で嗤う人も、赤い錠剤を飲めば、いま何が起きているか見えてくるだろう。[96]

Teespringを使えば、Facebookでいいね！をたくさん持っているような人やInstagram（インスタグラム）でフォロワーが大勢付いているような人が、Tシャツを売って資金を獲得することが可能になる。起業しようという人は、何かでかいことを夢見るものだろう？そして実際のところ、FacebookやInstagramには一〇〇万人もフォロワーを持っている人がいる。仮に君がそうだとすると、君のフォロワーは君のファンで、君のことが好きで、君が何かをやるなら応援したいと考えている。でも、君にお金を払う方法がない。で、Teespringだ。いやいや、Tシャツはほんの序の口だよ。なんでもいいんだ。Tシャツは象徴に過ぎない。何か君が心にかけるもの、夢中になれるもの、残しておきたいものをプラットフォームに投げかければ、応えてくれるフォロワーがいるってことだ。*28

●イノベーションを内部化する

イノベーションを最も多く生み出すのは大企業だと長い間考えられてきた。たしかに大企業には立派な研究所を作り優秀なスタッフを抱えるリソースが潤沢にある。だがオーストリアの偉大な経済学者ヨーゼフ・シュンペーターは、この見方にまっこうから異議を唱えた。起業家精神に富んだ小さな若い企業、失うものは何もなく現状維持に関心のない企業こそが真に新し

〔96〕アンドリーセンがここで言っているのは、一九九九年公開の『マトリックス』である。映画の中では主人公が、心地よい幻想の中に戻れる青い錠剤と、真実を見られる赤い錠剤のどちらを飲むか、選択肢を与えられる。

いモノやサービスを生み出せると主張したのである。「鉄道を発明するのは駅馬車の持ち主ではない」という彼の言葉はまさに至言だ。[*29] 実際にも、クレイトン・クリステンセンが画期的な著作『イノベーションのジレンマ』で指摘したとおり、破壊的イノベーションが繁栄している既存企業から生まれることはめったにない。既存企業は、むしろイノベーションに動転することのほうが多い。

イノベーションに関する興味深い研究をもう一つ紹介しよう。MITのエリック・フォン・ヒッペルによるもので、彼は多くの分野のイノベーションでリードユーザー（lead user）が大きな役割を果たすと指摘した（『民主化するイノベーションの時代』邦訳ファーストプレス）。[*30] リードユーザーとは、既存の製品やサービスに飽き足らず、自ら改善やイノベーションを考え、実際にやってのけてしまうような消費者を指す。このように消費者の中から生まれるイノベーションを、ヒッペルはユーザーイノベーションと呼んでいる。ヒッペルはユーザーイノベーションの実例をいくつも挙げているが、その範囲は手術器具からカイトサーフィンのボードまでじつに多岐にわたる。もちろん、ハイテク分野にも多数の事例がある。ヒッペルの調査の結果、それぞれの分野で卓越したイノベーションの多くは、既存品に満足できない人が「もっとましなやり方があるはずだ」と考え、「誰もやらないなら自分が作ろう」とばかりに生み出したものであることがわかった。

さきほど触れた便利屋サービスのTaskRabbitも、まさにそうだ。このサービスの生みの親は、IBMのエンジニアで当時二八歳だったリア・バスクである。二〇〇八年のある冬の夜、彼女はドッグフードを切らしていることに気づき、こう考えた。「オンラインでこんなことができたらいいのに……やってほしい仕事と報酬を投稿すると、近所にいる誰かがドッグフードを買って持ってきてくれるの。すごくハッピーじゃない？」[*31]。

今日のテクノロジー系大手企業は、シュンペーターやクリステンセンやヒッペルの指摘を真剣に受け止めているらしい。彼らは、自分たちを破壊しかねないイノベーションをクラウドが生み出していないか、絶えずスキャンしている。では、ほんとうに破壊的イノベーションを発見したらどうするのか。それを潰したり、圧力をかけて倒産に追い込んだりするのは下策だ。買ってしまって取り込むのである。というわけで二〇一一〜一六年にAppleは七〇社を[*32]、Facebookは五〇社を[*33]、そしてGoogleは二〇〇社近くを買収している[*34]。

多くの場合、買収する側はすでに競合する製品やサービスを持っていることが多い。たとえばFacebookはメッセージング機能も写真共有機能を持っていたが、それでもWhatsAppとInstagramを買収した。Facebookほどの大手にしてみれば、ちっぽけなスタートアップなど取るに足らないと見逃すことも十分に可能だ。だが自前の機能よりスタートアップのイノベーションのほうが好まれ急速に浸透している兆候をクラウドの中に見て取ったため、敢えて買収に踏み切った。この種の買収はだいたいにおいて、高い買い物になる。FacebookはInstagramに一〇億ドル[*35]、WhatsAppには二〇〇億ドル払った[*36]。だが破壊されることに比べれば安いものだと言うべきだろう。

クラウドを活用してトレーダーの仕事を変える

私たちは、現在繁栄している既存企業の多くが、ここ数年のうちにクラウドベースの強敵に直面するだろうと予想している。すでにその強敵が現れている分野もある。素人にはわかりづらいが、自動投資がそうだ。

人類の長い歴史において、株であれ、国債であれ、貴金属その他のコモディティや不動産であれ、とにかく資産投資の決定を下すのは必ず人間だった。現実に買い注文を出す操作は自動化されていても、あれを買うとか売るとか決めるのは人間であって、マシンではなかった。

この状況は、一九八〇年代に変わり始めた。数学者のジェームズ・シモンズがRenaissance Technologies（ルネッサンス・テクノロジーズ）を、コンピュータ科学者のデービッド・ショーがD. E. Shaw（ディー・イー・ショー）をそれぞれ起業し、コンピュータを使って投資決定をするようになったのである。彼らは膨大なデータを収集し、さまざまな状況で資産価格がどうふるまうか、定量モデルを構築してテストし、いつ何を買い何を売るかという人間の決定をアルゴリズムで置き換えようとした。

この狙いは当たった。アルゴリズム取引を行ういわゆるクオンツ系投資ファンドは、めざましい運用成績を上げている。D. E. Shaw は二〇一六年一〇月時点で四〇〇億ドル以上を運用しており、[37] 同社のファンドのリターンは二〇一一年までの一〇年間で平均一二％に達した。[38] ジョン・オーバーデック（AI研究者で、一六歳のとき国際数学オリンピックで銀メダルを取った経歴の持ち主）が創設したTwo Sigma（ツーシグマ）は六〇億ドル規模のファンドを運用しており、一〇年間の平均リターンは一五％を記録した。[39] だがどのファンドのリターンも、Renaissanceの成績の前では霞んでしまう。同社が運用するファンドMedallion（メダリオン）は社員のみを対象とするものだが、なんと一九九〇年代半ばの運用開始から二〇年以上にわたり、年間平均リターン（手数料差引前）が七〇％を上回るのである。[40] 合計利益が五五〇億ドルに達したとき、Bloomberg Marketsのウェブサイトで「おそらくは世界最大の利益製造機」と紹介された。[41]

プログラマーにして起業家のジョン・フォーセットは、金融業界で働いていたとき、クオンツ系ファンドの運用成績に感銘を受けた。そして、コアの投資会社ではこの方式が十分に活用されていないのではないかと憂慮する。フォーセットの推定によれば、二〇一〇年の時点で全世界には三〇〇〇～五〇〇〇人のプロのクオンツ投資家がいた。彼が言うには、「これでは少なすぎる。クオンツ投資は最先端の投資手法だと私は信じているが、現状ではこの手法が十分に行き渡っていない。人間だけで運用するファンドと、人間＋マシンで運用するファンドがあったら、後者のほうがいいに決まっている」。[42]

フォーセットはアルゴリズム取引を誰もが活用できるようにすべきだという信念から、ついに二〇一一年にジャン・ブルデシュと一緒に起業し、クオンツ投資プラットフォーム

Quantopian（クオントピアン）を構築する。Quantopianにはクラウドベースのアルゴリズム開発環境が用意されており、利用者は自作のアルゴリズム（テンプレートを編集して作成できる）を動かして、さまざまな状況（好況・不況、高金利・低金利など）でどうなるか試すことができる。そのためにQuantopianでは過去のデータ（一五年分のアメリカの株価および先物データ）を使って「バックテスト」ができるようにしてある。フォーセットのチームはたいへんな時間と労力をつぎ込んで、このバックテスターを大手機関投資家の持っているツールに劣らないものに仕上げた。

このほかQuantopianには、手数料、スリッページ（注文時の表示価格と実際の約定価格との乖離）、マーケットインパクト（自分が行う大量売買が価格水準におよぼす影響）を自動計算する機能が備わっている。もちろん、実際の証券取引口座に接続して現実のアルゴリズム取引を実行することも可能だ。価格の推移の追跡、記録の保管、法規順守のチェックなどもできる。さらに定期的にコンテストも開催し、賞金を出している。

フォーセットは、必要な機能を備えた信頼性の高いプラットフォームを用意し、「アルゴトレーダー」の卵たちを呼び込むことができれば、自社にとって多大なメリットがあることを承知していた。なぜなら、クラウドが生み出すたくさんのアイデアを活用できるからだ。クラウドソーシングは多くの場合、「ベスト」だけを求める。一番いいナゲットアイスメーカー、一番いいアノテーション・アルゴリズムが賞を取り、製品化される、という具合に。二番目や三番目が一番とさほど差がなくても、捨てられてしまう。
だが投資アルゴリズムは、そういうものではない。一番と二番が全然ちがう発想に基づくものであれば、一部を一番で、一部を二番で運用することにより、より高いリターンを生むことが可能かもしれない。この分散投資法こそ、かのハリー・マーコウィッツが一九九〇年にノーベル経済学賞を受賞した理由にほかならない。そしてクラウドベースの環境は、まったく毛色の異なる多様なアルゴリズムをもたらすという点で、分散投資の実行に理想的だ。フォーセット自身、「Quantopian を作るときの課題の一つは、互いに相関性の低い投資戦略を見つける確率を最大化することだった」と語っている。(97)*43
そのためにはできるだけ大勢に参加してもらい、クオンツ投資戦略を試してもらうことが望ましい。二〇一六年半ばまでに Quantopian には一八〇カ国から一〇万人以上が参加し、四〇万以上のアルゴリズムをテストした。*44 彼らはどんな人たちなのだろうか。フォーセットによると、「共通点としては、モデル構築の訓練を受けるような学位や修士を持っているか、そういう仕事に就いた経験のある人たちだ。宇宙物理学や計算流体力学の専門家もいたし、油田関係もいた。全体としては、金融とは無縁の人が多い。学生もかなりいる。年齢は……学部生から……定年退職した人までと幅広い」。*45

(97) Quantopian にとってよいアルゴリズムとは、単一の資産に依存しすぎず、レバレッジに節度があり、多様な市場条件下で望ましいリターンが得られるものである。

参加者の大半は男性で、Quantopianとしては今後もっと女性を呼び込むことを課題にしているという。「とにかくできるだけ多種多様な戦略が欲しい。いろいろな研究で、男性と女性ではリスクの捉え方が非常にちがうという結果が出ている。たしかに男と女では、投資に対する姿勢が全然ちがうんだ。だから、もっと女性が参加してくれたら……非常に興味深いと思う」[*46]。

肝心の参加者の成績は、プロと比べてどうなのだろうか。二〇一六年末までに、Quantopianは一九回のコンテストを主催した。うち四回はクオンツ投資のプロが、一回は従来型投資のプロが優勝した。だが残る一四回は、まったくの門外漢が優勝したのである。そして二〇一七年にフォーセットは、真剣勝負をやってみようと考える。何人か優秀な参加者を選んで、独自のアルゴリズムで運用するクオンツ投資ファンドを設立。そのパフォーマンスを既存のクオンツ系ヘッジファンドと比べようというのである。こうすれば、この分野で本物の専門家は誰なのか、決着をつけられるはずだ。

投資業界のコアの中で、すくなくとも大物が一人、Quantopianに絶大な信頼を置いている。著明なヘッジファンドマネジャーのスティーブン・A・コーエンだ。彼は二〇一六年七月、Quantopianに投資するとともに、自己資金二億五〇〇〇万ドルをクラウドソースのアルゴリズムによる運用に委ねると発表した。コーエンの調査・投資チームを率いるマシュー・グラネードは、「優秀な人材はクオンツ投資における希少資源だが、Quantopianはその人材発掘に革新的なアプローチをとっている」と話す[*47]。

いまビジネスの世界を大きく変えつつある技術動向は三つあるが、Quantopianはその三つをすべて体現している点で非常に魅力的だ。第一に、人間とマシンを新しい形で組み合わせ、人間の経験や判断力や直感をデータとアルゴリズムで置き換えることで、投資決定のあり方を変えた。第二に、何かに特化した製品（たとえばバックテスター）を作って売り出すのではなく、クオンツ投資のためのプラットフォームを構築した。Quantopianのプラットフォームは、オープンで学歴や資格を問わず、ネットワーク効果が期待でき（よりよい投資アルゴリズムが登場するほど、より多くの資本を呼び込むことができ、多くの資本が投じられるほど、アルゴトレーダーの卵を大勢惹き付けることができる）、便利なユーザーインターフェースとゆたかなユーザーエクスペリエンスを提供するという特徴を備えている。第三に、クラウドをオンラインに結集させ、金融という高度に専門的で重要な産業分野においてコアの専門家に挑戦することを可能にした。

さあ、クラウドが運用するファンドは既存のヘッジファンドをアウトパフォームできるのだろうか。結果が待ち遠しい。

メイカーズ革命の拡大

本章で紹介したさまざまな例から、今日のクラウドはコアのニーズを満足させたり、逆にコアに挑戦したりすることを主にやっているような印象を読者は持たれたかも知れない。だが実際はそうではなく、クラウドは同じクラウドのために役立っているケースのほうがずっと多い。一九九三年にサイエンスライターのロバート・ライトはピア・ツー・ピア（P2P）の分散型コミュニティ（その多くは非営利目的である）を称賛したが、その伝統はいまなお健在である。

ウェブが出現する前のUsenetにおける一連のnewsgroupは、やがて数え切れないほどのユーザーグループやフォーラムやメッセージボード等々へと発展を遂げた。そこではクラウドがクラウドから提供された情報を見つけたり、質問したり、質問に答えたりしている。そこでは、化粧、車の修理、テレビドラマの最終回の結末等々、じつに幅広いトピックが取り上げられる。

イノベーション応援団を自認する私たちがとくに注目するのは、「メイカーズ革命」だ。これは、エンジニアから日曜大工にいたる文字通りすべての「作る人」にとっても、また科学者や思想家にとっても、意義深い現象である。メイカーたちは、ラジコン飛行機やゴーカート、果ては自家製ガイガーカウンター等々、じつにさまざまなアイテムの製作手順やレシピや回路図や3Dプリンター用のファイルなどを交換し合う。

メイカーズ革命は拡大し続けており、いまや合成生物学の安価なキットを買うことも可能だ。合成生物学とは、「まったく新しい人工のシステムや細胞をつくる、あるいは既存のシステムや細胞を改良する」研究分野である。[*48] 世界では、「DIYバイオ」運動もさかんになっている。これは、バイオ研究を一般市民も参加できるオープンで開かれたものにしようという活動のことである。ＤＩＹバイオに取り組む市民バイオロジスト（バイオハッカーと呼ばれる）たちは、塩基配列（ＡＴＧＣ）の独自のレシピを共有するなどして、環境負荷の軽減、機能食品の作成などに意欲的に取り組んでいる。二〇一二年にCRISPR-Cas9（クリスパー・キャスナイン）システムによる遺伝子編集ツールが発見されたことで、ＤＩＹバイオ運動に弾みがついた。

ＮＡＳＡの科学者だったジョサイヤ・ゼイナーはCRISPRキットを世界に広めたいと考え、二〇一五年にクラウドファンディングのIndigogoで「DIYバクテリア遺伝子工学CRISPRキット」開発の資金を募った。キャンペーンには七万ドル以上の資金が集まり（目標額の三倍以上である）、バイオハッキング団体ODINから一四〇ドルでキットが売り出された。[*49] 反応やいかに――二〇一六年六月にブログEngadget（エンガジェット）にはこんな投稿が現れている。「ボクは、ODINのCRISPRキットの使い方を完全にマスターした。いやもう、すごいよ！」。[*50]

人類最古の産業である農業も、メイカーたちの手で変わろうとしている。ＭＩＴメディアラボのケイレブ・ハーパーは、「フードコンピュータ」を開発した。これは、気温や水温などの条件をコンピューターで管理して作物を栽培し、そのデータを世界中で共有しようという試みである。栽培者は、望みの特性を備えた作物を収穫するためにさまざまな条件を試すことができ、その「レシピ」を共有して他の作物の改良に役立てることが可能だ。ハーパーが率いる「オープン・アグリカルチャー・イニシアチブ」の目標は、ちょっとした倉庫程度の規模での作物栽培条件の実験やイノベーションを可能にすることである。[*51]

手を作る

医療機器は、大方の人がクラウドには任せたくないと思う品目の一つだろう。ああいうものは安全と品質が重要だし、そのためにはヘルスケア産業のコアが作るか、せめてコアによる試験と承認を経てほしいものだ、と考えるのではないだろうか。

だが必ずしもつねにそうだとは限らない。これから紹介する義手のエピソードは、クラウドの能力を雄弁に物語っている。クラウドが問題に単刀直入に切り込み、革新的な解決をもたらすプロセスを、デジタル技術政策の専門家アダム・サーアーは「承認不要のイノベーション」と名付けた。[*52]

二〇一一年四月に南アフリカの大工リチャード・ファンアスは、テーブルソーが制御不能になって右手の指二本を切断してしまった。当時、人工装具は数千ドルもしたため、もっと安い代替品はないものかとファンアスは探し始める。そしてYouTubeでその年の初めにアイバン・オーエンが投稿した動画に注目した。[*53] オーエンはとあるスチームパンク大会のために準備した衣装の一部として、自分の腕の巨大な金属製延長部を作成していたのである。[98]

ファンアスとオーエンは、一万マイル以上の距離を超えてメールとスカイプで連絡を取り合い、義指の制作にとりかかる。[*54] 途中で、3DプリンターメーカーのMakerBot（メイカーボット）

がデスクトップ型Replicator 2を二台提供してくれたおかげで、プロトタイプを短時間で制作することが可能になり、作業は大いに捗った。かくして二人は、十分に機能的な義指を作ることに成功したのである。

一部始終を撮影した動画をYouTubeに投稿したところ、これを見た同じく南アフリカのヨランディ・ディッペナーが助けを求めてきた。当時五歳だった彼女の息子リアムは、生まれつき右手に指がなかったのである。オーエンとファンアスはよろこんで応じた。そしてインターネットであれこれ調べた結果、一九世紀半ばにオーストラリアで歯科医のロバート・ノーマンが開発した「コールズ伍長の義手」に行き着く。*55

ジョン・コールズ伍長は、練兵場で大砲の事故により右手の四本の指を失ってしまった。そこでノーマンが彼のために作ってやった鯨の骨とガット（腸腺）製の義手が「コールズ伍長の義手」である。見た目はあまり手らしくないが、指は曲げることができたし、「ボタンや六ペンス硬貨をやすやすとつまむこともできた」という。ノーマンは、鯨の骨から指の各部を正確に削り出し、それらを組み合わせてプーリーとガットで連結し、親指にはめたリングで操作できるようにした。コールズ伍長は死去するまで三〇年にわたりこの義手を使ったという。

ノーマンのこの傑作を今日のメイカーたちが活用できたのは、オーストラリア国立図書館に

〔98〕スチームパンクはSFの一ジャンルで、ビクトリア朝風の蒸気機関が超現実的に発展したと前提する。スチームパンクのファンは仮装などを楽しむ。

その正確な記録が保管されており、かつ図書館がそれをデジタル化してウェブ上で公開していたからだ。オーエンとファンアスは「コールズ伍長の義手」を見つけてすぐ、これだ、と閃く。そしてさっそく「リアムのロボハンド」の制作にとりかかった。3Dプリンターと高度なデザインソフトのおかげで、短時間かつ安価に何通りも設計して試作することができる。二人は最終的に、ロボハンドの部品の設計図に特許をとったりせず、Thingiverse（シンギバーズ）にアップロードした。Thingiverseは、MakerBotが運営する3Dデータの共有サイトである。

それ以来、一八〇〇〇もの樹脂製ロボハンドが3Dプリンターで制作され、四五カ国の人々に提供されている。[99] 別に誰かが指揮をとったわけではない。興味を持った人は誰でもデータファイルをダウンロードし、必要な修正を施して利用することができる。経済学者のロバート・グラボイズが指摘するように、クラウドによる創造はイノベーティブでありながらローコストであることが特徴だ。

「十分な機能を備えた人工装具のコストは、一夜にして九九％以上圧縮された。3Dプリンターで制作された装具は、もちろん五〇〇〇ドルの製品と同じではない。だが十分使えるし、非常に安価なので、作り手が使い手に無償で提供することも可能だ。使い手と作り手が協力してデザインを改良した結果、当初は無骨だった義手もなめらかでスマートになった。ナットやボルトはなくなってスナップ式のジョイントになり、デザインによっては材料費が三五ドル程度まで切り詰められている……彼らは、義手が何も人間の手そっくりでなくてよいことにも気付き始めた。ある父親は、手のない息子のために、手の両側に二つ親指がついた義手を作った。うまくものをつかめるように工夫した結果だという。ほかにも、腕をなくしたバイク乗りやロッククライマーやトランペット吹きのために、それぞれにカスタムデザインの義手が作られた」。[*56]

これらの例からわかるように、オンラインで結ばれるクラウドは増え続け、能力も向上し続けている。彼らはコアといろいろな方法で接触し、コアに助けられてもいる。これは健全で建設的なトレンドであり、インターネットの当初の精神にも適っているだろう。端末やネットワークが進化してより多くの人がオンラインで結ばれるようになるほど、クラウドはより大規模に、よりスマートに、より多様になっていく。

人工知能が人間とマシンの境界を変える未来はじつに楽しみではあるが、しかしもっとわくわくするのは、何百万人もの知恵がグローバルに結びついたコミュニティからこの先何が生まれるのだろうか、と想像するときだ。なにしろ、すでに今、手を作ってしまうことさえできるのだから。

〔99〕これは控えめな数字で、e-NABLE を介して制作・供給された人工装具しか含まれていない。e-NABLE のジェニファー・オーエンによると、「断片的な報告を総合すると、われわれのコミュニティ以外でもほぼ同数の装具が制作されているようだ」という。Enabling the Future, "Media FAQ," accessed February 8, 2017, http://enablingthefuture.org/faqs/media-faq.

この章のまとめ

・コアの定評ある専門家が、資格も学歴も経験も乏しいクラウドに負けてしまうということが度々起きている。

・クラウドがコアを打ち負かせる理由の一つは、そもそもコアが問題の解決に適任ではない、つまりミスマッチが起きていることにある。

・ミスマッチが起きるのは、問題を最も効率的に解くために必要な知識が、じつはその問題とは遠い分野に存在することがあるからだ。新奇な問題の解決に必要な知識がどこにあるのか、あらかじめ見通すのはきわめてむずかしい。

・コアがクラウドの集合知を活用する方法はいくつもある。コアとクラウドは引き離されるべきではない。

・今日のクラウドは、コアの助けを借りずとも多くのことを成し遂げられる。技術の進歩のおかげで、建設的な知識共有や意見交換を通じて、クラウドはこれというリーダーがいなくても大きなことをやってのけられる。

・こうした状況で、既存の大企業はクラウドと協働する新しい方法を模索するようになった。その一方で、クラウドベースのスタートアップは、多くの既存企業に挑戦状を突きつけている。

あなたの会社では？

1 現在直面している課題あるいはビジネスチャンスに関して、社内外の専門家ではなくクラウドに助けを借りることを考えたことはありますか？ あるとして、それはどの程度の頻度ですか？

2 クラウドの協力を得るための実験的試みを何かやっていますか？ その結果はどうでしょうか？

3 あなたの会社が市場に投入する新製品・新サービスについて、ここ五〜一〇年間で、新規顧客開拓や市場調査の方法をどの程度変えましたか？

4 ここ五〜一〇年間で、あなた自身またはあなたの会社が定期的に意見交換・意見聴取する人々の数はどの程度増えましたか？

5 クラウドからよいアイデアが上がってきたとき、あなたはどのようにしてコアに持ち込みますか？

第12章

すべてを権力から切り離す夢

私の自由にとって、すべての人の自由が必須条件である。

——ミハイル・バクーニン、一八七一年

死んだ経済学者が世界に多大な影響を与えられることはだいぶ前からわかっていたが、最近になって私たちは、匿名のハッカーも世界に多大な影響を与えられることを知った（なお私たちは、「コンピュータシステムに精通した人物」という本来の意味でハッカーという言葉を使っていることをお断りしておく）。

ジョン・メイナード・ケインズは、言うまでもなく自身が世界に多大な影響を与えた経済学者であるが、一九三六年の主著『雇用、利子、貨幣の一般理論』の最後でこう述べている。「誰からも知的影響を受けていないと思い込んでいる実務家は、だいたいにおいて死んだ経済学者の考えに囚われている。権力の座に就いている常軌を逸した連中は、天のお告げを聞いているつもりかもしれないが、じつは彼らの熱狂的な思い込みは、数年前のヘボ学者から受け継いだものだ。思うに、学者の考えに徐々に侵食されることに比べれば、既得権益の力は誇張されすぎている」[*1]。

ケインズは「それ（経済学者や政治哲学者の考え）以外に世界を支配するものはほとんどない」

とまで言い切っている。[*2] アダム・スミス、カール・マルクス、デービッド・リカード、フリードリヒ・ハイエク、ヨーゼフ・シュンペーターといった「世俗の思想家たち」[100]は、経済学という学問領域を超えてはるか先まで到達したとケインズは考えていた。彼らは、公正や正義についての考え方を変え、企業の組織や技術革新のあり方を変え、税制や貿易などへの政府の取り組み方を変えた。その経済学者にとって、取引は人間の基本的かつ普遍的な活動であり、彼はいつも取引のことを考えている。したがって、取引についての経済学の重要なアイデアは、大きなインパクトをもたらしてきた。

ビットコイン——正体不明の人物「サトシ・ナカモト」による革命

いま挙げた「世俗の思想家たち」に劣らぬインパクトを与えたのが、サトシ・ナカモトと名乗る人物である。この人物が誰なのか、いや一人なのかグループなのか、男なのか女なのかさえわかっていない。[101] ともかく、この名前を名乗る人物が、二〇〇八年一〇月三一日に「ビットコイン——ピア・ツー・ピア電子キャッシュシステム」という論文を投稿した。[*3] 論文では単刀直入な問いが発せられている。なぜオンライン決済は、銀行やクレジットカードなどの金融仲介業を介さなければならないのか。なぜ、物理的な世界の現金決済と同じような具合にできないのか、と。[*4] 現金決済には二つの魅力的な特徴がある。一つは、手数料がかからないこと。もう一つは、匿名だということである。よほどの高額でない限り、現金で払うときに身分証明書の提示を求められることはない。また、現金は耐久性があり、繰り返し使うことができる。さらに全国津々浦々で流通するので、どこでも、何を買うときにも、使うことができる。

どの国の政府も、デジタル・ドルやデジタル・ユーロといったものを作ることに全然乗り気ではない。[102] そこでナカモトは、並々ならぬ決意をもって、公権力とは無縁のまったく新しいデジタル通貨の創設を提案したのである。それが、読者もよくご存知のビットコインだ。ビット

(100) 経済学者のロバート・ハイルブローナーが一九五三年の著作の中で経済学者のことをこう呼んだ。*The Worldly Philosophers: The Lives, Times and Ideas of the Great Economic Thinkers.* (邦訳『入門経済思想史　世俗の思想家たち』ちくま学芸文庫)

(101) 二〇〇八年からナカモトは偽名のメール、ブログ、ソースコードなどを介してビットコイン・システムの構想を世界に発信してきた。ナカモトの最後の発信は二〇一〇年である。ナカモトが誰なのか、特定しようとする試みが続けられてきたが、いまだ成功していない。ビットコインの創設者についてわかっているのは、一〇〇万BTCを保有していることだけである。これは、二〇一六年九月の交換レートで六億ドルを上回り、ビットコインの総流通量のほぼ七%に相当する。

(102) 一部の国の政府は、デジタル通貨に興味を示し始めた。たとえばイングランド銀行は、「中央銀行発行のデジタル通貨を導入した場合の経済・技術・規制への影響を評価する数年がかりの研究プログラム」に取り組んでいると発表した。Bank of England, "Digital Currencies," accessed February 8, 2017, http://www.bankofengland.co.uk/banknotes/Pages/digitalcurrencies/default.aspx.

コインは暗号技術で使うようなアルゴリズムと数学に依拠しているため、暗号通貨とも呼ばれる。これに対して、米ドル、日本円、トルコリラといった国家が発行する通貨のほうは、法定通貨（fiat currency）と呼ばれる。文字通り、命令（fiat）によって定められた通貨だからだ。政府はただ、これこれの通貨が法定通貨だと宣言するだけである[103]。

ビットコインが繰り返し決済に使われると、どこにいくらビットコインがあるのか特定するのがむずかしくなるが、暗号技術と数学を巧みに組み合わせることによって、ナカモトはこの難題をクリアした。一つのビットコインは「デジタル署名のチェーン（連鎖）」であると定義され、ビットコインはデジタル署名でもって受け渡しする。デジタル署名の生成と検証は容易であるが、偽造はきわめてむずかしく、かつ擬似匿名性が保証される。すなわち、個人情報と紐づけられていない。ビットコインによる取引はすべてレッジャーと呼ばれる元帳に記録され、公開されるので、誰もが精査し、不正が紛れ込んでいないか確認することができる。

プルーフオブワークという革新的なしくみ

ビットコインが「二重払い問題」をクリアするためには、この元帳が必要不可欠だ。二重払い問題が発生するのは、ビットコインが物理的に形のある紙幣とは異なり、純粋に電子的なデータだからである。紙幣の場合には、手渡しすれば手元に残らないので、その紙幣の所有権が移転したことははっきりするが、電子的なデータの場合には複製が無料（フリー）、完全（パーフェクト）、瞬時（インスタント）という特性がある。ビットコインがもしそうなら、偽造が横行するにちがいない。けしからぬ輩が匿名性をいいことに、誰かに気づかれるまで同じコインで何度も支払いをしかねない。これではビットコインに対する信頼はあっという間に地に堕ち、システムは崩壊するだろう。

この二重払い問題を解決する決め手となるのが、誰でもアクセス可能で信頼性の高いオンライン元帳なのである。この元帳は公開されているので、売り手はもちろんのこと、文字どおり誰もが、いまビットコインを送金しようとしている署名者がそのビットコインの所有者にまちがいないこと、そのビットコインがすでに誰かに払われてはいないことを確認できる。

だがいったい誰がその元帳を作成し、更新し、不正が紛れ込まないように管理するのだろうか。銀行やクレジットカード会社ではあり得ない。そもそもナカモトの意図は、既存の金融機関に依存しない決済システムを構築することだからだ。したがって、政府でもない。ビットコインはあらゆる権力から独立したシステムであることをめざす。だから、いかなるコアともいっさい無縁でなければならない。かつ、時を経て参加者が移り変わっても、自律的に存続しなければならない。だがこの過激とも言える完全かつ恒久的な分散型システムを追求する思想と、万人が信頼しうる単一の元帳の必要性とをどうやって矛盾なく両立させるのか?

ナカモトは、数学とプログラミングの知識に、すこしばかりの自己利益の追求を配合して、

〔103〕一八七三年から一九七一年の間は、米ドルは規定量の金と交換可能だった。リチャード・ニクソン大統領の下で導入された一連の経済政策により、アメリカの金本位制は終焉し、ドルは不換通貨となった。

次のようなしくみを提案している。

1　買い手と売り手の間に取引が成立し、買い手が売り手にビットコインを送金した場合、システム（ビットコインに関わるP2Pコンピュータネットワーク）全体にその取引情報がブロードキャスト（放送）される。

2　ネットワークに参加するコンピュータ（ノードと呼ばれる）は定期的（通常一〇分おき）に取引のデータを収集し、送金されたビットコインがたしかに署名者のものであること、途中で書き換えられていないことを確認し、承認する。承認された取引の記録を「ブロック」と呼ぶ。ブロックは、不動産の登記簿のようなものと考えればよい。ブロックには一〇分間の全取引の情報、前のブロックのハッシュ（取引情報の要約）、そして三二ビットの任意の値ナンス（nonce）が入っている。ナンスとは“Number that can be used once”の略で、ワンタイムパスワードのようなものである。

3　ノードはこのナンス値を誰よりも早く見つけるべく、計算競争を繰り広げる。ナンス値を求めることで、ブロックをブロックチェーンに接続することができ、そのノードは報酬を得られるからだ。ナンス値を求めるアルゴリズムは存在しないとされており、総当たり式で試していくしかないため、計算速度の速い高性能コンピュータが必要になる。偽造するには善意のノードを追い越さなければならないので、さらに多くの仕事量をこなす必要に迫られる。このため、承認作業は「仕事量による証明」というほどの意味で、プルーフオブワーク（PoW）と呼ばれている。

4 一番先に正しいナンス値を見つけたノード（承認者）は、そのナンス値を記入したブロックを放送し、他のノードが確認する（確認計算はすぐにできる）。報奨として、承認者には決められた数のビットコインが与えられる。[104] 承認者が放送したブロックに、承認者が受け取るビットコインの数が記録されている。

5 一番になれなかったノードにも、確認計算を行うインセンティブがある。というのも取引が正しくないことが判明したり、PoWがまちがっていたことがわかったら、ブロック全体が未承認となり、再び誰にでもビットコインをもらえるチャンスが生まれるからだ。

6 ブロック内の取引が正しいと承認されれば、そのブロックは直前のブロックのうしろに接続される。こうしてブロックの連続、すなわちブロックチェーンが形成される。このブ

(104) 当初の報酬は五〇BTCだったが、二〇一二年一一月に二五BTCに、二〇一六年六月に一二・五BTCに引き下げられた。この半減プロセスは二一万ブロックごとに行われ、ビットコインのソフトウェアに組み込まれている。最大六四回の半減が実施され、合計二一〇〇万BTCが創出される。二一〇〇万BTCを上限とし、その後は創出されない（Jacob Donnelly, "What Is the 'Halving'? A Primer to Bitcoin's Big Mining Change," Coin-Desk, June 12, 2016, http://www.coindesk.com/making-sense-bitcoins-halving）。したがってビットコインがどのようにどれだけ作られるかは、あらかじめ全員にわかっている。ドルやユーロなど政府が発行する通貨の場合には、そうではない。政府は自らの判断で好きなだけ紙幣を増発する権限を持っている。政府が愚かにも紙幣を乱発すると、たちどころにハイパーインフレが起きる。

ロックチェーンこそが、公開元帳である。ブロックが連結されたら、次のブロックの承認作業が再び開始される。ナカモトは、新しいブロックの生成がおおむね一〇分おきに行われるよう、したがって一〇分おきに承認者にビットコインが与えられるよう、システムを設計している。彼は「一定量の新しいコインが着実に増えて行く様子は、金鉱の採掘者が金を着々と掘り出して世の中に供給する様子に似ている」と述べた。[*5] この比喩から、ノードは採掘者という意味で「マイナー」と呼ばれ、承認作業は「マイニング」と呼ばれている。

このシステムはほんとうにうまくいくのか？

ナカモトの論文を読んだ多くの人が、このシステムは実際に構築可能だし、うまくいきそうだと考えた。とりわけ魅力的に感じられたのが、インセンティブの設定である。マイナーたちは、ビットコインという報奨のためにひたすら利己的に承認作業に勤しむ。博愛精神だの共同体意識だのとは無縁だ。それでもシステム全体は目的を達し、時とともに拡大する。中央集権的な組織が不要なのはもちろんのこと、参加者同士の調整なども必要ない。ただ自分の取引を放送し、ブロックを完結すればよい。いやむしろ、マイナー同士の調整はないほうがよいのである。というのも、調整は容易に共謀につながりかねないからだ。マイナーたちが結託して過去の記録を改竄し、ビットコインを全部自分たちのものにしようと企んだら、どうなるのか。

ナカモトのみごとな設計では、こうした攻撃に対して二つの防御策を用意している。第一は、すでに述べたPoW、すなわち正しいナンス値を求めてブロックを承認する膨大な計算作業である。この計算は平均一〇分程度でできるように設定されており、コンピュータの性能向上に伴い計算難度が引き上げられている。攻撃者がどこかの記録を改竄したら、そのブロックを正しいものと見せかけるにはこの面倒なPoWをやり直さなければならない。しかもブロックは接続されてブロックチェーンを形成しているので、改竄したブロックのみならず、その後に接続されたすべてのブロックのPoWをやり直す必要がある。計算難度が上がっているため、ビットコイン・システムをそっくりまるごと乗っ取るには途方もないコンピューティング能力が必要になっており、もはや経済的に見合わない。[105]だから多くのマイナーは、ブロックごとの競争に勝ってビットコインを獲得することで満足し、そのために必要な設備投資を行なっている。

第二の防御策は、システム自体が自己破壊的にできていることだ。どういうことかと言うと、ビットコインのシステム全体が犯罪組織に乗っ取られたと参加者が感じたら、みなすぐにビットコインへの興味を失い、コンピュータ資源を他のことに向けるので、ビットコインの価値はあっという間に失われてしまう。したがって攻撃者が大金を投じてシステム全体を乗っ

〔105〕マイニング能力の五〇%以上を持つことによって、事実上プルーフオブワークをつねに一番でこなし、従ってどの取引を承認するか決定できるので、ビットコイン・システム全体を乗っ取ったと同じことになる。

取っても、獲得した巨額のビットコインは無価値になるから、経済的に意味がない。それでも攻撃を仕掛けようと考えるのは、無意味なことに金を使いたがっている大金持ちのニヒリストか、ビットコイン・システムを我が物にしたい何か特別な理由を持つ輩ぐらいだろう[106]。ナカモトは、そのような人物はそうたくさんはいない、すくなくともその数は、ビットコインの価値を守りたい参加者に比べると無視できるほどに少ないと見込んでいる。

以上のように、ナカモト論文で示されたビットコイン・システムの設計図はうまくいきそうに見えた。技術的にも実現可能だし、経済的にも健全である。それに、論文が出現したタイミングもよかった。二〇〇八年末は、まさに世界中の人々がサブプライムローンの顛末に幻滅し、既存の金融システムに対する信頼を失っていた時期だった。大手金融機関の破綻や政府による救済、その他諸々の大不況の余波を目の当たりにして、多くの人々が既存の金融システムは不公平だし持続不能でもあると考えた。だから、どの国の政府からも独立した新しい通貨という発想が多くの人々の心を掴んだのである。新しい何かが始まる機は熟していた。そして実際に大勢がビットコインの冒険に乗り出した。

●二〇一〇年五月、フロリダ州ジャクソンビル在住のプログラマー、ラズロ・ヘニエイツが一万BTC（ビットコインの単位）とピザ二枚を交換しないかという提案を投稿した（当時ビットコインは一セント以下だった）[*6]。一万BTCは、ヘニエイツがマイニングで獲得したコインである。四日後、一八歳のジェレミー・スターディバントが取引に応じ、パパ・ジョンズ・ピザのウェブサイトにピザを注文し、ヘニエイツに配達させた。これが、現物の決済にビットコインが使われた世界最初の事例である。スターディバントはピザの代金として三〇ドル払ったので、このときのビットコインの交換レートは、一BTC＝〇・〇〇三ドルだったことになる。もし彼がこのビットコインをずっと持ち続けていたら、二〇一七年一月半ばの時点で八三〇万ドル以上になっているはずだ。

●ビットコインが普及するにつれて、たくさんの両替所が出現して、流通が容易になった。ビットコインには米ドルや英ポンドとの交換レートが設定され、現金をビットコインと交換することも、逆にビットコインを現金化することもできる。世界最大の両替所は東京のマウントゴックスで、ピーク時にはビットコイン取引量の八〇％を扱っていた。[*7] しかしマウントゴックスは創設時から問題を抱えていた。ハッカー攻撃に対するガードが甘いことである。二〇一一年には大規模な攻撃を受け八七五万ドルのコインを盗まれた。このサイバー犯罪にもめげず、マウントゴックスの取扱高は増えていたが、二〇一四年二月には巨額のコイン消失が発覚し、経営陣が横領の科で起訴されるにいたる。マウントゴックスは両替を停止し、ウェブサイトを閉鎖したうえで、破産を申請。同社は「システムに脆弱性

(106) 不換紙幣の場合、発行者に対する信頼があれば価値は維持されることを考えると、ビットコインの価値は、乗っ取り後も下落しない可能性もある。

があり、コインが消失した」と弁明している。[8] 破綻の時点で、ビットコインで四億七〇〇〇万ドル、[9] 現金で二七〇〇〇万ドルの損失を出した。[10]

●ビットコインの揺籃期には、マイニングにはそれなりの計算能力が必要だったとはいえ、ふつうのパソコンにオープンソースのソフトウェアを使ってできる程度だった。しかし計算難度が幾何級数的に引き上げられた結果、いまや膨大なコンピュータ資源と電力を必要とするようになっており、とうてい個人でできるような規模ではなくなっている。二〇一五年一月の時点で、マイニングに携わるコンピュータの処理能力は、世界最大級のスーパーコンピューター五〇〇台分の能力を上回っていた。[11] こうなると消費電力もすさまじい。かくしてマイニング企業は電力の安い地域に拠点を構えるようになった。たとえばアイスランド、モンゴル内陸部、アメリカのワシントン州（水力ベースのハイテク発電施設があり、全米で最も電気料金が安い）などである。[12] マイニング用に最適化されたＡＳＩＣ（特定用途向け集積回路）も開発されている。

●ビットコインの歴史上最も悲しいエピソードは、おそらくジェームズ・ハウエルズの物語だろう。ハウエルズはＩＴエンジニアで、二〇〇九年にマイニングを始めた。当時はかんたんにざくざくビットコインがもらえたが、肝心の価値もほとんどなかった時代である。ハウエルズはマイニングに使っていたコンピュータに飲み物をこぼしてだめにしてしまい、そのコンピュータを廃棄処分にし、ハードディスクドライブだけ外して引き出しに保管しておいた。その中には、ハウエルズが獲得したビットコインの記録がすべて格納されていた。ところが二〇一三年に大掃除をした際に、彼はそのドライブを捨ててしまった！

その年の終わり頃になってビットコインが値上がりしたというニュースを知り、そう言えば自分もビットコインを持っていたのだったと思い出す。あわててゴミの処分場に駆けつけると、管理人にこう言われた――「そうですねえ。お客さんのドライブはもう壊れちまってると思いますよ。その頃回収したゴミの上に、もうすでに数フィートほど新たなゴミが乗っかっちまってるんで」。しかも、サッカー場ほどの大きさの処分場のどのあたりにあるのかもわからないという。ハードディスクの中には七五〇〇BTCが収まっているはずで、それは七五〇〇万ドルに相当するが、さしものハウエルズもゴミの山にアタックする気にはならなかった。[*13]

本章の冒頭では、「権力の座に就いている常軌を逸した連中は、天のお告げを聞いているつもりかもしれないが、じつは彼らの熱狂的な思い込みは、数年前のヘボ学者から受け継いだものだ」というケインズの辛辣な言葉を紹介した。ビットコイン・システムを維持しているマイナーたちのふるまいは、ちょっと似ているが、大事なところがちがう。彼らは常軌を逸してもいないし、権力の座にも就いていない。しかし「熱狂的な思い込み」はある。ただしそれは、「ヘボ学者」から受け継いだものではなく、匿名のハッカー、サトシ・ナカモトから受け継いだものだ。

ビットコインで重要な技術はブロックチェーンである

ビットコインがこの世に誕生して以来、主流派経済学者の大半は、この暗号通貨が既存の通貨に対抗する存在になりうるかということに関して、甚だ懐疑的だった。中には頭から否定する学者もいた。経済学者は、貨幣の主な機能のうち、交換手段（私がXXドル払ったら、それだけの価値のある車と交換できる）と価値の貯蔵手段（私が持っている資産の額はXXドルである）としての機能が成り立つためには、その通貨の安定性が不可欠だと主張する。いま何を売り何を買うか決め、将来家を建てるとか結婚するとか計画するには、手元現金の購買力や資産の評価額がある程度一定していないと困る。変動するにしても、予測可能な範囲内であってほしい。

だが、ビットコインの価値の変動が甚だしいことは事実である。二〇一三年一一月に一BTC＝一一〇〇ドルに高騰したかと思うと、二〇一五年一月には二五〇ドル以下まで七七％も暴落し、二年後に八三〇ドルまで戻した。*14 このような大幅な乱高下は、リスク許容度の高い投資家にとってはおもしろいかもしれないが[107]、主たる交換手段や価値の貯蔵手段としては容認しがたい。

ビットコインの通貨としての可能性をめぐる議論が戦わされる一方で、一部の人々は、真に価値のあるイノベーションはデジタル通貨ではなく、分散型元帳のほうだと指摘する。つまり、ビットコインではなくブロックチェーンこそが重要だという。

ビットコインの激動の歴史を通じてブロックチェーンが何事もなくきっちり機能してきたことはまちがいない。誰からの指図も受けない完全な分散型システムでありながら、何年にもわたって設計通りに役割を果たしており、取引記録が改竄された形跡はない[108]。当初の設計ではビットコインの取引とマイニングだけを記録することになっているが、何もそれだけに限定する必要はない。ブロックチェーンは、もっといろいろなことに活用可能だ。たとえば土地の登記簿として、株式の発行と所有権移転の記録として、不動産売買契約の記録として、あるいは赤ちゃんの出生記録としても使える。要するに確実に記録し、真正であることを証明できるようにしておきたいすべてのことに使えるのである。誰でも閲覧できるという点で真の公開記録

(107) これは現実には富裕な投機家であることが多い。
(108) マウントゴックス両替所などを攻撃したハッカーたちは、ブロックチェーンそのものにはダメージを与えていない。両替所の「ホットウォレット」、すなわちインターネットに接続していたビットコイン口座のビットコインを盗んだだけである。ホットウォレットはブロックチェーンの一部ではない。

であり、したがってつねに精査することが可能であるから、あとから書き換えることも、なかったことにもできない。

これはまったく新しい技術であり、その価値は計り知れないほど大きい。ブロックチェーンは全世界に公開された変更不能の元帳として、つねに大勢の目に晒され、精査されてきた。しかもアクセスするのに入場料も登録料も何も払わなくてよい。[109] ブロックチェーン技術はさまざまな可能性の扉を開く。いやすでに、多くの革新的な組織や起業家が活用し始めている。

●キプロスのニコシア大学[*15]とサンフランシスコのホルバートン・スクール（ソフトウェアエンジニアリングの専門学校[*16]）は、教育機関として世界で初めて学位・資格証明にブロックチェーン技術を採用した。

●不正に採掘されたダイヤモンドが武力紛争の資金源となるのを防ぐ国際的な取り組みとして、キンバリープロセス認証制度というものがある。この制度は二〇〇三年に発足し、従来は紙ベースの原産地証明の添付を義務付けていた。[*17] しかし二〇一六年に制度を運営する組織が、ブロックチェーンの導入を検討中だと発表している。まずは試験運用を行って公開元帳の効果を調べるという。[*18] ちなみにロンドンのスタートアップ Everledger（エバーレッジャー）は、消費者向けにブロックチェーン技術を使って宝石の認証を行なっている。[*19]

●二〇一四年に、アメリカの税関は偽造の靴五〇〇〇万ドル相当を押収した。[*20] 国際貿易では毎年推定四六一〇億ドル相当の偽造品が取引されており、押収された靴はそのほんの一部にすぎない。[*21] 偽物の横行を防ぐべく、ブルックリンの人気スニーカーブランドGreats（グレイツ）では、二〇一六年に発売したコレクションの一部にブロックチェーンによるスマートタグを導入した。買い手は製品が本物にまちがいないことをスマートフォンから確認できる。[*22]

●家具などの格安販売を手がける大手オンライン小売業Overstock（オーバーストック）のCEOパトリック・バーンは、ビットコイン発足当初からの熱心な支持者だった。二〇一四年九月にOverstockはビットコインの受け入れを開始すると発表し、大手ではビットコイン受け入れ第一号となった。[*23] またバーンは、TØ.comという子会社を設立し、ブロックチェーン技術を使って金融資産取引を追跡するビジネスを始めた。社名の"TØ"は、通常は三日かかる金融資産取引（trade）がゼロ日でできることに由来する。Overstockはこの子会社を使って二五〇〇万ドル相当の社債[*24]を二〇一五年六月に発行し、[*25] さらに二〇一六年三月には、ブロックチェーンを活用して優先株を発行すると発表した。[*26] いずれも世界初となる。

〔109〕ブロックチェーンを使った取引の当事者は、ブロックを承認したマイナーに与える手数料を含めることを決定できる。この手数料は、マイナーにとって追加的なインセンティブとなる。

●二〇一五年一〇月にナスダックは未公開株式取引システムNasdaq Linq（ナスダック・リンク）をスタートさせた。非上場企業がブロックチェーン技術を使って株式譲渡を記録できるようにする。当初は非上場企業を対象にしていたが、同様のシステムは上場企業にも応用可能ではないかとナスダックでは考えている。そうすれば決済リスクを九〇％以上減らせるほか、[110]「資本コストも大幅に圧縮できる」という。[*27]

●アイルランドのOrnua（オルヌア）は同国の酪農輸出の半分以上を担っている農業食品協同組合だが、二〇一六年九月にSeychelles Trading Company（セイシェルズ・トレーディング・カンパニー）向けにチーズ一〇万ドル相当を輸出した。[*28] これは、国際貿易取引において貿易条件の詳細がブロックチェーンに記録された初の案件である。国境を越える貿易取引では、一般に次の二つの条件が満たされなければならない。第一に、輸出側と輸入側の両当事者が、出荷時期、輸送中の保険条件、所有権移転のタイミングなどの詳細条件に同意すること、第二に、両当事者がこの詳細条件を明記した法的書類に署名することである。これらをすべてブロックチェーンに記録した結果、通常は七日かかるプロセスが四時間で完了した。

●二〇一六年六月にジョージア共和国は、ブロックチェーンを使った土地登記プロジェクトを発表した。ペルーの著明な経済学者エルナンド・デ・ソトもプロジェクトに関わっている。開発途上国や政情不安定な国では、登記システムの不備が経済発展の妨げとなるケースがある。土地の所有権などの詳細をブロックチェーンに記録しておけば、改竄される恐れがない。

スマートコントラクト

ブロックチェーンには、ビットコインだけでなくあらゆる種類の取引を記録可能であることがわかってくると、分散型元帳は「スマートコントラクト」の理想の形だと考える人々が現れた。スマートコントラクトとは、あらゆる契約行動をプログラム化し自動的に実行する契約のことで、これ自体は一九九〇年代に情報工学者兼法学者のニック・スザボが提唱した概念である。[111]スザボは、今日の資本主義経済の基本要素の一つである契約が、多くの点でコンピュータプログラムに似ていると考えた。どちらも明確な定義付けを行い（契約の場合には当事者の役割、プログラムの場合は変数）、これこれの場合にはこうする、ということを規定する。たとえば著者と出版社の契約なら、原稿を出版社に手渡すことと引き換えにあらかじめ同意した額を受け取るとか、本の販売部数が一定水準を上回ったら印税率を引き上げる、といったことを決めておく。プログラマーなら、こうした条件を数行のコードで表現することができるはずだ。

(110) 決済リスクとは、取引の一方の当事者が株式代金を支払ったにもかかわらず、もう一方の当事者が約束した株式を引き渡さないリスク、またはその逆のリスクのことである。

(111) 多くの人が、スザボこそがサトシ・ナカモトだと考えている。スザボは何度もこれを否定してきた。

だが、だからどうだというのか。私たち二人が本書の版元であるNorton（ノートン）との契約をプログラムの形で結んだとして、紙ベースの契約と比べてどこがすぐれているのか。紙の契約書だからといって、私たちは原稿を渡すときに、ちゃんと支払いの手続きをしてねと編集者に念を押す必要はないし、Nortonの会計部門に、ちゃんと販売部数をカウントして印税を払ってねとせっつく必要もない。紙の契約書だとしても、何か揉め事が起きたら裁判所が決着をつけてくれるだろうし、仮に契約書の正本が二通現れるような事態になっても、どちらが本物か判断してくれるはずだ。とにかく私たちも出版社も、いま以上に信頼性を高める必要を感じていない。つまり現時点でどちらも、相手は誠実だし、契約条件を守ると十分に信じている。

私たちがNortonを信用するのは、すでに本を一冊彼らのところで出版し、きわめて満足な結果を得られたからだ。なぜ最初の本をNortonから出したかと言えば、出版業界では老舗で、評判も高く、私たちが尊敬する著者の本をたくさん扱い、エージェントからも強く推薦されたからである。[112] 要するに、Nortonは信頼できるパートナーだと判断してよい理由がたくさんあった。[113]

スマートコントラクトの提唱者たちは、この状況をまったくちがう視点から見る。彼らはこう言うだろう——Nortonが正確な販売部数報告書を送ってよこすと信用するのではなく、Nielsen BookScan（ニールセン・ブックスキャン）のような第三者機関を活用すべきだ。そして、

BookScan のウェブサイトで販売部数を確認し、Norton の銀行口座から私たちの銀行口座に印税を支払うプログラムを書けばよい。そのプログラムは次のように動作する。

- 著者と編集者だけが閲覧できるウェブページを作成し、原稿が手渡されたことを確認したらクリックする。両当事者がクリックしたら、ノートンの銀行口座から著者の銀行口座に所定の金額を送金する。
- BookScan を活用して本の販売部数のモニタリングを開始する。販売部数が一定水準を上回ったら、印税率を引き上げ、以後はその率を適用する。

もちろん私たちが出版社ととりかわす実際の契約は、これよりずっと複雑で形式張ったものだが、面倒なデータやコードなど使わなくてもかんたんに紙に書くことができる。だがその契約書に改訂版だの修正版だのが現れる危険性があったり、改竄の恐れがあったりしたら、どうか。こういう場合こそ、ブロックチェーンの出番である。ブロックチェーンは、契約の記録として理想的な形になりうる。私たちは Norton と契約を取り交わしたら、デジタ

(112) 私たちのエージェントはラファエル・サガリンという全面的に信頼できる人物である。
(113) Norton の側には、私たち二人がよい著者だという情報はほとんどなかった。私たちにチャンスをくれたことに感謝している。

ル署名をしてブロックチェーンに書き加えればよい。するとこの契約は、元帳に記録された他の取引と同じ特性を持つことになる。すなわち、恒久的にそこにあり、誰でも閲覧して精査できる。さらに重要なのは、誰も書き換えることができない。Nortonも、私たちも、である。デジタル署名で追加や削除ができるようにしておくことは可能かもしれないが、それを除けば、ブロックチェーンの証明された完全性そのものが契約の完全性を保証することになる。

スマートコントラクトの主たるメリットは、信頼性の確保がもはや必要ないことである。Nortonがちゃんと販売部数をカウントするか、私たちは心配する必要がない。契約はBookScanのデータに連動しているからだ。また、販売部数に応じてちゃんと印税率を引き上げてくれるかも、心配しなくてよい。目標値を達成したら自動的に印税率が上がるようにコードが書かれており、そのコードは書き換え不能だからだ[114]。もっと言えば、裁判所が有能で公平で迅速かどうかも、もはや問題ではない。なぜなら、スマートコントラクトにしてしまえば、裁判所に強制執行してもらったり、真正性を確認してもらったりする必要はないからだ。契約は厳然として存在し、ブロックチェーン上で実行される。

スマートコントラクトを提唱したニック・スザボは、一九九六年に次のように述べている。

> スマートコントラクトとは何かをおおざっぱに表現するなら、それは、契約が世界に埋め込まれるということだ。世界のしくみが、暴力的な破壊行為からも、高度で巧妙な侵害

行為からも契約を保護する。[*29]

スザボがこう述べてからおよそ二〇年後になってブロックチェーンが登場し、スザボが述べたとおりの世界を出現させた。起業家やプログラマーを始め、先見性のある人々はこのことに気づき、分散型元帳とスマートコントラクトを結びつけようとしている。

スマートコントラクトの実行手段として二〇一六年末時点で最もよく知られているのは、おそらくイーサリアム（Ethereum）だろう。イーサリアムは「スマートコントラクトを実行するための分散型プラットフォーム」であると定義され、スマートコントラクトは「プログラム通りに正確に実行されるアプリケーションであって、いかなる中断、検閲、不正行為、第三者の干渉からも遮断される」と定義されている。[*30] イーサリアムのプラットフォーム上では多数の野心的な試みがすでに始まっており、これについては次章で取り上げる。

ハイテク産業の五大サイロ

これまでに取り上げた暗号通貨、分散型元帳、スマートコントラクトといった試みは、多か

(114) Nortonが私たちに印税を払うお金にも困っていると考えたら、エスクロー条項などをスマートコントラクトに含めればよい。

れ少なかれ、これまで集権的に管理されていた活動を権力とは無縁の方法でやりたいという願望に、もっと言えばクラウドの力でコアを打ち負かしたいという欲求に基づいている。そうした欲求が生まれるにいたった理由はいろいろとあるだろうが、大きな理由の一つとしてコアがあまりに力を持ちすぎ、しかも信用ならないと感じられてきたことが挙げられよう。

二〇一二年に開催されたWELL（Whole Earth 'Lectronic Link）会議で、SF作家のブルース・スターリングは、ハイテク産業はビッグビジネスに分割占拠されていると述べた。「今日では、インターネット、パソコンや電話、シリコンバレー、メディアといったものを話題にする意味はほとんどない。それよりもよほど重要なのは、Google、Apple、Facebook、Amazon、Microsoftについて論じることだ」とスターリングは指摘する。「この五つの大企業がそれぞれにサイロのようにそびえ立ち、自分たちのイメージにしたがって世界を作り変えようとしている[*31]」。

会議後ほどなく、ジャーナリストのアレクシス・マドリガルがアトランティック誌に寄稿し、この五大企業の影響を考察した。

彼らが作り上げる世界はどのようなものだろうか。私の考えでは、こうだ。誰か外部者が作ったソフトウェアも、サイロの中やサイロ同士の（一時的な）連携においては完璧に機能する。だがサイロと競争相手をつなぐインターフェースは完全に遮断されるだろう。

そのとき外部者は、うまくいくはずのものがなぜうまくいかないのか考え始める。そして、サイロとうまくやっていくためには自分のソフトウェアの一部を書き換えるしかないと気づく。そうしたことがすでに多々起きているのだ。[*32]

要するに、ハイテク産業でコアを形成しているこれらの企業は、自分たちの利益とすくなくとも同等に消費者の利益を考えているのか、もう信用できないということだ。しかもスターリングの言葉通り、サイロの力は強まる一方である。たとえば二〇一六年六月末の時点で、スターリングが名前を挙げたハイテク産業の上位五社は、公開企業の株式時価総額でみても世界の上位五社にのし上がっている。[*33]

コア不信はハイテク産業にとどまらない。大不況後にPR会社Edelman（エデルマン）が行なった調査によると、金融サービス産業はあらゆる産業の中で最も信用されていないことが判明した。[*34]だが、隠然たる勢力を持つ大手金融機関をどうやったら潰すことができるだろうか。それも、潰したあとで、そっくり同じ弱点を備えた別の巨大金融機関が自動的に出現する事態を食い止めるには、いったいどうすればいいのだろう……。

経済全体を作り変えることは可能か？

さきほどの疑問に対するじつに単純明快な解決を示したのが、ジャーナリストでソフトウェアエンジニアのジョン・エバンスである。エバンスは二〇一五年一月に「すべてを分権化する」という刺激的なタイトルの記事を投稿し、[*35] ビットコインやブロックチェーンやスマートコントラクトの根源にある「分権化」という考え方をもっと広く応用し、そのためのプロセスやテクノロジーを活用すべきだと主張した。ナカモトが提案した暗号通貨の実験は、クラウドの威力をみごとに証明した。自己利益を追求するてんでんばらばらのクラウドは、すこしばかりの通信手段とたくさんの数学とコードだけで、全体として非常に価値のあるものを作り上げることができる。ビットコインの場合で言えば、取引の重要項目を記した正確な元帳がそうだ。こうしたすばらしい技術をもっといろいろなものに応用したらいいではないか。限界などどこにもない、というわけである。

とはいえエバンスは、実現までにいろいろと障害物があることも認めている。それでも彼は記事の中で、問題は必ず解決できるとの信念も高らかに表明した。これはまさに、ソリューショニズムである。ソリューショニズムはテクノロジストやテクノクラートが言い出したもので、テクノロジーやアルゴリズムが人類のあらゆる問題を解決するという思想のことである。もともとは侮蔑的な意味で使われ、ジャーナリストのエフゲニー・モロゾフは、ソリューショニズムは「知識人のかかる病気」だと述べている。[*36] だが多くのテクノロジストはこの呼び名を侮辱とは捉えず、上等じゃないかと受け止めたらしい。マーク・アンドリーセンは自分のツイッターのプロフィールに「誇り高きソリューショニスト」と記している。[*37]

ビットコインとブロックチェーンは、それ自体がソリューショニズムへの傾倒の表れだと言える。スマートコントラクトと関連技術は、ブロックチェーンの好ましい特性を維持しつつ幅広く活用する可能性を示した。ソリューショニストたちがめざすのは、ブロックチェーンを世界中の誰もが無料（またはきわめて低料金）で使える改竄不能の公開記録にすること、ビットコイン決済だけでなく、ありとあらゆる種類の情報財をそこに記録することである。

誰が会社を必要とするのか？

考えてみれば、契約やソフトウェアも情報財である。ここで、ソリューショニストたちから次のようにお願いされると想像してみてほしい――みなさま、銀行口座や社会保険番号や投資ポートフォリオなどの情報財にプログラムがアクセスすることを許可していただけませんか。そのプログラムはブロックチェーンにアクセスして取引をブロックに記録し、そのブロックそのものも記録します。ブロックチェーンは書き換え不能ですから、このシステムは確実に安全で、改竄されたりハッカー攻撃で破壊されたりする心配はいりません。プログラムは、当初の設計どおりに動作します、と。そしてその後は、摩訶不思議なことが起きる。現実の世界に何らかの結果をもたらすような契約や取引が、誰からも監視されず、政府の指導や支援も受けずに、自動的に実行されるのである。

一部の人々は、ブロックチェーンには膨大な可能性があり、ハイテク産業を分割占拠するビッグビジネスにとって脅威になると本気で考えている。ドン・タプスコットとアレックス・タプスコット（父子である）は、二〇一六年に発表した『ブロックチェーン・レボリューション』（邦訳ダイヤモンド社）で次のように書いている。

企業は、ピア・ツー・ピアなどオープンで民主的なテクノロジーの多くを力ずくで我が物にし、それを使って価値の不当に大きな分け前を獲得してきた……Amazon、Google、Apple、Facebookといった〝デジタルコングロマリット〟は……市民や組織が生み出す情報という宝の山を分捕ってきた……だがブロックチェーン技術が出現したいま、こうした流れを逆転させることが可能になった。いまこそ、真のピア・ツー・ピア・プラットフォームを構築することができる……それは、富の分配方法を変える可能性がある。その第一歩は、富の創出方法を変えることだ。農家からミュージシャンにいたるすべての人が、自分の作り出した富を分け合うことが可能になる。そこに限界はない。[*38]

先進国では、大企業とりわけ金融機関やハイテク大手はあまりに力を持ちすぎた、と多くの人が感じている。一方、開発途上国の多くでは、司法が十分に機能しておらず、知らない人同士は互いに信用できず、政府は自国通貨の価値を下げるようなお粗末な政策を採用しがちだ。どちらの状況も同じ結果を招く、とブロックチェーン擁護論者は主張する。取引は滞り、機会は活用されず、人々は困窮する。

多くの人がビットコイン、ブロックチェーン、スマートコントラクトに期待をかけるのは、こうした現状をどうにかしたいからだ。いや、はっきり言ってしまえば、市場経済の重要な部分をコアからクラウドへ、具体的には中央銀行や企業や法制度からコンピュータの群れにシフトさせたいからである。コンピュータたちはブンブン唸り声をあげながらプログラムを運用し、あらゆるものを権力から切り離して分権化しようとする。果たしてそれはうまくいくのだろうか。

この章のまとめ

- ビットコインは、中央の権力とは完全に無縁のコミュニティを形成しうる可能性を示した。数学（暗号技術）、経済学、コード、ネットワークの組み合わせから、貨幣としての基本条件を満たすものが誕生したのである。
- ブロックチェーンは、もしかするとビットコイン自体より重要な価値があるかもしれない。ブロックチェーンとは、グローバルにアクセスできる透明性の高い改竄不能の分散型公開元帳であり、スマートコントラクトなどのイノベーションと結びつければ一段と価値が高まる。
- ビットコインとブロックチェーンに関して最も注目に値するのは、それぞれが自己利益を追求する人や組織のクラウドによって、途方もない共通の価値を創出した革新的な方法である。
- ビットコインとブロックチェーンはいっそうのイノベーションを促し、起業家精神を刺激して、新しい大きなうねりを呼び起こした。最終的にそれらが経済・社会においてどのような役割を果たすことになるのか、現時点ではあきらかではない。
- 一部の銀行やハイテク企業などはあまりに力を持ちすぎた、と一部の人々は考えている。

だが完璧な分権化を推進しうる新しいテクノロジーを駆使すれば、大手金融機関や巨大ハイテク企業に取って代わることももはや不可能ではない、と彼らは主張する。

・近年のさまざまな実験的試みから、ブロックチェーン技術には多くの潜在的需要があることが確かめられた。この新しい技術によって、既存のビジネスプロセスのコストを押し下げ、迅速化することが可能だ。それだけでなく、まったく新しいプロセスに置き換えることも可能になるだろう。

あなたの会社では？

1　改竄不能の分散型公開元帳技術は、あなたの会社にとって役に立ちますか？　どのような種類の書類や記録をその元帳に記載したいですか？　取引先（顧客、サプライヤー、サードパーティ、政府機関など）の中で敏速に対応するようなところはありますか？　そのような元帳を活用したら、どの程度時間と資金の節約になるでしょうか？

2　分散型公開元帳技術を活用するにあたって、その元帳自体を中央の管理と切り離すべきだと考えますか？　それとも、元帳は誰か一人または中央の組織が所有し管理すべきでしょうか？

3　ビットコインをはじめとする暗号通貨は、あなたの会社にとって有用ですか？　決済手段として暗号通貨を受け入れる用意はありますか？

4　あなたがスマートコントラクトを結ぶとしたら、その第一号は何になるでしょうか？

5　今後五年または一〇年で、クラウドがコアに（すくなくともかなりの部分）取って代わる分野があると思いますか、あるとしたらそれはどの分野でしょうか？

第13章

企業はもはや過去の遺物か?

(そんなことはない!)

民間企業は獰猛な虎だから撃ち殺すべきだという人もいれば、ミルクを恵んでくれる牛だとみなす人もいる。健康な馬であって重い荷車を引いてくれるのだという人はあまりいない。

——ウィンストン・チャーチル（一八七四〜一九六五年）の言葉とされる

新しい強力なテクノロジーが次々に登場するようになったいまもなお、企業というものは必要なのだろうか？　いまや、ほんとうの意味で企業の代わりを果たしうるものが登場したと考える人は少なくない。そこでは、本書で取り上げたデジタルイノベーションの多くが採用されることになるだろう。とりわけ、クラウドベースの暗号通貨技術、分散型元帳、スマートコントラクトが重要な役割を果たすはずだ。今日の資本主義経済でコアを形成しているのは企業である。だが本書で繰り返し述べてきたように、テクノロジーを手中にしたクラウドがコアを出し抜く例が増えている。となれば、この先企業はどうなるのだろうか。

この重大な疑問を考えるにあたり、クラウドが企業の代わりを果たそうとした最近の二つの事例を仔細に観察してみたい。一つはDAO（自律分散型組織）、もう一つはビットコインである。この二つの試みについて、経済理論を援用して分析してみると、企業の未来について多くのヒントが得られる。

し、[*3]フォーブス誌は「未来の起業のあり方を変え……世界を変えるという使命や構想や戦略の実行に適した自律的な組織を設計することができる」と高く評価した。[*4]完全にバーチャルなこの組織を支援するために、現実の資金が投じられた[*5]――なんとわずか二八日間で、一億六二〇〇万ドルもの資金が集まったのである。[*6]

ところが、クラウドファンディングが締め切られる直前になって、DAOのコードを分析していたコンピュータ・サイエンティストのグループが、重大な欠陥を指摘した論文を発表する。[*7]彼らは、論文を書いた目的はDAOを葬り去ることではなく、脆弱性を取り除くことだと断っている。「われわれは起こりうる攻撃を検討したうえで、攻撃の被害を食い止め、可能であれば完全に防ぐための具体策を提案した」[*8]。

だが彼らの善意の意図とは裏腹に、論文が発表された直後にDAOはハッカーの攻撃に遭い、資金の三分の一をまんまと盗まれてしまったのだった。[*9]このハッカーはコードを調べ上げ、DAOを壊れたATMのように、つまり残高がゼロになっても払い出し続けるように動作させた。

DAOは公開され衆人環視の環境に置かれている以上、この窃盗は公に行われたと言ってよい。しかも、完全に合法的だった。ソフトウェアのライセンス条項では、ユーザーは自律的分散型組織の中で起きることはすべて受け入れなければならないことになっているからだ。

ここで疑問なのは、なぜハッカーは攻撃を仕掛けたのか、ということである。というのも盗み取ったイーサは、ドルともいかなる通貨とも交換できないからだ。サトシ・ナカモト研究所のダニエル・クラウィッツは、オンラインの暗号通貨取引所で三億ドル分のイーサをショート（空売り）しておけば、攻撃が公表されてイーサが下落したときに利益を上げられると指摘している。[*10]

だがこの際重要なのは、ハッカーの動機ではない。この窃盗で、暗号通貨とスマートコントラクトの脆弱性があきらかになったことのほうがよほど重要だ。ナカモト研究所は、「イーサリアムは終わった」と断定した。[*11] お粗末なプログラミングと、このお粗末なプログラムを合法化したライセンス条項が破滅を引き起こしたのだ、と。

だが「すべてを分権化する」夢の信奉者たちは、あきらめなかった。二〇一六年七月、イーサリアムの共同創設者（当時一九歳だった）であり、「イーサリアム白書」（二〇一三年）と題する論文でも著名なヴィタリック・ブテリンは、暗号通貨とそのブロックチェーンを強制的に分岐させる「ハードフォーク」を提案する。[*12] DAOの参加者の過半数がハードフォークを受け入れれば、それまでの取引は基本的に「なかったこと」にし、イーサはすべて元の所有者に戻す

〔116〕論文の執筆者は、Dino Mark、Vlad Zamfir、Emin Gün Sirerである。DAOの弱点はセキュリティホールだけでなく、全体の利益に反するような行動をとるインセンティブを投資家に与えるという経済的欠陥もあった。Cade Metz, "The Biggest Crowdfunding Project Ever—The DAO—Is Kind of a Mess," *Wired*, June 6, 2016, https://www.wired.com/2016/06/biggest-crowdfunding-project-ever-dao-mess.

というのである。

参加者の過半数が同意したためハードフォークは実施されたが、少数派になった人たちは激怒した。E・J・スポードと名乗る（おそらくは偽名の）人物が、オンラインマガジンに理由を説明する記事を投稿している。「少数派の考えでは、ハードフォークはイーサリアムの原則をぶちこわすものだ。イーサリアムがめざしたのは、乱暴に言ってしまえば、邪魔な人間をすべてすっ飛ばすことだった。腐った官僚も政治家も、取締役もCEOも弁護士も、だ。コードは法律と同じだと考えられていた。ソフトウェアは公開されていて誰でも精査できる。だから、その脆弱性に気づかなかったら、それは気づかなかった人間の責任だ[*13]」。

スポードが「邪魔な人間」と片付けた中には、まちがいなく中央銀行も含まれるはずだ。中央銀行は、不換紙幣の価値を恣意的に操作するとたびたび批判されてきた。だがハードフォークはそれよりもっと悪い、と多くの人は感じた。イーサの価値を恣意的に変えるのではなく、所有者を恣意的に変えたのだから。もともとのDAOに参加していた人の一部はハードフォークに従うことを拒否してソフトウェアのオリジナルバージョンを引き続き使用し、イーサリアム・クラシックと名付けた[*14]。本書の執筆時点（二〇一七年初め）で、イーサリアムとイーサリアム・クラシックは並存している。

ビットコインはどうなるのか？

世界中でもてはやされたビットコインとブロックチェーンも、やはりトラブルに見舞われている。二〇一六年一月には、ブロックチェーンの開発者として尊敬されてきたマイク・ハーンが、手持ちのビットコインをすべて売り払ってプロジェクトから抜けるという一大事が起きた。ハーンはブロックチェーンの可能性を信じ、Googleのエンジニアを辞めてまでフルタイムで開発作業に従事してきた人物である。彼は自らの決断をブログで説明しているが、それによれば、ビットコインの実験は失敗だったという。[*15] 原因は、マイニングや暗号通貨自体の脆弱性といった技術的に困難な問題ではなく、組織にある、とハーンは指摘する。

失敗したのは、コミュニティに原因がある。〝システム上重要〟だの〝大きすぎて潰せない〟といった組織とは無縁の新しい通貨を作ることをめざしていたはずなのに、いまや既存のシステムよりもっとひどい代物になってしまった。ほんの一握りの人間が、システムを完全に牛耳っている。さらに悪いのは、ネットワークが技術的な破綻の危機に瀕していることだ。それを防ぐはずのメカニズムは機能しなくなっている。もはや、ビットコインが既存の通貨制度よりすぐれているとは到底言えない。[*16]

コミュニティに問題が生じたのは、システムの規模の拡大をどうするかについて、いわゆる「スケーラビリティ論争」が起きたことが原因だった(現在はブロックサイズが制限されているため、今後ビットコインの利用者が増えるにつれて、決済の遅延、コストの増加などの問題が発生すると指摘されてきた)。ブロックサイズの拡張を巡ってコミュニティは真っ二つに分かれた。どちらの側も、自分たちの主張はビットコインの精神に則っているとして頑として譲らない(しかもどちらの側にも、ベンチャーキャピタルに支援された暗号通貨スタートアップなどがついていたことが、事態をいっそうややこしくした)。サトシ・ナカモトはこの件について沈黙を守り、論争を放置した。こうして議論は暗礁に乗り上げたまま、ビットコインのシステムは停滞し、一部のブロックチェーンの取引遅延や承認不能のリスクが高まったのである。[*17]

この論争と並行して、別の問題も顕在化してきた。世界のビットコインのマイニング能力が中国に集中していることである。二〇一六年半ばの時点で、中国の両替所の取扱高がビットコイン取引全量の四二%を占めており、[*18]世界のマイニング専用コンピュータのおよそ七〇%が中国にあると推定される。[*19]このような過度の集中はシステム全体の動向に大きな影響力を与えかねないため、何によらず好ましくない。そもそもビットコインは、分散化・分権化によって権力集中を防ぐことに意義があったはずだ。ところがマイニング能力の五〇%以上を掌握するプレーヤーまたはプレーヤーの連合は、どの取引を承認するかを一方的に決定でき、残りは承認しないということが可能になる。

そのうえ、集中が中国で起きているという事実が、とりわけ悩ましい。中国政府には、金融機関をきびしく監督し、ときに直接介入するという前歴がある。しかしこうした行為は、すべてを分権化し、権力から切り離すという夢に真っ向から対立するものだ。中国の巨大なファイアフォールの背後でビットコインとブロックチェーンが支配されるようになったら、夢は悪夢に変わると多くの人が感じている。

テクノロジーは分権化を後押しする

DAOとビットコインの躓きは、暗号通貨、スマートコントラクト、プラットフォームなどのデジタル技術の発展が提起した疑問を改めて意識させる結果になった。私たちが本章に「企業はもう過去の遺物か？」という刺激的なタイトルをつけたのも、このためだ。スマートコントラクト技術が進化し、自己利益の追求と全体の利益の実現とをうまく組み合わせたネットワークが構築できるようになり、生産やイノベーションのためのツールを個人が手軽に使えるようになったら、古くさい工業化時代の企業にはもう頼らなくてもよくなるのだろうか。

デジタル技術の進歩によって、人間とマシン、物理的なモノやサービスとプラットフォームのさまざまな組み合わせが可能になると私たちは本書を通じて述べてきた。そうなったとき、クラウドが支配的になるのだろうか、そしてコアを打ち負かすのだろうか。

多くの人が、そうなればいい、いやきっとそうなる、と考えている。とりわけ反体制的な思想家がそうだ。グローバル金融危機後の大不況で、さらにその後ののろくて不平等な景気回復において多くの人が感じた不正や不公平は、彼らの信念を一段と強める結果となった。企業、とくに大企業はもう信用ならない、大企業は繁栄の原動力ではなくて貧困と搾取の元凶なのだ、と大勢が考えるようになったのである。[117]

大企業が問題の元凶なら、解決策ははっきりしている。「すべてを分権化」すればよい。技術の進化によって、それは可能だと考えられた。3Dプリンターは個人にモノを製造する能力を与え、高価な設備の揃った大規模な工場に頼る必要がなくなった（第4章参照）。MITのニール・ガーシェンフェルドらは「ファブラボ」の未来を熱く語っている。[118] またかなりの数の作物が、大規模な農場ではなく、精密にコントロールされた容器で栽培可能になった（第11章参照）。さらに暗号通貨とスマートコントラクトがさまざまな情報財を扱えるようになり、金融サービスの代わりを果たせるようにもなっている（第12章参照）。ウェブによって、情報や教育資源へのアクセスがすでにだいぶ前から万人に開かれていることは、改めて言うまでもない（第10章参照）。未来学者のレイ・カーツワイルは二〇一二年に、「今日スマートフォンを持ったアフリカの子供たちは、一五年前のアメリカ大統領が入手できた以上の情報にアクセスできる」と言った。*20 このような知識の拡散は、今後もずっと続くにちがいない。またムーアの法則も引き続き当てはまると考えられ、かつてないスピードであらゆる情報財の価格は下がり続け、性能は上がり続けるだろう。

このように、技術は分権化の流れを後押ししてくれるように見える。では経済学はどうだろう？　経済理論は、技術の進歩が企業やビジネスのあり方を変えることについて、何か語っているのだろうか。じつは、大いに語っているのである。

「企業の本質」は語る

一九三七年一一月、まだ二六歳だったロナルド・コースが画期的な論文「企業の本質」を発表する。[*21]この論文で、彼は基本的な問いを発した。市場がそれほどすばらしいものなら、なぜこれほど多くのことが企業組織の中で行われているのか、と。言い換えれば、多くは大規模で官僚的な階層構造を持つ安定した組織すなわち企業の中で、なぜこれほど多くの経済活動を行うことを人々は選んだのか。誰もが独立したフリーランサーとして働き、何らかのプロジェクト遂行に必要なときだけ集まって協力し、その後はまた散り散りになるというやり方をなぜ選

(117) 私たちはそうは考えていない。資本主義はよきものになりうる巨大な力を秘めている。だが縁故資本主義は権力者の友人知人を優遇するために市場を歪めるものであり、根絶やしにしなければならない。

(118) たとえば以下を参照されたい。Neil A. Gershenfeld, *Fab: The Coming Revolution on Your Desktop? From Personal Computers to Personal Fabrication* (New York: Basic Books, 2005).

ばないのか。現実の世界では、企業はあらゆるところに存在し、マネジャーたちの「見える手」が日々企業を動かしている。[119]市場シェアというものが何らかの概念の成功度を計る最終テストとなるなら、市場そのものがこのテストに落第ではないか。

商法などが整備されておらず、司法が機能せず、したがって契約の履行が保証されないような環境で市場がうまく機能しないなら、それは理解できる。だが一九三〇年代にはすでにアメリカはそのような環境を脱していたし、他の先進国にしてもそれは同じだった。ではなぜこれほど多くの企業が存在するのか？　コースが世に示したこの問題の分析は、ケインズ卿の正しさを改めて印象付けることになった——そう、死んだ経済学者の影響力がいかに長続きするかをコースは実証したのである。「企業の本質」は、現代のテクノロジストにもさかんに引用されている。と言うよりも、彼らが引用する経済論文は「企業の本質」しかない。

起業家やイノベーターや未来学者の口からじつにひんぱんにコースの名前が出てくることには驚かざるを得ない。だが本来は、驚くべきではあるまい。なにしろコースは、彼らの仕事はきわめて重要な価値を持ちうるのであり、経済全体を変貌させる可能性を秘めていると論じたのだから。[120]

企業か、市場か？

コースは、企業か市場かの選択は、基本的には費用最小化の問題だと主張する。高コスト体質のプレーヤーは競争ではじき出されることになるので、コストの最小化は至上命令だ。企業組織の形態は驚くほど融通無碍であり、数千人が働き数十億ドルの資産を持つケースもあれば、ほとんどの人が契約社員として働き、必要な資材は自分で持ち込むか借りるかするというケースもある。しかし費用最小化の観点からすれば、企業は大規模でなければならない。そのほうが、市場よりも少ない費用でモノやサービスを生産できるからだ。

だが、なぜそうなるのか。市場は他の何よりも効率的だとされているのではなかったのか。市場はある点ではきわめて効率的だが、いくつかの領域ではコストが嵩むとコースは指摘する。主なものを挙げておこう。

●検索費用：市場で適正な価格水準を探り、取引相手を探す費用

(119) アルフレッド・チャンドラーはその古典的名著の中で、とくにミドルマネジメントはアメリカ経済において二〇世紀半ば頃までに大きな力を持つようになったと指摘する。Alfred Chandler, *The Visible Hand* (Cambridge, MA: Belknap Press, 1977)(邦訳『経営者の時代』東洋経済新報社)。

(120) コースのこの論文はGoogle Scholarで三万五〇〇〇回以上引用されており、経済学において最も引用回数の多い論文の一つである。一九七二年にコースは、「引用回数は多いが活用例は少ない」と嘆いたが、その後の世代の経済学者や経営者は、企業組織の理解に大いに役立ててきた。R. H. Coase, "Industrial Organization: A Proposal for Research," in *Economic Research: Retrospect and Prospect, vol. 3, Policy Issues and Research Opportunities in Industrial Organization*, ed. Victor R. Fuchs (New York: National Bureau of Economic Research, 1972), 62, http://www.nber.org/chapters/c7618.pdf (邦訳は『企業・市場・法』東洋経済新報社に収録)。

●交渉費用：その相手と交渉し合意するための費用
●契約費用：取引相手との合意内容を確認し有効な契約にするための費用
●監視費用：契約の履行状況を監視する費用

ここで賢明な読者は、コースが今日テクノロジストたちに敬愛される理由に気づいたことだろう。そう、デジタル技術はまさにこれらのコスト（取引費用と総称する）の多くを押し下げたのである。取引費用の合計を市場より小さくできたからこそ、企業は市場より優位に立つことができた。だがデジタル技術はそれを逆転させ、市場を優位にする可能性がある。トム・マローン、ジョアン・イェーツ、ロバート・ベンジャミンは、すでに一九八七年の論文「電子市場と電子組織」の中ではっきりそう主張している[121][*22]。

そしてどうなっただろうか。現在は、コンピュータ時代に入って三五年が過ぎ、ウェブ時代に入って二〇年、スマートフォン時代に入って一〇年が経つ。これらの高性能なツールは、単独でもそうだが、組み合わされることによって、コースが論じたコストを大幅に押し下げた。そして、大企業から市場へと向かう大きな流れを先導しようとしている。マローン、イェーツ、ベンジャミンが予想したとおり、電子商取引が台頭し、さらにO2O（オンライン・ツー・オフライン）やタスクマッチングなどのプラットフォーム企業も続々と誕生してきた。

企業は退場しない

あきらかに大企業から市場へと流れは転じているように見えるにもかかわらず、企業の時代が終わったとは言えないようだ。いや、むしろ逆のことが起きている——大企業の支配力が強まっているのである。アメリカ経済は世界で最も多くのデジタル技術を生み出すとともに、それを最も活発に活用してきた。だから、もしテクノロジストたちによるコースの解釈が正しいなら、アメリカの大企業がまず衰退していくはずである。だが現実に起きているのは、大企業への集中だ。多くの産業で、売上高も利益も一握りの大企業に流れ込むようになっている。たとえば、エコノミスト誌がアメリカのさまざまな産業から八九三社を調査したところ、上位四社の市場シェア（売上高ベース）の加重平均は、一九九七年に二六％だったのが、二〇一二年には三二％へと集中化が進んでいることがわかった。[*23] 私たちは二〇〇八年に、情報技術によって競争は一段と「シュンペーター型」になると書いた。[*24] それは、テクノロジーが企業のハイペースな規模の拡大と圧倒的なシェア獲得を可能にする一方で、新規参入者が既存企業を駆逐し市場に激震をもたらすことも可能にするというほどの意味である。

経済のデジタル化が現に進行しているのに、なぜ大企業は衰退するどころか拡大しているの

〔121〕論文のタイトルは、オリバー・ウィリアムソンの名著のタイトルに倣ったものである。Oliver E. Williamson, *Markets and Hierarchies, Analysis and Antitrust Implications: A Study in the Economics of Internal Organization* (New York: Free Press, 1975)（邦訳『市場と企業組織』日本評論社）

か。市場に有利になるはずのデジタルツールは、単にまだ十分に浸透していないのか、あるいはまだ未熟なのか。もしそうだとすれば、暗号通貨やブロックチェーンやスマートコントラクトなどの革新的な新技術がもっと浸透し成熟するのを待てばよいのか。ＤＡＯやビットコインの躓きは、若き巨人の成長痛のようなものと考えてよいのか。

よく言われることだが、私たちはとかく新しい技術の短期的な潜在性を過大評価し、長期的な可能性を過小評価するきらいがある。サトシ・ナカモトが何者であれ、まったく新しい強固なものを世に送り出したことはまちがいない。だが分散型元帳技術は、企業を退場させるほど強力ではなかったし、経済における企業の影響力を衰えさせることさえできなかった。いったいどうしてなのか――それを理解するためには、再びコースに立ち返る必要がある。ただしコースだけでなく、その後に発展した取引費用理論も参照しなければならない。

なぜ企業が繁栄するのか

取引費用理論では、経済活動がなぜ今日のような形で行われているのか、という基本的な疑問を提起する。たとえば、市場と企業が今日のような具合に混在しているのはどうしてなのか。取引費用理論は経済学の中でも重要な位置を占めており、じつに三回もノーベル経済学賞の受賞者を輩出している。一回目はもちろんロナルド・コースだ。これが一九九一年である。

二回目は二〇〇九年で、コースの弟子であるオリバー・ウィリアムソンがエリノア・オストロムとともに受賞した。[122] そして三回目はつい最近の二〇一六年で、オリバー・ハートとベント・ホルムストロームが受賞している。この事実からもわかるように、取引費用はきわめて重要な概念である。市場が合計取引費用を企業より抑えることができれば、市場取引が企業に勝ることになる。もちろん、その逆もまた成り立つ。

とはいえ、取引費用理論をここで網羅的に説明することは私たちの手に余る。そこでここでは、この理論に盛り込まれた知見の中から、デジタル技術を手にしたクラウドのインパクトを理解するのに役立つ部分だけを取り上げることにしたい。まず出発点として、市場は生産コスト（モノやサービスを生み出すために必要なコスト）をおおむね押し下げるが、企業組織は調整コスト（生産を手配し、円滑に維持するためのコスト）をおおむね押し下げる、という経験則を掲げておこう。次に、本書で取り上げたさまざまなテクノロジーにはコスト押し下げ効果があるが、とりわけ調整コストを大幅に圧縮することが可能だという点に注目する。検索エンジン、安価な通信ネットワーク、情報財全般の無料（フリー）、完全（パーフェクト）、瞬時（インスタント）という経済特性が調整コストを大幅に引き下げることは、読者にはすぐにおわかりいただけよう。

すると、論理的にはこうなる。調整コストが切り詰められれば、市場の比較劣位が小さくな

(122) カーネマンと同じく、オストロムも経済学者ではなかったが、ノーベル経済学賞を受賞した。

るので、市場は企業に対して優位に立つことになる。となれば、市場がどしどし活用され、企業はだんだんに廃れるはずである。現にいくつかの面では、実際にそうなっている。それもかなり大々的に。たとえばアウトソーシング、オフショアリング、フリーランス化などだ。デジタル技術が進歩し浸透するにつれて、近年ではこうした「企業のアンバンドリング」が大幅に増えている。これまで企業組織の内部でやっていた仕事の多くが市場に出されるという大きな流れが来ていることは、まちがいない。

ところが、である。企業がどんどん支配力を強めていることもまた事実だ。彼らの経済的影響力は、衰えるどころか強化されている。では、取引費用理論の出発点とした経験則はまちがっているのだろうか。いや、まちがってはいない。しかし、今日の実情に合わせてアップデートする必要がある。コースが「企業の本質」を発表して以来、八〇年におよぶ研究の成果が積み上げられてきた。コースだけに依拠するのは、一九世紀のメンデルの法則だけにいつまでもしがみつき、ワトソンとクリックの発見を無視するようなものと言えよう。

完全な契約はありえない

取引費用理論を発展させたさまざまな理論の中で、クラウドに最も関係があるのは、不完備契約理論と残余コントロール権の問題である。サンディ・グロスマンとオリバー・ハートはこの問題に関して先駆的な論文を書き、「企業の所有者は、他の人が持っていないどのような権利を持っているのか」との問いを発した。[*25] そして、所有権に価値があるのは、契約が不完備のときに限られると論じている。起こりうる偶発事象がすべて契約で網羅されているなら、契約の対象となる資産（たとえば土地建物、機械類、特許など）が何であれ、一方の当事者がその資産の「所有者」であることは何ら追加的な権利を生じさせないからだ。

だが契約が不完備だった場合には、資産の所有者は、契約上の規定を除いては所有する資産に何をしてもよい残余コントロール権を持つことになる。[123] たとえば車の売買契約に塗装の色が規定されていなかったら何色にしてもいいし、オーディオシステムは新品に交換すると規定されていなかったら交換しなくてよい。そもそも所有権者は、誰かにいくらで売るという契約を結ばない限り、ちょうど通りかかった人に一ドルで売ってしまったってかまわないのである。所有権というのは、その物を自由に使用・取引・処分できる、つまり全面的に支配できる権利だからだ。ハートはこの問題をさらに掘り下げており、ジョン・ムーア、[124] ベント・ホルムストローム[125]との共同論文はいまなお強い影響力を持っている。

だが、なぜ契約はつねに不完備だと決めつけるのか――すべてを分権化しようとする人々は、こう反発することだろう。がんばれば完璧に網羅的な契約を書けそうなものではないか。

〔123〕言うまでもなく、法律や倫理で許容される範囲に限られる。

〔124〕Oliver Hart and John Moore, "Property Rights and the Nature of the Firm," *Journal of Political Economy* 98, no. 6 (1990): 1119–58.

たとえば車の売買契約であれば、売主と買主が契約対象物に関するそれぞれの権利、義務、報酬をくまなく書き出し、何が起きてもそれを守ると約束すればよいではないか。そのような完備契約が可能なら、もはやどの時点についても誰が車の所有者なのかは明確で、残余コントロール権の出る幕はなくなるはずだ。そしてDAOのクラウドファンディング・プロジェクトがやろうとしたことも、まさにこれだった。契約段階ですべて決めておけるということが大前提だったのである。

だがこの問題を研究してきた経済学者は、おそらく口を揃えて、完備契約は事実上不可能だと言うだろう。世界はきわめて複雑であり、未来はあまりに不確定要素が多く、しかも人間の知性も理性も限られている。これらの要素が重なれば、現実の取引において、あらゆる不確定要素を織り込んだ完備契約の作成は、まずもって不可能と言わねばならない。

となると、たとえば長期契約で生産を行なう場合、将来起こりうるすべてのケースを想定した完備契約が結べないため、想定外の事態について事後的な再交渉で契約変更がありうることになる。ここから、一方の当事者が特殊な資産に投資してしまったあとになって、相手方から弱い立場に付け込まれることを恐れ、すべき投資をしないというホールドアップ問題が起こる。たとえば自動車部品メーカーが、契約相手であるメーカーの車にしか使えない特殊部品を作る機械への設備投資を渋る（機械を据え付けてしまったら、足下を見られて部品の値下げを要求されるかもしれない……）、といった事例だ。しかしここで、自動車メーカーがその部品メーカーを買収してしまえば、ホールドアップ問題は生じない。

このように、所有権が変わればインセンティブは変わる。別の視点から言えば、企業の資産を使って働く社員と、自前の資産を使う独立事業者とではインセンティブはちがう。ここに、企業が資産を持つことの重要な意味がある。資産を誰が持ち、したがってインセンティブがどのように設定されるかということが、企業ひいては経済の効率性にとってキーポイントとなる。

企業が存在する根本的な理由の一つは、市場参加者が必要に応じて都度集まるやり方では完備契約が結べないことにある。完備契約を結べないということは、現実の世界で将来に想定外の事態が起きたとき、誰がどうするかが決まっていないということだ。企業という存在は、この問題に対する解決になる。企業が資産を所有していれば、不完備契約で決まっていないことについて残余コントロール権を行使することになるからだ。これがまさに、企業の所有者（す

〔125〕たとえば Oliver Hart and Bengt Holmstrom, The Theory of Contracts, MIT Department of Economics Working Paper 418 (March 1986), https://dspace.mit.edu/bitstream/handle/1721.1/64265/theoryofcontract00hart.pdf%3Bjsessionid%3DD2F89D14123801EBB5A616B328AB8CFC?sequence%3D1. プリンシパルとエージェント問題に関するホルムストロームの画期的な論文（Bengt Holmstrom, “Moral Hazard and Observability,” *Bell Journal of Economics* 10, no. 1 [1979]: 74–91, http://www.jstor.org/stable/3003320）は、その後の不完備契約理論の基礎を築いた。ホルムストロームとポール・ミルグロムが指摘するとおり、企業自体が、その規範やルールも含め、インセンティブ制度を検討する際の参考になる。Bengt Holmstrom and Paul Milgrom, “The Firm as an Incentive System,” *American Economic Review* 84, no. 4 (1994): 972–91, http://www.jstor.org/stable/2118041.

なわち株主）に代わって経営陣が行う仕事である。

言うまでもなく、このやり方がつねにうまくいくという保証はない。企業の経営陣が優柔不断だったり、無能力だったり、誘惑に負けたり、あるいは単に判断ミスをすることも十分にあり得る。だがまずまずうまくいっているからこそ、企業は現に存在し、存続しているのである。そしてまずまずうまくいっているのは、不完備契約と残余コントロール権の問題が市場の阻害要因となっていたからだ。

完全な分権化には弱点が潜んでいる

以上の点を踏まえると、ビットコイン、イーサリアム、ＤＡＯでなぜ問題が生じたか、理解しやすくなるだろう。ブロックチェーンは、すべてをできる限り分権化すること、つまり、権力から遮断することを目的として設計された。だがそうなると、ものごとが思わしくない方向に進み出したとき、どんな対抗手段があるのか。たとえば中国のファイアウォールの向こう側にマイニング作業が集中するというのは、暗号通貨が当初めざしたこととは逆の方向である。だが、それを軌道修正したり取り消したりすることは、事実上不可能だ。株式市場の大きな潮流を一握りのトレーダーの力で変えることが不可能なのと同じである。

最終決定者がいないままに開発者が仲間割れするのも十分に困った事態だが、重要な作業が独裁的な政府の支配下で行われるというのは、さらに悪い。中国政府には、その気になったら強硬に介入することも辞さないというよからぬ前歴がある。しかしブロックチェーンに関する決まりごとはすべてコードに書かれており、マイニング作業が地理的に集中したらどうする、といった規定は一切ない。このような不完備が重大問題化したときに、乗り出して来て万事を取り仕切る権限を持つ所有権者も存在しない。

DAOのトラブルはさらに深刻である。というのもDAOは、権力からの遮断と同時に完備契約を意図して設計されているからだ。大勢の出資者はオンライン環境で参加の意思表示をし、現実の資金を投じた。出資者たちが形成するクラウドがすべてを決定し、それを確認したり評価したりする人は存在しなかった。言い換えれば、管理者もいなければ所有者もいなかった。資金を集め、その出資先に関する提案を受理し、投票数をカウントし、それに従って資金を配分したのは、コードでありブロックチェーンである。と言うよりも、DAOとはコードそのものであり、コードでしかない。完備契約である以上、その決定や結果について事後的に異議を申し立てることはできない。それどころか、集めた資金の三分の一がハッカーに盗まれても、それは正当な結果と言うしかないのである。そして結局「ハードフォーク」を行なってハッカーの行為は「なかったこと」にされた。これに対してハードフォークに反対の出資者たちは、このような強硬な決定はまるで所有者がやるようなことだと怒りを爆発させた。しかしイーサリアムの最大の売りは所有者がいないこと、いやもっと根本的には、所有不能だということのはずである。かくしてイーサリアムのコミュニティは分裂した。取引費用理論と不完備契約理論を理解していれば、予測できた結末と言えるだろう。

私たちは二人とも、DAOのように完全に分権化されたクラウドベースの主体が今後の経済において主流になるという見方には懐疑的だ。たとえその主体が技術的にどれほど強固だとしても、である。理由は、そのような主体には不完備契約と残余コントロール権の問題を解決できないからだ。これに対して企業は、契約に明示されていないすべての決定権を経営陣に与えるという形で解決している。スマートコントラクトは興味深いし、有効なツールでもあり、活用できる場はきっとあることだろう。だが、企業が存続する理由となった根本的な問題の答にはなっていない。繰り返しになるが、企業が存在する大きな理由は、完備契約を書くことが不可能だからである。完備契約の実行がむずかしいとかコストがかかりすぎるといったことが理由ではない。

では、未来のテクノロジーはどうだろう。技術が進化すれば、完備契約を作成できるようになるだろうか。役に立つ技術はありそうだ。たとえばセンサー技術が進化すれば、契約の進捗状況や当事者の行動を監視することが可能になるかもしれない。またコンピュータの能力が向上すれば、将来起こりうる事態をより精密にシミュレートし、適切な決定を選べるようになるかもしれない。だが一方の当事者にそれができるようになったら、相手方は一段と複雑なことを考え出すだろう。そうなったら、コンピュータはさらに進化しなければならない。このいたちごっこは永遠に続き、結局は契約はつねに不完備ということになるのではないか。

企業の未来

企業が存在する理由は、ほかにもある。世界にフリーランサーしかいなかったら、彼らは必要に応じて集まって契約ベースで働き、プロジェクトが終わったら解散するだろう。そのような労働形態には期待できない役割を、企業は果たしている。その一つが、企業は恒久的に存続すると想定されていることだ。だから、長期プロジェクトや長期投資をすることができる。また企業は明示的なルールに縛られており、その行動の予測可能性が確保されている。企業がいまなおさまざまな長期事業を遂行する主体にふさわしいのはこのためだ。

現に、デジタル技術が最大級のインパクトを与えている産業分野でさえ、古き良きスタイルの企業が多数存在している。もちろんその多くは、五〇年前、一〇〇年前とはちがうことをしている。また、Uber や Airbnb といったプラットフォーム企業は、固定的な組織ではなく流動的なネットワークに依存し、そのときその場で必要な労働力を調達できるオンデマンド経済を出現させている。さらに、ブロックチェーンやスマートコントラクトなどのテクノロジーを活用して価値創出をめざす試みもさかんだ。だがじつは、こうした革新的な目標をめざす試みの多くが、四世紀も前から存在してきたきわめて伝統的なジョイントストック・カンパニー（合本制会社）の形で行われているのである。[126]

私たちはこれらの企業を取材で訪れるたびに、あまりに「ふつう」であることに衝撃を受ける。社員がいて、肩書きがあって、マネジャーがいて、エグゼクティブがいる。どの企業にもCEOがいて、取締役がいる。完全にバーチャルな組織はほとんどない。どの企業にもオフィスが物理的に存在し、デスクがあり、会議室がある。まあ、伝統的な企業に比べると、コンピュータがちょっと大型かもしれないし、中庭にサッカーコートがあったり、会議室に卓球台があったりするかもしれない。えーと、それから、スナックを食べながら仕事をする人が目立つかもしれない。だがそんなことが決定的なちがいと言えるだろうか?

なぜマネジャーは必要か

企業のマネジャーというものは、だいたいにおいて評判が悪い。アメリカ映画『オフィス・スペース』でも、BBCが放映したテレビドラマ『ザ・オフィス』でも、マネジャーはマヌケ扱いだ。見当外れの指示を出し、部下の時間を無駄に使い、やる気をなくさせ、向上心に蓋をする。コンピュータとネットワークがもっと進化したら、いまマネジャーたちがやっているくだらない仕事は不要になり、したがって中間管理職自体が消滅して上司への報告も不要になるにちがいない、と若い部下たちは期待していることだろう。

だが現実にはそうはなっていない。アメリカ労働統計局によると、管理職は、一九九八年にはアメリカの労働力人口の一二・三%を占めていたが、二〇一五年には一五・四%に増えている。[*26] それだけではない。この間に他の多くの職種も管理的な要素が強まっていることがわかった。二〇一五年に経済学者のデービッド・デミングが、一九八〇〜二〇一二年のアメリカでどんな技能の需要が増えたかを調べた興味深い調査結果を発表した。[*27] 予想通り、ルーティンワークのスキルに対する需要は肉体労働・事務処理ともに大幅に減った。これは、ルーティンワークの処理にはマシンに人間を組み合わせることが一般的になったためと考えられる（第2章参照）。

その一方で、調整、交渉、説得、社会的認識能力などの「ソーシャルスキル」に対する需要は高まったとデミングは報告している。[*28] 彼によれば、全職種を通じてソーシャルスキルを必要とする仕事は二四％増えたという。一方、統計や分析など数学的スキルのほうは一一％増にとどまった。さらに、高度な数学的能力を要求される仕事であっても、ソーシャルスキルを要求されるケースが増えていることもわかった。これらがすべて管理的な仕事というわけではないが、経済全体として、優秀なマネジャーが持ち合わせているスキルが必要とされるようになってきたことはまちがいない。それはかんたんに言えば、部下なり同僚なりの感情や欲求を察知し、気持ちよく一緒に働けるようにする能力である。

なぜこうなったのだろうか。なぜデジタル技術が日に日に普及しているというのに、マネ

〔126〕ジョイントストック・カンパニーは、株式を発行し、その株式は譲渡可能であるが、株の保有が企業経営に影響を及ぼすことはない。すくなくとも一六〇二年には、オランダ東インド会社がアムステルダム証券取引所に株式を上場していた。Andrew Beattie, "What Was the First Company to Issue Stock?" Investopedia, accessed March 13, 2017, http://www.investopedia.com/ask/answers/08/first-company-issue-stockdutch-east-india.asp.

ジャーが増えたり、マネジャーでない人にまでソーシャルスキルを求めたりするようになったのだろうか。主な理由は三つあると私たちは考えているが、その三つは互いに深い関係がある。

第一は、世界がひどく複雑になり、変化のペースが早くなったことだ。このような世界で生き抜くには、絶えず調整やすり合わせや根回しが必要で、それを全部ソーシャルメディアなどで代用することはできない相談だ。やはり橋渡し役となるミドルマネジャーが必要になる。ミドルマネジャーのことをMITのポール・オスターマンは「トランスミッションベルト」と表現したが、言い得て妙だと思う。[*29] 彼らトランスミッションベルトは小さな問題を解決し、大きな問題を上司にあげ、上の指図を噛み砕いて下へ伝え、下の言い分をうまく上に伝え、交渉し、討論し、その他諸々のソーシャルスキルをあちこちで発揮する。法廷に立つ前に問題を片付けるのが優れた弁護士だと古来言われているが、優秀なマネジャーもまさに同じだと言えよう。彼らは組織の仕事をスムーズに回し、つっかえたり滞ったりしないように気を配る。

デジタル社会でもソーシャルスキルが重宝される第二の理由は、大方の人間は数字やアルゴリズムだけでは納得しないことにある。たいていの人は、無味乾燥な数字よりも、説得力のあるストーリーやエピソードに心を動かされるものだ。そのうえでなら、統計データにも納得する。もちろんこれは人間につきまとう認知バイアスであるが、だからといって無視することはできない。このため賢い企業は顧客に対してだけでなく、社員に対しても高度な説得術を駆使する。デミングの調査で、統計や分析など数学的能力を要求される仕事でもソーシャルスキルも求められるという結果が出たのは、このためだ。両方のスキルが備わっていて初めて、どんな論拠も説得力を持ち、大勢に受け入れられるようになるのである。

第三の理由は、漠然としているけれども、もしかするといちばん重要かもしれない。それは、人間というものは一緒に働き、助け合うのが好きだということである。社会的な動物はほかにもいるが、霊長類学や発達心理学の専門家であるマイケル・トマセロが語るとおり、「二匹のチンパンジーが一緒に丸太を運ぶ光景は見たことがない」[*30]。大勢の人が集まったときは、だいたいは何人かが仕切り役を買って出て、うまく意見をまとめてみんなに分担を割り当てるなどするものだ。これがうまくいかないと、強権的な独裁者が現れたり、仲間割れを起こしたりする。だがうまくいけば、すぐれたリーダーシップの下で権限委譲が行われ、ロケットを打ち上げることもできれば、一大建造物を築くことも、さらには世界中の誰もが読めるデジタルの百科事典を作ることだってできる。

新しいマネジメントスタイル

組織をいかに運営するかについて論じることは、言うまでもなく本書の手に余るし、そもそも数え切れないほどの著作や論文がすでに発表されている。だが、私たちが取材した成功しているテクノロジー系企業に共通するマネジメントのスタイルについて、二点だけ言わせてほしい。第一は、平等主義である。とくにアイデアを出す、アイデアを聞くということについての平等主義だ。これらの企業も階層型の組織構造を持ってはいるが、平社員から出されたアイデアにも、研究開発部門以外から出されたアイデアにも、耳を傾ける習慣が根付いている。上層部への具申がテクノロジーを使ってやりやすくなっている面はたしかにあるが、昔ながらの会議や立ち話でコミュニケーションがとられるケースも少なくない。

どんなルートを通ってきたアイデアであれ、マネジャーは真摯に耳を傾け、良し悪しを判断する際にもできるだけバイアスを排除するように努める。新しいアイデアについて、可能な限り実験や試作をしてみることも厭わない。別の言い方をすれば、部下から出されたアイデアをけなして門前払いを食わす従来の役割からは逸脱している。こうした役割転換に居心地の悪い思いをするマネジャーも中にはいることだろう。だが成功しているテクノロジー系企業のマネジャーたちは、良いアイデアを捨ててしまうリスクに比べれば、悪いアイデアにも耳を傾けるメリットのほうがはるかに多いと心得ている。たとえばオンライン学習のUdacity（ユダシティ）では、この方針のおかげでビジネスモデルの転換とコスト効率の大幅改善に成功した。

同社は大手テクノロジー系企業の協力を得て講座を設計しており、プログラミング関連のコースを数多く提供している。すべてプロジェクトベースで筆記試験は行わず、受講生はコードを書いて提出する。提出されたコードはUdacityのスタッフが評価するが、平均して二週間もかかっていた。開発担当のオリバー・キャメロンは、外部に評価を委託したらどうだろうと考える。その顛末について、COOのヴィッシュ・マキジャニ（のちにCEOに昇格した）が話してくれた。

オリバーは手始めに、社内で評価した場合と外部に委託した場合を比べてみようと考えた。一度めに委託したところ、社内評価とほぼ同じような結果が出た。そこで何度か委託してみた。何度やっても、つまりそのたびに外部の評価者がちがっても、社内での評価と遜色ない結果になった。しかも評価に要する期間はだいぶ短くて済む。

「これだけあちこちに優秀な評価者がいるなら、なにも社内で評価するにはおよばない」とオリバーが言い出した。

そこで私たちは話し合い、外部の評価者への報酬はいくらにすべきかを検討し、何通りかの報酬を試してみることにした。その結果、コストを三〇%も減らせることがわかったんだ。いや、驚いたよ。そこでわれわれは、評価を外部に委託することにした。[*31]

私たちはマキジャニに、外部委託の提案を正式に承認したのか、と訊ねてみた。

いや。「いいんじゃないか、そのまま続けて」と言っただけだ。それで、オリバーはそうした。創業者のセバスチャン（・スラン）がそういう方針なんだ。われわれのモバイル・アプリを改善する必要があるんじゃないかという話になったとき、それならアプリストアを見ればいい、と彼は言った。そこにはユーザーによるレビューがたくさんある。社内の意見を聞いたってしょうがない。市場で何をすべきか、何をすべきでないかを選別するフィルターをCEOが持っているわけじゃないんだ。だったら、みんなの知恵を借りるほうが賢いだろう?[*32]

成功しているテクノロジー系企業のもう一つの特徴は、透明性が高いことである。一般的な企業と比べ、より多くの情報をより幅広い人々の間で共有している。ウォールストリート・ジャーナル紙のコラムニスト、クリストファー・ミムズは、情報の透明性と俊敏でフラットなエビデンスベースの経営スタイルは、相互補完的な特性だと指摘する。[*33]「比較的フラットな組織が実現するのは、通常なら上層部しか入手できないような情報や、上層部から小出しに伝えられるような情報にも、現場の人間が直接アクセスできるからだ」とミムズは述べているが、この指摘はまことに正しい。平等主義と透明性の組み合わせによって「中間管理職は不要になるのではなく、進化する。私が取材した企業はどこも、ミドルマネジャーがいわゆるプレイングマネジャーを務めていたことが印象に残っている。マネジャーたちは、部下と同じように仕事をすると同時にコーチ役もこなしていた」とミムズは話す。

これからは、そうした経営スタイルが広く一般企業にも浸透するだろう。また、おそらく二〇年以内には、人間とマシンの標準的な分業はいまとはまったくちがったものになるだろう。セカンド・マシン・エイジの企業は、人間の行動特性（とりわけダニエル・カーネマンの言うシステム1と2）や認知バイアスについての知識を先端技術と巧みに組み合わせることによって、意思決定についても、アイデアの創出についても、不確実な世界での予測についても、新しいやり方を編み出していくにちがいない。

新しい市場が次々に出現し繁栄してはいるにしても、だからと言って、企業が過去の遺物に成り下がったとか、テクノロジーを駆使した自律分散型組織の類に取って代わられるにちがいない、といった仮説を裏付けるようなデータはどこにも見当たらない。さらに取引費用理論や不完備契約理論を始めとする経済学の知見は、企業が存続する理由をあきらかにしている。

とはいえ、これらの理論に疑う余地はないにしても、これだけに依拠するのはあまりに狭い見方であるとも感じる。たしかに完備契約が不可能で残余コントロール権が重要な役割を果たすという点からだけでも、企業は必要不可欠な存在だということになるかもしれない。だが企業の存在を必要とするもっと重要な理由がある、と私たちは考えている。

それは、何か大きなことを成し遂げるのに企業はきわめて適した組織だということである。食料を供給する、健康状態を改善する、エンタテインメントや知識へのアクセスを提供する、物質的な生活条件を向上させる、これらを多くの人に、もっともっと多くの人に、地球全体で実現する……もちろん、こうした壮大な計画にクラウドの革新的なテクノロジーも役に立つだろう。だからといって、コアの基幹技術を支える企業が退場させられることはあるまい。

この章のまとめ

・DAOの失敗やビットコインのマイニング作業を巡る懸念といった問題を見る限り、完全に自律的な分散型組織というアイデアには弱点があると言わざるを得ない。

・取引費用理論と契約理論は、上記の問題を考える有用な足がかりとなる。

・技術の進歩によって取引費用や調整費用が押し下げられたことは事実である。このことは、市場取引が企業に対して有利になるきっかけとなりうる。

・しかし同時に、多くの産業、多くの国で、経済活動が分散化せず、むしろ集中化していることも事実だ。一握りの企業が価値の大半を手中にするケースが増えている。

・あらゆる不確定な要素を織り込んだ完備契約の作成が不可能である以上、企業であれ、企業以外の組織であれ、不完備契約の問題に取り組む必要がある。企業の場合には、所有者（株主）や他のステークホルダーに代わって経営者が残余コントロール権を握り、契約に定められていないことについて決定権を持つ。

・企業の経営者や管理職は、単に契約に定められていないことを決定しているだけではない。社員が協力して働くよう、目標を設定し、ビジョンを掲げ、戦略を立て、文化や価値観を育むなど、多くの重要なことをしている。

・技術は進化しているが、企業が不完備契約の弱点に効率的に対処し、さらにそれ以外のメリットももたらせるのであれば、かなり遠い将来まで経済から姿を消すことはないだろう。

・セカンド・マシン・エイジを主導する企業は、工業化時代の企業とはずいぶんと様子がちがうかもしれない。それでも、容易に企業と認識できる形態を保つだろう。

あなたの会社では？

1 テクノロジーがハイペースで進化する中、あなたの会社は今後三～五年でどのように変わると思いますか？　人間とマシン、物理的なモノやサービスとプラットフォーム、コアとクラウドのバランスをどう変えていきたいですか？

2 あくまで自分自身でしたい意思決定、マシンに譲りたくない意思決定は何についてのものですか？　その意思決定を死守するためには何が必要ですか？

3 新しいマネジメントスタイルのために、今後三カ月でどのような手を打ちたいですか？

4 あなたの事業の目的は、自前でプラットフォームを運営することで達成されますか、他社のプラットフォームに参加する方がよいですか、製造に集中して販売は誰かに任せる形がよいですか？

5 分権化された分散型組織、上から指図されない自律的な組織へと移行したい気持ちはありますか？

6 あなたの会社では、マネジャーが部下のアイデアを選別し、却下することがありますか？　なぜそのようなしくみになっているのですか？　何かほかの方法はありませんか？

結論

人間はテクノロジーを使って何をしたいのか?

応用科学を理解しただけでは、研究業績は賞賛されない。人類の運命こそが、あらゆる科学研究の最大関心事であるべきだ。われわれの頭脳が生み出すものが祝福され、人類から呪われないためには、労働のあり方や財の分配といった未解決の重大な問題に対する関心をつねに持っていなければならない。図表や方程式に没頭しているときでも、このことを忘れてはならない。

――アルバート・アインシュタイン、一九三一年次の一〇年間で、誰もがいまの一〇〇倍以上のパワーを持つコンピュータを使うようになるだろう。そして数十億人の頭脳と数兆個のデバイスがインターネットに接続し、人類が蓄積した知識にアクセスするだけでなく、知識をさらに積み上げることに貢献するにちがいない。その一〇年が終わる頃には、ソフトウェアエージェント（情報アクセスや処理を人間に代わって行う仮想的な主体すなわちプログラム）によるアクセスが増え、またソフトウェアエージェントが生み出した知識が追加されていくと考えられる。

今日生きている人々は、医療、輸送、小売などさまざまな分野で人工知能（ＡＩ）が活用されるのを目の当たりにしている。こちらの言葉を理解して適切に対応する機械がもはやめずらしくないように、私たちはいつのまにかそうした機械と日常的に接している。ロボットは上手にものを操ったり移動したりできるようになったし、車は自動運転ができるようになった。こうした動きはどんな意味を持つのだろうか。それを理解することが、未来をゆたかに生きるか、単に生き延びるかのちがいを分けるだろう。もっと言えば、生き延びるか、生き延びられないかのちがいを分けるかもしれない。

技術の進歩は企業をふるいにかける。アメリカでは、S&P500構成企業の平均寿命はどんどん短くなっている。一九六〇年には約六〇年だったが、今日では二〇年にも満たない。デジタル社会では、ヨーゼフ・シュンペーターの「創造的破壊」がたびたび起きるからだ。そこで本書では、破壊を乗り越えていかに企業を導くべきかということに多くの紙面を費やしたつもりである。

とはいえ、私たちがひんぱんに受ける質問の中には、企業経営という枠組みを超えて、もっと広い視野を要するものも少なくない。マシン、プラットフォーム、クラウドの変容は社会にとってどんな意味を持つのか。マシンのせいで多くの人が失業するのではないか。いずれはプラットフォームが、経済的な決定の大半を左右するようになるのか。いつどのように働くか、どこに住むか、誰と友達になるかといったことについて、人間の自由な選択の余地がだんだん狭まっていくのではないか。

これらはどれも重要な問題だが、よく考えると、たった一つのシンプルな問いの変形にすぎないものが多い。そのシンプルな問いとは「テクノロジーは私たちに何をしようとしているのか?」という問いである。

だがこの問いは、正しくない。テクノロジーはただの道具にすぎない。なるほど、ニューラルネットワークはハンマーとはちがう。だがどちらにせよ、道具は人間に何をするかを決めることはできない。決めるのは人間である。取材した多くの企業から私たちが学んだのは、テクノロジーがもたらすたくさんの選択肢を賢く選びとる企業が成功する、ということである。スタートアップが成功するかどうかは、どれだけたくさんのテクノロジーを持っているかではなく、テクノロジーの賢い使い方を見つけられるかどうか、テクノロジーを活用して価値を生み出せるかどうかに懸かっている。

今日私たちは、個人のレベルでも、社会のレベルでも、かつてないほど高度なテクノロジーを日々活用できるようになっている。ということはつまり、過去の世代に比べ、世界を変える力をより多く持っているということだ。現に私たちは、先行世代にはできなかった多くのことができるようになっている。だから、未来を切り拓く力も十分に持っているはずだ。

となればなぜ「テクノロジーは私たちに何をしようとしているのか？」と問うのだろうか。むしろ、「私たちはテクノロジーを使って何がしたいのか？」と問うべきではないか。何がしたいのか——このシンプルな問いを深く考えることが、いまこそ求められている。より多くのパワー、より多くの選択肢を持つということは、それをどう使うかを決める私たち自身の価値がかつてなく高まっているということでもある。

本書では、人間とマシン、物理的なモノやサービスとプラットフォーム、コアとクラウドの新しいバランスを論じてきた。重要なパターンやヒントはたくさん見つかったけれども、これぞという成功の方程式は、正直に言って見つけられなかった。マシンは多くの分野でよい決断を下せるようにはなってきたが、では人間はお払い箱かといえば、そんなことはない。人間が果たすべき役割はまだまだ大きい。同様に、すべてをプラットフォームに切り替えることも、すべてをクラウドに委ねることも、成功を保証しない。

しかも三つの組み合わせのどれについても、唯一最適のバランスが存在するわけではない。成功する戦略はいくつもあり、その幅は広い。現在成功している企業の双璧といえば、AppleとGoogleだと言ってよいだろう。どちらもプラットフォームを活用しているが、そのやり方は大きく異なる。オープンにする度合いもちがえば、クラウドに依存する度合いもちがう。それに、私たちが検討した要素のほかにも、多くの要因が関わってくる。プラットフォーム設計者の創造性、ビジネスパートナーの協力度、そしてもちろん幸運、等々。必ずしも足の速い人やフォームのきれいな人が勝つとは限らないのと同じで、最高の製品や最高の戦略が必ず成功するとは限らない。

だがだからと言って、運や偶然だけが結果を左右するわけではない。三つの組み合わせの均衡点は何通りもあって、それぞれの状況でそれぞれがベストなのだろう。似たような二種類のゲームアプリがあって、同時期に発売されたとしても、さまざまな小さな決定や出来事が積み重なった末に、一方が大人気になり競合アプリを駆逐するということがあり得る。ネットワーク効果、規模の経済、相互補完性、二面市場、学習曲線などさまざまな要因が作用して強い経路依存性が生じ、最初の小さな決定の影響を増幅することもあり得る。また、目的意識や使命感、共通の価値観など、経済要因以外の要素も重要である。

企業にとっても市場にとっても単一の均衡点が存在しないように、今日の技術動向からすれば未来はこうなる、という単一の道筋も存在しない。私たちが道筋を決め、変えることができる。フリードリヒ・ハイエクは、計画経済に反対する文脈の中で、一人の人間が経済的決定に必要な知識や情報すべてにアクセスすることは不可能だと指摘した。今年の作物の出来はよさそうだとか、この商品は人気が出てきたとか、経済に関する断片的な知識はあちこちに分散している。いやそんなことでなくたって、自分の能力はこれくらいだとか、いまこれが欲しいとか、あれが欲しいとか、一人ひとりがそれぞれに情報を持っているのである。自由市場経済は、そうした知識や情報を生産的に活用できる点で、じつに驚嘆すべき装置と言えるだろう。いったいどうやって？　市場は価格と所有権のシステムを通じて、顔を合わせたことも話したこともない人々の決定を巧みに調整してのけるのである。

そうは言っても、デジタル化が新しい課題を突きつけていることは事実だ。何百万人もの人が、技術が進化したら自分の仕事は消えてなくなるのではないか、ともっともな心配をしている。しかも今回は、同程度の収入を得られる仕事が次に見つかるかどうかはっきりしない。ほとんどの先進国で、GDPに占める賃金の比率は下がっている。そして所得分布の下半分に属す人々の実質賃金は、二〇年前より減っているのである。[*1] そのうえ、テクノロジーによる雇用の破壊はまだ始まったばかりだ。マッキンゼー・グローバル研究所のジェームズ・マニーカからが二〇一七年一月に発表した研究報告によると、「世界の労働力人口が現在報酬を得てやっている仕事のおよそ半分が、自動化される可能性がある」という。[*2]

その一方で、才能あるいは幸運に恵まれた人が何か商品を開発し、グローバルなデジタルインフラを介して世界の隅々まで送り届けるのに、いまは最高の時代である。何百万人、いや何十億人の注意を引くことが可能なのだから、途方もないスケールで価値を創出し、その収穫を刈り取ることができるだろう。そして公式のGDPや生産性データがどうあれ、価値の創出こそが成長の原動力である。いまや、テクノロジーを活かしてより多くの価値を創出し共有する膨大な機会が、かつてなく大勢の人の手の届くところにある。

社会がどのようにテクノロジーを活用するかを考えるのは、政府だけの仕事ではないし、政府が中心になってやるべきことでもない。それは、社会のあらゆるところで自然発生的に行われることだ。もちろん起業家や経営者はテクノロジーをどう活かすか、真剣に考えることだろう。だがニーズやアイデアは、起業家だけでなく何百万何千万のふつうの人々の日々の生活や活動からも生まれるものだ。今日ではそれを共有することも、自分で試してみることも、かんたんにできるようになっている。

いままでは大勢の人が、おじいちゃんの代には想像もつかなかったようなモノやサービスを作り提供する仕事に就いている。つまりそれは、おじいちゃんの代にはなかった仕事だ。今日の経済が何よりも必要としていることの一つは、そうした新しい仕事をもっともっと生み出すことである。そのためには、技術と人間のスキルを始めさまざまなリソースの新しい組み合わせを考えることが必要になってくる。マシンは、そのように大きな問題の解決を考えることには適していない。が、人間は適している。新しいテクノロジーを新しいビジネスと結びつけ、ふさわしい人材と結びつけるのは、とてもエキサイティングで実りの多い仕事だ。

アパレルメーカーの99Degrees Custom（99ディグリーズ・カスタム）（マサチューセッツ州ローレンス）をご存知だろうか。同社はアメリカ産業革命発祥の地と言われる古い織物工場を改造し、ロボットや自動化技術を駆使して、ランニング、ヨガ、ロッククライミングなどのスポーツウェアメーカー向けにオンデマンドで最先端のウェアを製作している。彼らはかつての織物工場を上回る雇用を創出しており、しかも縫製作業は多種多様で、労働者の自由裁量の余地は大きく、高いスキルが要求され、報酬もよい。一言で言えば、より多くの人により多くの価値をもたらすことができる。

テクノロジーが人間の労働を補完しているもう一つの例として、第5章で取り上げた医療機関Iora Health（イオラ・ヘルス）をもう一度挙げておきたい。病気の診断はマシンが下すとしても、患者が食事療法を守り、適度の運動をし、きちんと薬を飲むのを助けるヘルスコーチはすばらしい効果を上げている。コーチは医学の学位は持っていないが、心の知能指数が高く、患者の気持ちに寄り添い、励ますことができる。調査の結果、ヘルスコーチの導入は患者の快復状況や入院日数の短縮に大きな効果があることがわかった。患者にとってもコーチにとってもハッピーな結果であり、しかも一五〜二〇%のコスト削減になっている。

マシンにせよ、プラットフォーム、クラウドにせよ、活用の仕方次第で結果はまったくちがってくる。権力と富の一極集中に結びつくのか、意思決定を分散させゆたかさを分配するのか。プライバシー保護を強化するのか、オープン性を高めるのか、それともプライバシーを守りつつオープンにしていくのか。職場を創造性と目的意識に満ちた場所にするのか、恐怖と強欲が支配する場所にしてしまうのか。すべては使い方次第だ。テクノロジーのパワーが強まるにつれて、人間が失敗する可能性は高まる。となればなおのこと、私たち人間はテクノロジーを使って何をしたいのか、目的を明確にしなければならないし、また人間の価値について深く考えなければならない。

そのうえでなお、私たちは未来について楽観的である。次の二〇年、三〇年の世界はこれまでよりよくなるはずだし、そうできると信じている。これは予言ではなく可能性であり、目標でもある。未来はこうなると決まっているわけではない。個人の、企業の、社会の未来を決めるのは人間である。本書がその助けになることを願っている。

謝辞

本書の執筆は大勢の人と会うことから始まり、最後は孤独な作業で終わった。この三年間、私たちはセカンド・マシン・エイジについて一〇万人以上の人々の前で講演し、このテーマで数百回は対談をした。学会でも話したし、産業界、政府、非営利団体の会議にも呼ばれた。閣僚や政策担当者、経営チームや取締役会、教育関係者、投資家、慈善家に会い、ありとあらゆる種類のワークショップに参加した。

こうしたわけだから、どこに出かけて誰と話したか、ところどころ記憶が怪しくなっているのではあるが、ここではとりわけ印象深かった出来事を挙げておきたい。一つは、経済学者のクラウス・シュワブらが世界経済フォーラム通称ダボス会議に招いてくれたことである。おかげでここ数年、おそらくは世界最高級のこのイベントに参加することができた。この会議に比肩しうるのは、バンクーバーで毎年開かれるＴＥＤカンファレンスだろう。こちらにも二〇一三年にメインステージで講演する機会を頂き、その後も毎年参加している。クリス・アンダーソン（本文中に出てくる３ＤロボティクスのＣＥＯとは別人である）が代表を務めるこの会議では創造性あふれるアイデアが次々に披露され、聴いているだけでも大いに勉強になる。この刺激的なコミュニティに参加できることに毎回わくわくする。

私たちが研究拠点としているマサチューセッツ工科大学（ＭＩＴ）では、フランク・レビィがここ数年にわたり非常に質の高いセミナーを主催している。多くの研究所から一流の科学者、エンジニア、経済学者、経営学者を呼んで、テクノロジーの進歩とその経済的社会的影響について互いに学ぶ。学問の世界で「学際的」とはビジネスの世界で「国際的」と言うのと同じで、誰もが望んではいるがかけ声倒れになることが多い。だがレビィは忙しい研究者たちをＭＩＴのあちこちから定期的に結集させることに成功している。これは特筆に値する成果であり、彼をお手本にして私たちもＭＩＴスローンスクールで一連のセミナーを行ったほか、二〇一四年から一七年にかけてワークショップ・シリーズも開催した。呼びかけに応じて参加してくださったみなさんには心からお礼を申し上げたい。このときの発表や会話から収穫した多くのアイデアやヒントに本書が十分応えるものになっているのか、いささか自信がない。ともかくも、すばらしい人々との見えないネットワークを築く機会を与えてくれたことに対し、ＭＩＴに深く感謝する。

会議やセミナーで得られた多くのアイデアを試し、研ぎすまし、より精緻なものにするためには、各方面のできるだけ多くの専門家と掘り下げた討論をすることが必要だった。そこで私たちは、ケンブリッジ、ニューヨーク、ロンドン、サンフランシスコ、シリコンバレー、ワシントンなどに出向いて第一級の専門家から話を聞いた。本文中に引用した方々のほかにも、多くの方から貴重なヒントをいただいた。ここにお名前を挙げて感謝したい。

ダロン・アセモグル
スーザン・アテイ
デービッド・オーター
ジェフ・ベゾス
ニック・ブルーム
クリスチャン・カタリーニ
マイケル・チー
ポール・ドハティ
トム・ダヴェンポート
トム・フリードマン
デミス・ハサビス
リード・ホフマン
ジェレミー・ハワード
ディーン・カーメン

アンディ・カルズナー
クリスティーヌ・ラガルド
ヤン・ルカン
シェイン・レッグ
ジョン・レナード
デービッド・リプトン
トム・マローン
ジェームズ・マニーイカ
クリスティナ・マケレーレン
トム・ミッチェル
イーロン・マスク
ラメズ・ナム
ティム・オライリー
ギル・プラット
フランチェスカ・ロッシ
ダニエラ・ラス
ステュアート・ラッセル

エリック・シュミット
ムスタファ・スレイマン
マックス・テグマーク
セバスチアン・スラン

だがいつまでも執筆作業を先送りするわけにもいかない。大勢の人と話し、また私たち二人の間で議論を深めたあとは、いよいよ文章にしなければならない。これは孤独な仕事であり、しかもなぜかひどく時間を喰う。私たちが執筆に没頭している間、MITのデジタルエコノミー・イニシアチブ（IDE）は同僚が肩代わりしてくれた。みんな、これ以上望めないほどみごとに、かつ粘り強くやってくれたことをここに記して感謝したい。ジョアンヌ・バティオテゴス、タミー・バゼル、デヴィン・ウォーデル・クック、シャノン・ファアレリー、クリスティー・コー、アジョビ・コーエン、ジャスティン・ロッケンウィッツ、スーザン・ヤング、ありがとう。彼らは高い効率と水準を維持し、関係者すべてに配慮してくれた。

IDEに経済的支援をしてくださった個人、企業、財団にもこの場を借りてお礼申し上げる。紙面の関係上、お名前を列挙することはできないが、深く感謝したい。IDEの最大の支援者であるアクセンチュアは、調査の実施にも力を貸してもらった。アクセンチュアも私たちと同じく、デジタル化技術は現在および未来のビジネスに大変革をもたらすと考えており、彼らと仕事を共にするのは大きなよろこびである。

執筆作業の進行中、リサ・マクマレン、ジョーン・パウエル、エスター・サイモンズ、スー・ウエルチはアンディがまじめに仕事に励むよう監督し、マンドラ・ノコシは彼の健康に配慮し、友人と家族は彼が本にのめり込んで日常生活から遊離し、ときどきふらっと姿を消すことを我慢した。シャイ・ホロヴィッツ、ヤエル・マルザン、アタッド・ペレドはリサーチアシスタントを務め、勉学の傍ら三年にわたり詳細な調査を行った。そろそろ原稿を仕上げろというプレッシャーが強まり始める頃になって、ジョナサン・ラエインが降って湧いたように表れるという、思いがけない幸運が転がり込む。ジョナサンはフルブライト奨学金を受けてMITスローン・フェローズ・プログラムを卒業したばかりで、次の仕事を見つけるまでの間、おもしろそうなプロジェクトはないかと物色中だった。彼はエリックの講義を受けたことがあり、何か手伝うことはないかと申し出てくれたのである。もちろん大歓迎だ！　というわけで加わったジョナサンは、驚異的な粘り強さと発想力と勤勉さを発揮して統計データの山と格闘し、私たちがあきらかにしようと試みたことのいくつかに完璧な裏付けを発見し、議論を大きく前進させてくれた。本書は彼のおかげではるかによくなった（しかも締め切りに間に合った）。

エリックは、学生と調査チームにかなり助けてもらった。彼らは、本書の執筆中にわき上がってきた多くの疑問に解決の糸口を与えてくれただけでなく、新鮮な視点から見ない限り抱けないような質問を投げかけてくれた。とくにサギット・バージル、アンドレー・フラドキン、アヴィ・ガナマネニ、シャン・ファン、ミン・リュイ、ジョーヒー・オ、ダニエル・ロック、ギヨーム・サンジャック、ジョージ・ウエスターマン、エリナ・イツマに感謝する。またエリックがMBAで担当する講座の数百人の学生たちは、新奇なアイデアの生きた実験材料になってくれた。本書で取り上げたのは、そのごく一部にすぎない。さらにマーシャル・ヴァン・アルスティン、ジェフリー・パーカー、ジャン・ティロールら教授陣からも、とくにプラットフォームに関して貴重な助力を得ることができた。またナオミ・スティーブンには事務処理面で大いに助けられた。執筆が終わりに近づく頃、シャオラン・シュエから貴重なヒントを得られたことも書き落とすわけにはいかない。また、エリックがたびたび家を空けたにもかかわらず、ずっと支えてくれた家族には感謝の言葉しかない。

　原稿が完成すると、私たちはノートンに引き渡した。前著『セカンド・マシン・エイジ』を同社から出版して、次もぜひお願いしたいと考えていたからである。今回もブレンダン・カリーが編集を担当し、確実なチェックを行うとともに軽妙なタッチを加えてくれた。校正のステファニー・ハイバートは細部にまで注意を払い、最終稿をみごとに仕上げてくれた（なお残る誤りがあれば、それはすべて私たちの責任である）。最終的に本の形にまとめるにあたっては、ナサニエル・デネットの助けを借りた。また私たちのエージェントであるラファエル・サガリンには、プロジェクトが始まったときから完成まで何かと世話になった。手数料に見合わないような熱意をこの本に注いでくれたことは忘れられない。ある日など突然電話をかけてきて、これからは文筆業に専念したらどうかと私たちに勧めた。この誘惑に負けなかったのは、私たちにしては賢かったと言えよう。

最後になったが、友人で同僚のデービッド・ヴェリルにとくに感謝したい。私たちと一緒にIDEを始め、私たちが執筆作業中もイニシアチブを継続し、さらに発展させてくれた。彼は、学者のこだわりやスポンサーの要求をうまくいなしながら、冷静さと熱意を失わずにものごとをやりとげるにはどうしたらいいかを教えてくれる生きたお手本である。いったいどうやったらああいうふうにできるのか、私たちにはわからない。わかっているのは、彼なしには途方に暮れることだけである。

最後にすべての読者に感謝して駄文を打ち切ることにする。

financeand-economics/21588900-all-around-world-labour-losing-out-capital-labour-pains.

2 James Manyika et al., "Harnessing Automation for a Future That Works," McKinsey Global Institute, January 2017, http://www.mckinsey.com/global-themes/digital-disruption/harnessing-automation-fora-future-that-works.

10 Daniel Krawisz, LinkedIn profile, accessed February 7, 2017, https://www.linkedin.com/in/daniel-krawisz-323bb121.

11 Daniel Krawisz, "Ethereum Is Doomed," Satoshi Nakamoto Institute, June 20, 2016, http://nakamotoinstitute.org/mempool/ethereum-is-doomed.

12 E. J. Spode, "The Great Cryptocurrency Heist," *Aeon*, February 14, 2017, https://aeon.co/essays/trust-the-inside-story-of-the-rise-and-fall-of-ethereum.

13 Ibid.

14 Ibid.

15 Mike Hearn, "The Resolution of the Bitcoin Experiment," *Mike's blog*, January 14, 2016, https://blog.plan99.net/the-resolution-of-the-bitcoin-experiment-dabb30201f7#.rvh0ditgj.

16 Ibid.

17 Daniel Palmer, "Scalability Debate Continues as Bitcoin XT Proposal Stalls," CoinDesk, January 11, 2016, http://www.coindesk.com/scalability-debate-bitcoin-xt-proposal-stalls.

18 Nathaniel Popper, "How China Took Center Stage in Bitcoin's Civil War," *New York Times*, June 29, 2016, https://www.nytimes.com/2016/07/03/business/dealbook/bitcoin-china.html.

19 Danny Vincent, "We Looked inside a Secret Chinese Bitcoin Mine," *BBC News*, May 4, 2016, http://www.bbc.com/future/story/20160504-we-looked-inside-a-secret-chinese-bitcoin-mine.

20 Brandon Griggs, "Futurist: We'll Someday Accept Computers as Human," CNN, March 12, 2012, http://www.cnn.com/2012/03/12/tech/innovation/ray-kurzweil-sxsw.

21 R. H. Coase, "The Nature of the Firm," Economica 4, no. 16 (1937): 386-405, http://www.richschwinn.com/richschwinn/index/teaching/past%20courses/Econ%20340%20-%20Managerial%20Economics/2013%20Fall%20340%20-%20The%20Nature%20of%20the%20Firm.pdf.

22 Thomas W. Malone, Joanne Yates, and Robert I. Benjamin, "Electronic Markets and Electronic Hierarchies," *Communications of the ACM* 30, no. 6 (June 1987): 484-97.

23 "Corporate Concentration," *Economist*, March 24, 2016, http://www.economist.com/blogs/graphicdetail/2016/03/daily-chart-13.

24 Andrew McAfee and Erik Brynjolfsson, "Investing in the IT That Makes a Competitive Difference," *Harvard Business Review* 86, no. 7/8(2008): 98.

25 Sanford J. Grossman and Oliver D. Hart, "The Costs and Benefits of Ownership: A Theory of Vertical and Lateral Integration," *Journal of Political Economy* 94, no. 4 (1986): 691-719.

26 US Bureau of Labor Statistics, "Occupational Employment Statistics," accessed March 11, 2017, https://www.bls.gov/oes/tables.htm.

27 David J. Deming, *The Growing Importance of Social Skills in the Labor Market*, NBER Working Paper 21473 (August 2015), http://www.nber.org/papers/w21473.

28 Ibid.

29 Paul Osterman, *The Truth about Middle Managers: Who They Are, How They Work, Why They Matter* (Boston: Harvard Business School Press, 2009).

30 Quoted in Jonathan Haidt, *The Righteous Mind: Why Good People Are Divided by Politics and Religion* (New York: Vintage Books, 2012), 237.（邦訳は、ジョナサン・ハイト『社会はなぜ左と右にわかれるのか　対立を超えるための道徳心理学』高橋洋訳、紀伊國屋書店）

31 Vishal Makhijani, interview by the authors, August 2015.

32 Ibid.

33 Christopher Mims, "Data Is the New Middle Manager," *Wall Street Journal*, April 19, 2015, https://www.wsj.com/articles/data-is-the-new-middle-manager-1429478017.

結論

1 アメリカの賃金中央値については、以下に拠る：Drew DeSilver, "For Most Workers, Real Wages Have Barely Budged for Decades," Pew Research Center, October 9, 2014, http://www.pewresearch.org/fact-tank/2014/10/09/for-most-workers-real-wages-have-barely-budged-for-decades. ＯＥＣＤにおける分布については、以下に拠る："Workers' Share of National Income: Labour Pains," *Economist*, October 31, 2013, https://www.economist.com/news/

29 Nick Szabo, "Smart Contracts: Building Blocks for Digital Markets," Alamut, 1996, http://www.alamut.com/subj/economics/nick_szabo/smartContracts.html.

30 Ethereum, accessed February 8, 2017, https://www.ethereum.org.

31 The Well, "Topic 459: State of the World 2013: Bruce Sterling and Jon Lebkowsky," accessed February 8, 2017, http://www.well.com/conf/inkwell.vue/topics/459/State-of-the-World-2013-Bruce-Stpage01.html.

32 Alexis C. Madrigal, "Bruce Sterling on Why It Stopped Making Sense to Talk about 'The Internet' in 2012," *Atlantic*, December 27, 2012, https://www.theatlantic.com/technology/archive/2012/12/bruce-sterling-on-why-it-stopped-making-sense-to-talk-aboutthe-internet-in-2012/266674.

33 Will Oremus, "Tech Companies Are Dominating the Stock Market as Never Before," *Slate*, July 29, 2016, http://www.slate.com/blogs/moneybox/2016/07/29/the_world_s_5_most_valuable_companies_apple_google_microsoft_amazon_facebook.html.

34 Edelman, "2016 Edelman Trust Barometer," accessed February 9, 2017, http://www.edelman.com/insights/intellectual-property/2016-edelman-trust-barometer/state-of-trust/trust-in-financial-services-trust-rebound.

35 Jon Evans, "Decentralize All the Things!" Tech-Crunch, January 10, 2015, https://techcrunch.com/2015/01/10/decentralize-allthe-things.

36 Evgeny Morozov, "The Perils of Perfection," *New York Times*, March 2, 2013, http://www.nytimes.com/2013/03/03/opinion/sunday/the-perils-of-perfection.html.

37 Peter Sims, "How Andreessen Horowitz Is Disrupting Silicon Valley," Silicon Guild, September 5, 2014, https://thoughts.siliconguild.com/how-andreessen-horowitz-is-disrupting-silicon-valley-208041d6375d#.jguk1gbxx.

38 Don Tapscott and Alex Tapscott, *Blockchain Revolution: How the Technology behind Bitcoin Is Changing Money, Business, and the World* (New York: Portfolio, 2016).（邦訳は、ドン・タプスコット他『ブロックチェーン・レボリューション　ビットコインを支える技術はどのようにビジネスと経済、そして世界を変えるのか』高橋璃子訳、ダイヤモンド社）

第13章

1 The DAO, "Introduction to the DAO," last modified June 29, 2016, https://daowiki.atlassian.net/wiki/display/DAO/Introduction+to+the+DAO.

2 Will Dunn, "The Rise and Fall of The DAO, the First Code-Based Company," NS Tech, July 22, 2016, http://tech.newstatesman.com/feature/dao-code-based-company.

3 Seth Bannon, "The Tao of "The DAO" or: How the Autonomous Corporation Is Already Here," TechCrunch, May 16, 2016, https://techcrunch.com/2016/05/16/the-tao-of-the-dao-or-howthe-autonomous-corporation-is-already-here.

4 Joanna Belbey, "How to Invest in the Institutional Revolution of Blockchain," *Forbes*, January 18, 2017, http://www.forbes.com/sites/joannabelbey/2017/01/18/how-to-invest-in-the-institutional-revolutionof-blockchain/2/#5807c7603890.

5 Giulio Prisco, "The DAO Raises More than $117 Million in World's Largest Crowdfunding to Date," *Bitcoin Magazine*, May 16, 2016, https://bitcoinmagazine.com/articles/the-dao-raises-more-than-million-inworld-s-largest-crowdfunding-to-date-1463422191.

6 The DAO, "Introduction."

7 Nathaniel Popper, "Paper Points Up Flaws in Venture Fund Based on Virtual Money," *New York Times*, May 27, 2016, https://www.nytimes.com/2016/05/28/business/dealbook/paperpoints-up-flaws-in-venture-fund-based-on-virtual-money.html.

8 Dino Mark, Vlad Zamfir, and Emin Gün Sirer, "A Call for a Temporary Moratorium on 'The DAO,'" Draft (v0.3.2), last modified May 30, 2016, https://docs.google.com/document/d/10kTyCmGPhvZy94F7VWyS-dQ4lsBacR2dUgGTtV98C40.

9 Nathaniel Popper, "A Hacking of More than $50 Million Dashes Hopes in the World of Virtual Currency," *New York Times*, June 17, 2016, https://www.nytimes.com/2016/06/18/business/dealbook/hacker-mayhave-removed-more-than-50-million-from-experimental-cybercurrencyproject.html.

10 Jake Adelstein and Nathalie-Kyoko Stucky, "Behind the Biggest Bitcoin Heist in History: Inside the Implosion of Mt. Gox," *Daily Beast*, May 19, 2016, http://www.thedailybeast.com/articles/2016/05/19/behind-thebiggest-bitcoin-heist-in-history-inside-the-implosion-of-mt-gox.html.
11 Michael J. Casey, "Bitcoin's Plunge Bites 'Miners,'" *Wall Street Journal*, January 14, 2015, https://www.wsj.com/articles/bitcoins-plunge-bites-miners-1421281616.
12 Simon Denyer, "The Bizarre World of Bitcoin 'Mining' Finds a New Home in Tibet," *Washington Post*, September 12, 2016, https://www.washingtonpost.com/world/asia_pacific/in-chinas-tibetan-highlands-the-bizarre-world-of-bitcoin-mining-findsa-new-home/2016/09/12/7729cbea-657e-11e6-b4d8-33e931b5a26d_story.html?utm_term=.80e5d64087d2.
13 "James Howells Searches for Hard Drive with ?4m-Worth of Bitcoins Stored," BBC News, November 28, 2013, http://www.bbc.com/news/uk-wales-south-east-wales-25134289.
14 Blockchain, "BTC to USD: Bitcoin to US Dollar Market Price," accessed February 8, 2017, https://blockchain.info/charts/market-price.
15 University of Nicosia, "Academic Certificates on the Blockchain," accessed February 8, 2017, http://digitalcurrency.unic.ac.cy/free-introductory-mooc/academic-certificates-on-the-blockchain.
16 Rebecca Campbell, "Holberton School Begins Tracking Student Academic Credentials on the Bitcoin Blockchain," Nasdaq, May 18, 2016, http://www.nasdaq.com/article/holberton-school-begins-tracking-student-academic-credentials-on-the-bitcoinblockchain-cm623162#ixzz4Y8MUWUu2.
17 James Melik, "Diamonds: Does the Kimberley Process Work?" *BBC News*, June 28, 2010, http://www.bbc.com/news/10307046.
18 United Arab Emirates Ministry of Economy, "Kimberley Process: Mid-term Report," 2016, https://www.kimberleyprocess.com/en/system/files/documents/kimberley_process_midterm_report.pdf.
19 Everledger, accessed March 10, 2017, https://www.everledger.io.
20 US Department of Homeland Security, "Intellectual Property Rights Seizure Statistics: Fiscal Year 2014," accessed February 8, 2017, https://www.cbp.gov/sites/default/files/documents/2014%20IPR%20Stats.pdf.
21 OECD (Organisation for Co-operation and Development), "Global Trade in Fake Goods Worth Nearly Half a Trillion Dollars a Year? OECD & EUIPO," April 18, 2016, https://www.oecd.org/industry/global-trade-in-fake-goods-worth-nearly-half-a-trillion-dollars-a-year.htm.
22 John Brownlee, "How Sneaker Designers Are Busting Knock-Offs with Bitcoin Tech," *Fast Company*, June 3, 2016, https://www.fastcodesign.com/3060459/how-sneaker-designers-are-bustingknockoffs-with-bitcoin-tech.
23 Cade Metz, "The Grand Experiment Goes Live: Overstock.com Is Now Accepting Bitcoins," *Wired*, January 9, 2014, https://www.wired.com/2014/01/overstock-bitcoin-live.
24 Cade Metz, "Overstock Will Issue a Private Bond Powered by Bitcoin Tech," *Wired*, June 5, 2015, https://www.wired.com/2015/06/overstock-will-issue-private-bond-powered-bitcoin-tech.
25 Overstock.com, "Overstock.com Launches Offering of World's First Cryptosecurity," June 5, 2015, http://investors.overstock.com/phoenix.zhtml?c=131091&p=irol-newsArticle&ID=2056957.
26 Overstock.com, "Overstock.com Announces Historic Blockchain Public Offering," March 16, 2016, http://investors.overstock.com/mobile.view?c=131091&v=203&d=1&id=2148979.
27 Nasdaq, "Nasdaq Linq Enables First-Ever Private Securities Issuance Documented with Blockchain Technology," December 30, 2015, http://ir.nasdaq.com/releasedetail.cfm?releaseid=948326.
28 Jemima Kelly, "Barclays Says Conducts First Blockchain-Based Trade-Finance Deal," *Reuters*, September 7, 2016, http://www.reuters.com/article/us-banks-barclays-blockchainid USKCN11D23B.

41 Katherine Burton, "Inside a Moneymaking Machine like No Other," Bloomberg, November 21, 2016, https://www.bloomberg.com/news/articles/2016-11-21/how-renaissances-medallion-fund-became-finance-s-blackest-box.
42 John Fawcett, interview by the authors, December 2016.
43 Ibid.
44 Quantopian, accessed March 10, 2017, https://www.quantopian.com/100000.
45 Fawcett, interview, December 2016.
46 Ibid.
47 Taylor Hall, "Point72's Cohen Bets $250 Million on Crowd-Sourced Quantopian," Bloomberg, July 27, 2016, https://www.bloomberg.com/news/articles/2016-07-27/point72-s-cohenbets-250-million-on-crowd-sourced-quantopian.
48 Synthetic Biology Project, "What Is Synthetic Biology?" accessed February 8, 2017, http://www.synbioproject.org/topics/synbio101/definition.
49 Indiegogo, "DIY CRISPR Kits, Learn Modern Science by Doing," accessed February 8, 2017, https://www.indiegogo.com/projects/diy-crispr-kits-learn-modern-science-by-doing#.
50 Andrew Tarantola, "I Played God with The Odin's DIY CRISPR Kit," Engadget, June 30, 2016, https://www.engadget.com/2016/06/30/i-playedgod-with-the-odins-diy-crispr-kit.
51 Open Agriculture Initiative, "Farming for the Future," accessed February 8, 2017, http://openag.media.mit.edu.
52 Adam Thierer, *Permissionless Innovation: The Continuing Case for Comprehensive Technological Freedom* (Arlington, VA: Mercatus Center, 2014), section 1.02.
53 "Large Mechanical Hand," YouTube, April 2, 2011, 0:48, https://www.youtube.com/watch?v=dEHiAItVdiw.
54 Robert F. Graboyes, "A Hand for Innovation? Ivan Owen, Jon Schull and e-NABLE," InsideSources, October 19, 2016, http://www.insidesources.com/a-hand-for-innovation-ivanowen-jon-schull-and-e-nable.
55 eHive, "Corporal Coles Prosthetic Hand; Robert Norman; 1845; AR#1723," accessed February 8, 2017, https://ehive.com/collections/5254/objects/387275/corporal-coles-prosthetic-hand.
56 Graboyes, "Hand for Innovation."

第12章

1 John Maynard Keynes, *The General Theory of Employment, Interest, and Money* (London: Palgrave Macmillan, 1936), 383-84.（邦訳は、ジョン・メイナード・ケインズ『雇用、利子および貨幣の一般理論』間宮陽介訳、岩波文庫）
2 Ibid.
3 Paul Vigna and Michael J. Casey, *The Age of Cryptocurrency: How Bitcoin and Digital Money Are Challenging the Global Economic Order* (New York: St. Martin's Press, 2015), 41.
4 Satoshi Nakamoto, "Bitcoin: A Peer-to-Peer Electronic Cash System," October 31, 2008, https://bitcoin.org/bitcoin.pdf.
5 Ibid.
6 Bitcoinwhoswho, "A Living Currency: An Interview with "Jercos," Party to First Bitcoin Pizza Transaction," *Bitcoin Who's Who* (blog), January 30, 2016, http://bitcoinwhoswho.com/blog/2016/01/30/a-living-currency-aninterview-with-jercos-party-to-first-bitcoin-pizza-transaction.
7 Yessi Bello Perez, "Mt Gox: The History of a Failed Bitcoin Exchange," CoinDesk, August 4, 2015, http://www.coindesk.com/mt-gox-the-history-of-a-failed-bitcoin-exchange.
8 Robert McMillan, "The Inside Story of Mt. Gox, Bitcoin's $460 Million Disaster," *Wired*, March 3, 2014, https://www.wired.com/2014/03/bitcoinexchange.
9 Robin Sidel, Eleanor Warnock, and Takashi Mochizuki, "Almost Half a Billion Worth of Bitcoins Vanish," *Wall Street Journal*, February 28, 2014, https://www.wsj.com/news/article_email/SB10001424052702303801304579410010379087576.

19 Rob Thomas, "The Veronica Mars Movie Project," Kickstarter, accessed February 8, 2017, https://www.kickstarter.com/projects/559914737/the-veronica-mars-movie-project.

20 Ibid.

21 Sarah Rappaport, "Kickstarter Funding Brings 'Veronica Mars' Movie to Life," CNBC, March 12, 2014, http://www.cnbc.com/2014/03/12/kickstarter-funding-brings-veronica-mars-movie-tolife.html.

22 Business Wire, "Warner Bros.''Veronica Mars' Movie Opens on March 14, 2014," December 6, 2013, http://www.businesswire.com/news/home/20131206005856/en/Warner-Bros.'-"Veronica-Mars"-Movie-Opens-March.

23 Marc Andreessen, interview by the authors, August 2015.

24 Jacob Kastrenakes, "Indiegogo Wants Huge Companies to Crowdfund Their Next Big Products," *Verge*, January 6, 2016, http://www.theverge.com/2016/1/6/10691100/indiegogo enterprise-crowdfunding-announced-ces-2016.

25 Indiegogo, "Indiegogo for Enterprise," accessed February 8, 2017, https://learn.indiegogo.com/enterprise.

26 Telis Demos and Peter Rudegeair, "LendingClub Held Talks on Funding Deals with Och-Ziff, Soros, Third Point," *Wall Street Journal*, last updated June 9, 2016, https://www.wsj.com/articles/lendingclub-and-hedge-funds-have-discussed-major-funding-deals-1465476543.

27 Shelly Banjo, "Wall Street Is Hogging the Peer-to-Peer Lending Market," *Quartz*, March 4, 2015, https://qz.com/355848/wallstreet-is-hogging-the-peer-to-peer-lending-market.

28 Andreessen, interview, August 2015.

29 Joseph Schumpeter, *The Theory of Economic Development: An Inquiry into Profits, Capital, Credit, Interest, and the Business Cycle* (Cambridge, MA: Harvard University Press, 1934), 66.（邦訳は、シュムペーター『経済発展の理論　企業者利潤・資本・信用・利子および景気の回転に関する一研究　上・下』（塩野谷祐一他訳、岩波文庫）

30 Eric von Hippel, *Democratizing Innovation* (Cambridge, MA: MIT Press, 2006).（翻訳は、エリック・フォン・ヒッペル『民主化するイノベーションの時代』サイコムインターナショナル訳、ファーストプレス）

31 Alexia Tsotsis, "TaskRabbit Turns Grunt Work into a Game," *Wired*, July 15, 2011, https://www.wired.com/2011/07/mf_taskrabbit.

32 Wikipedia, s. v. "List of Mergers and Acquisitions by Apple," last modified January 21, 2017, https://en.wikipedia.org/wiki/List_of_mergers_and_acquisitions_by_Apple.

33 Wikipedia, s. v. "List of Mergers and Acquisitions by Facebook," last modified February 4, 2017, https://en.wikipedia.org/wiki/List_of_mergers_and_acquisitions_by_Facebook.

34 Wikipedia, "List of Mergers and Acquisitions by Alphabet," last modified February 2, 2017, https://en.wikipedia.org/wiki/List_of_mergers_and_acquisitions_by_Alphabet.

35 Evelyn M. Rusli, "Facebook Buys Instagram for $1 Billion," *New York Times*, April 9, 2012, https://dealbook.nytimes.com/2012/04/09/facebook-buys-instagram-for-1-billion.

36 Facebook Newsroom, "Facebook to Acquire WhatsApp," February 19, 2014, http://newsroom.fb.com/news/2014/02/facebook-to-acquire-whatsapp.

37 D. E. Shaw & Company, "[Who We Are]," accessed February 8, 2017, https://www.deshaw.com/WhoWeAre.shtml.

38 Cliffwater LLC, "Hedge Fund Investment Due Diligence Report: D. E. Shaw Composite Fund," June 2011, http://data.treasury.ri.gov/dataset/96dcb86f-e97e-4b05-8ce2-a40289e477a6/resource/ab68154d-9a7e-4a7d-82c9-d27998d1f2bc/download/DE-Shaw-Hedge-Fund-Investment-Due-Diligence-Report-0611Redacted.pdf.

39 Nathan Vardi, "Rich Formula: Math and Computer Wizards Now Billionaires Thanks to Quant Trading Secrets," Forbes, September 29, 2015, http://www.forbes.com/sites/nathanvardi/2015/09/29/rich-formula-math-and-computer-wizards-now-billionaires-thanksto-quant-trading-secrets/4/#58ea036a3d61.

40 Richard Rubin and Margaret Collins, "How an Exclusive Hedge Fund Turbocharged Its Retirement Plan," Bloomberg, June 16, 2015, https://www.bloomberg.com/news/articles/2015-06-16/how-an-exclusive-hedge-fund-turbocharged-retirement-plan.

28 ARTFL Project, "Chambers' Cyclopaedia," accessed February 7, 2017, https://artfl-project.uchicago.edu/content/chambers-cyclopaedia.
29 Karim R. Lakhani and Andrew P. McAfee, "Wikipedia (A)," Harvard Business School Courseware, 2007, https://courseware.hbs.edu/public/cases/wikipedia.
30 Ibid.
31 Larry Sanger, "My Role in Wikipedia (Links)," LarrySanger.org, accessed February 8, 2017, http://larrysanger.org/roleinwp.html.
32 Wikipedia, s. v. "History of Wikipedia," accessed February 8, 2017, https://en.wikipedia.org/wiki/History_of_Wikipedia.
33 Alexa, "Wikipedia.org Traffic Statistics," last modified February 7, 2017, http://www.alexa.com/siteinfo/wikipedia.org.
34 Wikipedia, s. v. "Wikipedia: Verifiability," last modified February 27, 2017, https://en.wikipedia.org/wiki/Wikipedia:Verifiability.
35 Josh Costine, "Slack's Rapid Growth Slows as It Hits 1.25M Paying Work Chatters," October 20, 2016, https://techcrunch.com/2016/10/20/slunk.

第11章

1 Karim Lakhani et al., "Prize-Based Contests Can Provide Solutions to Computational Biology Problems," *Nature Biotechnology* 31, no. 2 (2013): 108-11, http://www.nature.com/nbt/journal/v31/n2/full/nbt.2495.html.
2 Ibid.
3 Ibid.
4 Dana-Farber/Harvard Cancer Center, "Ramy Arnaout, MD, PhD," accessed February 8, 2017, http://www.dfhcc.harvard.edu/insider/member-detail/member/ramy-arnaout-md-phd.
5 Lakhani et al., "Prize-Based Contests."
6 Karim Lakhani, interview by the authors, October 2015.
7 Anita Williams Woolley et al., "Evidence for a Collective Intelligence Factor in the Performance of Human Groups," Science 330, no. 6004 (2010): 686-88.
8 Eric Raymond, *The Cathedral and the Bazaar* (Sebastopol, CA: O'Reilly Media, 1999), 19.（邦訳は、エリック・レイモンド『伽藍とバザール　オープンソース・ソフトLinuxマニフェスト』山形浩生訳、光芒社）
9 Lars Bo Jeppesen and Karim R. Lakhani, "Marginality and Problem-Solving Effectiveness in Broadcast Search," Organization Science, February 22, 2010, http://pubsonline.informs.org/doi/abs/10.1287/orsc.1090.0491.
10 Jason Pontin, "Artificial Intelligence, with Help from the Humans," *New York Times*, March 25, 2007, http://www.nytimes.com/2007/03/25/business/yourmoney/25Stream.html.
11 Jeremy Wilson, "My Gruelling Day as an Amazon Mechanical Turk," *Kernel*, August 28, 2013, http://kernelmag.dailydot.com/features/report/4732/my-gruelling-day-as-anamazon-mechanical-turk.
12 Michael Bernstein et al., "Soylent: A Word Processor with a Crowd Inside," 2010, http://courses.cse.tamu.edu/caverlee/csce438/readings/soylent.pdf.
13 Topcoder, "Topcoder Is Different," accessed February 8, 2017, https://www.topcoder.com/member-onboarding/topcoderis-different.
14 Kaggle, accessed March 10, 2017, https://www.kaggle.com.
15 JamieV2014, "Task of the Week: Perform My Marriage," *TaskRabbit* (blog), March 26, 2014, https://blog.taskrabbit.com/2014/03/26/task-of-the-week-perform-my-marriage.
16 LauraTaskRabbit, "Task of the Week: Deliver Ice Cream Cake to My Grandpa," *TaskRabbit* (blog), November 18, 2014, https://blog.taskrabbit.com/2014/11/18/task-of-the-week-deliver-ice-cream-cake-tomy-grandpa.
17 JamieV2014, "We're First in Line at the Apple Store," *TaskRabbit* (blog), September 17, 2012, https://blog.taskrabbit.com/2012/09/17/were-first-in-line-at-the-apple-store.
18 IMDb, s. v. "Veronica Mars: TV Series (2004-2007)," accessed February 8, 2017, http://www.imdb.com/title/tt0412253.

of-world-standup-and-be-counted.html.

5 Khazar University Library and Information Center, "10 Largest Libraries of the World," accessed February 6, 2017, http://library.khazar.org/s101/10-largest--libraries-of-the-world/en.

6 Antal van den Bosch, Toine Bogers, and Maurice de Kunder, "Estimating Search Engine Index Size Variability: A 9-Year Longitudinal Study," *Scientometrics*, July 27, 2015, http://www.dekunder.nl/Media/10.1007_s11192-016-1863-z.pdf; Maurice de Kunder, "The Size of the World Wide Web (the Internet)," WorldWideWebSize.com, accessed February 6, 2017, http://www.worldwidewebsize.com.

7 Stephen Heyman, "Google Books: A Complex and Controversial Experiment," *New York Times*, October 28, 2015, https://www.nytimes.com/2015/10/29/arts/international/google-books-a-complex-andcontroversial-experiment.html.

8 Chris Desadoy, "How Many Videos Have Been Uploaded to YouTube?" Quora, March 31, 2015, https://www.quora.com/How-many-videos-have-been-uploaded-to-YouTube.

9 Quote verified via personal communication with Allen Paulos, March 2017.

10 Sergey Brin and Larry Page, "The Anatomy of a Large-Scale Hypertextual Web Search Engine," paper presented at the Seventh International World-Wide Web Conference, Brisbane, Australia, 1998, http://ilpubs.stanford.edu:8090/361.

11 Wikipedia, "Wikipedia:Five Pillars," last modified February 6, 2017, at 10:52, https://en.wikipedia.org/wiki/Wikipedia:Five_pillars.

12 Friedrich A. Hayek, "The Use of Knowledge in Society," *American Economic Review* 35, no. 4 (1945): 519-30. (邦訳は、F・A・ハイエク『市場・知識・自由—自由主義の経済思想』＝田中眞晴他訳、ミネルヴァ書房＝所収「社会における知識の利用」)

13 Ibid.

14 Geoffrey Nunberg, "Simpler Terms; If It's 'Orwellian,' It's Probably Not," *New York Times*, June 22, 2003, http://www.nytimes.com/2003/06/22/weekinreview/simpler-terms-if-it-s-orwellian-it-s-probably-not.html.

15 Joe Fassler, "What It Really Means to Be 'Kafkaesque,'" *Atlantic*, January 15, 2014, https://www.theatlantic.com/entertainment/archive/2014/01/what-it-really-means-to-be-kafkaesque/283096.

16 ハイエク前掲書

17 Kenneth J. Arrow et al., "The Promise of Prediction Markets," Science 320 (May 16, 2008): 877-78, http://mason.gmu.edu/~rhanson/PromisePredMkt.pdf.

18 Derek Hildreth, "The First Linux Announcement from Linus Torvalds," Linux Daily, April 15, 2010, http://www.thelinuxdaily.com/2010/04/the-first-linux-announcement-fromlinus-torvalds.

19 Linus Torvalds, "The Mind behind Linux," TED Talk, February 2016, 21:30, https://www.ted.com/talks/linus_torvalds_the_mind_behind_linux?language=en.

20 Linux Foundation, "Linux Kernel Development: How Fast It Is Going, Who Is Doing It, What They Are Doing, and Who Is Sponsoring It [2015]," accessed February 7, 2017, https://www.linux.com/publications/linux-kernel-development-how-fast-it-going-who-doing-it-whatthey-are-doing-and-who.

21 Linux Foundation, "The Linux Foundation Releases Linux Development Report," February 18, 2015, https://www.linuxfoundation.org/news-media/announcements/2015/02/linux-foundation-releases-linux-development-report.

22 Tim O'Reilly, "What Is Web 2.0," September 3, 2005, http://www.oreilly.com/pub/a/web2/archive/what-is-web-20.html.

23 Torvalds, "Mind behind Linux," 21:30.

24 Raspbian.org, "Welcome to Raspbian," accessed February 7, 2017, https://www.raspbian.org.

25 Gavin Thomas, "Raspbian Explained," *Gadget*, [2015], accessed February 7, 2017, https://www.gadgetdaily.xyz/raspbian-explained.

26 Torvalds, "Mind behind Linux," 17:00.

27 Ibid., 21:30.

Shrinking Shipments," November 3, 2016, http://appleinsider.com/articles/16/11/03/apple-captures-more-than-103-of-smartphone-profits-in-q3-despite-shrinkingshipments.
24 Joel Rosenblatt and Jack Clark, "Google's Android Generates $31 Billion Revenue, Oracle Says," Bloomberg, January 21, 2016, https://www.bloomberg.com/news/articles/2016-01-21/google-s-android-generates-31-billionrevenue-oracle-says-ijor8hvt.
25 George A. Akerlof, "The Market for 'Lemons': Quality Uncertainty and the Market Mechanism," *Quarterly Journal of Economics* 84, no. 3 (1970): 488-500, https://doi.org/10.2307/1879431.
26 George A. Akerlof, "Writing the 'The Market for "Lemons"': A Personal and Interpretive Essay", Nobelprize.org, November 14, 2003, http://www.nobelprize.org/nobel_prizes/economic-sciences/laureates/2001/akerlof-article.html.
27 Ibid.
28 Eric Newcomer, "Lyft Is Gaining on Uber as It Spends Big for Growth," Bloomberg, last modified April 14, 2016, https://www.bloomberg.com/news/articles/2016-04-14/lyft-is-gaining-on-uber-as-itspends-big-for-growth.
29 Tomio Geron, "California Becomes First State to Regulate Ridesharing Services Lyft, Sidecar, UberX," *Forbes*, September 19, 2013, http://www.forbes.com/sites/tomiogeron/2013/09/19/california-becomesfirst-state-to-regulate-ridesharing-services-lyft-sidecar-uberx/#6b22c10967fe.
30 BlaBlaCar, "Frequently Asked Questions: Is It Safe for Me to Enter My Govt. ID?" accessed February 6, 2017, https://www.blablacar.in/faq/question/is-it-safe-for-me-to-enter-my-id.
31 Alex Tabarrok and Tyler Cowen, "The End of Asymmetric Information," Cato Institute, April 6, 2015, https://www.cato-unbound.org/2015/04/06/alex-tabarrok-tyler-cowen/end-asymmetricinformation.
32 Joe Gebbia, "How Airbnb Designs for Trust," TED Talk, February 2016, 15:51, https://www.ted.com/talks/joe_gebbia_how_airbnb_designs_for_trust?language=en.
33 Ibid.
34 Ibid.
35 SoulCycle, "All Studios," accessed February 6, 2017, https://www.soul-cycle.com/studios/all.
36 以下を参照されたい。Paul Klemperer, "Markets with Consumer Switching Costs," *Quarterly Journal of Economics* 102, no. 2 (1987): 375-94; and Joseph Farrell and Garth Saloner, "Installed Base and Compatibility: Innovation, Product Preannouncements, and Predation," *American Economic Review* (1986): 940-55.
37 Douglas MacMillan, "Uber Raises $1.15 Billion from First Leveraged Loan," *Wall Street Journal*, July 7, 2016, https://www.wsj.com/articles/uber-raises-1-15-billion-from-first-leveraged-loan-1467934151.
38 Bill McBride, "Hotels: Occupancy Rate on Track to Be 2nd Best Year," *Calculated Risk* (blog), October 17, 2016, http://www.calculatedriskblog.com/2016/10/hotels-occupancy-rate-ontrack-to-be_17.html.
39 Hugo Martin, "Airbnb Takes a Toll on the U.S. Lodging Industry, but Los Angeles Hotels Continue to Thrive," *Los Angeles Times*, September 26, 2016, http://www.latimes.com/business/la-fi-airbnbhotels-20160926-snap-story.html.
40 Gregorios Zervas, Davide Proserpio, and John W. Byers, "The Rise of the Sharing Economy: Estimating the Impact of Airbnb on the Hotel Industry," last modified November 18, 2016, http://cspeople.bu.edu/dproserp/papers/airbnb.pdf.

第10章

1 Robert Wright, Twitter page, accessed February 6, 2017, https://twitter.com/robertwrighter.
2 Robert Wright, "Voice of America," *New Republic*, September 13, 1993, http://cyber.eserver.org/wright.txt.
3 Ibid.
4 Leonid Taycher, "Books of the World, Stand Up and Be Counted! All 129,864,880 of You," *Google Books Search* (blog), August 5, 2010, http://booksearch.blogspot.com/2010/08/books-

第9章

1 Uber, "[Our Story]," accessed February 5, 2017, https://www.uber.com/our-story.

2 Leena Rao, "UberCab Takes the Hassle Out of Booking a Car Service," TechCrunch, July 5, 2010, https://techcrunch.com/2010/07/05/ubercab-takes-the-hassle-out-of-booking-a-car-service.

3 Fast Company, "Travis Kalanick, the Fall and Spectacular Rise of the Man behind Uber," *South China Morning Post*, September 25, 2015, http://www.scmp.com/magazines/post-magazine/article/1860723/travis-kalanick-fall-and-spectacular-rise-man-behind-uber.

4 Ibid.

5 Alexia Tsotsis, "Uber Opens Up Platform to Non-limo Vehicles with 'Uber X,' Service Will Be 35% Less Expensive," TechCrunch, July 1, 2012, https://techcrunch.com/2012/07/01/uber-opens-up-platform-to-non-limo-vehicles-with-uber-x-service-will-be-35-less-expensive.

6 Alex, "Announcing UberPool," *Uber Newsroom* (blog), August 5, 2014, https://newsroom.uber.com/announcing-uberpool.

7 James Temperton, "Uber's 2016 Losses to Top $3bn According to Leaked Financials," *Wired*, December 20, 2016, http://www.wired.co.uk/article/uber-finances-losses-driverless-cars.

8 Andrew Ross Sorkin, "Why Uber Keeps Raising Billions," *New York Times*, June 20, 2016, https://www.nytimes.com/2016/06/21/business/dealbook/why-uber-keeps-raising-billions.html.

9 UCLA Labor Center, "Ridesharing or Ridestealing? Changes in Taxi Ridership and Revenue in Los Angeles 2009? 2014," Policy Brief, July 2015, table 1, p. 3, http://www.irle.ucla.edu/publications/documents/Taxi-Policy-Brief.pdf.

10 Tom Corrigan, "San Francisco's Biggest Taxi Operator Seeks Bankruptcy Protection," *Wall Street Journal*, January 24, 2016, https://www.wsj.com/articles/san-franciscos-biggest-taxi-operatorseeks-bankruptcy-protection-1453677177.

11 Simon Van Zuylen-Wood, "The Struggles of New York City's Taxi King," *Bloomberg Business Week*, August 27, 2015, https://www.bloomberg.com/features/2015-taxi-medallion-king.

12 "Uber Fined in France over UberPop," *BBC News*, June 9, 2016, http://www.bbc.com/news/business-36491926.

13 "Why Fintech Won't Kill Banks," *Economist*, June 17, 2015, http://www.economist.com/blogs/economist-explains/2015/06/economist-explains-12.

14 Ibid.

15 Juro Osawa, Gillian Wong, and Rick Carew, "Xiaomi Becomes World's Most Valuable Tech Startup," *Wall Street Journal*, last modified December 29, 2014, https://www.wsj.com/articles/xiaomi-becomes-worlds-most-valuabletech-startup-1419843430.

16 Eva Dou, "China's Xiaomi under Pressure to Prove Value to Investors," *Wall Street Journal*, January 10, 2016, https://www.wsj.com/articles/chinas-xiaomi-under-pressure-to-prove-value-toinvestors-1452454204.

17 Eva Dou, "Xiaomi Ends 2015 as China's Smartphone King," *Wall Street Journal*, February 1, 2016, http://blogs.wsj.com/digits/2016/02/01/xiaomi-ends-2015-as-chinas-smartphone-king.

18 Kevin Kelleher, "Once a Darling, Xiaomi Is Facing Tough Questions about Its Future," *Time*, March 21, 2016, http://time.com/4265943/xiaomi-slowdown.

19 David Gilbert, "How Xiaomi Lost $40bn: Where It All Went Wrong for the 'Apple of the East,'" *International Business Times*, August 18, 2016, http://www.ibtimes.co.uk/how-xiaomi-lost-40bn-where-it-all-went-wrong-apple-east-1576781.

20 Ibid.

21 James Titcomb, "Samsung Mobile Phone Sales Fall to Lowest Level in Five Years," *Telegraph*, January 24, 2017, http://www.telegraph.co.uk/technology/2017/01/24/samsung-mobile-phone-sales-falllowest-level-five-years.

22 Philip Elmer-DeWitt, "How Apple Sucks the Profit Out of Mobile Phones," *Fortune*, February 14, 2016, http://fortune.com/2016/02/14/apple-mobile-profit-2015.

23 Mikey Campbell, "Apple Captures More than 103% of Smartphone Profits in Q3 despite

19 Cvent, "Cvent Announces Fourth Quarter and Full Year 2015 Financial Results," February 25, 2016, http://investors.cvent.com/press-releases/2016/02-25-2016-211735769.aspx.
20 Ibid.
21 BlaBlaCar, "Founders," accessed February 5, 2017, https://www.blablacar.com/about-us/founders.
22 Murad Ahmed, "BlaBlaCar Sets Course to Hit All Points Other than the US," *Financial Times*, December 10, 2014, https://www.ft.com/content/4260cd4e-7c75-11e4-9a86-00144feabdc0?siteedition=uk#axzz3QsbvnchO.
23 Laura Wagner, "What Does French Ride-Sharing Company BlaBlaCar Have That Uber Doesn't," *Two-Way*, September 16, 2015, http://www.npr.org/sections/thetwo-way/2015/09/16/440919462/what-has-french-ride-sharing-company-blablacar-got-that-uber-doesnt.
24 "BlaBlaCar: Something to Chat About," *Economist*, October 22, 2015, http://www.economist.com/news/business/21676816-16-billion-french-startup-revs-up-something-chat-about.
25 BlaBlaCar, accessed February 5, 2017, https://www.blablacar.com.
26 Rawn Shah, "Driving Ridesharing Success at BlaBlaCar with Online Community," *Forbes*, February 21, 2016, http://www.forbes.com/sites/rawnshah/2016/02/21/driving-ridesharing success-at-blablacar-with-online-community/#5271e05b79a6.
27 Yoolim Lee, "Go-Jek Raises Over $550 Million in KKR, Warburg-Led Round," Bloomberg, last modified August 5, 2016, https://www.bloomberg.com/news/articles/2016-08-04/go-jek-said-toraise-over-550-million-in-kkr-warburg-led-round.
28 Steven Millward, "China's Top 'Uber for Laundry' Startup Cleans Up with $100M Series B Funding," Tech in Asia, August 7, 2015, https://www.techinasia.com/china-uber-for-laundry-edaixi-100-million-funding.
29 Emma Lee, "Tencent-Backed Laundry App Edaixi Nabs $100M USD from Baidu," TechNode, August 6, 2015, http://technode.com/2015/08/06/edaixi-series-b.
30 Edaixi, accessed February 5, 2017, http://www.edaixi.com/home/about. (English version: https://translate.google.com/translate?hl=en&sl=zh-CN&tl=en&u=http%3A%2F%2Fwww.edaixi.com%2Fhome%2Fabout.)
31 Guagua Xiche, accessed February 5, 2017, http://www.guaguaxiche.com/web/about.html.
32 C. Custer, "2015 Has Been Brutal to China's O2O Car Wash Services," Tech in Asia, November 2, 2015, https://www.techinasia.com/2015-brutalchinas-o2o-car-wash-services.
33 Hao Chushi, accessed February 5, 2017, http://www.chushi007.com/index.html.
34 Jamie Fullerton, "China's New App Brings Chefs to Cook in Your Home," *Munchies*, April 8, 2015, https://munchies.vice.com/en/articles/chinas-new-app-brings-world-class-chefs-to-cook-in-your-home.
35 C. Custer, "Confirmed: Alibaba Invested $1.25 Billion in China's Top Food Delivery Startup," Tech in Asia, April 13, 2016, https://www.techinasia.com/confirmed-alibaba-invested-125-billion-fooddelivery-startup-eleme.
36 58.com, "58.com Subsidiary 58 Home Raises US$300 Million in Series A Funding," PR Newswire, October 12, 2015, http://www.prnewswire.com/news-releases/58com-subsidiary-58-home-raises-us300-million-inseries-a-funding-300157755.html.
37 Paul Carsten, "Baidu to Invest $3.2 Billion in Online-to-Offline Services," *Reuters*, June 30, 2015, http://www.reuters.com/article/us-baidu-investment-idUSKCN0PA0MH20150630.
38 Charlie Songhurst, interview by the authors, October 2015.
39 Paul Barter, "'Cars Are Parked 95% of the Time.' Let's Check!" Reinventing Parking, February 22, 2013, http://www.reinventingparking.org/2013/02/cars-are-parked-95-of-time-lets-check.html.
40 Nicholas J. Klein and Michael J. Smart, "Millennials and Car Ownership: Less Money, Fewer Cars," *Transport Policy* 53 (January 2017): 20-29, http://www.sciencedirect.com/science/article/pii/S0967070X16305571.

80 Yahoo! Finance, "AMZN? Amazon.com, Inc.," accessed February 4, 2017, https://finance.yahoo.com/quote/AMZN/history.
81 IFPI (International Federation of the Phonographic Industry), "2000 Recording Industry World Sales," April 2001, http://www.ifpi.org/content/library/worldsales2000.pdf.
82 IFPI (International Federation of the Phonographic Industry), "IFPI Global Music Report 2016," April 12, 2016, http://www.ifpi.org/news/IFPI-GLOBAL-MUSIC-REPORT-2016.
83 Tom Lamont, "Napster: The Day the Music Was Set Free," *Guardian*, February 23, 2013, https://www.theguardian.com/music/2013/feb/24/napster-music-free-file-sharing.
84 Wikipedia, s. v. "LimeWire," last modified January 16, 2017, https://en.wikipedia.org/wiki/LimeWire.
85 RIAA (Recording Industry Association of America), "U.S. Sales Database," accessed February 4, 2017, https://www.riaa.com/u-s-sales-database.
86 Justin Fox, "How to Succeed in Business by Bundling? and Unbundling," *Harvard Business Review*, June 24, 2014, https://hbr.org/2014/06/how-to-succeed-in-business-by-bundling-and-unbundling.
87 Joshua Friedlander, "News and Notes on 2016 Mid-year RIAA Music Shipment and Revenue Statistics," RIAA (Recording Industry Association of America), accessed February 4, 2017, http://www.riaa.com/wp-content/uploads/2016/09/RIAA_Midyear_2016Final.pdf.
88 Lizzie Plaugic, "Spotify's Year in Music Shows Just How Little We Pay Artists for Their Music," *Verge*, December 7, 2015, http://www.theverge.com/2015/12/7/9861372/spotify-year-in-review-artistpayment-royalties.
89 Jon Pareles, "David Bowie, 21st-Century Entrepreneur," *New York Times*, June 9, 2002, http://www.nytimes.com/2002/06/09/arts/david-bowie-21st-century-entrepreneur.html.
90 Jack Linshi, "Here's Why Taylor Swift Pulled Her Music from Spotify," Time, November 3, 2014, http://time.com/3554468/why-taylor-swift-spotify.
91 Geoffrey G. Parker, Marshall W. Van Alstyne, and Sangeet Paul Choudary, *Platform Revolution: How Networked Markets Are Transforming the Economy and How to Make Them Work for You* (New York: Norton, 2016).

第７章

1 "Ballmer Laughs at iPhone," YouTube, September 18, 2007, 2:22, https://www.youtube.com/watch?v=eywi0h_Y5_U.
2 Walter Isaacson, *Steve Jobs* (New York: Simon & Schuster, 2011), 501.（邦訳は、ウォルター・アイザックソン『スティーブ・ジョブズ　１・２』井口耕二訳、講談社）
3 John Markoff, "Phone Shows Apple's Impact on Consumer Products," *New York Times*, January 11, 2007, http://www.nytimes.com/2007/01/11/technology/11cnd-apple.html.
4 Victoria Barret, "Dropbox: The Inside Story of Tech's Hottest Startup," Forbes, October 18, 2011, http://www.forbes.com/sites/victoriabarret/2011/10/18/dropbox-the-inside-story-of-techshottest-startup/#3b780ed92863.
5 Facebook, "Facebook Reports Third Quarter 2016 Results," November 2, 2016, https://investor.fb.com/investor-news/press-release-details/2016/Facebook-Reports-Third-Quarter-2016-Results/default.aspx.
6 Apple, "iPhone App Store Downloads Top 10 Million in First Weekend," July 14, 2008, http://www.apple.com/pr/library/2008/07/14iPhone-App-Store-Downloads-Top-10-Million-in-First-Weekend.html.
7 Daisuke Wakabayashi, "Apple's App Store Sales Hit $20 Billion, Signs of Slower Growth Emerge," *Wall Street Journal*, January 6, 2016, https://www.wsj.com/articles/apples-app-store-sales-hit-20-billion-signs-of-slowergrowth-emerge-1452087004.
8 アイザックソン前掲書
9 Henry Mance, "UK Newspapers: Rewriting the Story," *Financial Times*, February 9, 2016, http://www.ft.com/intl/cms/s/0/0aa8beac-c44f-11e5-808f-8231cd71622e.html#axzz3znzgrkTq.
10 Peter Rojas, "Google Buys Cellphone Software Company," *Engadget*, August 17, 2005,

Craigslist on Local Newspapers," January 11, 2013, http://www.gc.cuny.edu/CUNY_GC/media/CUNY-Graduate-Center/PDF/Programs/Economics/Course%20Schedules/Seminar%20Sp.2013/seamans_zhu_craigslist%281%29.pdf.

61 "More than Two-Thirds of US Digital Display Ad Spending Is Programmatic," *eMarketer*, April 5, 2016, https://www.emarketer.com/Article/More-Than-Two-Thirds-of-US-Digital-Display-Ad-Spending-Programmatic/1013789#sthash.OQclVXY5.dpuf.

62 "Microsoft and AppNexus: Publishing at Its Best (Selling)," *AppNexus Impressionist* (blog), November 3, 2015, http://blog.appnexus.com/2015/microsoft-and-appnexus-publishing-at-its-best-selling.

63 Matthew Lasar, "Google v. Belgium "Link War" Ends after Years of Conflict," *Ars Technica*, July 19, 2011, https://arstechnica.com/tech-policy/2011/07/google-versus-belgium-who-is-winning-nobody.

64 Harro Ten Wolde and Eric Auchard, "Germany's Top Publisher Bows to Google in News Licensing Row," *Reuters*, November 5, 2014, http://www.reuters.com/article/us-google-axel-sprngr-idUSKBN0IP1YT20141105.

65 Eric Auchard, "Google to Shut Down News Site in Spain over Copyright Fees," *Reuters*, December 11, 2014, http://www.reuters.com/article/us-google-spain-news-idUSKBN0JP0QM20141211.

66 WhatsApp, "One Billion," WhatsApp (blog), February 1, 2016, https://blog.whatsapp.com/616/One-billion.

67 "WhatsApp Reaches a Billion Monthly Users," *BBC News*, February 1, 2016, http://www.bbc.com/news/technology-35459812.

68 Alexei Oreskovic, "Facebook's WhatsApp Acquisition Now Has Price Tag of $22 Billion," *Reuters*, October 6, 2014, http://www.reuters.com/article/us-facebook-whatsapp-idUSKCN0HV1Q820141006.

69 Ibid.

70 Benedict Evans, "WhatsApp Sails Past SMS, but Where Does Messaging Go Next?" *Benedict Evans* (blog), January 11, 2015, http://ben-evans.com/benedictevans/2015/1/11/whatsapp-sails-past-sms-but-where-does-messaging-go-next.

71 Staci D. Kramer, "The Biggest Thing Amazon Got Right: The Platform," Gigaom, October 12, 2011, https://gigaom.com/2011/10/12/419-the-biggest-thing-amazon-got-right-the-platform.

72 Matt Rosoff, "Jeff Bezos 'Makes Ordinary Control Freaks Look like Stoned Hippies,' Says Former Engineer," Business Insider, October 12, 2011, http://www.businessinsider.com/jeff-bezos-makesordinary-control-freaks-look-like-stoned-hippies-says-former-engineer-2011-10.

73 Amazon Web Services, "About AWS," accessed February 4, 2017, https://aws.amazon.com/about-aws.

74 Amazon Web Services, "Amazon Simple Storage Service (Amazon S3)? Continuing Successes," July 11, 2006, https://aws.amazon.com/about-aws/whats-new/2006/07/11/amazon-simple-storage-service-amazon-s3---continuing-successes.

75 Amazon Web Services, "Announcing Amazon Elastic Compute Cloud (Amazon EC2)? Beta," August 24, 2006, https://aws.amazon.com/about-aws/whats-new/2006/08/24/announcing-amazon-elastic-compute-cloudamazon-ec2---beta.

76 Amazon, "Ooyala Wins Amazon Web Services Start-up Challenge, Receives $100,000 in Cash and Services Credits Plus Investment Offer from Amazon.com," December 7, 2007, http://phx.corporate-ir.net/phoenix.zhtml?c=176060&p=irol-newsArticle&ID=1085141.

77 Matthew Lynley, "Amazon's Web Services Are Shining in Its Latest Earnings Beat," TechCrunch, April 28, 2016, https://techcrunch.com/2016/04/28/amazon-is-spiking-after-posting-a-hugeearnings-beat.

78 Nick Wingfield, "Amazon's Cloud Business Lifts Its Profits to a Record," *New York Times*, April 28, 2016, https://www.nytimes.com/2016/04/29/technology/amazon-q1-earnings.html.

79 Ben Sullivan, "AWS Heralded as 'Fastest-Growing Enterprise Technology Company in History,'" Silicon UK, November 4, 2015, http://www.silicon.co.uk/cloud/cloud-management/amazon-aws-cloud-160-valuation-179948.

hmvadministrators-4500-jobs-at-risk.

41 Jim Boulden, "David Bowie Made Financial History with Music Bond," *CNNMoney*, January 11, 2016, http://money.cnn.com/2016/01/11/media/bowie-bonds-royalties.

42 Josephine Moulds, "Bond Investors See Another Side of Bob Dylan? but Desire Isn't There," *Guardian*, August 31, 2012, https://www.theguardian.com/business/2012/aug/31/bob-dylan-bond-goldman-sachs.

43 二〇〇五年には一五〇〇件のショッピングモールが確認されているが、二〇一五年には一二〇〇件しか確認されていない。"Dying Breed," CBS News. Nelson D. Schwartz, "The Economics (and Nostalgia) of Dead Malls," *New York Times*, January 3, 2015, http://www.nytimes.com/2015/01/04/business/the-economicsand-nostalgia-of-dead-malls.html.

44 Ilaina Jones and Emily Chasan, "General Growth Files Historic Real Estate Bankruptcy," *Reuters*, April 16, 2009, http://www.reuters.com/article/us-generalgrowth-bankruptcy-idUSLG52607220090416.

45 Federal Communications Commission, "FCC Releases Statistics of the Long Distance Telecommunications Industry Report," May 14, 2003, table 2, p. 9, year 2000 (interstate plus long distance combined), https://transition.fcc.gov/Bureaus/Common_Carrier/Reports/FCC-State_Link/IAD/ldrpt103.pdf.

46 Sarah Kahn, *Wired Telecommunications Carriers* in the US, IBISWorld Industry Report 51711c, December 2013, http://trace.lib.utk.edu/assets/Kuney/Fairpoint%20Communications/Research/Other/IBIS_51711C_Wired_Telecommunications_Carriers_in_the_US_industry_report.pdf.

47 Business Wire, "GfK MRI: 44% of US Adults Live in Households with Cell Phones but No Landlines," April 02, 2015, http://www.businesswire.com/news/home/20150402005790/en#.VR2B1JOPoyS.

48 Greg Johnson, "Ad Revenue Slides for Radio, Magazines," *Los Angeles Times*, August 9, 2001, http://articles.latimes.com/2001/aug/09/business/fi-32280.

49 BIA/Kelsey, "BIA/Kelsey Reports Radio Industry Revenues Rose 5.4% to $14.1 Billion in 2010, Driven by Political Season and More Activity by National Advertisers," PR Newswire, April 4, 2011, http://www.prnewswire.com/news-releases/biakelsey-reports-radio-industry-revenuesrose-54-to-141-billion-in-2010-driven-by-political-season-and-more-activity-bynational-advertisers-119180284.html.

50 Waldman, "Information Needs of Communities."

51 Thomas L. Friedman, Thank You for Being Late: An Optimist's Guide to Thriving in the Age of Accelerations (New York: Farrar, Straus, and Giroux, 2016), Kindle ed., loc. 414.(トーマス・フリードマン『遅刻してくれてありがとう』伏見威蕃訳、日本経済新聞出版社)

52 Matthew Komorowski, "A History of Storage Cost," last modified 2014, Mkomo.com. http://www.mkomo.com/cost-per-gigabyte.

53 Statistic Brain Research Institute, "Average Cost of Hard Drive Storage," accessed January 31, 2017, http://www.statisticbrain.com/averagecost-of-hard-drive-storage.

54 Francis Cairncross, *The Death of Distance: How the Communications Revolution Will Change Our Lives* (Boston: Harvard Business School Press, 1997).(邦訳は、『国境なき世界　コミュニケーション革命で変わる経済活動のシナリオ』藤田美砂子訳、トッパン)

55 Craig Newmark, LinkedIn profile, accessed February 1, 2017, https://www.linkedin.com/in/craignewmark.

56 Craigconnects, "Meet Craig," accessed February 1, 2017, http://craigconnects.org/about.

57 Craigslist, "[About > Factsheet]," accessed February 1, 2017, https://www.craigslist.org/about/factsheet.

58 Henry Blodget, "Craigslist Valuation: $80 Million in 2008 Revenue, Worth $5 Billion," *Business Insider*, April 3, 2008, http://www.businessinsider.com/2008/4/craigslist-valuation-80-million-in-2008-revenue-worth-5-billion.

59 Craigslist, "[About > Help >Posting Fees]," accessed February 1, 2017, https://www.craigslist.org/about/help/posting_fees.

60 Robert Seamans and Feng Zhu, "Responses to Entry in Multi-sided Markets: The Impact of

19 *Tucson Citizen*, accessed January 31, 2017, http://tucsoncitizen.com.
20 Lynn DeBruin, "*Rocky Mountain* News to Close, Publish Final Edition Friday," Rocky Mountain News, February 26, 2009, http://web.archive.org/web/20090228023426/http://www.rockymountainnews.com/news/2009/feb/26/rocky-mountain-news-closes-friday-final-edition.
21 Yahoo! Finance, "The McClatchy Company (MNI)," accessed January 31, 2017, http://finance.yahoo.com/quote/MNI.
22 Paul Farhi, "Washington Post to Be Sold to Jeff Bezos, the Founder of Amazon," *Washington Post*, August 5, 2013, https://www.washingtonpost.com/national/washington-post-to-be-sold-to-jeffbezos/2013/08/05/ca537c9e-fe0c-11e2-9711-3708310f6f4d_story.html.
23 Bloomberg News, "Company News; General Media's Plan to Leave Bankruptcy Is Approved," *New York Times*, August 13, 2004, http://www.nytimes.com/2004/08/13/business/company-news-generalmedia-s-plan-to-leave-bankruptcy-is-approved.html.
24 Eric Morath, "American Media Files for Bankruptcy," *Wall Street Journal*, November 17, 2010, https://www.wsj.com/articles/SB10001424052748704648604575621053554011206.
25 Rob Verger, "Newsweek's First Issue Debuted Today in 1933," *Newsweek*, February 17, 2014, http://www.newsweek.com/newsweeks-first-issuedebuted-today-1933-229355.
26 Ryan Nakashima, "Newsweek Had Unique Troubles as Industry Recovers," *U.S. News & World Report*, October 19, 2012, http://www.usnews.com/news/business/articles/2012/10/19/newsweek-had-uniquetroubles-as-industry-recovers.
27 "Newsweek's Future: Goodbye Ink," *Economist*, October 18, 2012, http://www.economist.com/blogs/schumpeter/2012/10/newsweek%E2%80%99s-future.
28 Dylan Byers, "The New Republic Is Sold by Facebook Cofounder Chris Hughes," *CNNMoney*, February 26, 2016, http://money.cnn.com/2016/02/26/media/new-republic-chris-hughes-win-mccormack.
29 Desson Howe, "'Glass': An Eye for the Lie," Washington Post, November 7, 2003, https://www.washingtonpost.com/archive/lifestyle/2003/11/07/glass-an-eye-for-the-lie/8a3e6ff0-4935-4e99-a354-9ce4eac6c472/?utm_term=.75dccd7041cb.
30 Ravi Somaiya, "Nudes Are Old News at Playboy," *New York Times*, October 12, 2015, https://www.nytimes.com/2015/10/13/business/media/nudes-are-old-news-at-playboy.html.
31 "Top Living Influential Americans," Atlantic, December 2006, https://www.theatlantic.com/magazine/archive/2006/12/top-livinginfluential-americans/305386.
32 Cooper Hefner, Twitter post, February 13, 2017 (7:55 a.m.), https://twitter.com/cooperhefner/status/831169811723939842.
33 Robert Cookson and Andrew Edgecliffe-Johnson, "Music Sales Hit First Upbeat since 1999," *Financial Times*, February 26, 2013, https://www.ft.com/content/f7b0f2b0-8009-11e2-adbd-00144feabdc0.
34 IFPI (International Federation of the Phonographic Industry), "[Global Statistics]," accessed January 31, 2017, http://www.ifpi.org/globalstatistics.php.
35 Tim Ingham, "Global Record Industry Income Drops below $15bn for First Time in Decades," Music Business Worldwide, April 14, 2015, http://www.musicbusinessworldwide.com/global-record-industry-income-drops-below-15bn-for-first-time-in-history.
36 IFPI (International Federation of the Phonographic Industry), "IFPI Digital Music Report 2015," 2015, http://www.ifpi.org/downloads/Digital-Music-Report-2015.pdf.
37 Mike Wiser, "The Way the Music Died: Frequently Asked Questions," *Frontline*, accessed January 31, 2017, http://www.pbs.org/wgbh/pages/frontline/shows/music/inside/faqs.html.
38 Tim Ingham, "Independent Labels Trounce UMG, Sony and Warner in US Market Shares," Music Business Worldwide, July 29, 2015, http://www.musicbusinessworldwide.com/independent-label-us-market-share-trounces-universal-sony-warner.
39 Dan Glaister, "Tower Crumbles in the Download Era," *Guardian*, October 9, 2006, https://www.theguardian.com/business/2006/oct/09/retail.usnews.
40 Simon Bowers and Josephine Moulds, "HMV Calls in Administrators? Putting 4,500 Jobs at Risk," *Guardian*, January 15, 2013, https://www.theguardian.com/business/2013/jan/15/

17 *CuratedAI,* accessed March 1, 2017, http://curatedai.com.

18 Deep Thunder, "The Music Is Satisfied with Mr. Bertram's Mind," *CuratedAI,* August 31, 2016, http://curatedai.com/prose/the-music-is-satisfied-with-mr-bertrams-mind.

19 Meera Viswanathan et al., "Interventions to Improve Adherence to Self-Administered Medications for Chronic Diseases in the United States: A Systematic Review," *Annals of Internal Medicine,* December 4, 2012, http://annals.org/article.aspx?articleid=1357338.

20 Sarah Shemkus, "Iora Health's Promise: Patients Come First," Boston Globe, May 4, 2015, https://www.bostonglobe.com/business/2015/05/03/iora-health-pioneers-new-primary-care-model/kc7V4W5V8OJ0gxFqY4zBrK/story.html.

第6章

1 The World Bank said 12.6% in 1995. World Bank, "Mobile Cellular Subscriptions (per 100 People): 1960-2015," accessed January 31, 2017, http://data.worldbank.org/indicator/IT.CEL.SETS.P2?locations=US&name_desc=true.

2 Newspaper Association of America, "Annual Newspaper Ad Revenue," accessed May 2, 2016, http://www.naa.org/~/media/NAACorp/Public Files/TrendsAndNumbers/Newspaper-Revenue/Annual-Newspaper-Ad-Revenue.xls.

3 Steven Waldman, "The Information Needs of Communities: The Changing Media Landscape in a Broadband Age," *Federal Communications Commission,* July 2011, 63, https://transition.fcc.gov/osp/inc-report/The_Information_Needs_of_Communities.pdf.

4 RIAA (Recording Industry Association of America), "RIAA's Yearend Statistics," accessed March 9, 2017, http://www.icce.rug.nl/~soundscapes/VOLUME02/Trends_and_shifts_Appendix.shtml.

5 Ed Christman, "The Whole Story behind David Bowie's $55 Million Wall Street Trailblaze," *Billboard,* January 13, 2016, http://www.billboard.com/articles/business/6843009/david-bowies-bowie-bonds-55-millionwall-street-prudential.

6 Tom Espiner, "'Bowie Bonds'? the Singer's Financial Innovation," *BBC News,* January 11, 2016, http://www.bbc.com/news/business-35280945.

7 Ibid.

8 "Iron Maiden Rocks the Bond Market," *BBC News,* February 9, 1999, http://news.bbc.co.uk/2/hi/business/275760.stm.

9 Roy Davies, "Who's Who in Bowie Bonds: The History of a Music Business Revolution," last modified June 5, 2007, http://projects.exeter.ac.uk/RDavies/arian/bowiebonds.

10 Richard A. Feinberg and Jennifer Meoli, "A Brief History of the Mall," *Advances in Consumer Research* 18 (1991): 426-27, http://www.acrwebsite.org/volumes/7196/volumes/v18/NA-18.

11 "A Dying Breed: The American Shop ping Mall," CBS News, March 23, 2014, http://www.cbsnews.com/news/adying-breed-the-american-shopping-mall.

12 Thomas C. Finnerty, "Kodak vs. Fuji: The Battle for Global Market Share," 2000, https://www.pace.edu/emplibrary/tfinnerty.pdf.

13 Sam Byford, "Casio QV-10, the First Consumer LCD Digital Camera, Lauded as 'Essential' to Tech History," *Verge,* September 14, 2012, http://www.theverge.com/2012/9/14/3330924/first-lcd-digital-camera-casio-qv-10.

14 Richard Baguley, "The Gadget We Miss: The Casio QV-10 Digital Camera," *Medium,* August 31, 2013, https://medium.com/people-gadgets/the-gadget-we-miss-the-casio-qv-10-digital-camera-c25ab786ce49#.3cbg1m3wu.

15 Mark J. Perry, "Creative Destruction: Newspaper Ad Revenue Continued Its Precipitous Free Fall in 2013, and It's Probably Not Over Yet," *AEIdeas,* April 25, 2014, https://www.aei.org/publication/creative-destruction-newspaper-ad-revenue-continued-its-precipitous-free-fall-in-2013-and-its-probably-not-over-yet.

16 Pew Research Center, "State of the News Media 2015," April 29, 2015, http://www.journalism.org/files/2015/04/FINAL-STATE-OF-THE-NEWSMEDIA1.pdf.

17 Waldman, "Information Needs of Communities."

18 Ibid.

27 John Dzieza, "Behind the Scenes at the Final DARPA Robotics Challenge," *Verge*, June 12, 2015, http://www.theverge.com/2015/6/12/8768871/darpa-robotics-challenge-2015-winners.

28 PlasticsEurope, "Plastics? the Facts 2014/2015: An Analysis of European Plastics Production, Demand and Waste Data," 2015, ttp://www.plasticseurope.org/documents/document/20150227150049-final_plastics_the_facts_2014_2015_260215.pdf.

29 PlasticsEurope, "Automotive: The World Moves with Plastics," 2013, http://www.plasticseurope.org/cust/documentrequest.aspx?DocID=58353.

30 Thomas L. Friedman, "When Complexity Is Free," *New York Times*, September 14, 2013, http://www.nytimes.com/2013/09/15/opinion/sunday/friedman-when-complexity-is-free.html.

31 Guillaume Vansteenkiste, "Training: Laser Melting and Conformal Cooling," PEP Centre Technique de la Plasturgie, accessed January 30, 2017, http://www.alplastics.net/Portals/0/Files/Summer%20school%20presentations/ALPlastics_Conformal_Cooling.pdf.

32 Eos, "[Tooling]," accessed January 30, 2017, https://www.eos.info/tooling.

33 Yu Zhao et al., "Three-Dimensional Printing of Hela Cells for Cervical Tumor Model in vitro," *Biofabrication* 6, no. 3 (April 11, 2014), http://iopscience.iop.org/article/10.1088/1758-5082/6/3/035001.

34 Carl Bass, interview by the authors, summer 2015.

第5章

1 A Talk with Marvin Minsky," *Edge*, February 26, 1998, https://www.edge.org/conversation/marvin_minsky-consciousness-is-a-big-suitcase.

2 Daniel Terdiman, "Inside the Hack Rod, the World's First AI-Designed Car," *Fast Company*, December 1, 2015, accessed 30 Jan 2017, https://www.fastcompany.com/3054028/inside-the-hack-rod-theworlds-first-ai-designed-car.

3 Scott Spangler et al., "Automated Hypothesis Generation Based on Mining Scientific Literature," in *Proceedings of the 20th ACM SIGKDD International Conference on Knowledge Discovery and Data Mining* (New York: ACM, 2014), 1877-86, http://scholar.harvard.edu/files/alacoste/files/p1877-spangler.pdf.

4 IBM, "IBM Watson Ushers In a New Era of Data-Driven Discoveries," August 28, 2014, https://www-03.ibm.com/press/us/en/pressrelease/44697.wss.

5 The Painting Fool, "About Me . . .," accessed January 30, 2017, http://www.thepaintingfool.com/about/index.html.

6 PatrickTresset.com, accessed January 30, 2017, http://patricktresset.com/new.

7 "Emily Howell," accessed January 30, 2017, http://artsites.ucsc.edu/faculty/cope/Emily-howell.htm.

8 Ryan Blitstein, "Triumph of the Cyborg Composer," Pacific Standard, February 22, 2010, https://psmag.com/triumph-of-thecyborg-composer-620e5aead47e#.tkinbzy0l.

9 Skyscraper Center, "Shanghai Tower," accessed January 30, 2017, http://skyscrapercenter.com/building/shanghai-tower/56.

10 Gensler Design Update, "Sustainability Matters," accessed January 30, 2017, http://du.gensler.com/vol6/shanghai-tower/#/sustainability-matters.

11 Gensler Design Update, "Why This Shape?" accessed January 30, 2017, http://du.gensler.com/vol6/shanghai-tower/#/why-thisshape.

12 Blitstein, "Triumph of the Cyborg Composer."

13 Carl Bass, interview by the authors, summer 2015.

14 Andrew Bird, "Natural History," *New York Times*, April 8, 2008, https://opinionator.blogs.nytimes.com/2008/04/08/natural-history.

15 Quentin Hardy, "Facebook's Yann LeCun Discusses Digital Companions and Artificial Intelligence (and Emotions)," *New York Times*, March 26, 2015, https://bits.blogs.nytimes.com/2015/03/26/facebooks-yann-lecun-discusses-digital-companions-and-artificial-intelligence.

16 Andrew Ng, interview by the authors, August 2015.

https://www.bloomberg.com/view/articles/2015-08-10/robots-won-t-rule-the-checkout-lane.
4 Laura Stevens and Khadeeja Safdar, "Amazon Working on Several Grocery-Store Formats, Could Open More than 2,000 Locations," *Wall Street Journal*, December 5, 2016, http://www.wsj.com/articles/amazon-grocery-store-concept-to-open-in-seattle-in-early-2017-1480959119.
5 Lloyd Alter, "Amazon Go Is More than Just a Grocery Store with No Checkout," Mother Nature Network, December 19, 2016, http://www.mnn.com/green-tech/research-innovations/blogs/amazon-go-lot-more-just-checkout-free-grocery-store.
6 Gabrielle Karol, "High-Tech Investing Startup for Millennials Hits $1 Billion in Assets," *Fox Business*, June 5, 2014, http://www.foxbusiness.com/markets/2014/06/05/high-tech-investing-startupfor-millennials-hits-1-billion-mark.html.
7 Stephanie Strom, "McDonald's Introduces Screen Ordering and Table Service," *New York Times*, November 17, 2016, https://www.nytimes.com/2016/11/18/business/mcdonalds-introduces-screenordering-and-table-service.html.
8 Maryann Fudacz, Facebook post on Discover's timeline, June 6, 2013, https://www.facebook.com/discover/posts/10151622117196380.
9 "'Live Customer Service' Discover It Card Commercial," YouTube, April 27, 2016, 0:30, https://youtu.be/xK-je8YKkNw.
10 At one restaurant in China's Heilongjiang Province: "Robot Chefs Take Over Chinese Restaurant," *BBC News*, April 22, 2014, 1:22, http://www.bbc.com/news/world-asia-china-27107248.
11 James Vincent, "I Ate Crab Bisque Cooked by a Robot Chef," *Verge*, July 31, 2015, http://www.theverge.com/2015/7/31/9076221/robot-chef-moley-robotics-crab-bisque.
12 Gill A. Pratt, "Is a Cambrian Explosion Coming for Robotics?" *Journal of Economic Perspectives* 29, no. 3 (2015): 51-60, http://pubs.aeaweb.org/doi/pdfplus/10.1257/jep.29.3.51.
13 IBM, "What Is Big Data?" accessed January 30, 2017, https://www-01.ibm.com/software/data/bigdata/what-is-big-data.html.
14 Andrew Ng, interview by the authors, August 2015.
15 David Samberg, "Verizon Sets Roadmap to 5G Technology in U.S.; Field Trials to Start in 2016," *Verizon*, September 8, 2015, http://www.verizon.com/about/news/verizon-sets-roadmap-5g-technology-usfield-trials-start-2016.
16 Pratt, "Is a Cambrian Explosion Coming for Robotics?"
17 Chris Anderson, interview by the authors, October 2015.
18 Benjamin Pauker, "Epiphanies from Chris Anderson," *Foreign Policy*, April 29, 2013, http://foreignpolicy.com/2013/04/29/epiphanies-from-chris-anderson.
19 Olivia Solon, "Robots Replace Oil Roughnecks," Bloomberg, August 21, 2015, https://www.bloomberg.com/news/articles/2015-08-21/flying-robots-replace-oil-roughnecks.
20 Jamie Smyth, "Rio Tinto Shifts to Driverless Trucks in Australia." *Financial Times*, October 19, 2015, https://www.ft.com/content/43f7436a-7632-11e5-a95a-27d368e1ddf7.
21 Rio Tinto, "Driving Productivity in the Pilbara," June 1, 2016, http://www.riotinto.com/ourcommitment/spotlight-18130_18328.aspx.
22 Janet Beekman and Robert Bodde, "Milking Automation Is Gaining Popularity," *Dairy Global*, January 15, 2015, http://www.dairyglobal.net/Articles/General/2015/1/Milking-automationis-gaining-popularity-1568767W.
23 Alltech, "Drones and the Potential for Precision Agriculture," accessed January 30, 2017, http://ag.alltech.com/en/blog/drones-and-potential-precision-agriculture.
24 David H. Autor, "Why Are There Still So Many Jobs? The History and Future of Workplace Automation," *Journal of Economic Perspectives* 29, no. 3 (2015): 3-30, http://pubs.aeaweb.org/doi/pdfplus/10.1257/jep.29.3.3.
25 Brian Scott, "55 Years of Agricultural Evolution," *Farmer's Life* (blog), November 9, 2015, http://thefarmerslife.com/55-years-of-agricultural-evolution-in-john-deere-combines.
26 John Letzing, "Amazon Adds That Robotic Touch," *Wall Street Journal*, March 20, 2012, http://www.wsj.com/articles/SB10001424052702304724404577291903244796214.

24 "Field Work: Farming in Japan," *Economist*, April 13, 2013, http://www.economist.com/news/asia/21576154-fewer-bigger-plots-and-fewer-part-time-farmers-agriculture-couldcompete-field-work.
25 Metric Views, "How Big Is a Hectare?" November 11, 2016, http://metricviews.org.uk/2007/11/how-big-hectare.
26 Kaz Sato, "How a Japanese Cucumber Farmer Is Using Deep Learning and TensorFlow," *Google*, August 31, 2016, https://cloud.google.com/blog/big-data/2016/08/how-a-japanese-cucumber-farmer-is-usingdeep-learning-and-tensorflow.
27 Ibid.
28 Ibid.
29 Carlos E. Perez, "'Predictive Learning'" Is the New Buzzword in Deep Learning," Intuition Machine, December 6, 2016, https://medium.com/intuitionmachine/predictive-learning-is-the-key-to-deep-learningacceleration-93e063195fd0#.13qh1nti1.
30 Anjali Singhvi and Karl Russell, "Inside the Self-Driving Tesla Fatal Accident," *New York Times*, July 12, 2016, https://www.nytimes.com/interactive/2016/07/01/business/inside-tesla-accident.html.
31 Tesla, "A Tragic Loss," June 30, 2016, https://www.tesla.com/blog/tragic-loss.
32 Chris Urmson, "How a Driverless Car Sees the Road," TED Talk, June 2015, 15:29, https://www.ted.com/talks/chris_urmson_how_a_driverless_car_sees_the_road/transcript?language=en.
33 Ibid.
34 Dave Gershgorn, "Japanese White-Collar Workers Are Already Being Replaced by Artificial Intelligence," *Quartz*, January 2, 2017, https://qz.com/875491/japanese-white-collar-workers-arealready-being-replaced-by-artificial-intelligence.
35 Google Translate, "December 26, Heisei 28, Fukoku Life Insurance Company," accessed January 30, 2017, https://translate.google.com/translate?depth=1&hl=en&prev=search&rurl=translate.google.com&sl=ja&sp=nmt4&u=http://www.fukoku-life.co.jp/about/news/download/20161226.pdf.
36 Allison Linn, "Historic Achievement: Microsoft Researchers Reach Human Parity in Conversational Speech Recognition," *Microsoft* (blog), October 18, 2016, http://blogs.microsoft.com/next/2016/10/18/historicachievement-microsoft-researchers-reach-human-parity-conversational-speech-recognition/#sm.0001d0t49dx0veqdsh21cccecz0e3.
37 Mark Liberman, "Human Parity in Conversational Speech Recognition," *Language Log* (blog), October 18, 2016, http://languagelog.ldc.upenn.edu/nll/?p=28894.
38 Julia Hirschberg, "'Every Time I Fire a Linguist, My Performance Goes Up,' and Other Myths of the Statistical Natural Language Processing Revolution" (speech, 15th National Conference on Artificial Intelligence, Madison, WI, July 29, 1998).
39 Julie Bort, "Salesforce CEO Marc Benioff Just Made a Bold Prediction about the Future of Tech," *Business Insider*, May 18, 2016, http://www.businessinsider.com/salesforce-ceo-i-see-an-ai-first-world-2016-5.
40 Marc Benioff, "On the Cusp of an AI Revolution," Project Syndicate, September 13, 2016, https://www.project-syndicate.org/commentary/artificial-intelligence-revolution-by-marcbenioff-2016-09.

第4章

1 Candice G., Eatsa review, *Yelp*, July 5, 2016, https://www.yelp.com/biz/eatsa-san-francisco-2?hrid=WODfZ9W7ZQ0ChbW1lQnpag.
2 Political Calculations, "Trends in the Number of Bank Tellers and ATMs in the U.S.," June 28, 2011, http://politicalcalculations.blogspot.com/2011/06/trendsin-number-of-bank-tellers-and.html#.WLMqPxIrJBw. Number of bank tellers in 2015: US Bureau of Labor Statistics, "Occupational Employment and Wages, May 2015," accessed March 1, 2017, https://www.bls.gov/oes/current/oes433071.htm.
3 Virginia Postrel, "Robots Won't Rule the Checkout Lane," Bloomberg, August 10, 2015,

experimentation.

第３章

1 AISB (Society for the Study of Artificial Intelligence and Simluation of Behaviour), "What Is Artificial Intelligence?" accessed March 1, 2017, http://www.aisb.org.uk/public-engagement/what-is-ai.
2 Pamela McCorduck, *Machines Who Think*, 2nd ed. (Natick, MA: A. K. Peters, 2004), 167.
3 Ibid., 138.
4 Paul Lee Tan, *Encyclopedia of 7700 Illustrations* (Rockville, MD: Assurance, 1979), 717.
5 Mark Forsyth, The Elements of Eloquence: How to Turn the Perfect English Phrase (London: Icon, 2013), 46.
6 Ernest Davis and Gary Marcus, "Commonsense Reasoning and Commonsense Knowledge in Artificial Intelligence," *Communications of the ACM* 58, no. 9 (2015): 92-103, http://cacm.acm.org/magazines/2015/9/191169-commonsense-reasoning-and-commonsense-knowledge-inartificial-intelligence/abstract.
7 Ibid.
8 David H. Autor, "Why Are There Still So Many Jobs? The History and Future of Workplace Automation," *Journal of Economic Perspectives* 29, no. 3 (2015): 3-30, http://pubs.aeaweb.org/doi/pdfplus/10.1257/jep.29.3.3.
9 Daniela Hernandez, "How Computers Will Think," *Fusion*, February 3, 2015, http://fusion.net/story/35648/how-computerswill-think.
10 John H. Byrne, "Introduction to Neurons and Neuronal Networks," *Neuroscience Online*, accessed January 26, 2017, http://neuroscience.uth.tmc.edu/s1/introduction.html.
11 Mikel Olazaran, "A Sociological Study of the Official History of the Perceptrons Controversy," *Social Studies of Science* 26 (1996): 611-59, http://journals.sagepub.com/doi/pdf/10.1177/030631296026003005.
12 Jürgen Schmidhuber, "Who Invented Backpropagation?" last modified 2015, http://people.idsia.ch/~juergen/who-invented-backpropagation.html.
13 David E. Rumelhart, Geoffrey E. Hinton, and Ronald J. Williams, "Learning Representations by Back-propagating Errors," *Nature* 323 (1986): 533-36, http://www.nature.com/nature/journal/v323/n6088/abs/323533a0.html.
14 Jürgen Schmidhuber, *Deep Learning in Neural Networks: An Overview*, Technical Report IDSIA-03-14, October 8, 2014, https://arxiv.org/pdf/1404.7828v4.pdf.
15 Yann LeCun, "Biographical Sketch," accessed January 26, 2017, http://yann.lecun.com/ex/bio.html.
16 David Silver et al., "Mastering the Game of Go with Deep Neural Networks and Search Trees," *Nature* 529 (2016): 484-89, http://www.nature.com/nature/journal/v529/n7587/full/nature16961.html.
17 Elliott Turner, *Twitter* post, September 30, 2016 (9:18 a.m.), https://twitter.com/eturner303/status/781900528733261824.
18 Andrew Ng, interview by the authors, August 2015.
19 Paul Voosen, "The Believers," *Chronicle of Higher Education*, February 23, 2015, http://www.chronicle.com/article/The-Believers/190147.
20 G. Hinton, S. Osindero, and Y. Teh, "A Fast Learning Algorithm for Deep Belief Nets," *Neural Computation* 18, no. 7 (2006): 1527-54.
21 Jeff Dean, "Large-Scale Deep Learning for Intelligent Computer Systems," accessed January 26, 2017, http://www.wsdmconference.org/2016/slides/WSDM2016-Jeff-Dean.pdf.
22 Richard Evans and Jim Gao, "Deep-Mind AI Reduces Google Data Centre Cooling Bill by 40%," *DeepMind*, July 20, 2016, https://deepmind.com/blog/deepmind-ai-reduces-google-data-centrecooling-bill-40.
23 Tom Simonite, "Google and Microsoft Want Every Company to Scrutinize You with AI," *MIT Technology Review*, August 1, 2016, https://www.technologyreview.com/s/602037/google-andmicrosoft-want-every-company-to-scrutinize-you-with-ai.

40 Ron Kohavi, Randal M. Henne, and Dan Sommerfield, "Practical Guide to Controlled Experiments on the Web: Listen to Your Customers Not to the HiPPO," 2007, https://ai.stanford.edu/~ronnyk/2007GuideControlledExperiments.pdf.
41 "Racism Is Poisoning Online Ad Delivery, Says Harvard Professor," *MIT Technology Review*, February 4, 2013, https://www.technologyreview.com/s/510646/racism-is-poisoning-online-ad-deliverysays-harvard-professor.
42 Latanya Sweeney, "Discrimination in Online Ad Delivery," *Queue* 11, no. 3 (2013): 10.
43 Kate Crawford and Ryan Calo, "There Is a Blind Spot in AI Research," *Nature* 538, no. 7625 (2016): 311. 以下も参照されたい。Danah Boyd's dissertation: "The Networked Nature of Algorithmic Discrimination" (PhD diss., Fordham University, 2014).
44 Mark Fisher, *The Millionaire's Book of Quotations* (New York: Thorsons, 1991), quoted in Barry Popik, "The Factory of the Future Will Have Only Two Employees, a Man and a Dog," *Barrypopik.com* (blog), December 2, 2015, http://www.barrypopik.com/index.php/new_york_city/entry/the_factory_of_the_future.
45 Paul E. Meehl, *Clinical versus Statistical Prediction* (Minneapolis: University of Minnesota Press, 1954).
46 Ibid.
47 Stuart Lauchlan, "SPSS Directions: Thomas Davenport on Competing through Analytics," MyCustomer, May 14, 2007, http://www.mycustomer.com/marketing/strategy/spss-directions-thomas-davenport-oncompeting-through-analytics.
48 "Uber 'Truly Sorry' for Price Surge during Sydney Siege," *BBC News*, December 24, 2014, http://www.bbc.com/news/technology-30595406.
49 "Uber 'Truly Sorry' for Hiking Prices during Sydney Siege," *Telegraph*, December 24, 2014, http://www.telegraph.co.uk/news/worldnews/australiaandthepacific/australia/11312238/Ubertruly-sorry-for-hiking-prices-during-Sydney-siege.html.
50 Andrew J. Hawkings, "Tracing the Spread of Uber Rumors during Paris Terrorist Attacks," *Verge*, November 16, 2015, http://www.theverge.com/2015/11/16/9745782/uber-paris-terrorism-rumorstwitter-facebook.
51 Ian Ayres, *Super Crunchers: Why Thinking-by-Numbers Is the New Way to Be Smart* (New York: Random House, 2007), Kindle ed., loc. 1801.（邦訳は、イアン・エアーズ『その数字が戦略を決める』山形浩生訳、文春文庫）
52 Daniel Kahneman and Gary Klein, "Strategic Decisions: When Can You Trust Your Gut?" *McKinsey Quarterly*, March 2010,
http://www.mckinsey.com/business-functions/strategy-and-corporate-finance/our-insights/strategic-decisions-when-can-you-trust-your-gut.
53 Laszlo Bock, "Here's Google's Secret to Hiring the Best People," *Wired*, April 7, 2015, https://www.wired.com/2015/04/hire-like-google.
54 Ibid.
55 Ibid.
56 P. Tetlock, *Expert Political Judgment: How Good Is It? How Can We Know?* (Princeton, NJ: Princeton University Press, 2005), P52.
57 Matt Marshall, "How Travel Giant Priceline Drives Growth through a Series of A/B Tweaks?like Using a 'Free Parking' Button," *VentureBeat*, August 13, 2015, http://venturebeat.com/2015/08/13/how-travelgiant-priceline-drives-growth-through-a-series-of-ab-tweaks-like-using-a-freeparking-button.
58 Rebecca Greenfield, "This Lingerie Company A/B Tests the World's Hottest Women to See Who Makes You Click 'Buy,'" *Fast Company*, November 21, 2014, https://www.fastcompany.com/3038740/most-creative-people/this-lingerie-company-a-b-tests-the-worlds-hottest-womento-see-who-mak.
59 David A. Garvin and Lynne C. Levesque, "The Multiunit Enterprise," *Harvard Business Review*, June 2008, https://hbr.org/2008/06/the-multiunit-enterprise.
60 Stefan Thomke and Jim Manzi, "The Discipline of Business Experimentation," *Harvard Business Review*, December 2014, https://hbr.org/2014/12/the-discipline-of-business-

Science Approaches to Predicting Supreme Court Decision-making," *Columbia Law Review* 104 (2004): 1150-1210, http://sites.lsa.umich.edu/admart/wp-content/uploads/sites/127/2014/08/columbia04.pdf.

21 William M. Grove et al., "Clinical versus Mechanical Prediction: A Meta-analysis," *Psychological Assessment* 12, no. 1 (2000): 19-30, http://zaldlab.psy.vanderbilt.edu/resources/wmg00pa.pdf.

22 Ibid.

23 Paul E. Meehl, "Causes and Effects of My Disturbing Little Book," *Journal of Personality Assessment* 50, no. 3 (1986): 370-75, http://www.tandfonline.com/doi/abs/10.1207/s15327752jpa5003_6.

24 Erik Brynjolfsson and Kristina McElheran, "Data in Action: Data-Driven Decision Making in US Manufacturing," 2016, https://papers.ssrn.com/sol3/papers2.cfm?abstract_id=2722502. サンプル数の少ない初期の研究でも同様の結果が得られた。Erik Brynjolfsson, Lorin M. Hitt, and Heekyung Hellen Kim, "Strength in Numbers: How Does Data-Driven Decisionmaking Affect Firm Performance?" 2011, https://papers.ssrn.com/sol3/papers2.cfm?abstract_id=1819486.

25 Worldometers, "Current World Population," accessed February 26, 2017, http://www.worldometers.info/world-population.

26 カーネマン前掲書

27 Buster Benson, "Cognitive Bias Cheat Sheet," *Better Humans*, September 1, 2016, https://betterhumans.coach.me/cognitivebias-cheat-sheet-55a472476b18#.qtwg334q8.

28 Jonathan Haidt, "Moral Psychology and the Law: How Intuitions Drive Reasoning, Judgment, and the Search for Evidence," *Alabama Law Review* 64, no. 4 (2013): 867-80, https://www.law.ua.edu/pubs/lrarticles/Volume%2064/Issue%204/4%20Haidt%20867-880.pdf.

29 Richard E. Nisbett and Timothy DeCamp Wilson, "Telling More Than We Can Know: Verbal Reports on Mental Processes," *Pyschological Review* 84, no. 3 (1977): 231-60, http://www.people.virginia.edu/~tdw/nisbett&wilson.pdf.

30 Experimentation Platform, "HiPPO FAQ," accessed February 26, 2017, http://www.exp-platform.com/Pages/HiPPO_explained.aspx.

31 P. Nadler, "Weekly Adviser: Horror at Credit Scoring Is Not Just Foot-Dragging," *American Banker*, no. 211 (November 2, 1999), https://www.americanbanker.com/news/weekly-adviser-horror-at-credit-scoringis-not-just-foot-dragging.

32 Board of Governors of the Federal Reserve System, *Report to the Congress on Credit Scoring and Its Effects on the Availability and Affordability of Credit*, August 2007, pp. 36 and S-4, https://www.federalreserve.gov/boarddocs/rptcongress/creditscore/creditscore.pdf.

33 Chuck Cohn, "Beginner's Guide to Upselling and Cross-Selling," *Entrepreneurs* (blog), *Forbes*, May 15, 2015, http://www.forbes.com/sites/chuckcohn/2015/05/15/a-beginners-guide-toupselling-and-cross-selling/#4c310dec572e (the article cites this article: http://www.the-future-of-commerce.com/2013/10/14/ecommerce-cross-sell-up-sell).

34 360pi, "360pi Cyber Monday Recap: Amazon Maintains Overall Price Leadership on Record-Setting Online Shopping Day, but Best Sellers Take Priority," December 9, 2015, http://360pi.com/press_release/360pi-cyber-monday-recap-amazon-maintains-overall-riceleadership-record-setting-online-shopping-day-best-sellers-take-priority.

35 W. Brian Arthur, "The Second Economy," *McKinsey Quarterly*, October 2011, http://www.mckinsey.com/business-functions/strategy-andcorporate-finance/our-insights/the-second-economy.

36 Andrea Ovans, "That Mad Men Computer, Explained by HBR in 1969," *Harvard Business Review*, May 15, 2014, https://hbr.org/2014/05/that-mad-men-computer-explained-by-hbr-in-1969.

37 Dan Wagner, interview by the authors, July 2015.

38 Ibid.

39 Ibid.

Fortune, August 23, 1993, http://archive.fortune.com/magazines/fortune/fortune_archive/1993/08/23/78237/index.htm

4 Flylib.com, "ERP Market Penetration," accessed January 22, 2017, http://flylib.com/books/en/1.20.1.44/1/.

5 Sinan Aral, D. J. Wu, and Erik Brynjolfsson, "Which Came First, IT or Productivity? The Virtuous Cycle of Investment and Use in Enterprise Systems," paper presented at the Twenty Seventh International Conference on Information Systems, Milwaukee, 2006, http://ebusiness.mit.edu/research/papers/2006.11_Aral_Brynjolfsson_Wu_Which%20Came%20First_279.pdf.

6 Tim Berners-Lee, "Information Management: A Proposal," last modified May 1990, https://www.w3.org/History/1989/proposal.html.

7 Chris Anderson, "The Man Who Makes the Future: Wired Icon Marc Andreessen," April 24, 2012, https://www.wired.com/2012/04/ff_andreessen.

8 Matthew Yglesias, "Online Shopping Really Is Killing Shopping Malls," *Vox,* January 4, 2015, http://www.vox.com/2015/1/4/7490013/ecommerce-shopping-mall.

9 Michael Hammer and James Champy, *Reengineering the Corporation: A Manifesto for Business Revolution* (New York: Harper Collins, 2013), Kindle ed., p. 73.（邦訳は、マイケル・ハマー、ジェームス・チャンピー著『リエンジニアリング革命　企業を根本から変える業務革新』野中郁次郎監訳、日経ビジネス人文庫）

10 Daniel Kahneman, *Thinking, Fast and Slow* (New York: Macmillan, 2011), Kindle ed., pp. 20-21.（邦訳は、ダニエル・カーネマン『ファスト＆スロー　あなたの意思はどのように決まるか？　上・下』村井章子訳、ハヤカワ・ノンフィクション文庫）

11 Jack Welch, *Jack: Straight from the Gut* (London: Warner, 2001)（邦訳はジャック・ウェルチ他『ジャック・ウェルチ　わが経営　上・下』宮本喜一他訳、日経ビジネス人文庫）；Carly Fiorina, *Tough Choices: A Memoir* (New York: Portfolio, 2006).（邦訳は、カーリー・フィオリーナ『私はこうして受付からＣＥＯになった』村井章子訳、ダイヤモンド社）

12 Srikant M. Datar, David A. Garvin, and Patrick G. Cullen, *Rethinking the MBA: Business Education at a Crossroads* (Boston: Harvard Business Press, 2010), Kindle ed., p. 9.

13 Chris Snijders, Frits Tazelaar, and Ronald Batenburg, "Electronic Decision Support for Procurement Management: Evidence on Whether Computers Can Make Better Procurement Decisions," *Journal of Purchasing and Supply Management* 9, no. 5-6 (September? November 2003): 191-98, http://www.sciencedirect.com/science/article/pii/
S1478409203000463.

14 Orley Ashenfelter, "Predicting the Quality and Prices of Bordeaux Wine," *Economic Journal* 118, no. 529 (June 2008): F174-84, http://onlinelibrary.wiley.com/doi/10.1111/j.1468-0297.2008.02148.x/abstract.

15 Lynn Wu and Erik Brynjolfsson, "The Future of Prediction: How Google Searches Foreshadow Housing Prices and Sales," in *Economic Analysis of the Digital Economy,* ed. Avi Goldfarb, Shane M. Greenstein, and Catherine E. Tucker (Chicago: University of Chicago Press, 2015), 89-118.

16 D. Bertsimas et al., "Tenure Analytics: Models for Predicting Research Impact," *Operations Research* 63, no. 6 (2015): 1246-61; and Brynjolfsson and Silberholz, "'Moneyball' for Professors?" *Sloan Management Review,* December 14, 2016. http://sloanreview.mit.edu/article/moneyball-for-professors.

17 Shai Danzinger, Jonathan Levav, and Liora Avnaim-Pesso, "Extraneous Factors in Judicial Decisions," *PNAS* 108, no. 17 (2010): 6889-92, http://www.pnas.org/content/108/17/6889.full.pdf.

18 Ozkan Eren and Naci Mocan, *Emotional Judges and Unlucky Juveniles,* NBER Working Paper 22611 (September 2016), http://www.nber.org/papers/w22611.

19 David Card and Laura Giuliana, *Can Universal Screening Increase the Representation of Low Income and Minority Students in Gifted Education?* NBER Working Paper 21519 (September 2015), http://www.nber.org/papers/w21519.pdf.

20 Theodore W. Ruger et al., "The Supreme Court Forecasting Project: Legal and Political

45 Jonathan Shieber, "GE FirstBuild Launches Indiegogo Campaign for Next Generation Icemaker," *TechCrunch*, July 28, 2015, https://techcrunch.com/2015/07/28/ge-firstbuild-launches-indie gogo-campaign-for-next-generation-icemaker.
46 Samantha Hurst, "FirstBuild's Opal Nugget Ice Maker Captures $1.3M during First Week on Indiegogo," *Crowdfund Insider*, August 3, 2015, http://www.crowdfundinsider.com/2015/08/72196-firstbuilds-opal-nugget-ice-maker-captures-1-3m-during-first-week-on-indiegogo.
47 "FirstBuild Launches A Fordable Nugget Ice Machine," *Louisville Business First*, July 22, 2015, http://www.bizjournals.com/louisville/news/2015/07/22/firstbuild-launches-affordable-nugget-ice-machine.html.
48 Indiegogo, "Opal Nugget Ice Maker."
49 Robert M. Solow, "We'd Better Watch Out," *New York Times*, July 21, 1987, http://www.standupeconomist.com/pdf/misc/solow-computer-productivity.pdf.
50 Don Reisinger, "Worldwide Smartphone User Base Hits 1 Billion," *CNET*, October 17, 2012, https://www.cnet.com/news/worldwide-smartphone-user-base-hits-1-billion.
51 Jacob Poushter, "Smartphone Ownership and Internet Usage Continues to Climb in Emerging Economies," Pew Research Center, February 22, 2016, http://www.pewglobal.org/2016/02/22/smartphone-ownership-and-internet-usage-continues-to-climb-in-emerging-economies.
52 Tess Stynes, "IDC Cuts Outlook for 2016 Global Smartphone Shipments," *Wall Street Journal*, September 1, 2016, http://www.wsj.com/articles/idc-cuts-outlook-for-2016-global-smartphone-shipments-1472740414.
53 F. B. Crocker; V. M. Benedikt; A. F. Ormsbee *Electric Power in Factories and Mills*.
54 Warren D. Devine Jr., "From Shafts to Wires: Historical Perspective on Electrification," *Journal of Economic History* 43, no. 2 (1983): 347-72, http://www.j-bradford-delong.net/teaching_Folder/Econ_210c_ spring_2002/Readings/Devine.pdf.
55 Scott Sleek, "The Curse of Knowledge: Pinker Describes a Key Cause of Bad Writing," *Observer* 28, no. 6 (July/August 2015), http://www.psychologicalscience.org/observer/the-curse-of-knowledge-pinker-describes-a-key-cause-of-bad-writing#.WJodJhiZOi5.
56 Andrew Atkeson and Patrick J. Kehoe, *The Transition to a New Economy after the Second Industrial Revolution*, Federal Reserve Bank of Minneapolis Research Department Working Paper 606 (July 2001), http://citeseerx.ist.psu.edu/viewdoc/download?doi=10.1.1.147.7979&rep =rep1&type=pdf.
57 Paul A. David and Gavin Wright, *General Purpose Technologies and Surges in Productivity: Historical Reflections on the Future of the ICT Revolution*, University of Oxford Discussion Papers in Economic and Social History 31 (September 1999), 12, http://sites-final.uclouvain.be/econ/DW/DOCTORALWS2004/bruno/adoption/david%20wright.pdf.
58 John Moody, *The Truth about Trusts: A Description and Analysis of the American Trust Movement* (New York: Moody, 1904), 467, https://archive.org/details/truthabouttrust01moodgoog.
59 Shaw Livermore, "The Success of Industrial Mergers," *Quarterly Journal of Economics* 50, no. 1 (1935): 68-96.
60 Richard E. Caves, Michael Fortunato, and Pankaj Ghemawat, "The Decline of Dominant Firms, 1905-1929," *Quarterly Journal of Economics* 99, no. 3 (1984): 523-46.
61 Carl Menger, *Principles of Economics* (Vienna: Braum?ller, 1871), 48.（邦訳はカール・メンガー『一般理論経済学　1・2』八木紀一郎他訳、みすず書房）

第２章

1 David Fahrenthold, "Sinkhole of Bureaucracy," *Washington Post*, March 22, 2014, http://www.washingtonpost.com/sf/national/2014/03/22/sinkhole-of-bureaucracy.
2 Roya Wolverson, "The 25 Most Influential Business Management Books," Time, August 9, 2011, http://content.time.com/time/specials/packages/article/0,28804,2086680_2086683_2087684,00.html.
3 Thomas A. Stewart and Joyce E. Davis, "Reengineering the Hot New Managing Tool,"

story/our-locations.
23 US Securities and Exchange Commission, "Form 10-Q: Wal-Mart Stores, Inc.," December 1, 2016, http://d18rn0p25nwr6d.cloudfront.net/CIK-0000104169/2b25dfe5-6d4a-4d2d-857f-08dda979d6b9.pdf.
24 Alibaba Group, "Consumer Engagement Driving Growth for Mobile Taobao (Alizila News)," June 28, 2016, http://www.alibabagroup.com/en/ir/article?news=p160628.
25 Cheang Ming, "Singles' Day: Alibaba Smashes Records at World's Largest Online Shopping Event," *CNBC*, November 11, 2016, http://www.cnbc.com/2016/11/11/singles-day-news-alibaba-poised-to-smash-records-at-worlds-largest-online-shopping-event.html.
26 US Securities and Exchange Commission, "Form 10-Q: Facebook, Inc.," April 23, 2015, http://d1lge852tjjqow.cloudfront.net/CIK-0001326801/a1186095-bc85-4bf7-849f-baa62dfa13ef.pdf.
27 James B. Stewart, "Facebook Has 50 Minutes of Your Time Each Day. It Wants More," *New York Times*, May 5, 2016, http://www.nytimes.com/2016/05/06/business/facebook-bends-the-rules-of-audience-engagement-to-its-advantage.html.
28 Facebook, "Facebook Q2 2016 Results," accessed January 13, 2017, https://s21.q4cdn.com/399680738/files/doc_ presentations/FB-Q216-Earnings-Slides.pdf.
29 John Wanamaker, "Quotation Details: Quotation #1992," *Quotations Page*, accessed January 13, 2017, http://www.quotationspage .com/quote/1992.html.
30 Goodwin, "Battle Is for the Customer Interface."
31 Tom Slee, "Airbnb Is Facing an Existential Expansion Problem," *Harvard Business Review*, July 11, 2016, https://hbr.org/2016/07/airbnb-is-facing-an-existential-expansion-problem.
32 Alex, "Announcing UberPool," *Uber Newsroom* (blog), August 5, 2014, https://newsroom.uber.com/announcing-uberpool.
33 Mikaela, "New $5 Commuter Flat Rates with uberPOOL," *Uber Newsroom* (blog), May 8, 2016, https://newsroom.uber.com/us-new-york/new-5-commuter-flat-rates-with-uberpool.
34 Alison Griswold, "Commuting with Uber in New York Is Cheaper than Taking the Subway is Summer," *Quartz*, last modified July 11, 2016, http://qz.com/728871/commuting-with-uber-in-new-york-is-cheaper-than-taking-the-subway-this-summer.
35 Matthew Ingram, "Facebook Has Taken Over from Google as a Traffic Source for News," *Fortune*, August 18, 2015, http://fortune.com/2015/08/18/facebook-google.
36 Adario Strange, "Everything You Need to Know about Facebook's 10-Year Plan," *Mashable*, April 12, 2016, http://mashable.com/2016/04/12/facebook-10-year-plan/#pcbrzJRndSqS.
37 Goodwin, "Battle Is for the Customer Interface."
38 Quasimodos.com, "The First 120 Years of the Dow Jones: An Historical Timeline of the DJIA Components. 1884-2003," accessed January 19, 2017. http://www.quasimodos.com/info/dowhistory.html.
39 Christine Moorman, "Marketing in a Technology Company: GE's Organizational Platform for Innovation," *Forbes*, January 29, 2013, http://www.forbes.com/sites/christinemoorman/2013/01/29/marketing-in-a-technology-company-ges-organizational-platform-for-innovation/#57f9333762c9.
40 US Securities and Exchange Commission, "Form 10-K: General Electric Company," February 26, 2016, http://api40.10kwizard.com/cgi/convert/pdf/GE-20160226-10K-20151231.pdf ?ipage= 10776107&xml=1&quest=1&rid=23§ion=1&sequence=-1&pdf=1&dn=1.
41 Bradley Johnson, "Big Spender on a Budget: What Top 200 U.S. Advertisers Are Doing to Spend Smarter," *Advertising Age*, July 5, 2015, http://adage.com/article/advertising/big-spenders-facts-stats-top-200-u-s-advertisers/299270.
42 FirstBuild, "[About]," accessed August 1, 2016, https://firstbuild.com/about.
43 Ilan Brat, "Chew is Over: Munch-able Ice Sells like Hot Cakes," *Wall Street Journal*, January 30, 2008, http://www.wsj.com/articles/SB120165510390727145.
44 Google Play, "Indiegogo," accessed February 10, 2017, https://play.google.com/store/apps/dev?id=8186897 092162507742&hl=en.

原　注

第1章

1 Alan Levinovitz, "The Mystery of Go, the Ancient Game at Computers Still Can't Win," *Wired*, May 12, 2014, https://www.wired.com/2014/05/the-world-of-computer-go.

2 American Go Association, "Notable Quotes about Go," accessed January 11, 2017, http://www.usgo.org/notable-quotes-about-go.

3 Ibid.

4 Mike James, "Number of Legal Go Positions Finally Worked Out," *I Programmer*, February 3, 2016, http://www.i-programmer.info/news/112-theory/9384-number-of-legal-go-positions-finally-worked-out.html.

5 John Carl Villanueva, "How Many Atoms Are ere in the Universe?" *Universe Today*, December 24, 2015, http://www.universetoday.com/36302/atoms-in-the-universe.

6 Levinovitz, "Mystery of Go."

7 Ibid.

8 David Silver et al., "Mastering the Game of Go with Deep Neural Networks and Search Trees," *Nature* 529 (2016): 484-89, http://www.nature.com/nature/journal/v529/n7587/full/nature16961.html.

9 John Ribeiro, "AlphaGo's Unusual Moves Prove Its AI Prowess, Experts Say," *PC World*, March 14, 2016, http://www.pcworld.com/article/3043668/analytics/alphagos-unusual-moves-prove-its-ai-prowess-experts-say.html.

10 Silver et al., "Mastering the Game of Go."

11 Sam Byford, "Google vs. Go: Can AI Beat the Ultimate Board Game?" *Verge*, March 8, 2016, http://www.theverge.com/2016/3/8/11178462/google-deepmind-go-challenge-ai-vs-lee-sedol.

12 Ibid.

13 "S. Korean Go Player Con dent of Beating Google's AI," *Yonhap News Agency*, February 23, 2016, http://english.yonhapnews.co.kr/search1/2603000000.html?cid=AEN20160223003651315.

14 Jordan Novet, "Go Board Game Champion Lee Sedol Apologizes for Losing to Google's AI," *VentureBeat*, March 12, 2016, http://venturebeat.com/2016/03/12/go-board-game-champion-lee-sedol-apologizes-for-losing-to-googles-ai.

15 Tom Goodwin, "e Battle Is for the Customer Interface," TechCrunch, March 3, 2015, https://techcrunch.com/2015/03/03/in-the-age-of-disintermediation-the-battle-is-all-for-the-customer-interface.

16 Ellen Huet, "Uber Says It's Doing 1 Million Rides per Day, 140 Million in the Last Year," *Forbes*, December 17, 2014, http://www.forbes.com/sites/ellenhuet/2014/12/17/uber-says-its-doing-1-million-rides-per-day-140-million-in-last-year.

17 Anne Freier, "Uber Usage Statistics and Revenue," *Business of Apps*, September 14, 2015, http://www.businessofapps.com/uber-usage-statistics-and-revenue.

18 Chip Conley, "Airbnb Open: What I Learned from You," *Airbnb* (blog), November 25, 2014, http://blog.airbnb.com/airbnb-open-chips-takeaways.

19 Airbnb, "Airbnb Summer Travel Report: 2015," accessed January 11, 2017, http://blog.airbnb.com/wp-content/uploads/2015/09/Airbnb-Summer-Travel-Report-1.pdf.

20 Airbnb, "Nomadic Life in the Countryside," accessed January 11, 2017, https://www.airbnb.com/rooms/13512229?s=zcoAwTWQ.

21 Airbnb, "James Joyce's Childhood Home Dublin," accessed January 11, 2017, https://www.airbnb.ie/rooms/4480268.

22 Wal-Mart, "Our Locations," accessed January 13, 2017, http://corporate.walmart.com/our-

そ

た

ち

つ

て

と

な

に

ね

は

ひ

け

こ

さ

し

す

せ

索　引

数字

A

B

C

D

E

F

G

H

I

ANDREW MCAFEE / ERIK BRYNJOLFSSON

MACHINE.

著者略歴

アンドリュー・マカフィー

Andrew McAfee

マサチューセッツ工科大学デジタル・ビジネス・センター首席リサーチ・サイエンティスト。著書に『機械との競争』、『ザ・セカンド・マシン・エイジ』(共著、以上日経BP社)、"Enterprise 2.0".

エリック・ブリニョルフソン

Erik Brynjolfsson

マサチューセッツ工科大学スローン経営大学院教授。著書に『機械との競争』、『ザ・セカンド・マシン・エイジ』(共著、以上日経BP社)、『インタンジブル・アセット』(ダイヤモンド社)、『ディジタルエコノミーを制する知恵』(東洋経済新報社)

訳者略歴

村井章子

Akiko Murai

翻訳家。上智大学文学部卒業。訳書に『現金の呪い』、『機械との競争』、『コンテナ物語』、『トマ・ピケティの新・資本論』『善と悪の経済学』『帳簿の世界史』『ファスト&スロー』など。

プラットフォームの経済学

機械は人と企業の未来をどう変える?

2018年3月27日　第1版第1刷発行
2018年6月4日　第1版第2刷発行

著　者	アンドリュー・マカフィー エリック・ブリニョルフソン
訳　者	村井章子
発行者	村上広樹
発　行	日経BP社
発　売	日経BPマーケティング 〒105-8308　東京都港区虎ノ門4-3-12 http://www.nikkeibp.co.jp/books/
デザイン	佐藤亜沙美(サトウサンカイ)
DTP	アーティザンカンパニー
印刷・製本	図書印刷株式会社

本書に関するお問い合わせ、ご連絡は下記にて承ります。
http://nkbp.jp/booksQA

ISBN978-4-8222-5563-3